한국도로공사

최종모의고사 5+5회분

시대에듀

2024 하반기 시대에듀 한국도로공사
NCS&전공 최종모의고사 5+5회분 + 무료NCS특강

Always **with you**

사람의 인연은 길에서 우연하게 만나거나 함께 살아가는 것만을 의미하지는 않습니다.
책을 펴내는 출판사와 그 책을 읽는 독자의 만남도 소중한 인연입니다.
시대에듀는 항상 독자의 마음을 헤아리기 위해 노력하고 있습니다. 늘 독자와 함께하겠습니다.

머리말 PREFACE

경부고속도로를 시작으로 국토의 대동맥을 건설해 오고 있는 한국도로공사는 2024년 하반기에 신입사원을 채용할 예정이다. 한국도로공사의 채용절차는 「입사지원서 접수 ➡ 서류전형 ➡ 필기전형 ➡ 실무진 면접전형 ➡ 인성검사 ➡ 경영진 면접전형 ➡ 최종 합격자 발표」 순서로 이루어진다. 필기전형은 직업기초능력평가와 직무수행능력평가로 진행한다. 그중 직업기초능력평가는 의사소통능력, 수리능력, 문제해결능력, 정보능력 총 4개의 영역을 평가하며, 2023년에는 PSAT형으로 진행되었다. 또한, 직무수행능력평가는 직군별로 내용이 상이하므로 반드시 확정된 채용공고를 확인해야 한다. 따라서 필기전형에서 고득점을 받기 위해 다양한 유형에 대한 폭넓은 학습과 문제풀이능력을 높이는 등 철저한 준비가 필요하다.

한국도로공사 합격을 위해 시대에듀에서는 기업별 NCS 시리즈 누적 판매량 1위의 출간 경험을 토대로 다음과 같은 특징을 가진 도서를 출간하였다.

도서의 특징

❶ **합격으로 이끌 가이드를 통한 채용 흐름 확인!**
  • 한국도로공사 소개와 최신 시험 분석을 수록하여 채용 흐름을 파악하는 데 도움이 될 수 있도록 하였다.

❷ **최종모의고사를 통한 완벽한 실전 대비!**
  • 철저한 분석을 통해 실제 시험과 유사한 최종모의고사를 수록하여 자신의 실력을 점검할 수 있도록 하였다.

❸ **다양한 콘텐츠로 최종 합격까지!**
  • 온라인 모의고사를 무료로 제공하여 필기전형에 대비할 수 있도록 하였다.
  • 모바일 OMR 답안채점/성적분석 서비스를 통해 자동으로 점수를 채점하고 확인할 수 있도록 하였다.

끝으로 본 도서를 통해 한국도로공사 채용을 준비하는 모든 수험생 여러분이 합격의 기쁨을 누리기를 진심으로 기원한다.

SDC(Sidae Data Center) 씀

◇ **미션**

> 우리는 길을 열어 사람과 문화를 연결하고 새로운 세상을 넓혀간다.

◇ **비전**

> 안전하고 편리한 미래교통 플랫폼 기업

◇ **핵심가치**

> 안전 / 혁신 / 공감 / 신뢰

◇ **경영목표**

모두가 안전한 스마트 도로 구현	• 교통사고 사망률 OECD TOP 5 • 작업장 사망사고 ZERO
디지털·친환경 기반 미래성장 동력 강화	• 자율주행 도로 인프라 100% 구축 • 도로시설물 탄소 배출 ZERO
국민이 체감하는 공공서비스 혁신	• 고객만족도 최고등급 달성 • 주요 구간 교통정체 ZERO
효율·성과 중심의 조직 운영 혁신	• 부채비율 100% 이내 • 해외사업 매출액 1,500억 원 달성

◇ **인재상 슬로건**

> Expanded, 길의 가치를 확장하는 융합형 인재

◇ **인재상 요인**

Responsibility	▶	**개인 역량의 확장** 미래도로의 변화를 예측하고, 지식과 아이디어를 융합하여 새로운 해결책을 찾아낸다.
Open-mind	▶	**사고의 확장** 다양성을 존중하고 나와 다른 생각을 포용한다.
Acceleration	▶	**변화와 가능성의 확장** 문제를 다양한 시각에서 바라보며 창의적인 방법으로 상상을 실현한다.
Dedication	▶	**지속가능한 미래의 확장** 협력과 상생을 통해 더 나은 세상이 되도록 노력한다.

◇ **인재상 역량**

책임 · 열정   공감 · 포용   혁신 · 도전   신뢰 · 헌신

◇ 지원자격(공통)

❶ 학력·성별·연령 : 제한 없음(단, 공사 정년에 도달하는 자는 지원 불가)
❷ 채용일로부터 근무가 가능한 자
❸ 병역 : 남자의 경우 병역필 또는 면제자(단, 병역특례 근무 중인 자는 지원 불가하며, 채용일 이전 전역 예정자는 지원 가능)
❹ 한국도로공사 인사규정 제8조의 결격사유가 없는 자

◇ 필기전형

구분	직군		내용
직업기초능력평가	전 직군		의사소통능력, 수리능력, 문제해결능력, 정보능력
직무수행능력평가	행정	경영	경영학원론, 회계학(중급회계), 경제학원론
		법정	행정학원론, 정책학, 헌법, 행정법
	기술	토목(일반)	도로공학, 응용역학, 철근 및 P.S콘크리트공학, 토질 및 기초공학

※ 일부 직군은 제외하였음

◇ 면접전형

구분	대상	내용
실무진 면접전형	필기전형 합격자	PT면접(50%)
		그룹토론면접(50%)
경영진 면접전형	실무진 면접전형 및 인성검사 합격자	인성 및 기본역량 전반(100%)

❖ 위 채용 안내는 2024년 채용공고를 기준으로 작성하였으나, 세부내용은 반드시 확정된 채용공고를 확인하기 바랍니다.

총평

한국도로공사의 필기전형은 NCS의 경우 PSAT형으로 출제되었으며, 60문항을 60분 이내에 풀어야 했기에 시간이 촉박했다는 후기가 많았다. 특히 한국도로공사 관련 지문이 여러 영역에서 많이 출제되었으므로 평소 한국도로공사의 사업 및 기사에 관심을 가지는 것이 좋겠다. 또한, 전공의 경우 40문항을 50분 이내에 풀어야 했으며, 헷갈리는 문제가 많았다는 후기가 다수였다. 따라서 많은 문제를 오랜 시간 동안 풀어야 하므로 마지막 순간까지 집중력을 잃지 않는 연습이 필요해 보인다. 한편, 2024년 하반기부터 NCS 출제 영역이 변경되므로 확정된 채용공고를 꼼꼼히 확인해야 한다.

◇ **영역별 출제 비중**

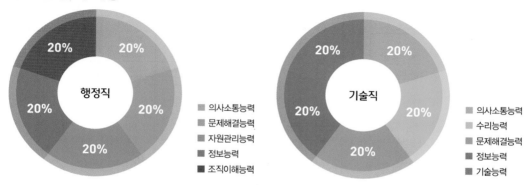

구분	출제 특징	출제 키워드
의사소통능력	• 내용 일치 문제가 출제됨 • 글의 제목 문제가 출제됨 • 문단 나열 문제가 출제됨	• 한국도로공사, 접속어 등
수리능력	• 자료 이해 문제가 다수 출제됨	• 최단 거리 등
문제해결능력	• 자료 해석 문제가 출제됨	• 한국도로공사, 부서 배치, 급여 등
정보능력	• 코딩 문제가 다수 출제됨 • 알고리즘 문제가 출제됨	• 에러, 암호 변환 등

PSAT형

▌수리능력

04 다음은 신용등급에 따른 아파트 보증률에 대한 사항이다. 자료와 상황에 근거할 때, 갑(甲)과 을(乙)의 보증료의 차이는 얼마인가?(단, 두 명 모두 대지비 보증금액은 5억 원, 건축비 보증금액은 3억 원이며, 보증서 발급일로부터 입주자 모집공고 안에 기재된 입주 예정 월의 다음 달 말일까지의 해당 일수는 365일이다)

- (신용등급별 보증료)=(대지비 부분 보증료)+(건축비 부분 보증료)
- 신용평가 등급별 보증료율

구분	대지비 부분	건축비 부분				
		1등급	2등급	3등급	4등급	5등급
AAA, AA	0.138%	0.178%	0.185%	0.192%	0.203%	0.221%
A$^+$		0.194%	0.208%	0.215%	0.226%	0.236%
A$^-$, BBB$^+$		0.216%	0.225%	0.231%	0.242%	0.261%
BBB$^-$		0.232%	0.247%	0.255%	0.267%	0.301%
BB$^+$ ~ CC		0.254%	0.276%	0.296%	0.314%	0.335%
C, D		0.404%	0.427%	0.461%	0.495%	0.531%

※ (대지비 부분 보증료)=(대지비 부분 보증금액)×(대지비 부분 보증료율)×(보증서 발급일로부터 입주자 모집공고 안에 기재된 입주 예정 월의 다음 달 말일까지의 해당 일수)÷365
※ (건축비 부분 보증료)=(건축비 부분 보증금액)×(건축비 부분 보증료율)×(보증서 발급일로부터 입주자 모집공고 안에 기재된 입주 예정 월의 다음 달 말일까지의 해당 일수)÷365

- 기여고객 할인율 : 보증료, 거래기간 등을 기준으로 기여도에 따라 6개 군으로 분류하며, 건축비 부분 요율에서 할인 가능

구분	1군	2군	3군	4군	5군	6군
차감률	0.058%	0.050%	0.042%	0.033%	0.025%	0.017%

〈상황〉
- 갑 : 신용등급은 A$^+$이며, 3등급 아파트 보증금을 내야 한다. 기여고객 할인율에서는 2군으로 선정되었다.
- 을 : 신용등급은 C이며, 1등급 아파트 보증금을 내야 한다. 기여고객 할인율은 3군으로 선정되었다.

① 554,000원
② 566,000원
③ 582,000원
④ 591,000원
⑤ 623,000원

특징
▶ 대부분 의사소통능력, 수리능력, 문제해결능력을 중심으로 출제(일부 기업의 경우 자원관리능력, 조직이해능력을 출제)
▶ 자료에 대한 추론 및 해석 능력을 요구

대행사
▶ 엑스퍼트컨설팅, 커리어넷, 태드솔루션, 한국행동과학연구소(행과연), 휴노 등

모듈형

41 문제해결절차의 문제 도출 단계는 (가)와 (나)의 절차를 거쳐 수행된다. 다음 중 (가)에 대한 설명으로 적절하지 않은 것은?

(가)	→	(나)
전체 문제를 개별화된 이슈들로 세분화		문제에 영향력이 큰 핵심이슈를 선정

① 문제의 내용 및 영향 등을 파악하여 문제의 구조를 도출한다.
② 본래 문제가 발생한 배경이나 문제를 일으키는 메커니즘을 분명히 해야 한다.
③ 현상에 얽매이지 말고 문제의 본질과 실제를 봐야 한다.
④ 눈앞의 결과를 중심으로 문제를 바라봐야 한다.
⑤ 문제 구조 파악을 위해서 Logic Tree 방법이 주로 사용된다.

특징
▶ 이론 및 개념을 활용하여 푸는 유형
▶ 채용 기업 및 직무에 따라 NCS 직업기초능력평가 10개 영역 중 선발하여 출제
▶ 기업의 특성을 고려한 직무 관련 문제를 출제
▶ 주어진 상황에 대한 판단 및 이론 적용을 요구

대행사 ▶ 인트로맨, 휴스테이션, ORP연구소 등

피듈형(PSAT형 + 모듈형)

07 다음 자료를 근거로 판단할 때, 연구모임 A ~ E 중 세 번째로 많은 지원금을 받는 모임은?

〈지원계획〉

• 지원을 받기 위해서는 한 모임당 5명 이상 9명 미만으로 구성되어야 한다.
• 기본지원금은 모임당 1,500천 원을 기본으로 지원한다. 단, 상품개발을 위한 모임의 경우는 2,000천 원을 지원한다.
• 추가지원금

등급	상	중	하
추가지원금(천 원/명)	120	100	70

※ 추가지원금은 연구 계획 사전평가결과에 따라 달라진다.
• 협업 장려를 위해 협업이 인정되는 모임에는 위의 두 지원금을 합한 금액의 30%를 별도로 지원한다.

〈연구모임 현황 및 평가결과〉

특징
▶ 기초 및 응용 모듈을 구분하여 푸는 유형
▶ 기초인지모듈과 응용업무모듈로 구분하여 출제
▶ PSAT형보다 난도가 낮은 편
▶ 유형이 정형화되어 있고, 유사한 유형의 문제를 세트로 출제

대행사 ▶ 사람인, 스카우트, 인크루트, 커리어케어, 트리피, 한국사회능력개발원 등

한국도로공사

글의 제목 ▶ 유형

11 다음 글의 제목으로 가장 적절한 것은?

'5060세대'. 몇 년 전까지만 해도 그들은 사회로부터 '지는 해' 취급을 받았다. '오륙도'라는 꼬리표를 달아 일터에서 밀어내고, 기업은 젊은 고객만 왕처럼 대우했다. 젊은 층의 지갑을 노려야 돈을 벌 수 있다는 것이 기업의 마케팅 전략이었기 때문이다.

그러나 최근 들어 상황이 달라졌다. 5060세대가 새로운 소비 군단으로 주목되기 시작한 가장 큰 이유는 고령화 사회로 접어들면서 시니어(Senior) 마켓 시장이 급속도로 커지고 있는 데다 이들이 돈과 시간을 가장 넉넉하게 가진 세대이기 때문이다. 2010년이면 50대 이상 인구 비중이 30%에 이르면서 50대 이상을 겨냥한 시장 규모가 100조 원대까지 성장할 예정이다.

통계청이 집계한 가구주 나이별 가계수지 자료를 보면, 한국 사회에서는 50대 가구주의 소득이 가장 높다. 월평균 361만 5000원으로 40대의 소득보다도 높은 것으로 집계되었다. 가구주 나이가 40대인 가구의 가계수지를 보면, 소득은 50대보다 적으면서도 교육 관련 지출(45만 6,400원)이 압도적으로 높아 소비 여력이 낮은 편이다. 그러나 50대 가구주의 경우 소득이 높으면서 소비 여력 또한 충분하다. 50대 가구주의 처분가능소득은 288만 7,500원으로 전 연령층에서 가장 높다.

이들이 신흥 소비군단으로 떠오르면서 '애플(APPLE)족'이라는 마케팅 용어까지 등장했다. 활동적이고(Active) 자부심이 강하며(Pride) 안정적으로(Peace) 고급문화(Luxury)를 즐기는 경제력(Economy) 있는 50대 이후 세대를 뜻하는 말이다. 통계청은 여행과 레저를 즐기는 5060세대를 '2008 주목해야 할 블루슈머7' 가운데 하나로 선정했다. 과거 5060세대는 자식을 보험으로 여기며 자식에게 의존하면서 살아가는 전통적인 노인이었다. 그러나 애플족은 자녀로부터 독립해 자기만의 새로운 인생을 추구한다. 이러한 특성으로 최근 '통크족(TONK: Two Only, No Kids)'이라는 별칭

암호 규칙 ▶ 유형

※ 한국도로공사의 ICT센터는 정보보안을 위해 직원의 컴퓨터 암호를 아래와 같은 규칙으로 지정해두었다. 이어지는 질문에 답하시오. [7~9]

〈규칙〉

1. 자음과 모음의 배열은 국어사전의 배열 순서에 따른다.
   • 자음
     – 국어사전 배열 순서에 따라 알파벳 소문자(a, b, c, …)로 치환하여 사용한다.
     – 받침으로 사용되는 자음의 경우 대문자로 구분한다.
     – 겹받침일 경우, 먼저 쓰인 순서대로 알파벳을 나열한다.
   • 모음
     – 국어사전 배열 순서에 따라 숫자(1, 2, 3, …)로 치환하여 사용한다.
2. 비밀번호는 임의의 세 글자로 구성하되 마지막 음절 뒤 한 자리 숫자는 다음의 규칙에 따라 지정한다.
   • 음절에 사용된 각 모음의 합으로 구성한다.
   • 모음의 합이 두 자리 이상일 경우엔 각 자릿수를 다시 합하여 한 자리 수가 나올 때까지 더한다.
   • '–'을 사용하여 단어와 구별한다.

07 송 주임 컴퓨터의 암호 'l15Cd5r14F-7'을 바르게 풀이한 것은?

① 워크숍   ② 원더풀
③ 온누리   ④ 올림픽

코레일 한국철도공사

글의 제목 ▶ 유형

2024년 적중

01 다음 글의 제목으로 가장 적절한 것은?

> 중세 유럽에서는 토지나 자원을 왕실이 소유하고 있었다. 사람들은 이러한 토지나 자원을 이용하려면 일정한 비용을 지불해야 했다. 예를 들어 광산을 개발하거나 수산물을 얻는 사람들은 해당 자원의 이용에 대한 비용을 왕실에 지불하였고 이는 왕실의 권력과 부의 유지를 돕는 동시에 국가의 재정을 보충하는 역할을 하였는데, 이때 지불한 비용이 바로 로열티이다.
> 로열티의 개념은 산업 혁명과 함께 발전하였다. 산업 혁명을 통해 특허, 상표 등의 지적 재산권이 보호되기 시작하면서 기업들은 이러한 권리를 보유한 개인이나 조직에게 사용에 대한 보상을 지불하게 되었다. 지적 재산권은 기업이 특정한 기술, 디자인, 상표 등을 보유하고 있을 때 그들에게 독점적인 권리를 제공하는 것이며, 이러한 권리의 보호와 보상을 위해 로열티 제도가 도입되었다.
> 로열티는 기업과 지적 재산권 소유자 간의 계약에 의해 설정되는 형태로 발전하였다. 기업이 특정 제품을 판매하거나 특정 기술을 이용하는 경우 지적 재산권 소유자에게 계약에 따라 정해진 로열티를 지불하게 된다. 이로써 지적 재산권을 보유한 개인이나 조직은 자신들의 창작물이나 기술의 사용

K-water 한국수자원공사

장소 선정 ▶ 유형

2024년 적중

※ 한국수자원공사에서는 새로운 직원을 채용하기 위해 채용시험을 실시하고자 한다. 다음은 공사에서 채용시험을 실시할 때, 필요한 〈조건〉과 채용시험장 후보 대상을 정리한 자료이다. 이어지는 질문에 답하시오.
[33~34]

〈조건〉
- 신입직 지원자는 400명이고, 경력직 지원자는 80명이다(단, 지원자 모두 시험에 응시한다).
- 시험은 방송으로 진행되므로 스피커가 있어야 한다.
- 시험 안내를 위해 칠판이나 화이트보드가 있어야 한다.
- 신입직의 경우 3시간, 경력직의 경우 2시간 동안 시험이 진행된다.
- 비교적 비용이 저렴한 시설을 선호한다.

〈채용시험장 후보 대상〉

구분	A중학교	B고등학교	C대학교	D중학교
수용 가능 인원	380명	630명	500명	460명
시간당 대여료	300만 원	450만 원	700만 원	630만 원
시설	스피커, 화이트보드	스피커, 칠판	칠판, 스피커	화이트보드, 스피커
대여 가능 시간	토 ~ 일요일 10 ~ 13시	일요일 09 ~ 12시	토 ~ 일요일 14 ~ 17시	토요일 14 ~ 17시

33 한국수자원공사가 신입직 채용시험을 토요일에 실시한다고 할 때, 다음 중 채용시험 장소로 가장 적절한 곳은?

① A중학교
② B고등학교
③ C대학교
④ D중학교

주요 공기업 적중 문제 TEST CHECK

띄어쓰기 ▶ 유형

02 다음 중 띄어쓰기가 옳지 않은 문장은?

① 강아지가 집을 나간지 사흘 만에 돌아왔다.
② 북어 한 쾌는 북어 스무 마리를 이른다.
③ 박승후 씨는 국회의원 출마 의사를 밝혔다.
④ 나는 주로 삼학년을 맡아 미술을 지도했다.

업체 선정 ▶ 유형

21 한국부동산원은 직원들의 체력증진 및 건강개선을 위해 점심시간을 이용해 운동 프로그램을 운영하고자 한다. 해당 프로그램을 운영할 업체는 직원들을 대상으로 한 사전조사 결과를 바탕으로 정한 선정점수에 따라 결정된다. 다음 〈조건〉에 따라 업체를 선정할 때, 최종적으로 선정될 업체는?

〈후보 업체 사전조사 결과〉

업체명	프로그램	흥미 점수	건강증진 점수
A업체	집중GX	5점	7점
B업체	필라테스	7점	6점
C업체	자율 웨이트	5점	5점
D업체	근력운동	6점	4점
E업체	스피닝	4점	8점

〈조건〉

- 한국부동산원은 전 직원들을 대상으로 후보 업체들에 대한 사전조사를 하였다. 각 후보 업체에 대한 흥미 점수와 건강증진 점수는 전 직원들이 10점 만점으로 부여한 점수의 평균값이다.
- 흥미 점수와 건강증진 점수를 2:3의 가중치로 합산하여 1차 점수를 산정하고, 1차 점수가 높은 후보 업체 3개를 1차 선정한다.
- 1차 선정된 후보 업체 중 흥미점수와 건강증진 점수에 3:3 가중치로 합산하여 2차 점수를 산정한다.
- 2차 점수가 가장 높은 1개의 업체를 최종적으로 선정한다. 만일 1차 선정된 후보 업체들의 2차 점수가 모두 동일한 경우, 건강증진 점수가 가장 높은 후보업체를 선정한다.

① A업체   ② B업체
③ C업체   ④ D업체
⑤ E업체

TS한국교통안전공단

옳지 않은 그래프 ▶ 유형

32 다음은 지역별 초·중·고등학교 개수에 대한 자료이다. 이에 대한 그래프로 옳지 않은 것은?(단, 모든 그래프의 단위는 '개'이다)

〈지역별 초·중·고등학교 현황〉

(단위 : 개)

구분	초등학교	중학교	고등학교
서울	680	660	590
인천	880	820	850
경기	580	520	490
강원	220	180	190
대전	180	150	140
충청	320	290	250
경상	380	250	280
전라	420	390	350
광주	190	130	120
대구	210	160	140
울산	150	120	110
부산	260	220	230
제주	110	100	100
합계	4,580	3,990	3,840

※ 수도권은 서울, 인천, 경기 지역이다.

① 수도권 지역 초·중·고등학교 수

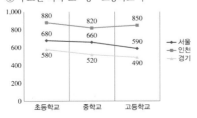

② 광주, 울산, 제주 지역별 초·중·고등학교 수

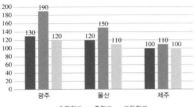

1 최종모의고사 + OMR을 활용한 실전 연습

한국도로공사 신입사원 필기시험

제1회 모의고사

문항 수 : 100문항
시험시간 : 110분

제 1영역 직업기초능력평가

01 다음 글을 읽고 이해한 내용으로 적절하지 않은 것은?

유료도로제도는 국가재정만으로는 부족한 도로건설재원을 마련하기 위해 도로법의 특례인 유료도로법을 적용하여 도로 이용자에게 통행요금을 부담하게 하는 제도이다.

도로는 국민의 생활과 밀접하게 관련되고 경제활동을 지원하는 기반으로서 필수불가결한 시설이다. 따라서 도로의 건설과 관리는 행정주체인 국가와 지방자치단체의 책임에 속하며 조세 등의 일반재원으로 건설된 도로는 무료로 사용하는 것이 원칙이다. 그러나 현대의 상황에서는 도로정비에 있어 한정된 일반재원에 의한 공공사업비만으로는 도저히 급증하는 도로교통수요에 대처할 수 없는 실정이다. 이와 같이 조세 등에 의한 일반 회계 세입으로는 필요한 도로사업을 위한 비용을 조달할 수 없다는 사정에 비추어 국가와 지방자치단체가 도로를 정비함에 있어 부족한 재원을 보충하는 방법으로 차입금을 사용하여 완성한 도로에 대해서는 통행요금을 수납하여 투자비를 회수하는 방식이 인정되게 되었다. 이것이 바로 유료도로제도이다.

우리나라에서도 국가 경제발전에 중요한 부분을 담당하는 고속국도의 시급한 정비와 재원조달의 어려움을 극복하기 위하여 유료도로제도가 도입되었는데, 1968년 12월 경인고속도로가 개통되면서 수익자 부담원칙에 따라 통행요금을 수납하기 시작했다.

우리나라의 가장 대표적인 유료도로는 한국도로공사가 관리하는 고속국도가 있으며, 각 지방자치단체가 건설하고 관리하는 일반 유료도로에도 일부 적용되고 있다. 대한민국 법령집을 보면 각종 시행령, 시행규칙을 포함하여 약 3,300개 의 법령이 있는데, 그중 도로와 직·간접적으로 관련된 법령은 784이다.

유료도로와 관련된 법령은 약 23개로 도로법, 유료도로법, 고속국도법, 한국도로공사법 등이 있다.

① 일반
② 유료
③ 우리
④ 우리

한국도로공사 필기전형 답안카드

성 명

지원 분야

문제지 형별기재란

( )형 ⓐ
ⓑ

수 험 번 호

직업기초능력평가				직무수행능력평가	
1 ① ② ③ ④	21 ① ② ③ ④	41 ① ② ③ ④	61 ① ② ③ ④ ⑤	81 ① ② ③ ④ ⑤
2 ① ② ③ ④	22 ① ② ③ ④	42 ① ② ③ ④	62 ① ② ③ ④ ⑤	82 ① ② ③ ④ ⑤
3 ① ② ③ ④	23 ① ② ③ ④	43 ① ② ③ ④	63 ① ② ③ ④ ⑤	83 ① ② ③ ④ ⑤
4 ① ② ③ ④	24 ① ② ③ ④	44 ① ② ③ ④	64 ① ② ③ ④ ⑤	84 ① ② ③ ④ ⑤
5 ① ② ③ ④	25 ① ② ③ ④	45 ① ② ③ ④	65 ① ② ③ ④ ⑤	85 ① ② ③ ④ ⑤
6 ① ② ③ ④	26 ① ② ③ ④	46 ① ② ③ ④	66 ① ② ③ ④ ⑤	86 ① ② ③ ④ ⑤
7 ① ② ③ ④	27 ① ② ③ ④	47 ① ② ③ ④	67 ① ② ③ ④ ⑤	87 ① ② ③ ④ ⑤
8 ① ② ③ ④	28 ① ② ③ ④	48 ① ② ③ ④	68 ① ② ③ ④ ⑤	88 ① ② ③ ④ ⑤
9 ① ② ③ ④	29 ① ② ③ ④	49 ① ② ③ ④	69 ① ② ③ ④ ⑤	89 ① ② ③ ④ ⑤
10 ① ② ③ ④	30 ① ② ③ ④	50 ① ② ③ ④	70 ① ② ③ ④ ⑤	90 ① ② ③ ④ ⑤
11 ① ② ③ ④	31 ① ② ③ ④	51 ① ② ③ ④	71 ① ② ③ ④ ⑤	91 ① ② ③ ④ ⑤
12 ① ② ③ ④	32 ① ② ③ ④	52 ① ② ③ ④	72 ① ② ③ ④ ⑤	92 ① ② ③ ④ ⑤
13 ① ② ③ ④	33 ① ② ③ ④	53 ① ② ③ ④	73 ① ② ③ ④ ⑤	93 ① ② ③ ④ ⑤
14 ① ② ③ ④	34 ① ② ③ ④	54 ① ② ③ ④	74 ① ② ③ ④ ⑤	94 ① ② ③ ④ ⑤
15 ① ② ③ ④	35 ① ② ③ ④	55 ① ② ③ ④	75 ① ② ③ ④ ⑤	95 ① ② ③ ④ ⑤
16 ① ② ③ ④	36 ① ② ③ ④	56 ① ② ③ ④	76 ① ② ③ ④ ⑤	96 ① ② ③ ④ ⑤
17 ① ② ③ ④	37 ① ② ③ ④	57 ① ② ③ ④	77 ① ② ③ ④ ⑤	97 ① ② ③ ④ ⑤
18 ① ② ③ ④	38 ① ② ③ ④	58 ① ② ③ ④	78 ① ② ③ ④ ⑤	98 ① ② ③ ④ ⑤
19 ① ② ③ ④	39 ① ② ③ ④	59 ① ② ③ ④	79 ① ② ③ ④ ⑤	99 ① ② ③ ④ ⑤
20 ① ② ③ ④	40 ① ② ③ ④	60 ① ② ③ ④	80 ① ② ③ ④ ⑤	100 ① ② ③ ④ ⑤

감독위원 확인

(인)

※ 본 답안지는 마킹연습용 모의 답안지입니다.

▶ 최종모의고사와 OMR 답안카드를 수록하여 실제로 시험을 보는 것처럼 최종 마무리 연습을 할 수 있도록 하였다.
▶ 모바일 OMR 답안채점/성적분석 서비스를 통해 필기전형에 완벽히 대비할 수 있도록 하였다.

2 전공까지 한 권으로 최종 마무리

▶ 전공[경영·법정·토목(일반)] 최종모의고사를 수록하여 전공까지 대비할 수 있도록 하였다.

3 상세한 해설로 정답과 오답을 완벽하게 이해

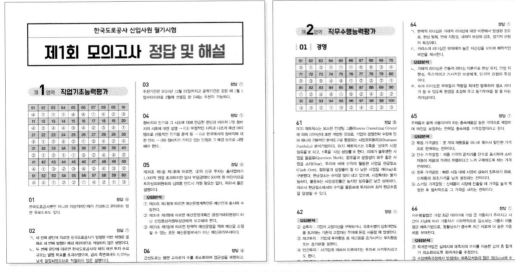

▶ 정답과 오답에 대한 상세한 해설을 수록하여 혼자서도 학습할 수 있도록 하였다.

이 책의 차례 CONTENTS

제1회
한국도로공사

직업기초능력평가 +
직무수행능력평가
[경영 · 법정 · 토목(일반)]

〈문항 및 시험시간〉

평가영역		문항 수	시험시간	모바일 OMR 답안분석	
행정직	[NCS] 의사소통능력 / 수리능력 / 문제해결능력 / 정보능력 [전공] 경영 / 법정	100문항	110분	경영	법정
기술직	[NCS] 의사소통능력 / 수리능력 / 문제해결능력 / 정보능력 [전공] 토목(일반)	100문항	110분	토목(일반)	

제1회 모의고사

문항 수 : 100문항
시험시간 : 110분

제1영역 직업기초능력평가

01 다음 글을 읽고 이해한 내용으로 적절하지 않은 것은?

> 유료도로제도는 국가재정만으로는 부족한 도로건설재원을 마련하기 위해 도로법의 특례인 유료도로법을 적용하여 도로 이용자에게 통행요금을 부담하게 하는 제도이다.
>
> 도로는 국민의 생활과 밀접하게 관련되고 경제활동을 지원하는 기반으로서 필수불가결한 시설이다. 따라서 도로의 건설과 관리는 행정주체인 국가와 지방자치단체의 책임에 속하며 조세 등의 일반재원으로 건설된 도로는 무료로 사용하는 것이 원칙이다. 그러나 현대의 상황에서는 도로정비에 있어 한정된 일반재원에 의한 공공사업비만으로는 도저히 급증하는 도로교통수요에 대처할 수 없는 실정이다. 이와 같이 조세 등에 의한 일반 회계 세입으로는 필요한 도로사업을 위한 비용을 조달할 수 없다는 사정에 비추어 국가와 지방자치단체가 도로를 정비함에 있어 부족한 재원을 보충하는 방법으로 차입금을 사용하여 완성한 도로에 대해서는 통행요금을 수납하여 투자비를 회수하는 방식이 인정되게 되었다. 이것이 바로 유료도로제도이다.
>
> 우리나라에서도 국가 경제발전에 중요한 부분을 담당하는 고속국도의 시급한 정비와 재원조달의 어려움을 극복하기 위하여 유료도로제도가 도입되었는데, 1968년 12월 경인고속도로가 개통되면서 수익자 부담원칙에 따라 통행요금을 수납하기 시작했다.
>
> 우리나라의 가장 대표적인 유료도로는 한국도로공사가 관리하는 고속도로가 있으며, 각 지방자치단체가 건설하고 관리하는 일반 유료도로에도 일부 적용되고 있다. 대한민국 법령집을 보면 각종 시행령, 시행규칙을 포함하여 약 3,300개의 법령이 있는데, 그중 도로와 직·간접적으로 관련된 법령은 784개이다.
>
> 유료도로와 관련된 법령은 약 23개로 도로법, 유료도로법, 고속국도법, 한국도로공사법 등이 있다.

① 일반재원으로 건설된 도로는 무료 사용이 원칙이다.

② 유료도로와 관련된 법령은 도로법, 유료도로법, 고속국도법, 한국도로공사법 등이 있다.

③ 우리나라에서 유료도로제도가 제일 처음 도입된 것은 경인고속도로이다.

④ 우리나라의 유료도로는 모두 한국도로공사가 관리하고 있다.

02 다음은 한국도로공사의 해외 채권 발행과 관련된 보도자료이다. 이에 대한 설명으로 적절하지 않은 것을 〈보기〉에서 모두 고르면?

한국도로공사는 지난 15일(월) 아시아 금융시장에서 3억 달러(한화 약 3천 4백억 원) 규모의 3년 만기 해외 채권 발행에 성공했다고 밝혔다. 이번 채권 발행은 지난 9월 대한민국 정부의 외국환평형기금채권 발행 이후 공기업 최초로, 시티 글로벌 마켓, JP모건 및 소시에떼 제너럴 증권이 주관사로 참여했다.

한국도로공사는 미국의 기준금리 인상, 미·중 무역 분쟁 우려로 인한 시장 변동 폭 확대와 투자 심리 위축 등 어려운 여건 속에서도 발행 목표의 약 13배 수준인 약 38억 달러(한화 4조 3천억 원)의 투자 수요를 모았다. 그 결과, 금리는 당초 희망했던 연 3.875%보다 0.25%p 낮은 연 3.625%로 결정됐다. 정부 외국환평형기금채권의 성공적 발행과 최근 정상회담 개최 등 한국 관련 채권에 대한 해외투자자들의 우호적인 기조를 적시에 잘 활용한 것으로 평가된다.

매수 주문은 아시아가 46%, 미국이 33%, 유럽이 31%이며, 투자자 유형은 자산운용사가 62%, 중앙은행 및 국부펀드가 18%, 은행이 13%, 보험사가 5%, 프라이빗 뱅크와 기타 투자자들이 2%의 비율을 차지했다.

한편, 이번 채권 발행으로 한국도로공사는 연초 8억 홍콩달러의 사모 채권과 13억 위안 포모사 채권에 이어 올해 세 번째 해외 채권을 발행했다. 자금 조달의 다변화를 통해 조달비용 절감 성과를 거둔 것으로 나타났다.

한국도로공사 관계자는 "이번 채권 발행은 3개월 전부터 국제금융시장 모니터링, 적극적인 해외투자설명회 등을 바탕으로 가능했다."며 "아시아, 유럽, 미국 등 다양한 국가의 투자자들로부터 한국도로공사의 높은 신용도를 다시 한 번 확인할 수 있었다."고 말했다.

〈보기〉

ㄱ. 한국도로공사가 발행한 이번 해외 채권은 올해 최초로 발행한 해외 채권이다.
ㄴ. 한국도로공사의 해외 채권은 투자 수요와 금리 측면에서 모두 목표치를 달성하지 못했다.
ㄷ. 올해 9월에 발행한 정부의 외국환평형기금채권은 한국도로공사의 이번 채권 발행에 긍정적 영향을 미쳤다.
ㄹ. 이번 한국도로공사의 해외 채권은 보험사보다는 자산운용사의 수요가 많았다.

① ㄱ, ㄴ　　　　　　　　　　　　② ㄱ, ㄷ
③ ㄴ, ㄷ　　　　　　　　　　　　④ ㄴ, ㄹ

03 A씨는 경부고속도로에서 신속한 사고 제보로 추가 사고를 막은 B씨를 의인상 후보로 추천하려고 한다. A씨가 이해한 내용으로 적절하지 않은 것은?

〈고속도로 의인(義人)을 찾습니다〉

1. 추천대상
   안전한 고속도로를 만들기 위해 고속도로 현장에서 남다른 시민의식을 발휘한 개인 / 단체
   ※ 한국도로공사가 관리 중인 고속도로와 민자고속도로 포함

선정기준
(1) 고속도로 교통사고 등 위급상황에서 인명을 구한 경우
(2) 사고 제보로 교통사고의 신속한 처리에 기여한 경우
(3) 현장 구조·구급활동 지원으로 추가 피해를 방지한 경우
(4) 기타 의로운 행동 및 남다른 선행으로 인정하는 경우

2. 추천자격
   개인 / 단체 등 누구나 추천 가능
   ※ 단, 개인 / 단체 등의 본인 추천은 불가능

3. 추천기간
   2024. 12. 31.까지(공적기간은 2024. 1. 1.부터 적용)

4. 추천방법
   '고속도로 의인상' 추천서 작성 및 증빙자료(블랙박스 영상 등)와 함께 이메일 또는 우편 제출
   ※ 양식 등 세부내용은 한국도로공사, 고속도로장학재단 홈페이지 참고

5. 포상절차

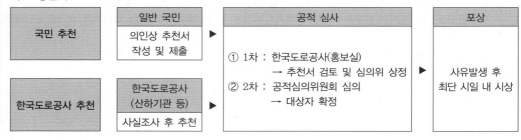

6. 포상
   공적에 따라, 감사패 및 포상금(1천만 원 ~ 1백만 원) 지급
   ※ 선정된 의인을 추천한 분에게는 소정의 상품 지급

7. 문의
   한국도로공사 콜센터, 고속도로장학재단

① B씨의 선행을 본 게 2024년 2월이니까 추천기간에 포함되지 않으므로 추천이 불가능하군.
② B씨의 선행은 선정기준에 해당하고 경부고속도로는 한국도로공사에서 관리하므로 적절해.
③ 당시 상황이 찍힌 블랙박스 영상을 추천서와 함께 보내야지.
④ 심사는 추천자와 상관없이 두 차례에 걸쳐 진행되는군.

04 다음 문단에 이어질 내용을 논리적 순서대로 바르게 나열한 것은?

청바지는 모든 사람이 쉽게 애용할 수 있는 옷이다. 말 그대로 캐주얼의 대명사인 청바지는 내구력과 범용성 면에서 다른 옷에 비해 뛰어나고, 패션적으로도 무난하다는 점에서 옷의 혁명이라 일컬을 만하다. 그러나 청바지의 시초는 그렇지 않았다.

(가) 청바지의 시초는 광부들의 옷으로 알려졌다. 정확히 말하자면 텐트용으로 주문받은 천을 실수로 푸른색으로 염색한 바람에 텐트납품계약이 무산되자, 재고가 되어 버린 질긴 천을 광부용 옷으로 변용해 보자는 아이디어에서 시작된 것이다.

(나) 청바지의 패션 아이템화는 한국에서도 크게 다르지 않다. 나팔바지, 부츠컷, 배기팬츠 등 다양한 변용이 있으나, 세대차이라는 말이 무색할 만큼 과거에서나 현재에서나 많은 사람이 청바지를 캐주얼한 패션 아이템으로 활용하는 것을 볼 수 있다.

(다) 비록 시작은 그리하였지만, 청바지는 이후 패션 아이템으로 선풍적인 인기를 끌었다. 과거 유명한 서구 남성 배우들의 아이템에는 꼭 청바지가 있었다고 해도 과언이 아닌데, 그 예로는 제임스 딘이 있다.

(라) 청바지는 주재료인 데님의 성질로 활동성을 보장하기 어려웠던 부분을 단점으로 들 수 있겠으나, 2000년대 들어 스판덱스가 첨가된 청바지가 사용되기 시작하면서 그러한 문제도 해결되어 전천후 의류로 기능하고 있다.

① (가) – (다) – (나) – (라)
② (가) – (다) – (라) – (나)
③ (다) – (가) – (라) – (나)
④ (라) – (다) – (가) – (나)

05 다음은 H공사의 예산편성 및 운영지침의 일부이다. 이에 따른 설명으로 옳은 것은?

운영계획 수립 및 보고(제20조)
① 예산운영계획안은 예산안과 동시에 수립하여, 예산안과 함께 이사회에 상정하여 심의·의결할 수 있다.
② 운영계획에는 전력 판매계획, 전력 구입계획, 설비 투자계획 및 기능별 예산의 분기별 집행계획을 포함한다.
③ 예산운영계획은 공공기관 운영에 관한 법률 제41조의 규정에 따라 기획재정부장관, 산업통상자원부장관에 보고한다.

집행계획 수립(제21조)
① 예산관리부서는 예산이 확정되면, 지체 없이 집행계획을 수립하여, 예산운영부서에 통보한다. 다만, 효율적인 집행계획을 수립하기 위하여 예산확정 이전이라도 집행 계획 수립에 착수할 수 있다.
② 예산집행시기, 방침의 미확정 등으로 배정이 곤란한 경우와 예산절감 및 예산편성 후 여건변동에 대비하고 예산운영의 탄력성을 기하기 위하여 확정된 예산의 일부를 유보하여 운영할 수 있다.
③ 예산운영부서는 예산관리부서의 집행계획을 반영하여 자체 집행계획을 수립한다.

예산의 전용 및 조정(제23조)
① 예산관리부서는 예산운영상 필요한 경우 수입·지출 계획서의 단위사업 내 항목 간 및 단위사업 간의 금액을 전용할 수 있다. 단, 투자비와 기타 항목 간 전용은 제외한다.
② 예산관리부서는 예산운영의 탄력성을 확보하기 위하여 예산을 조정할 수 있다.
③ 예산주관부서와 예산운영부서는 배정받은 예산을 조정권한 범위 내에서 조정하여 집행할 수 있다.
④ 다음 각 호의 사유로 예산을 전용 또는 조정하고자 할 경우에는 사전에 이사회 의결을 거쳐야 한다.
    1. 인건비, 급여성 복리후생비, 경상경비 총액 증액
    2. 자본예산 총액 증액
    3. 정부출자금 또는 국고보조금을 받거나 정부예산에 의한 대행사업 또는 정부지시에 의한 특수사업의 수행
    4. 수입·지출 계획서상의 단위사업 총액을 증액하거나, 단위사업 간 전용

투자심의위원회 운영(제36조)
① 다음의 사업은 예산관리부서가 주관하는 투자심의위원회의 심의를 거쳐야 한다.
    1. 총사업비가 1,000억 원 이상이면서, 당사 부담금액이 500억 원 이상인 신규 투자 및 출자사업
    2. 투자심의를 거친 사업 중 총사업비가 30% 이상 증가한 사업
    3. 투자심의를 거치지 않은 사업이 사업추진 중에 투자심의 대상규모 이상으로 증가할 것으로 예상되는 사업
    4. 투자심의 대상사업 중 투자심의를 거치지 아니하고 예산을 집행중인 사업
② 예산관리부서는 제1항에 따른 투자심의위원회 운영절차를 별도로 마련하여 운영한다.

① 예산운영계획안은 예산안 수립이 완료된 이후에 해당 예산안을 바탕으로 수립된다.
② 예산운영계획은 기획재정부장관과 공정거래위원장에게 보고한다.
③ 예산운영부서는 탄력적 예산운영을 위해 예산을 조정할 수 있다.
④ 총사업비가 1,200억 원이면서, 당사 부담금액이 350억 원인 신규 투자는 투자심의위원회의 심의를 거치지 않아도 된다.

06 다음 글의 내용으로 적절하지 않은 것은?

> 「도로법」에 따르면 국가가 관리하는 간선도로는 고속도로와 일반국도이다. 「도로의 구조·시설 기준에 관한 규칙」에서는 주간선도로를 고속도로, 일반국도, 특별시도·광역시도로 분류하고 있다. 「도로법」, 「도로의 구조·시설 기준에 관한 규칙」에서 제시한 간선도로의 범주에는 고속도로, 자동차전용도로, 일반국도, 특별시도·광역시도가 포함된다.
>
> 간선도로는 접근성에 비해 이동성이 강조되며 국가도로망에서 중심적 역할을 하고 있어 통과 교통량이 많고, 장거리 통행의 비율이 높아 차량당 평균 통행거리가 긴 특성을 가진다. 또한, 자동차전용도로 등 고규격 도로 설계를 통한 빠른 통행속도를 지향한다.
>
> 미국은 도로의 기능을 이동성과 접근성으로 구분하고 간선도로는 이동성이 중요하다고 제시하고 있다. 높은 수준의 이동성을 제공하는 도로를 '간선도로', 높은 수준의 접근성을 제공하는 도로를 '국지도로'로 분류하고 두 가지 기능이 적절히 섞인 도로를 '집산도로'로 구분하고 있다.
>
> 이동성과 접근성 이외에도 간선도로의 중요한 요인으로 통행 효율성, 접근지점, 제한속도, 노선간격, 교통량, 주행거리 등이 꼽힌다. 통행 효율성 측면에서 사람들이 경로를 선택할 때 우선적으로 고려하는 도로는 가장 적게 막히면서 최단 시간에 갈 수 있는 도로이며, 간선도로는 이러한 특징을 갖고 있다. 접근지점 측면에서 간선도로는 완전 또는 부분적으로 접근이 제한된 형태로 나타나거나, 교통의 흐름을 방해하는 진출입을 최소한으로 한다. 따라서 장거리 통행은 주로 간선도로상에서 이루어진다. 속도 측면에서 간선도로는 이동성을 높이기 위해 제한속도가 높으며, 평면 교차로의 수가 적거나 거의 없다. 노선 간격은 집산도로보다는 넓은 간격을 두고 설치된다.
>
> 또 다른 간선도로의 중요한 특징은 교통량이 많고 차량 주행거리가 긴 장거리 통행이 많이 발생하고, 이에 따라 일별 차량 통행거리가 높다는 점이다. 공간적으로 봤을 때, 간선도로는 나라 전체를 가로지르며 인구가 많은 지역을 연결한다.

① 간선도로란 국가도로망에서 중심적인 역할을 하는 중요한 기능을 수행하는 도로이다.

② 간선도로는 차량당 평균 통행거리가 긴 특성을 가지고 있어 이동성이 강조된다.

③ 간선도로는 가장 적게 막히면서 최단 시간에 갈 수 있어 경로를 선택할 때 우선적으로 고려하는 도로이다.

④ 간선도로는 평면 교차로의 수를 최소화하여 접근성을 높이고, 인구를 분산시킨다.

예전에 비해 많은 사람이 안전띠를 착용하지만, 우리나라 안전띠 착용률은 여전히 매우 낮다. 몇 년 전 일본과 독일에서 조사한 승용차 앞좌석 안전띠 착용률은 각각 98%와 97%를 기록했다. 하지만 같은 해 우리나라는 84.4%에 머물렀다. 특히 뒷좌석 안전띠 착용률은 19.4%로 OECD 국가 중 최하위에 머물렀다.

지난 4월 13일, H공사는 경기도 화성에 있는 자동차안전연구원에서 '부적절한 안전띠 착용 위험성 실차 충돌 시험'을 실시했다. 국내에서 처음 시행한 이번 시험은 안전띠 착용 상태에서 안전띠를 느슨하게 풀어주는 장치 사용(성인, 운전석), 안전띠 미착용 상태에서 안전띠 버클에 경고음 차단 클립 사용(성인, 보조석), 뒷좌석에 놀이방 매트 설치 및 안전띠와 카시트 모두 미착용(어린이, 뒷좌석) 총 세 가지 상황으로 실시했다. 충돌시험을 위해 성인 인체모형 2조와 3세 어린이 인체모형 1조를 활용하여 승용 자동차가 시속 56km로 고정 벽에 정면충돌하도록 했다. 그 결과 놀랍게도 안전띠의 부적절한 사용은 중상 가능성이 최대 99.9%로, 안전띠를 제대로 착용했을 때보다 9배 가량 높게 나타났다.

세 가지 상황별로 살펴보자. 먼저 안전띠를 느슨하게 풀어주는 장치를 사용할 경우다. 중상 가능성은 49.7%로, 올바른 안전띠 착용보다 약 5배 높게 나타났다. 느슨해진 안전띠로 인해 차량 충돌 시 탑승객을 효과적으로 구속하지 못하기 때문이다. 두 번째로 안전띠 경고음 차단 클립을 사용한 경우에는 중상 가능성이 80.3%로 더욱 높아졌다. 에어백이 충격 일부를 흡수하기는 하지만 머리는 앞면 창유리에, 가슴은 크래시 패드에 심하게 부딪친 결과이다. 마지막으로 뒷좌석 놀이방 매트 위에 있던 3세 어린이 인체 모형은 중상 가능성이 99.9%로 생명에 치명적 위험을 초래하는 것으로 나타났다. 어린이 인체모형은 자동차 충격 때문에 튕겨 나가 앞좌석 등받이와 심하게 부딪쳤고, 안전띠와 카시트를 착용한 경우보다 머리 중상 가능성이 99.9%, 가슴 중상 가능성이 93.9% 이상 높았다.

덧붙여 안전띠를 제대로 착용하지 않으면 에어백의 효과도 줄어든다는 사실을 알 수 있었다. 안전띠를 정상적으로 착용하지 않으면, 자동차 충돌 시 탑승자가 앞으로 튕겨 나가려는 힘을 안전띠가 효과적으로 막아주지 못한다. 이러한 상황에서 탑승자가 에어백과 부딪치면 에어백의 흡수 가능 충격량을 초과한 힘이 탑승자에게 가해져 상해율이 높아지는 것이다.

① 생명을 지키는 안전띠, 제대로 맵시다!
② 우리나라 안전띠 착용률, 세계 최하위!
③ 안전띠 경고음 차단 클립의 위험성을 경고한다.
④ 어린이는 차량 뒷좌석에 앉히세요!

08 다음은 H공사의 지속가능경영 보고서의 내용이다. (가) ~ (라) 문단의 주제로 적절하지 않은 것은?

(가) H공사는 국민권익위원회가 주관하는 '2024년도 공공기관 청렴도 측정조사'에서 1등급 평가를 받아, 2년 연속 청렴도 최우수기관으로 선정되었다. 지난 3년 연속 국민권익위원회 주관 부패 방지 시책평가 최우수기관에 선정됨은 물론, 청렴도 측정에서도 전년도에 이어 1등급 기관으로 재차 선정됨에 따라 명실공히 '청렴 생태계' 조성에 앞장서는 공기업으로 자리매김하였다.

(나) 보령화력 3호기가 2023년 9월 27일을 기준으로 세계 최초 6,000일 장기 무고장 운전을 달성하였다. 보령화력 3호기는 순수 국산 기술로 설계하고 건설한 한국형 50만 kW 표준 석탄화력발전소의 효시로서 이 기술을 기반으로 국내에서 20기가 운영 중이며, 지금도 국가 전력산업의 근간을 이루고 있다. 역사적인 6,000일 무고장 운전 달성에는 정기적 교육훈련을 통한 발전 운전원의 높은 기술역량과 축적된 설비 개선 노하우가 큰 역할을 하였다.

(다) 정부 연구개발 국책과제로 추진한 초초임계압 1,000MW급 실증사업을 완료하고, 발전소 국산화와 기술자립, 해외시장 진출 기반을 마련하였다. 본 기술을 국내 최초로 신보령화력발전소에 적용하여 기존 국내 표준 석탄화력 대비 에너지 효율을 높임으로써 연간 약 60만 톤의 온실가스 배출과 약 300억 원의 연료비를 절감하게 되었다. 신보령 건설 이후 발주된 1,000MW급 초초임계압 국내 후속 프로젝트 모두 신보령 모델을 채택함으로써 약 5조 원의 경제적 파급효과를 창출했으며, 본 기술을 바탕으로 향후 협력사와 해외 동반진출을 모색할 계획이다.

(라) 2023년 11월 인도네시아에서 국내 전력그룹사 최초의 해외 수력발전 사업인 왐푸수력발전소를 준공하였다. H공사가 최대 주주(지분 46%)로서 건설관리, 운영 정비 등 본 사업 전반에 걸쳐 주도적 역할을 수행하였으며, 사업 전 과정에 국내 기업이 참여한 대표적인 동반진출 사례로 자리매김하였다. 당사는 약 2,000만 달러를 투자하여 향후 30년간 약 9,000만 달러의 지분투자 수익을 거둬들일 것으로 예상하며, 특히 UN으로부터 매년 24만 톤의 온실가스 저감효과를 인정받고 그에 상응하는 탄소배출권을 확보함으로써 향후 배출권거래제를 활용한 부가수익 창출도 기대하고 있다.

① (가) : 청렴도 평가 1등급, 2년 연속 청렴도 최우수기관 달성
② (나) : 보령화력 3호기 6,000일 무고장 운전, 세계 최장 무고장 운전 기록 경신
③ (다) : 국내 최초 1,000MW급 초초임계압 기술의 적용
④ (라) : 인도네시아 왐푸수력 준공 등 신사업으로 연간 순이익 377억 원 달성

09 다음 글의 제목으로 가장 적절한 것은?

'5060세대'. 몇 년 전까지만 해도 그들은 사회로부터 '지는 해' 취급을 받았다. '오륙도'라는 꼬리표를 달아 일터에서 밀어내고, 기업은 젊은 고객만 왕처럼 대우했다. 젊은 층의 지갑을 노려야 돈을 벌 수 있다는 것이 기업의 마케팅 전략이었기 때문이다.

그러나 최근 들어 상황이 달라졌다. 5060세대가 새로운 소비 군단으로 주목되기 시작한 가장 큰 이유는 고령화 사회로 접어들면서 시니어(Senior) 마켓 시장이 급속도로 커지고 있는 데다 이들이 돈과 시간을 가장 넉넉하게 가진 세대이기 때문이다.

통계청이 집계한 가구주 나이별 가계수지 자료를 보면, 한국 사회에서는 50대 가구주의 소득이 가장 높다. 월평균 361만 500원으로 40대의 소득보다도 높은 것으로 집계되었다. 가구주 나이가 40대인 가구의 가계수지를 보면, 소득은 50대보다 적으면서도 교육 관련 지출(45만 6,400원)이 압도적으로 높아 소비 여력이 낮은 편이다. 그러나 50대 가구주의 경우 소득이 높으면서 소비 여력 또한 충분하다. 50대 가구주의 처분가능소득은 288만 7,500원으로 전 연령층에서 가장 높다.

이들이 신흥 소비군단으로 떠오르면서 '애플족'이라는 마케팅 용어까지 등장했다. 애플족은 활동적이고(Active), 자부심이 강하며(Pride), 안정적으로(Peace) 고급문화(Luxury)를 즐길 수 있는 경제력(Economy) 있는 50대 이후 세대를 뜻하는 말이다. 통계청은 여행과 레저를 즐기는 5060세대를 '주목해야 할 블루슈머 7' 가운데 하나로 선정했다. 과거 5060세대는 자식을 보험으로 여기며 자식에게 의존하면서 살아가는 전통적인 노인이었다. 그러나 애플족은 자녀로부터 독립해 자기만의 새로운 인생을 추구한다. 이러한 특성으로 최근 '통크족(TONK; Two Only, No Kids)'이라는 별칭이 붙게 되었다. 통크족이나 애플족은 젊은 층의 전유물로 여겨졌던 자기중심적이고 감각 지향적인 소비도 주저하지 않는다. 후반전 인생만은 자기가 원하는 일을 하며 멋지게 살아야 한다고 생각하기 때문이다.

애플족은 한국 국민 가운데 해외여행을 가장 많이 하는 세대이기도 하다. 통계청의 사회통계조사에 따르면 50대의 17.5%가 해외여행을 다녀왔다. 이는 20대, 30대보다 높은 수치이다. 그리고 그들은 어떤 지출보다 교양·오락비를 아낌없이 쓰는 것이 특징이다. 전문가들은 애플족의 교양·오락 및 문화에 대한 지출비용은 앞으로도 증가할 것으로 내다보고 있다. 한 사회학과 교수는 "고령사회로 접어들면서 성공적 노화 개념이 중요해짐에 따라 텔레비전 시청, 수면, 휴식 등 소극적 유형의 여가에서 게임 등 재미와 젊음을 찾을 수 있는 진정한 여가로 전환되고 있다."라고 말했다. 이 교수는 젊은이 못지않은 의식과 행동반경을 보이는 5060세대를 겨냥한 다양한 상품과 서비스에 대한 수요가 앞으로도 크게 늘 것이라고 내다보았다.

※ 블루슈머(Bluesumer) : 경쟁자가 없는 시장을 의미하는 블루오션(Blue Ocean)과 소비자(Consumer)의 합성어로 새로운 제품에 적응력이 높고 소비성향을 선도하는 소비자를 의미한다.

① 애플족의 소비 성향
② 5060세대의 사회·경제적 위상 변화
③ 다양한 여가 활동을 즐기는 5060세대
④ 애플족, '주목해야 할 블루슈머 7'로 선정

※ 다음 문단을 논리적 순서대로 바르게 나열한 것을 고르시오. [10~11]

10

(가) 예후가 좋지 못한 암으로 여겨져 왔던 식도암도 정기적 내시경검사로 조기에 발견하여 수술 등 적절한 치료를 받을 경우, 치료 성공률을 높일 수 있는 것으로 밝혀졌다.

(나) 이처럼 조기에 발견해 수술을 받을수록 치료 효과가 높음에도 불구하고 실제로 H병원에서 식도암 수술을 받은 환자 중 초기에 수술을 받은 환자는 25%에 불과했으며, 어느 정도 식도암이 진행된 경우 60%가 수술을 받은 것으로 조사됐다.

(다) 식도암을 치료하기 위해서는 50세 이상의 남자라면 매년 정기적으로 내시경검사, 식도조영술, CT 촬영 등 검사를 통해 식도암을 조기에 발견하는 것이 중요하다.

(라) 서구화된 식습관으로 인해 식도암은 남성의 경우 암질환 중 6번째로 많이 발생하고 있으며, 전체 인구 10만 명당 3명이 사망하는 것으로 나타났다.

(마) H병원 교수팀이 식도암 진단 후 수술을 받은 808명을 대상으로 추적 조사한 결과, 발견 당시 초기에 치료할 경우 생존율이 높았지만, 반대로 말기에 치료할 경우 치료 성공률과 생존율 모두 크게 떨어지는 것으로 나타났다고 밝혔다.

① (다) – (나) – (라) – (마) – (가)   ② (다) – (라) – (나) – (마) – (가)
③ (라) – (가) – (마) – (나) – (다)   ④ (라) – (다) – (마) – (나) – (가)

11

(가) 효율적으로 공공재원을 활용하기 위해서는 사회 생산성 기여를 위한 공간정책이 마련되어야 함과 동시에 주민복지의 거점으로서 기능을 해야 한다. 또한, 도시체계에서 다양한 목적의 흐름을 발생, 집중시키는 거점으로서 다기능·복합화를 실현하여 범위의 경제를 창출해 이용자 편의성을 증대시키고, 공공재원의 효율적 활용에도 기여해야 한다.

(나) 우리나라도 본격적으로 인구 감소 시대에 진입할 가능성이 높아지고 있다. 이미 비수도권의 대다수 시·군에서는 인구가 급속하게 줄어왔으며, 수도권 내 상당수의 시·군에서도 인구정체가 나타나고 있다. 인구 감소 시대에 접어들게 되면, 줄어드는 인구로 인해 고령화 및 과소화가 급속하게 진전된 상태가 될 것이고, 그 결과 취약계층, 교통약자 등 주민의 복지수요가 늘어날 것이다.

(다) 앞으로 공공재원의 효율적 활용, 주민복지의 최소 보장, 자원배분의 정의, 공유재의 사회적 가치 및 생산에 대해 관심을 기울여야 할 것이다. 또한, 인구 감소 시대에 대비하여 창조적 축소, 거점 간 또는 거점과 주변 간 네트워크화 등에 대한 논의, 그와 관련되는 국가와 지자체의 역할 분담, 그리고 이해관계 주체의 연대, 참여, 결속에 대한 논의가 계속적으로 다루어져야 할 것이다.

(라) 이러한 상황에서는 공공재원을 확보와 확충이 어려워지므로 재원의 효율적 활용 요구가 높아질 것이다. 실제로 현재 인구 감소에 따른 고령화 및 과소화가 빠르게 진행된 지역은 공공서비스 공급에 제약을 받고 있기 때문에 공공재원의 효율적 활용이 중요하다.

① (가) – (다) – (나) – (라)   ② (가) – (라) – (나) – (다)
③ (나) – (가) – (라) – (다)   ④ (나) – (라) – (가) – (다)

※ 다음 글의 빈칸에 들어갈 접속사로 가장 적절한 것을 고르시오. [12~13]

12

1682년, 영국의 엘리아스 애슈몰(Elias Ashmole)이 자신의 수집품을 대학에 기증하면서 '박물관(Museum)' 이라는 용어가 처음 등장하였고, 이후 유럽과 미국에서 박물관은 서로 다른 양상으로 발전하였다. 유럽의 경우 주로 개인이 소장품을 국가에 기증하면 국가는 이를 바탕으로 박물관을 설립하였다. 즉, 국가의 지원과 통제하에 박물관이 설립된 것이다. ____㉠____ 미국의 경우는 민간 차원에서 일반 대중에게 봉사한다는 취지로 미술품 애호가들이나 개인 법인에 의해 박물관이 설립되었다.

19세기 이전 대부분의 박물관은 종합 박물관의 성격을 띠었으나, 19세기 이후 과학의 진보와 함께 수집품이 증가하고, 이들의 분류·정리가 이루어지면서 전문 박물관이 설립되기 시작했다. 한편, 신흥 도시는 번영의 힘을 과시하기 위해 장식과 기교가 많고 화려한 박물관을 설립하기도 하였다.

1851년 런던의 대박람회와 1876년 미국 독립 100주년 기념 대박람회는 박물관 사업을 촉진하는 계기가 되었다. 그 결과 뉴욕의 자연사 박물관, 메트로폴리탄 박물관, 보스턴 미술관 등이 설립되었다. 이 시기의 박물관은 시민의 교육기관이라는 위상을 갖추기 시작했다. 박물관이 학생 교육, 대중의 지식 개발 등 교육에 기여하는 바가 크다는 사실을 인식한 것이다. ____㉡____ 자연과학의 발달과 생물학·인류학·고고학 등의 연구가 활발해지면서 전문 박물관도 급진적으로 증가하게 되었다.

1930 ~ 1940년대 미국에서는 막대한 재력을 가진 개인이 본격적인 후원의 주체가 되는 양상이 나타났다. 재력가들이 미술품 수집에 관심을 보이면서 박물관에 대한 지원이 기업 이윤의 사회 환원이라는 명목으로 이루어졌다. 미국은 미술품을 구입하는 개인이나 법인에 세제상의 혜택을 주어 간접적인 미술의 발전을 도모하였고, 이로 인해 1945년 이후 많은 박물관이 형성되었다. 1876년 약 200여 개였던 미국의 박물관 수는 1940년에는 2,500개, 1965년에는 5,000여 개에 달하였으며, 1974년에는 약 7,000여 개로 집계되었다.

	㉠	㉡
①	그러므로	그러나
②	그러므로	또한
③	반면	또한
④	반면	따라서

13

다리 저림 증상이 나타나는 이유는 다양하다. 축구 선수들이 경기 중 다리 저림 증상으로 힘들어 하는 모습을 본 적이 있을 것이다. 축구나 수영처럼 하지 근육을 많이 사용하는 운동은 다리 저림 증상을 유발할 수 있다. 뿐만 아니라 평소 운동을 잘 하지 않던 사람이 갑작스럽게 운동을 하면 근육 사용량이 갑자기 늘어나 다리 저림 증상이 나타날 수 있다. ___㉠___ 운동 전 충분한 준비 운동으로 몸과 근육의 긴장을 풀고, 운동 후에도 스트레칭을 통해 근육을 풀어주는 습관을 가지는 것이 좋다. ___㉡___ 피가 제대로 순환되지 않아도 다리 저림 증상이 발생할 수 있다. 혈액 순환이 잘 이루어지지 않으면 근육의 이완과 수축 운동에 문제가 생긴다. ___㉢___ 장시간 꽉 맞는 바지를 입거나 발이 꽉 끼는 신발을 신게 되면 다리 저림 증상이 나타나기 쉽다. 이 밖에도 피로 누적이나 영양소 불균형으로 다리 저림 증상이 발생할 수 있다.

	㉠	㉡	㉢
①	그러나	마침내	그리고
②	그러나	따라서	그리고
③	그러므로	따라서	즉
④	그러므로	또한	따라서

14 다음 중 빈칸에 들어갈 내용으로 가장 적절한 것은?

소독이란 물체의 표면 및 그 내부에 있는 병원균을 죽여 전파력 또는 감염력을 없애는 것이다. 이때, 소독의 가장 안전한 형태로는 멸균이 있다. 멸균이란 대상으로 하는 물체의 표면 또는 그 내부에 분포하는 모든 세포을 완전히 죽여 무균의 상태로 만드는 조작으로, 살아있는 세포뿐만 아니라 포자, 박테리아, 바이러스 등을 완전히 파괴하거나 제거하는 것이다.

물리적 멸균법은 열, 햇빛, 자외선, 초단파 따위를 이용하여 균을 죽여 없애는 방법이다. 열(Heat)에 의한 멸균에는 건열 방식과 습열 방식이 있는데, 건열 방식은 소각과 건식 오븐을 사용하여 멸균하는 방식이다. 건열 방식이 활용되는 예로는 미생물 실험실에서 사용하는 많은 종류의 기구를 물 없이 멸균하는 것이 있다. 이는 습열 방식을 활용했을 때 유리를 포함하는 기구가 파손되거나 금속 재질로 이루어진 기구가 습기에 의해 부식할 가능성을 보완한 방법이다. 그러나 건열 멸균법은 습열 방식에 비해 멸균 속도가 느리고 효율이 떨어지며, 열에 약한 플라스틱이나 고무제품은 대상물의 변성이 이루어져 사용할 수 없다. 예를 들어 많은 세균의 내생포자는 습열 멸균 온도 조건(121℃)에서는 5분 이내에 사멸되나, 건열 멸균법을 활용할 경우 이보다 더 높은 온도(160℃)에서도 약 2시간 정도가 지나야 사멸되는 양상을 나타낸다. 반면, 습열 방식은 바이러스, 세균, 진균 등의 미생물들을 손쉽게 사멸시킨다. 습열은 효소 및 구조단백질 등의 필수 단백질의 변성을 유발하고, 핵산을 분해하며 세포막을 파괴하여 미생물을 사멸시킨다. 끓는 물에 약 10분간 노출하면 대개의 영양세포나 진핵포자를 충분히 죽일 수 있으나, 100℃의 끓는 물에서는 세균의 내생포자를 사멸시키지는 못한다. 따라서 물을 끓여서 하는 열처리는 ＿＿＿＿＿＿＿＿＿＿＿＿＿ 멸균을 시키기 위해서는 100℃가 넘는 온도(일반적으로 121℃)에서 압력(약 1.1kg/cm²)을 가해 주는 고압증기멸균기를 이용한다. 고압증기멸균기는 물을 끓여 증기를 발생시키고 발생한 증기와 압력에 의해 멸균을 시키는 장치이다. 고압증기멸균기 내부가 적정 온도와 압력(121℃, 약 1.1kg/cm²)에 이를 때까지 뜨거운 포화 증기를 계속 유입시킨다. 해당 온도에서 포화 증기는 15분 이내에 모든 영양세포와 내생포자를 사멸시킨다. 고압증기멸균기에 의해 사멸되는 미생물은 고압에 의해서라기보다는 고압하에서 수증기가 얻을 수 있는 높은 온도에 의해 사멸되는 것이다.

① 더 많은 세균을 사멸시킬 수 있다.
② 멸균 과정에서 더 많은 비용이 소요된다.
③ 멸균 과정에서 더 많은 시간이 소요된다.
④ 소독을 시킬 수는 있으나, 멸균을 시킬 수는 없다.

15 다음 빈칸에 들어갈 문장을 〈보기〉에서 골라 순서대로 바르게 나열한 것은?

어떤 한 규범은 그와 다른 규범보다 강하거나 약할 수 있다. 예를 들어, "재산을 빼앗지 말라."는 규범은 "부동산을 빼앗지 말라."는 규범보다 강하다. 다른 이의 재산을 빼앗지 않는 사람이라면 누구든지 부동산 또한 빼앗지 않을 것이지만, 그 역은 성립하지 않기 때문이다. 한편, "재산을 빼앗지 말라."는 규범은 "해를 끼치지 말라."는 규범보다 약하다. 다른 이에게 해를 끼치지 않는 사람이라면 누구든지 재산을 빼앗지 않을 것이지만, 그 역은 성립하지 않기 때문이다. 그렇다고 해서 모든 규범이 위의 두 예처럼 어떤 다른 규범보다 강하다거나 약하다고 말할 수 있는 것은 아니다. 예를 들어, "재산을 빼앗지 말라."는 규범은 "운동 전에는 몸풀기를 충분히 하라."는 일종의 규범에 비해 약하지도 강하지도 않다. 다른 이의 재산에 관한 규범을 준수하는 사람이라도 운동에 앞서 몸풀기를 게을리 할 수 있으며, 또 동시에 운동에 앞서 충분히 몸풀기하는 사람이라도 다른 이의 재산에 관한 규범을 어길 수 있기 때문이다.

규범 간의 이와 같은 강·약 비교는 일종의 규범인 교통법규에도 적용될 수 있다. 예를 들어, "도로에서는 시속 110km 이하로 운전하라."는 _____보다 약하다. "도로의 교량 구간에서는 시속 80km 이하로 운전하라."는 "도로에서는 시속 110km 이하로 운전하라."보다는 약하다고 할 수 없지만, _____보다는 약하다. 한편, "도로의 교량 구간에서는 100m 이상의 차간 거리를 유지한 채 시속 80km 이하로 운전하라."는 "도로의 교량 구간에서는 시속 80km 이하로 운전하라."보다는 강하지만 _____보다는 강하다고 할 수 없다.

〈보기〉
ㄱ "도로의 교량 구간에서는 시속 70km 이하로 운전하라."
ㄴ "도로에서는 시속 80km 이하로 운전하라."
ㄷ "도로의 교량 구간에서는 90m 이상의 차간 거리를 유지한 채 시속 90km 이하로 운전하라."

① ㄱ - ㄴ - ㄷ   ② ㄱ - ㄷ - ㄴ

③ ㄴ - ㄱ - ㄷ   ④ ㄴ - ㄷ - ㄱ

16 다음은 시도별 자전거도로 현황에 대한 자료이다. 이에 대한 설명으로 옳은 것은?

〈시도별 자전거도로 현황〉

(단위 : km)

구분	합계	자전거전용도로	자전거보행자 겸용도로	자전거전용차로	자전거우선도로
전국	21,176	2,843	16,331	825	1,177
서울특별시	869	104	597	55	113
부산광역시	425	49	374	1	1
대구광역시	885	111	758	12	4
인천광역시	742	197	539	6	-
광주광역시	638	109	484	18	27
대전광역시	754	73	636	45	-
울산광역시	503	32	408	21	42
세종특별자치시	207	50	129	6	22
경기도	4,675	409	4,027	194	45
강원도	1,498	105	1,233	62	98
충청북도	1,259	202	824	76	157
충청남도	928	204	661	13	50
전라북도	1,371	163	1,042	112	54
전라남도	1,262	208	899	29	126
경상북도	1,992	414	1,235	99	244
경상남도	1,844	406	1,186	76	176
제주특별자치도	1,324	7	1,299	-	18

① 제주특별자치도는 전국에서 다섯 번째로 자전거도로가 길다.
② 광주광역시를 볼 때, 전국 대비 자전거전용도로의 비율이 자전거보행자겸용도로의 비율보다 낮다.
③ 경상남도의 모든 자전거도로는 전국에서 각각 9% 이상의 비율을 가진다.
④ 전국에서 자전거전용도로의 비율은 약 13.4%의 비율을 차지한다.

17 다음 그래프에 대한 설명으로 옳지 않은 것은?

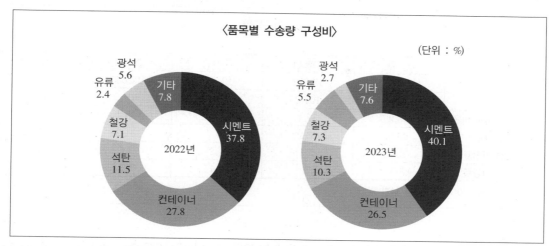

① 2022년 대비 2023년에 구성비가 증가한 품목은 3개이다.
② 컨테이너 수송량은 2022년에 비해 2023년에 감소하였다.
③ 구성비가 가장 크게 변화한 품목은 유류이다.
④ 2022년과 2023년에 가장 큰 비율을 차지하는 품목은 같다.

18 A씨는 향후 자동차 구매자금을 마련하고자 한다. 이를 위해 자산관리담당자와 상담을 한 결과, 다음 자료의 3가지 금융상품에 2천만 원을 투자하기로 하였다. 이때, A씨가 6개월이 지난 후 받을 수 있는 금액은 얼마인가?

<표 제목>

〈포트폴리오 상품내역〉			
상품명	종류	기대수익률(연)	투자비중
A	주식	10%	40%
B	채권	4%	30%
C	예금	2%	30%

※ 상품거래에서 발생하는 수수료 등 기타비용은 없다고 가정한다.

※ (투자수익)=(투자원금)$\times \left[1+ \left\{ (\text{기대수익률}) \times \frac{(\text{투자월 수})}{12} \right\} \right]$

① 2,012만 원
② 2,028만 원
③ 2,058만 원
④ 2,078만 원

※ 다음은 H국가의 인구동향에 대한 자료이다. 이어지는 질문에 답하시오. [19~20]

〈인구동향〉

(단위 : 만 명, %)

구분	2019년	2020년	2021년	2022년	2023년
전체 인구수	12,381	12,388	12,477	12,633	12,808
남녀 성비	101.4	101.8	102.4	101.9	101.7
가임기 여성 비율	58.2	57.4	57.2	58.1	59.4
출산율	26.5	28.2	29.7	31.2	29.2
남성 사망률	8.3	7.4	7.2	7.5	7.7
여성 사망률	6.9	7.2	7.1	7.8	7.3

※ 남녀 성비 : 여자 100명당 남자 수

19 다음 〈보기〉에서 자료에 대한 설명으로 옳은 것을 모두 고르면?(단, 인구수는 버림하여 만 명까지만 나타낸다)

──── 〈보기〉 ────

ㄱ. 전체 인구수는 2019년 대비 2023년에 5% 이상이 증가하였다.
ㄴ. 가임기 여성의 비율과 출산율의 증감 추이는 동일하다.
ㄷ. 출산율은 2020년부터 2023년까지 전년 대비 계속 증가하였다.
ㄹ. 출산율과 남성 사망률의 차이는 2022년에 가장 크다.

① ㄱ, ㄴ   ② ㄴ, ㄷ
③ ㄴ, ㄹ   ④ ㄷ, ㄹ

20 다음 보고서에서 밑줄 친 내용 중 옳지 않은 것은 모두 몇 개인가?

〈보고서〉

위 표에 의하면 ㉠ 남녀 성비는 2021년까지 증가하는 추이를 보이다가 2022년부터 감소했고, ㉡ 전체 인구수는 계속하여 증가하였다. 반면, ㉢ 2019년에는 남성 사망률이 최고치를 기록했으며, ㉣ 2019년부터 2023년 중 여성 사망률은 2023년이 가장 높았다. 그 밖에도 ㉤ 2023년에는 출산율이 감소했다.

① 1개   ② 2개
③ 3개   ④ 4개

21 다음은 2017 ~ 2023년 사고유형별 발생 현황에 대한 자료이다. 이에 대한 설명으로 옳지 않은 것은?

〈사고유형별 발생현황〉

(단위 : 건)

구분	2017년	2018년	2019년	2020년	2021년	2022년	2023년
합계	280,607	286,851	303,707	294,707	297,337	315,736	303,578
도로교통	226,878	221,711	223,656	215,354	223,552	232,035	220,917
화재	41,863	43,875	43,249	40,932	42,135	44,435	43,413
산불	282	277	197	296	492	623	391
열차	181	177	130	148	130	85	62
지하철	136	100	110	84	79	53	61
폭발	41	49	48	61	48	41	51
해양	1,627	1,750	1,632	1,052	1,418	2,740	2,839
가스	134	126	125	72	72	72	122
유도선	1	–	1	5	11	21	25
환경오염	102	68	92	244	316	246	116
공사내시설	22	11	11	20	43	41	31
광산	34	27	60	82	41	32	37
전기(감전)	585	581	557	605	569	558	546
승강기	129	97	133	88	71	61	42
기타	8,592	18,002	33,706	35,664	28,360	34,693	34,925

① 전기(감전) 사고는 2021년부터 매년 계속 감소하는 추이를 보이고 있다.

② 화재 사고는 전체 사고 건수에서 매년 13% 이상 차지하고 있다.

③ 해양 사고는 2017년 대비 2023년에 약 74.5%의 증가율을 보였다.

④ 환경오염 사고는 2023년에 전년 대비 약 45.3%의 감소율을 보였다.

22 서울에 사는 A씨는 여름휴가를 맞이하여 남해로 가족여행을 떠났다. 다음 〈조건〉을 고려할 때, 구간단속구간의 제한 속도는?

───〈조건〉───

• 서울에서 남해까지의 거리는 390km이며, 30km의 구간단속구간이 있다.

• 일반구간에서 시속 80km를 유지하며 운전하였다.

• 구간단속구간에서는 제한 속도를 유지하며 운전하였다.

• 한 번도 쉬지 않았으며, 출발한 지 5시간 만에 남해에 도착하였다.

① 60km/h
② 65km/h
③ 70km/h
④ 75km/h

※ 다음은 국민연금의 가입자 금액별 급여지급 현황 자료이다. 이어지는 질문에 답하시오. [23~24]

<금액별 급여지급 현황>

(단위 : 건)

구분	노령연금	장애연금	유족연금
0 ~ 20만 원 미만	890,880	54	180,191
20 ~ 40만 원 미만	1,535,213	31,701	455,228
40 ~ 60만 원 미만	620,433	29,125	73,200
60 ~ 80만 원 미만	289,370	6,988	18,192
80 ~ 100만 원 미만	181,717	1,796	1,627
100만 원 이상	197,980	673	4

23 다음 중 자료에 대한 설명으로 옳지 않은 것은?(단, 소수점 둘째 자리에서 반올림한다)

① 각 연금에서 20 ~ 40만 원 미만의 급여를 받은 건수가 가장 많다.
② 80 ~ 100만 원 미만의 급여를 받은 건수 중 노령연금의 비율은 90% 미만이다.
③ 40 ~ 60만 원 미만의 급여를 받은 건수 중 노령연금을 받은 건수가 유족연금을 받은 건수의 약 8.5배이다.
④ 60 ~ 80만 원 미만의 급여를 받은 건수 중 유족연금을 받은 건수는 장애연금을 받은 건수의 3배 미만이다.

24 다음 중 80 ~ 100만 원 미만 구간의 장애연금 급여를 모두 지급했을 때, 지급 금액은 얼마인가?(단, 금액별 구간에서 100만 원이 포함된다고 가정하고 중앙값으로 계산한다)

① 138,295만 원
② 143,680만 원
③ 146,430만 원
④ 161,640만 원

25 다음은 H자동차 회사의 고객만족도 조사결과이다. 출고시기에 관계없이 전체 조사대상자 중에서 260명이 연비를 장점으로 선택했다면, 이 설문에 응한 총고객수는?

〈고객만족도 조사결과〉

(단위 : %)

구분	1 ~ 12개월(출고시기별)	13 ~ 24개월(출고시기별)	고객 평균
안전성	41	48	45
A/S의 신속성	19	17	18
정숙성	2	1	1
연비	15	11	13
색상	11	10	10
주행 편의성	11	9	10
차량 옵션	1	4	3
합계	100	100	100

① 1,500명
② 2,000명
③ 2,500명
④ 3,000명

26 다음은 국제우편 접수 매출액 현황 자료이다. 이에 대한 설명으로 옳지 않은 것은?

〈국제우편 접수 매출액 현황〉

(단위 : 백만 원)

구분	2019년	2020년	2021년	2022년	2023년				
					1/4분기	2/4분기	3/4분기	4/4분기	합계
국제통상	16,595	17,002	19,717	26,397	7,677	7,552	8,000	10,783	34,012
국제소포	17,397	17,629	19,794	20,239	5,125	4,551	5,283	6,165	21,124
국제특급	163,767	192,377	229,012	243,416	62,784	60,288	61,668	84,934	269,674
합계	197,759	227,008	268,523	290,052	75,586	72,391	74,951	101,882	324,810

① 2019년 대비 2023년 국제소포 분야의 매출액 증가율은 10% 미만이다.
② 2023년 4/4분기 매출액이 2023년 다른 분기에 비해 가장 높다.
③ 2019년 대비 2023년 매출액 증가율이 가장 큰 분야는 국제통상 분야의 매출액이다.
④ 2022년 전체에서 국제통상 분야의 매출액 비율은 10% 미만이다.

27 다음은 2024년 1월의 성별·국적별 크루즈 이용객 현황 자료이다. 이에 대한 설명으로 옳은 것은?

<성별·국적별 크루즈 이용객 현황>

(단위 : 명)

구분		여성	남성	합계
합계		1,584	2,409	3,993
아시아주	일본	2	2	4
	중국	65	18	83
	대만	7	2	9
	홍콩	9	7	16
	태국	22	51	73
	말레이시아	9	8	17
	필리핀	98	682	780
	인도네시아	10	89	99
	싱가포르	14	6	20
	미얀마	0	0	0
	베트남	3	2	5
	인도	18	362	380
	스리랑카	0	4	4
	이스라엘	20	21	41
	터키	1	1	2
	아시아주 기타	8	7	15
	아시아주 소계	286	1,262	1,548
미주	미국	831	757	1,588
	캐나다	177	151	328
	멕시코	182	144	326
	브라질	18	16	34
	미주 기타	90	79	169
	미주 소계	1,298	1,147	2,445

① 여성 크루즈 이용객이 가장 많은 국적의 전체 크루즈 이용객 중 남성 이용객의 비율은 50%를 초과한다.

② 브라질 국적의 남성 크루즈 이용객의 수는 인도네시아 국적의 남성 이용객 수의 20% 이상이다.

③ 아시아주 전체 크루즈 이용객의 수는 미주 전체 크루즈 이용객의 수의 60% 이상이다.

④ 아시아주 기타 및 미주 기타 국적을 제외하고, 여성 크루즈 이용객 대비 남성 크루즈 이용객의 비율이 가장 높은 국적은 필리핀이다.

28 자동차의 정지거리는 공주거리와 제동거리의 합이다. 공주거리는 공주시간 동안 진행한 거리이며, 공주시간은 주행 중 운전자가 전방의 위험상황을 발견하고 브레이크를 밟아서 실제 제동이 시작될 때까지 걸리는 시간이다. 자동차의 평균제동거리가 다음 표와 같을 때, 시속 72km로 달리는 자동차의 정지거리는 몇 m인가?(단, 공주시간은 1초로 가정한다)

속도(km/h)	12	24	36	48	60	72
평균제동거리(m)	1	4	9	16	25	36

① 50m

③ 54m

② 52m

④ 56m

29 새로운 원유의 정제비율을 조사하기 위해 상압증류탑을 축소한 실험 공장에 새로운 원유를 투입해 사전분석실험을 시행했다. 다음과 같은 결과를 얻었다고 할 때 아스팔트는 최초 투입한 원유량 대비 몇 % 생산되는가?

〈사전분석실험 결과〉

생산제품	생산량
LPG	투입한 원유량의 5%
휘발유	LPG를 생산하고 남은 원유량의 20%
등유	휘발유를 생산하고 남은 원유량의 50%
경유	등유를 생산하고 남은 원유량의 10%
아스팔트	경유를 생산하고 남은 원유량의 4%

① 1.168%

③ 1.568%

② 1.368%

④ 1.768%

30 다음은 광역시에 거주하는 한국 국적을 취득한 외국인에 대한 자료이다. 이를 나타낸 그래프로 옳지 않은 것은?(단, 비율은 소수점 첫째 자리에서 반올림한다)

〈동북아시아 한국 국적 취득자〉

(단위 : 명)

구분	부산광역시	대구광역시	인천광역시	광주광역시	대전광역시	울산광역시
중국	1,137	767	3,159	639	730	538
대만	164	133	366	40	108	36
일본	33	10	38	11	23	8

〈동남아시아 한국 국적 취득자〉

(단위 : 명)

구분	부산광역시	대구광역시	인천광역시	광주광역시	대전광역시	울산광역시
베트남	1,610	1,376	1,339	881	754	960
필리핀	332	185	377	344	211	137
태국	19	15	42	17	14	8
인도네시아	6	8	10	0	0	0
캄보디아	135	180	110	162	123	66

〈서남아시아 한국 국적 취득자〉

(단위 : 명)

구분	부산광역시	대구광역시	인천광역시	광주광역시	대전광역시	울산광역시
스리랑카	0	0	5	0	0	0
파키스탄	27	37	72	0	0	0
방글라데시	0	0	26	0	0	0
네팔	29	10	16	19	8	6

① 부산광역시, 인천광역시, 광주광역시에 거주하는 동북아시아 한국 국적 취득자
   (단, 막대그래프는 왼쪽 축, 꺾은선그래프는 오른쪽 축의 값을 적용한다)

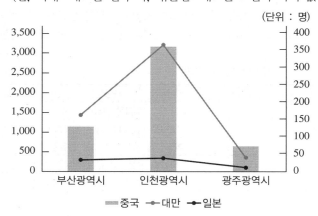

② 대구광역시에 거주하는 한국 국적 취득자

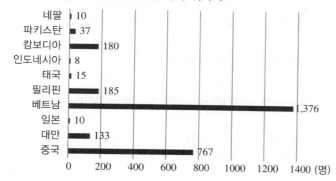

③ 울산광역시에 거주하는 동남아시아 한국 국적 취득자 중 국가별 비율

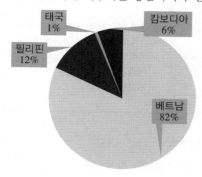

④ 서남아시아 국가별 총 한국 국적 취득자

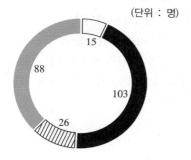

31 성경책을 리폼하는 H사는 현재 다음과 같은 할인 이벤트를 진행 중이다. 다음 중 할인 이벤트를 이해한 내용으로 적절하지 않은 것은?(단, 할인되지 않은 모든 디자인의 성경리폼 기존 원가는 3만 원이다)

〈성경리폼 20%+10% 할인 이벤트〉

▶ 행사기간 : 오픈형 성경리폼 기존 20%할인+10% 추가할인 행사
▶ 대상 : 오픈형 성경책 리폼만 해당됨(지퍼형, 지갑결합형의 경우 10% 할인 행사중)
▶ 주문 및 할인방법
　- 검색어에 H사 성경리폼을 검색하여 N쇼핑에서 주문합니다.
　- 본 용지를 프린트하여 아래 빈칸을 작성한 후, 보내주실 성경책에 동봉해주셔야 추가 10% 할인을 받으실 수 있습니다.
　- 10% 추가 할인은 작업이 끝나는 동시에 고객님이 원하시는 방법으로 돌려드립니다.

성함		연락처	
신청 디자인	• 오픈형(　　) • 지퍼형(　　) • 지갑결합형(　　)	10% 환불 방법	• 성경책 받으실 때 10% 현금 동봉(　　) • 작업완료 시 아래의 계좌로 입금(　　) 　- 은행명 : (　　　　) 　- 예금주 : (　　　　) 　- 계좌번호 : (　　　　　　)
택배 받을 주소			

〈성경리폼 구매평 이벤트〉

▶ 회원 가입 후 댓글을 통해 리폼된 성경책의 구매평을 남기면 1,000원 할인 쿠폰 지급
▶ 회원 가입 후 리폼된 성경책 사진과 함께 댓글로 구매평을 남기면 3,000원 할인 쿠폰 지급

---

① 10% 추가 할인 전에 오픈형 성경리폼의 가격은 2만 4천 원이었을 것이다.
② 사진과 함께 댓글로 구매평을 남길 경우 기존 원가의 20% 가격이 환급된다.
③ 지퍼형으로 성경을 리폼하고 사진과 함께 구매평을 남길 경우, 기존 원가보다 6천 원 더 이익이다.
④ 오픈형으로 성경을 리폼하고 사진 없이 댓글로 구매평을 남길 경우, 기존 원가보다 1만 원 더 이익이다.

※ 서울에 사는 A ~ E 5명의 고향은 각각 대전, 대구, 부산, 광주, 춘천 중 한 곳으로, 설날을 맞아 열차 1, 2, 3을 타고 고향에 내려가고자 한다. 열차에 대한 탑승 정보가 다음과 같을 때, 이어지는 질문에 답하시오. [32~34]

〈탑승 정보〉

• 열차 2는 대전, 춘천을 경유하여 부산까지 가는 열차이다.
• A의 고향은 부산이다.
• E는 어떤 열차를 타도 고향에 갈 수 있다.
• 열차 1에는 D를 포함한 세 사람이 탄다.
• C와 D가 함께 탈 수 있는 열차는 없다.
• B가 탈 수 있는 열차는 열차 2뿐이다.
• 열차 2와 열차 3이 지나는 지역은 대전을 제외하고 중복되지 않는다.

32 다음 중 E의 고향으로 옳은 것은?

① 대전   ② 대구
③ 부산   ④ 춘천

33 열차 1이 광주를 경유한다고 할 때, 열차 3에 타는 사람과 목적지가 바르게 나열된 것은?

① A – 부산   ② C – 대구
③ D – 대전   ④ E – 대전

34 다음 중 열차에 탑승하는 사람 수의 제한이 없을 때, 열차 2에 탈 수 있는 사람을 모두 고르면?

① A, B, E   ② A, C, E
③ B, C, E   ④ B, D, E

35 한국도로공사에서 근무하는 P사원은 사무실 배치 담당으로, 다음 고려사항을 참고하여 팀장의 사무실을 재배치해야 한다. 다음 중 (가로) 3,000mm×(세로) 3,400mm인 직사각형의 사무실에 가능한 가구 배치는?

〈배치 시 고려사항〉

1. 사무실 문을 여닫는 데 1,000mm의 간격이 필요함
2. 서랍장의 서랍(•로 표시하며, 가로면 전체에 위치)을 열려면 400mm의 간격이 필요(회의 탁자, 책상, 캐비닛은 서랍 없음)하며, 반드시 여닫을 수 있어야 함
3. 붙박이 수납장 문을 열려면 앞면 전체에 550mm의 간격이 필요하며, 반드시 여닫을 수 있어야 함
4. 가구들은 쌓을 수 없음
5. 각각의 가구는 사무실에 넣을 수 있는 것으로 가정함
   - 회의 탁자 : (가로) 1,500mm×(세로) 2,110mm
   - 책상 : (가로) 450mm×(세로) 450mm
   - 서랍장 : (가로) 1,100mm×(세로) 500mm
   - 캐비닛 : (가로) 1,000mm×(세로) 300mm
   - 붙박이 수납장은 벽 한 면 전체를 남김없이 차지함(깊이 650mm)

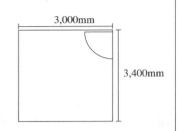

①

②

③

④

※ 한국도로공사에서는 임직원 해외연수를 추진하고 있다. 다음 자료를 참고하여 이어지는 질문에 답하시오. **[36~37]**

⟨2024년 임직원 해외연수 공지사항⟩

- 해외연수 국가 : 네덜란드, 일본
- 해외연수 일정 : 2024년 12월 11 ~ 20일(10일간)
- 해외연수 인원 : 국가별 2명씩 총 4명
- 해외연수 인원 선발 방법 : 2023년 업무평가 항목 평균점수 상위 4명 선발

⟨한국도로공사 임직원 2023년 실적평가⟩

(단위 : 점)

성명	직급	업무평가		
		조직기여	대외협력	기획
유시진	팀장	58	68	83
최은서	팀장	79	98	96
양현종	과장	84	72	86
오선진	대리	55	91	75
이진영	대리	90	84	97
장수원	대리	78	95	85
김태균	주임	97	76	72
류현진	주임	69	78	54
강백호	사원	77	83	66
최재훈	사원	80	94	92

---

36 다음 중 해외연수 대상자가 될 수 있는 직원들로 바르게 나열된 것은?

① 유시진, 최은서
② 양현종, 오선진
③ 이진영, 장수원
④ 김태균, 류현진

37 한국도로공사는 2024년 임직원 해외연수 인원을 국가별로 1명씩 증원하여 총 6명을 선발하려고 한다. 다음 중 해외연수 대상자가 될 수 없는 직원은?

① 양현종
② 오선진
③ 이진영
④ 김태균

38 H공사는 필리핀의 신재생에너지 시장에 진출하려고 한다. 전략기획팀의 M대리는 3C 분석 방법을 통해 다음과 같은 결과를 도출하였다. H공사의 필리핀 시장 진출에 대한 판단으로 가장 적절한 것은?

3C	상황분석
고객(Customer)	• 아시아국가 중 전기요금이 높은 편에 속함 • 태양광, 지열 등 훌륭한 자연환경 조건 기반 • 신재생에너지 사업에 대한 정부의 적극적 추진 의지
경쟁사(Competitor)	• 필리핀 민간 기업의 투자 증가 • 중국 등 후발국의 급속한 성장 • 체계화된 기술 개발 부족
자사(Company)	• 필리핀 화력발전사업에 진출한 이력 • 필리핀의 태양광 발전소 지분 인수 • 현재 미국, 중국 등 4개국에서 풍력과 태양광 발전소 운영 중

① 필리핀은 전기요금이 높아 국민들의 전력 사용량이 많지 않을 것이며, 열악한 전력 인프라로 신재생에너지 시장의 발전 가능성 또한 낮을 것으로 예상되므로 자사의 필리핀 시장 진출은 바람직하지 않다.

② 필리핀은 정부의 적극적 추진 의지로 신재생에너지 시장이 급성장하고 있으나, 민간 기업의 투자와 다른 아시아국가의 급속한 성장으로 경쟁이 치열하므로 자사는 비교적 경쟁이 덜한 중국 시장으로 진출하는 것이 바람직하다.

③ 풍부한 자연환경 조건을 가진 필리핀 신재생에너지 시장의 성장 가능성은 높지만, 경쟁사에 비해 체계적이지 못한 자사의 기술 개발 역량이 필리핀 시장 진출에 걸림돌이 될 것이다.

④ 훌륭한 자연환경 조건과 사업에 대한 정부의 추진 의지를 바탕으로 한 필리핀의 신재생에너지 시장에서는 필리핀 민간 기업이나 후발국과의 치열한 경쟁이 예상되나, 자사의 진출 이력을 바탕으로 경쟁력을 확보할 수 있을 것이다.

39 A사원은 H공사 고객지원팀에서 근무하고 있다. 역사 내 문화 공간 사용을 원하는 신청자들의 사유를 검토하고 승인하는 업무를 맡게 되어 최근 한 달간의 신청 내용을 검토하고자 한다. 다음 〈보기〉 중 A사원이 승인할 수 없는 내용의 행사로 짝지어진 것은?

〈역사 내 문화 공간 사용〉

1. 승인대상

    공공기관 및 비영리 법인단체, 학교, 상업성이 없는 개인 등

    ※ 상업성이 내재되어 있는 개인 및 사기업의 행사는 제외

2. 유치가능 문화행사

    1) 꽃 전시회, 사진, 그림 및 학교 작품 전시회

    2) 지역 주민과의 유대를 강화할 수 있는 이벤트

    3) 개인 또는 단체의 건전한 취미 활동 및 유익한 정보를 제공하는 행사

    4) 기타 공사의 경영목적을 달성하는 데 필요한 경우

3. 유치불가 문화행사

    1) 홍보 캠페인을 빙자한 회원 모집

    2) 이용승객에게 불편 및 불쾌감을 주는 행사

    3) 특정 종교 및 단체 등에 대한 시비의 우려가 있는 경우

    4) 공사의 경영방침 및 운영목적과 어긋나는 경우

4. 이벤트 기간

    15일 이내를 원칙

5. 신청방법

    1호선 역무안전센터 ☎ 0××-123-4567, 2호선 역무안전센터 ☎ 0××-987-6543

6. 사용료 수수

    공사 운영에 지장이 없는 범위 내에서는 무상으로 사용 가능하나 기타 제반 비용(전기, 수도료, 쓰레기 수거비용 등) 청구 가능

〈보기〉

㉠ K교통공사의 우수 고객사례 전시회

㉡ B초등학교의 교내사생대회 수상작 전시회

㉢ 수석 동아리의 상반기 결산 작품 전시회

㉣ 사진동아리의 전시 홍보와 현장 회원가입 부스 2개 설치

㉤ S기업의 신제품 홍보 팝업스토어

---

① ㉠, ㉡   ② ㉠, ㉤

③ ㉢, ㉣   ④ ㉣, ㉤

40 다음은 H공사 연구원들의 성과급 지급 기준 및 성과평가에 대한 자료이다. 이를 바탕으로 성과급을 지급할 때, 가장 많은 성과급을 지급받을 연구원은?

〈연구원 성과급 지급 기준〉

• 성과급은 기본급에 전년도 연구 종합기여도에 따른 지급률을 곱한 금액을 지급한다.

종합기여도	A등급	B등급	C등급	D등급
지급률	40%	35%	25%	20%

• 연구원 학위별 기본급은 다음과 같다.

학위	학사	석사	박사
기본급	200만 원	240만 원	300만 원

• 전년도 종합기여도는 성과점수 구간에 따라 다음과 같이 산정된다.

성과점수	90점 이상 100점 이하	80점 이상 90점 미만	72점 이상 80점 미만	72점 미만
종합기여도	A등급	B등급	C등급	D등급

• 성과점수는 개인연구점수, 팀연구점수, 전략기여점수 가점 및 벌점을 합산하여 산정한다.
  – 개인연구점수, 팀연구점수는 각각 100점 만점으로 산정된다.
  전략기여점수는 참여한 중점전략프로젝트의 개수에 3을 곱하여 산정한다.
  – 성과점수는 '(개인연구점수)×60%+(팀연구점수)×40%+(전략기여점수)+(가점)−(벌점)'이다.
• 가점 및 벌점 부여기준
  – 전년도 수상내역 1회, 신규획득 자격증 1개당 가점 2점 부여
  – 전년도 징계내역 1회당 다음에 따른 벌점 부여

징계	경고	감봉	정직
벌점	1점	2점	4점

〈H공사 연구원 성과평가〉

연구원	학위	개인연구점수	팀연구점수	중점전략프로젝트 참여개수	전년도 상·벌
A	석사	75	85	2	경고 1회
B	박사	80	80	1	–
C	석사	65	85	–	자격증 1개
D	학사	90	75	–	–

① A

② B

③ C

④ D

41 H공사의 N사원은 귀하는 자동차도로 고유번호 부여 규정을 근거로 하여 도로에 노선번호를 부여할 계획이다. 그림에서 점선은 '영토'를, 실선은 '고속국도'를 표시한 것이며, (가) ~ (라)는 '간선노선'을, (마) ~ (바)는 '보조간선노선'을 나타낸 것이다. 다음 중 노선번호를 바르게 부여한 것은?

〈자동차도로 고유번호 부여 규정〉

자동차도로는 관리상 고속국도, 일반국도, 특별광역시도, 지방도, 시도, 군도, 구도의 일곱 가지로 구분된다. 이들 각 도로에는 고유번호가 부여되어 있고, 이는 지형도 상의 특정 표지판 모양 안에 표시되어 있다. 그러나 군도와 구도는 구간이 짧고 노선 수가 많아 노선번호가 중복될 우려가 있어 표지 상에 번호를 표기하지 않는다.

고속국도 가운데 간선노선의 경우 두 자리 숫자를 사용하며, 남북을 연결하는 경우는 서에서 동으로 가면서 숫자가 증가하는데 끝자리에 5를 부여하고, 동서를 연결하는 경우는 남에서 북으로 가면서 숫자가 증가하는데 끝자리에 0을 부여한다.

보조간선노선은 간선노선 사이를 연결하는 고속국도로서 이 역시 두 자리 숫자로 표기한다. 그런데 보조간선노선이 남북을 연결하는 모양에 가까우면 첫자리는 남쪽 시작점의 간선노선 첫자리를 부여하고 끝자리에는 5를 제외한 홀수를 부여한다. 한편 동서를 연결하는 모양에 가까우면 첫자리는 동서를 연결하는 간선노선 가운데 해당 보조간선노선의 바로 아래쪽에 있는 간선노선의 첫자리를 부여하며, 이때 끝자리는 0을 제외한 짝수를 부여한다.

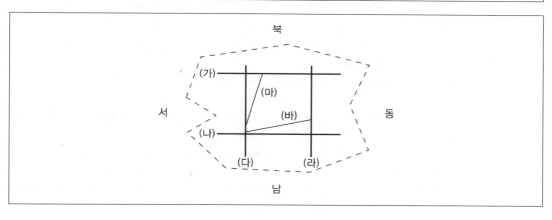

	(가)	(나)	(다)	(라)	(마)	(바)
①	25	15	10	20	19	12
②	20	10	15	25	18	14
③	25	15	20	10	17	12
④	20	10	15	25	17	12

42 의료정보분석부의 B대리는 최근 노인 난청 환자의 정신질환 진료 현황을 분석하여 보고서를 작성하였다. 보고서를 검토하던 B대리는 분석 결과에 시각적 효과를 위해 자료를 첨부하기로 했다. B대리가 첨부했을 자료로 옳지 않은 것은?

<노인 난청 환자의 정신질환 진료 현황>

1. 분석 배경
   - 난청은 여러 원인으로 인해 말이나 소리를 듣는 것에 어려움이 있는 증상으로, 이로 인한 진료 인원은 매년 증가하고 있음
   - 난청이 있는 노인은 소외감 등으로 인해 우울증과 같은 정신질환이 발생할 가능성이 높은 것으로 알려져 있어, 정신질환이 발생한 난청 진료 환자의 국내 현황을 분석함

2. 분석 방법과 내용
   - 대상 : 2018년 난청으로 진료 받은 65세 이상 환자
     - 이전에 난청 혹은 정신질환 진료를 받은 경험이 있는 환자 제외
   - 자료원 : 2018 ~ 2023년 건강보험 청구자료
   - 분석 방법
     - 2018년 난청으로 진료 받은 경험이 없는 환자(이전 정신질환 진료 없음)를 대조군으로 설정하여 난청 진료 환자의 정신질환 발생 현황 비교(첫 진료시점을 기준으로 23년 12월까지 추적 관찰)
     - 대조군은 난청 환자의 성별과 연령을 기준으로 1 : 1 매칭하여 설정함

3. 분석 결과
   1) 65세 이상 난청 진료 환자는 2018년 126,718명에서 2023년 202,477명으로 약 59.79% 증가하였으며, 최근 증가율이 더 높게 나타남
   2) 난청 환자(105,350명)와 대조군을 대상으로 5년 동안 정신질환 발생을 추적한 결과, 난청 환자의 정신질환 발생 확률이 더 높은 것으로 분석됨
      - 난청 환자는 난청으로 처음 진료 받은 시점을 기준으로 5년 내에 정신질환이 발생할 확률이 30.7%로, 비난청 진료 환자(24.1%)보다 1.3배 높음
   3) 정신질환 중에는 치매, 불안 장애, 우울증 등의 순으로 많이 발생함
      - 치매가 가장 많이 발생(13.3%)하였으나, 두 집단 간 발생률의 차이는 없음
      - 다음으로 진료환자가 많은 불안장애와 우울증 발생 비중은 난청 환자에서 각각 8.2%, 6.7%로, 비난청 환자의 5.8%, 4.6%보다 높게 나타남

① [그림 1] 난청 진료 환자 현황

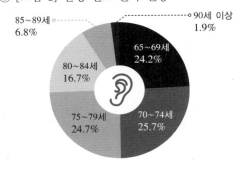

② [그림 2] 난청과 비난청 환자의 정신질환 발생 확률

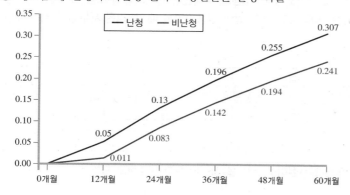

③ [표 1] 난청과 비난청 환자의 정신질환 발생 확률

구분	1년	2년	3년	4년	5년
난청 진료 환자	5.0%	13.0%	19.6%	25.5%	30.7%
비난청 진료 환자	1.1%	8.3%	14.2%	19.4%	24.1%

④ [표 2] 정신질환별 발생 환자 수

순위	질환명	난청 환자(비중)	비난청 환자
1	치매	14,012명(13.3%)	14,034명(13.3%)
2	불안장애	8,639명(8.2%)	6,110명(5.8%)
3	우울증	7,058명(6.7%)	4,846명(4.6%)
4	뇌손상, 뇌기능 이상 및 신체질환에 의한 기타 정신장애	6,637명(6.3%)	4,530명(4.3%)
5	비기질성 수면 장애	5,162명(4.9%)	4,003명(3.8%)

43 H공사는 사무실 리모델링을 하면서 기획조정 1 ~ 3팀과 미래전략 1 ~ 2팀, 홍보팀, 보안팀, 인사팀의 사무실 위치를 변경하였다. 리모델링은 다음 〈조건〉과 같이 적용되었을 때, 변경된 사무실 위치에 대한 설명으로 옳은 것은?

1실	2실	3실	4실
복도			
5실	6실	7실	8실

─〈조건〉─

- 기획조정 1팀과 미래전략 2팀은 홀수실이며, 복도를 사이에 두고 마주보고 있다.
- 홍보팀은 5실이다.
- 미래전략 2팀과 인사팀은 나란히 있다.
- 보안팀은 홀수실이며, 맞은편 대각선으로 가장 먼 곳에는 인사팀이 있다.
- 기획조정 3팀과 2팀은 한 사무실을 건너 나란히 있고 2팀이 3팀보다 사무실 번호가 높다.

① 인사팀은 6실에 위치한다.
② 미래전략 2팀과 기획조정 3팀은 같은 라인에 위치한다.
③ 기획조정 1팀은 기획조정 2팀과 3팀 사이에 위치한다.
④ 미래전략 1팀은 7실에 위치한다.

44 H공사에서는 직원들에게 다양한 혜택이 있는 복지카드를 제공한다. 복지카드의 혜택 사항이 다음과 같을 때, B사원의 일과에서 복지카드로 혜택을 볼 수 없는 것을 모두 고르면?

〈복지카드 혜택 사항〉

구분	세부내용
교통	대중교통(지하철, 버스) 3 ~ 7% 할인
의료	병원 5% 할인(동물병원 포함, 약국 제외)
쇼핑	의류, 가구, 도서 구입 시 5% 할인
영화	영화관 최대 6천 원 할인

〈B사원의 일과〉

B사원은 오늘 친구와 백화점에서 만나 쇼핑을 하기로 약속을 했다. 집에서 ㉠ 지하철을 타고 약 20분이 걸려 백화점에 도착한 B사원은 어머니 생신 선물로 ㉡ 화장품을 산 후, 동생의 이사 선물로 줄 ㉢ 이불류도 구매하였다. 쇼핑이 끝난 후 B사원은 ㉣ 버스를 타고 집에 돌아와 자신이 키우는 애완견의 예방접종을 위해 ㉤ 병원에 가서 진료를 받았다.

① ㉠, ㉡
② ㉡, ㉢
③ ㉠, ㉡, ㉣
④ ㉢, ㉣, ㉤

45 한국도로공사는 워크숍에서 팀을 나눠 배드민턴 게임을 하기로 했다. 배드민턴 규칙은 실제 복식경기 방식을 따르기로 하고, 기획처 직원 A, B와 영업처 직원 C, D가 먼저 대결을 한다고 할 때, 다음과 같은 경기 상황에 이어질 서브 방향 및 선수 위치로 옳은 것은?

〈배드민턴 복식경기 방식〉

• 점수를 획득한 팀이 서브권을 갖는다. 다만, 서브권이 상대팀으로 넘어가기 전까지는 팀 내에서 같은 선수가 연속해서 서브권을 갖는다.
• 서브하는 팀은 자신의 팀 점수가 0이거나 짝수인 경우는 우측에서, 점수가 홀수인 경우는 좌측에서 서브한다.
• 서브하는 선수로부터 코트의 대각선 위치에 선 선수가 서브를 받는다.
• 서브를 받는 팀은 자신의 팀으로 서브권이 넘어오기 전까지는 같은 팀 내 선수끼리 코트 위치를 서로 바꾸지 않는다.
  ※ 좌측, 우측은 각 팀이 네트를 바라보고 인식하는 좌, 우이다.

〈경기 상황〉

• 기획처(A · B), 영업처(C · D) 간 복식경기 진행
• 3 : 3 동점 상황에서 A가 C에 서브하고 기획처(A · B)가 1점 득점

점수	서브 방향 및 선수 위치	득점한 팀
3 : 3	D　C / A　B	기획처

①
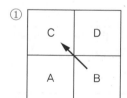

②
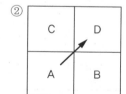

③
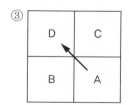

④
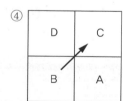

〈시스템 상태 및 조치〉

※ 모니터에 나타나는 정보를 이해하고 시스템 상태를 판독하여 적절한 코드를 입력하시오.

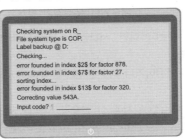

항목	세부사항
File System Type	• COP : error value 중 가장 큰 값을 FEV로 지정 • ATO : 모든 error value의 합을 FEV로 지정
Label Backup	• D : 기존 correcting value의 두 배에 해당하는 값을 correcting value로 사용(단, correcting value에 포함된 문자는 없는 것으로 취급) • Q : correcting value를 그대로 사용
Index $#$ for Factor ##	• 오류 발생 위치 : $와 $ 사이에 나타나는 숫자 • 오류 유형 : factor 뒤에 나타나는 숫자
Error Value	• 오류 발생 위치가 오류 유형에 포함 : 해당 숫자 • 오류 발생 위치가 오류 유형에 미포함 : 1 ※ FEV(Final Error Value) : File System Type에 따라 error value를 이용하여 산출하는 세 자리의 수치(예 008, 154, 097)
Correcting Value	• FEV와의 대조를 통하여 시스템 상태 판단

판단 기준	시스템 상태	입력 코드
FEV를 구성하는 숫자가 correcting value를 구성하는 숫자에 모두 포함되어 있는 경우	안전	resrv17
FEV를 구성하는 숫자가 correcting value를 구성하는 숫자에 일부만 포함되어 있는 경우	경계	• correcting value에 문자 포함 : cldn35/c • correcting value에 문자 미포함 : cldn35
FEV를 구성하는 숫자가 correcting value를 구성하는 숫자에 전혀 포함되어 있지 않은 경우	위험	shdnsys

〈시스템 관리 예시〉

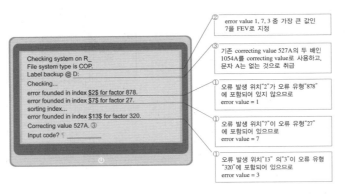

⇩

FEV와 Correcting Value 대조
FEV＝007(FEV는 세 자릿수로 이뤄짐)
Correcting Value＝1054A(문자는 없는 것으로 취급)
→ FEV를 구성하는 숫자 0, 7 중 일부만("0") correcting value 1054A에 포함됨

⇩

종합 판단 및 조치
FEV＝007
correcting value＝1054A
시스템 상태＝경계   ➡   입력 코드 : cldn35
correcting value에 문자 미포함
입력 코드 : cldn35

46

```
Checking system on O_
File system type is ATO.
Label backup @ Q:
Checking...
error founded in index $4$ for factor 48.
error founded in index $35$ for factor 67.
sorting index...
error founded in index $14$ for factor 240.
Correcting value 382B.
Input code? ¶ _____
```

① resrv17   ② cldn35
③ cldn35/c   ④ shdnsys

47

```
Checking system on U_
File system type is COP.
Label backup @ D:
Checking...
error founded in index $7$ for factor 52.
error founded in index $63$ for factor 76.
sorting index...
error founded in index $42$ for factor 28.
Correcting value 263H.
Input code? ¶ _____
```

① resrv17   ② cldn35
③ cldn35/c   ④ shdnsys

48 다음과 같이 정의된 배열 arr는 모두 몇 개의 int형 변수로 구성되는가?

```
#include <stdio.h>

void main() {
    int arr[3][4][5];
}
```

① 12개
② 15개
③ 20개
④ 60개

※ 다음 프로그램의 실행 결과로 옳은 것을 고르시오. [49~51]

49
```
#include <stdio.h>
void main() {
    int arr[10] = {1, 2, 3, 4, 5};
    int num = 10;
    int i;

    for (i = 0; i < 10; i++) {
        num += arr[i];
    }
    printf("%d\n", num);
}
```

① 10
② 20
③ 25
④ 30

50

```
#include ⟨stdio.h⟩
void main() {
    int temp = 0;
    int i = 10;

    temp = i++;
    temp = i--;

    printf("%d, %d", temp, i);
}
```

① 10, 10

② 11, 10

③ 11, 11

④ 10, 11

51

```
#include ⟨stdio.h⟩
int main( ) {
    int i, sum;
    sum = 0;
    for (i=0; i⟨=10; i=i+2) {
        sum=sum+i;
    }
    printf("num = %d",sum);
}
```

① 15

② 20

③ 25

④ 30

52 다음 중 가상기억장치 관리 기법인 페이지 대체 알고리즘에 대한 설명으로 옳지 않은 것은?

① OPT : 앞으로 오랫동안 사용되지 않을 페이지를 교체한다.

② LRU : 일정 시간 동안 가장 적게 사용된 페이지를 교체한다.

③ LFU : 가장 적게 사용되거나 집중되지 않은 페이지를 교체한다.

④ NUR : 사용 횟수가 가장 많은 페이지를 교체한다.

53 다음 그림에서 A를 실행하였을 때 얻을 수 있는 효과로 옳은 것은?

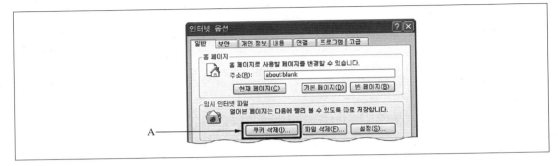

① 개인정보의 침해 소지를 낮춰 준다.
② 스크립트 오류에 대한 사항을 알려 준다.
③ 온라인 광고업체의 악성코드를 정리해 준다.
④ 웹 페이지에서 이미지 크기를 자동으로 조절해 준다.

54 다음 중 스프레드 시트의 고급필터에 대한 설명으로 옳지 않은 것은?

① AND 조건은 지정한 모든 조건을 만족하는 데이터만 출력되며, 조건을 모두 같은 행에 입력해야 한다.
② OR 조건은 지정한 조건 중 하나의 조건이라도 만족하는 경우 데이터가 출력되며, 조건을 모두 같은 열에 입력해야 한다.
③ 조건을 지정하거나 특정한 필드만을 추출할 때 사용하는 필드명은 반드시 원본 데이터의 필드명과 같아야 한다.
④ 고급필터는 자동필터에 비해 복잡한 조건을 사용하거나 여러 필드를 결합하여 조건을 지정할 경우에 사용한다.

55 다음 UNIX 명령어 중 반드시 인수를 갖는 명령어를 모두 고르면?

(A) wc	(B) pwd	(C) kill	(D) passwd

① (A), (B)
② (A), (C)
③ (B), (C)
④ (B), (D)

56 다음 순서도에 의해 출력되는 값으로 옳은 것은?

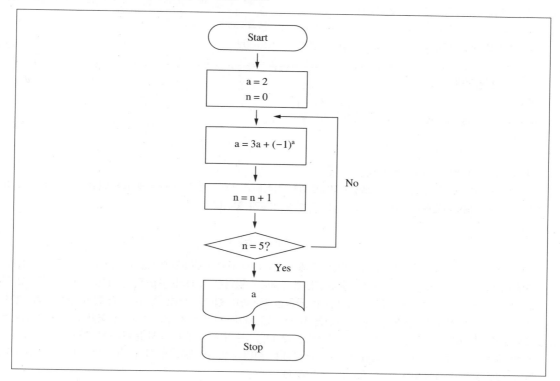

① 547

② 545

③ 543

④ 541

※ 정보처에 근무하는 K대리는 랜섬웨어에 대한 대비책을 직원들에게 전파하려고 한다. 다음 메일을 보고 이어지는 질문에 답하시오. [57~58]

발신 : K대리(정보처, ***@ex.or.kr) 2024.06.30 14:25:32

수신 : 전 임직원
참조 :
제목 : [긴급 공지] 랜섬웨어 유포 관련 주의사항

내용 :
안녕하십니까? 정보처 K대리입니다.
최근 해외에서 기승을 부리던 랜섬웨어가 국내로까지 확장되고 있다는 보도가 나왔습니다. 이와 관련하여 직원 여러분들께 관련 보도자료와 몇 가지 주의사항을 당부 드리고자 합니다.

〈보도자료〉

랜섬웨어(Ransomware)란 몸값을 의미하는 랜섬(Ransom)과 소프트웨어(Software)의 합성어로, 금전 갈취를 목표로 하는 신종 악성코드(Malware)의 일종이다. 랜섬웨어에 감염된 컴퓨터는 시스템에 대한 접근이 제한되고 이를 해결하기 위해서는 랜섬웨어 제작자에게 대가로 금품을 제공해야 한다. 이러한 랜섬웨어가 확산되기 시작하면서 컴퓨터 보안업계에 비상이 걸렸다. 그간 미국, 일본, 영국 등 해외에서 기승을 부리던 랜섬웨어가 이제는 한국어 버전으로 출현해 국내도 더 이상 안전지대가 아니라는 게 전문가들의 지적이다. 특히 문서, 사진, 동영상 등 데이터를 암호화하는 '크립토 랜섬웨어(Crypto Ransomware)'는 한번 감염되면 복구가 쉽지 않아 보안이 허술한 중소기업 등의 경영 활동에 걸림돌이 될 수 있다는 우려도 제기된다.

〈주의사항〉

이외 랜섬웨어 대응에 관해 궁금한 점이 있으시면 언제든지 정보처로 연락주시기 바랍니다. 감사합니다.

정보처 K대리 드림.

---

57 다음 중 K대리가 보낸 메일의 빈칸에 포함될 주의사항으로 적절하지 않은 것은?

① 모바일 OS나 인터넷 브라우저 등을 최신 버전으로 유지하십시오.
② 출처가 명확하지 않은 앱이나 프로그램은 설치하지 마십시오.
③ 비트코인 등 전자 화폐를 구입하라는 메시지는 즉시 삭제하고, 유사 사이트에 접속하지 마십시오.
④ 파일이 랜섬웨어에 감염되면 복구 프로그램을 활용해서 최대한 빨리 복구하십시오.

58 K대리는 메일을 발송하려던 중 랜섬웨어와 같은 컴퓨터 악성코드에 대해 잘 모르는 직원들을 위해 조금 더 설명을 추가하기로 하였다. 다음 중 K대리가 메일 내용에 포함시킬 내용으로 적절하지 않은 것은?

① 악성코드는 악의적인 용도로 사용될 수 있는 유해 프로그램을 말합니다.

② 악성코드는 외부 침입을 탐지하고 분석하는 프로그램으로 잘못된 정보를 남발할 수 있습니다.

③ 악성코드는 때로 실행하지 않은 파일을 저절로 삭제하거나 변형된 모습으로 나타나게 합니다.

④ 악성코드에는 대표적으로 스파이웨어, 트로이 목마 같은 것이 있습니다.

59 A사원은 거래처 컴퓨터 본체를 잠시 빌려서 쓰게 되었는데, 해당 컴퓨터를 부팅하고 바탕화면에 저장된 엑셀 파일을 열자 거래처 고객의 상세한 신상 정보가 담겨 있었다. 다음 중 A사원이 취해야 할 태도로 가장 적절한 것은?

① 고객 신상 정보를 저장장치에 복사해서 빌린 거래처 담당자에게 되돌려준다.

② 고객 신상 정보의 훼손을 방지하고자 자신의 USB에 백업해 두고 보관해 준다.

③ 고객 신상 정보를 즉시 지우고 빌린 컴퓨터를 사용한다.

④ 거래처에 고객 신상 정보 삭제를 요청한다.

60 다음 중 Windows의 메모장에 대한 설명으로 옳지 않은 것은?

① 바로 가기 키를 설정하여 단축키를 통해 바로 열 수 있다.

② 현재 시간과 날짜를 기록할 수 있다.

③ 편집 중인 문서에 그림을 삽입할 수 있다.

④ 찾기 기능을 통해 특정 문자를 찾을 수 있다.

| 01 | 경영

61 다음 중 BCG 매트릭스에서 최적 현금흐름의 방향으로 옳은 것은?

① 별 → 물음표

② 별 → 현금젖소

③ 현금젖소 → 물음표

④ 개 → 물음표

⑤ 개 → 별

62 다음 중 채권이나 주식과 같이 전통적인 투자 상품 대신 부동산, 인프라스트럭처, 사모펀드 등에 투자하는 방식은?

① 대체투자   ② 순투자

③ 재고투자   ④ 민간투자

⑤ 공동투자

63 다음 중 가격의 전략에 대한 설명으로 옳지 않은 것은?

① 유보가격 : 구매자가 어떤 상품에 대해 지불할 용의가 있는 최고가를 말한다.

② 촉진가격 : 고객의 유인을 위하여 특정 품목의 가격을 대폭 낮게 설정하는 것을 말한다.

③ 명성가격 : 가격 – 품질 연상효과를 이용하여 가격을 설정하며 가격이 낮을수록 매출이 증가한다.

④ 관습가격 : 소비자들이 관습적으로 느끼는 가격으로, 제품가격을 높이면 매출이 감소하고 가격을 낮게 책정하더라도 매출이 크게 증가하지 않는다.

⑤ 유인가격 : 기회비용을 고려하여 특정제품의 가격을 낮춰 판매해, 이를 통해 고객을 불러들여 호객하는 것을 말한다.

64 다음 〈보기〉 중 리더십이론에 대한 설명으로 옳은 것은?

〈보기〉

ㄱ. 변혁적 리더십을 발휘하는 리더는 부하에게 이상적인 방향을 제시하고 임파워먼트(Empowerment)를 실시한다.
ㄴ. 거래적 리더십을 발휘하는 리더는 비전을 통해 단결, 비전의 전달과 신뢰의 확보를 강조한다.
ㄷ. 카리스마 리더십을 발휘하는 리더는 부하에게 높은 자신감을 보이며 매력적인 비전을 제시하지만 위압적이고 충성심을 요구하는 측면이 있다.
ㄹ. 슈퍼 리더십을 발휘하는 리더는 부하를 강력하게 지도하고 통제하는 데 역점을 둔다.

① ㄱ, ㄷ　　　　　　　　　　　　　　　② ㄱ, ㄹ
③ ㄴ, ㄷ　　　　　　　　　　　　　　　④ ㄴ, ㄹ
⑤ ㄷ, ㄹ

65 다음 중 프린터를 저렴하게 판매한 후, 그 프린터의 토너를 비싼 가격으로 결정하는 전략은?

① 종속제품 가격결정(Captive Product Pricing)
② 묶음 가격결정(Bundle Pricing)
③ 단수 가격결정(Odd Pricing)
④ 침투 가격결정(Penetration Pricing)
⑤ 스키밍 가격결정(Skimming Pricing)

66 다음 중 수요예측기법(Demand Forecasting Technique)에 대한 설명으로 옳은 것은?

① 지수평활법은 평활상수가 클수록 최근 자료에 더 높은 가중치를 부여한다.
② 회귀분석법은 실제치와 예측치의 오차를 자승한 값의 총 합계가 최대가 되도록 회귀계수를 추정한다.
③ 수요예측과정에서 발생하는 예측오차들의 합이 영(Zero)에 수렴하는 것은 옳지 않다.
④ 이동평균법은 이동평균의 계산에 사용되는 과거자료의 수가 많을수록 수요예측의 정확도가 높아진다.
⑤ 시계열 분석법으로는 이동평균법과 회귀분석법이 있다.

67 다음 중 소비자가 특정 상품에 대해 고관여 상태에서 발생하는 구매행동으로 옳지 않은 것은?

① 복잡한 구매행동을 보인다.
② 제품에 대한 지식을 습득하기 위해 자발적으로 노력한다.
③ 가장 합리적인 방안을 스스로 찾아 구매한다.
④ 부조화가 감소한 구매행동을 보인다.
⑤ 다양성 추구 구매를 하기 위해서 소비자들은 잦은 상표전환을 하게 된다.

68 다음 중 일반적인 경영전략 유형에 해당하지 않는 것은?

① 성장 전략
② 축소 전략
③ 안정화 전략
④ 협력 전략
⑤ 시장세분화 전략

69 다음 중 동기부여이론에서 과정이론에 해당하는 이론은 무엇인가?

① 매슬로우(Maslow)의 욕구단계설
② 앨더퍼(Alderfer)의 EFG이론
③ 브룸(Vroom)의 기대이론
④ 허즈버그(Herzberg)의 2요인 이론
⑤ 맥그리거(McGregor)의 X이론 - Y이론

70 다음 중 회계감사의 감사의견에 포함되지 않는 것은?

① 적정 의견
② 부적정 의견
③ 한정 의견
④ 불한정 의견
⑤ 의견 거절

71 다음 중 식스 시그마(6 – Sigma)에 대한 설명으로 옳지 않은 것은?

① 프로세스에서 불량과 변동성을 최소화하면서 기업의 성과를 최대화하려는 종합적이고 유연한 시스템이다.
② 프로그램의 최고 단계 훈련을 마치고, 프로젝트 팀 지도를 전담하는 직원은 마스터블랙벨트이다.
③ 통계적 프로세스 관리에 크게 의존하며, '정의 – 측정 – 분석 – 개선 – 통제'의 단계를 걸쳐 추진된다.
④ 제조프로세스에서 기원하였으며 판매, 인적자원, 고객서비스, 재무서비스 부문으로 확대되고 있다.
⑤ 사무부분을 포함한 모든 프로세스의 질을 높이고 업무 비용을 획기적으로 절감하여 경쟁력 향상을 목표로 한다.

72 다음은 H기업의 균형성과표이다. (A) ~ (D)에 들어갈 용어를 순서대로 바르게 나열한 것은?

구분	전략목표	주요 성공요인	주요 평가지표	목표	실행계획
(A) 관점	매출 확대	경쟁사 대비 가격 및 납기우위	평균 분기별 총매출, 전년 대비 총매출	평균 분기 10억 원 이상, 전년 대비 20% 이상	영업 인원 증원
(B) 관점	부담 없는 가격, 충실한 A/S	생산성 향상, 높은 서비스품질	전년 대비 재구매 비율, 고객 만족도	전년 대비 10포인트 향상, 만족도 80% 이상	작업 순서 준수, 서비스 품질 향상
(C) 관점	작업 순서 표준화 개선 제안 및 실행	매뉴얼 작성 및 준수	매뉴얼 체크 회수 개선 제안 수 및 실행횟수	1일 1회 연 100개 이상	매뉴얼 교육 강좌개선, 보고회의 실시
(D) 관점	경험이 부족한 사원 교육	실천적 교육 커리큘럼 충실	사내 스터디 실시 횟수, 스터디 참여율	연 30회, 80% 이상	스터디 모임의 중요성 및 참여 촉진

	(A)	(B)	(C)	(D)
①	고객	업무 프로세스	학습 및 성장	재무
②	고객	학습 및 성장	업무 프로세스	재무
③	재무	고객	업무 프로세스	학습 및 성장
④	학습 및 성장	고객	재무	업무 프로세스
⑤	업무 프로세스	재무	고객	학습 및 성장

73 다음 중 토빈의 Q – 비율에 대한 설명으로 옳지 않은 것은?(단, 다른 조건이 일정하다고 가정한다)

① 특정 기업이 주식 시장에서 어떤 평가를 받고 있는지 판단할 때 종종 토빈의 Q – 비율을 활용한다.

② 한 기업의 Q – 비율이 1보다 높을 경우 투자를 증가하는 것이 바람직하다.

③ 한 기업의 Q – 비율이 1보다 낮을 경우 투자를 감소하는 것이 바람직하다.

④ 이자율이 상승하면 Q – 비율은 하락한다.

⑤ 토빈의 Q – 비율은 실물자본의 대체비용을 주식시장에서 평가된 기업의 시장가치로 나눠서 구한다.

74 A주식의 금년도 말 1주당 배당금은 1,100원으로 추정되며, 이후 배당금은 매년 10%씩 증가할 것으로 예상된다. A주식에 대한 요구수익률이 15%일 경우, 고든(M. J. Gordon)의 항상성장모형에 의한 A주식의 1주당 현재가치는?

① 4,400원

② 7,333원

③ 11,000원

④ 22,000원

⑤ 23,000원

75 영업레버리지도가 2, 재무레버리지도가 1.5일 때 결합레버리지도를 구하면?

① 0.75

② 1.5

③ 2

④ 3

⑤ 5

76 다음 중 액면가가 10,000원, 만기가 5년, 표면이자율이 0%인 순할인채의 듀레이션은?

① 5년

② 6년

③ 7년

④ 8년

⑤ 9년

77 다음 중 수익성 지수에 대한 설명으로 옳지 않은 것은?

① 수익성 지수는 현금유입액의 현재가치를 총 투자액의 현재가치로 나누어 계산한다.

② 수익성 지수는 단일 투자안이 있을 때 그 투자안이 경제성이 있는지 판단하기 위해 쓰인다.

③ 수익성 지수는 투자기간 전체의 현금흐름을 고려하고 화폐의 현재가치를 반영하므로 투자의 효율성을 직관적으로 판단할 수 있다는 장점이 있다.

④ 투자안에 대해 미래의 가치를 현재의 가치로 환산하는 할인율의 결정이 쉽지 않아 투자 및 회수금액의 현재가치를 산출할 때 어려움이 있을 수 있다.

⑤ 수익성 지수는 투자 금액 대비 회수할 수 있는 금액에 대한 비율로, 지수가 1보다 크면 경제성이 있어 투자할 가치가 있다고 본다.

78 다음 중 자본자산가격결정모형(CAPM)의 가정으로 옳지 않은 것은?

① 투자자는 위험회피형 투자자이며, 기대효용 극대화를 추구한다.

② 무위험자산이 존재하며, 무위험이자율로 무제한 차입 또는 대출이 가능하다.

③ 세금과 거래비용이 존재하는 불완전자본시장이다.

④ 투자자는 평균 – 분산 기준에 따라 포트폴리오를 선택한다.

⑤ 모든 투자자는 투자대상의 미래 수익률의 확률분포에 대하여 동질적 예측을 한다.

79 다음 중 주식공개매수에 대한 설명으로 옳은 것은?

① 주식공개매수는 회사의 경영권을 확보하거나 강화하기 위하여 특정 다수인으로부터 주식을 장외에서 매수하는 형태이다.

② 주식취득의 경우에는 주식을 보유하고 있지만 기업경영에 직접 관여하지 않고 있는 주주들로부터 주식을 매입하여 기업을 인수한다.

③ 주식공개매수를 추진하는 인수기업은 대상기업의 주식 수, 매수기간, 매수가격 및 방법 등을 공개하지 않고, 이에 허락하는 주주에 한해 대상회사의 주식을 취득하게 된다.

④ 공개매수에서 매수가격은 대상기업의 주주들의 주식을 확보하기 위한 것이므로 현재의 시장가격보다 대부분 낮게 요구되는 것이 특징이다.

⑤ 대상기업의 기업지배권이 부실하고 경영도 제대로 되지 않아 주식이 하락된 대상기업의 경우, 인수기업은 대상기업과 우호적인 방식으로 주식공개매수를 협상한다.

80 다음 중 케인스학파와 통화주의학파에 대한 설명으로 옳은 것은?

① 통화주의학파는 케인스학파에 비해 투자의 이자율 탄력성이 크다고 본다.

② 케인스학파는 적응적 기대를 수용하고, 통화주의학파는 합리적 기대를 수용한다.

③ 케인스학파는 구축효과를 강조하고, 통화주의학파는 재량적인 경제안정화정책을 강조한다.

④ 케인스학파는 단기 총공급곡선이 우상향한다고 보고, 통화주의학파는 장기 총공급곡선이 우하향한다고 본다.

⑤ 케인스학파는 단기 필립스곡선이 우하향한다고 보고, 통화주의학파는 장기 필립스곡선이 우상향한다고 본다.

81 다음 중 경제성장에 대한 설명으로 옳은 것은?

① 교육의 질을 높이는 정책은 인적자본을 축적시켜 경제성장에 기여한다.

② 자본축적은 자본의 한계생산성이 체감하므로 경제성장의 원동력이 아니다.

③ 솔로우 경제성장모형에서 저축률은 내생적으로 결정된다.

④ 솔로우 경제성장모형에서 기술진보는 경제성장에 영향을 주지 않는다.

⑤ 솔로우 경제성장모형에서 인구 증가율이 높아지면 총국민소득은 감소한다.

82 포괄손익계산서의 보험료가 ₩300이고, 기말의 수정분개가 다음과 같을 경우 수정전시산표와 기말 재무상태표의 선급보험료 금액으로 옳은 것은?

〈수정분개〉			
(차변) 보험료	300	(대변) 선급보험료	300

	수정전시산표의 선급보험료	기말 재무상태표의 선급보험료
①	₩7,600	₩7,500
②	₩7,500	₩7,200
③	₩7,400	₩7,200
④	₩7,300	₩6,900
⑤	₩7,200	₩6,800

83 H주식회사는 2024년 초 ₩10,000을 지급하고 토지와 건물을 일괄취득하였다. 취득 과정에서 발생한 수수료는 ₩100이며, 취득일 현재 토지와 건물의 공정가치는 각각 ₩6,000으로 동일하다. '취득한 건물을 계속 사용할 경우(ㄱ)'와 '취득한 건물을 철거하고 건물을 신축하는 경우(ㄴ)'의 토지 취득원가로 옳은 것은?(단, ㄴ의 경우 철거비용이 ₩500이고, 철거 시 발생한 폐기물의 처분수익은 ₩100이다)

	ㄱ	ㄴ
①	₩5,000	₩10,400
②	₩5,000	₩10,500
③	₩5,050	₩10,400
④	₩5,050	₩10,500
⑤	₩6,000	₩6,000

84 H회사는 2024년 1월 1일에 내용연수 5년, 잔존가치 ₩200,000으로 추정되는 제빵기 1대를 ₩2,000,000에 구입하였다. 제빵기는 1차 연도에 10,000개의 빵을 생산한 이후 매년 1,000개씩 생산량이 감소한다고 할 때, 생산량비례법을 이용하여 1차 연도의 감가상각비를 계산하면 얼마인가?

① ₩340,000 ② ₩360,000

③ ₩420,000 ④ ₩450,000

⑤ ₩500,000

85 다음 자료를 이용하여 계산한 재고자산평가손익으로 옳은 것은?(단, 재고자산감모손실은 없다)

• 기초재고액	₩9,000
• 당기매입액	₩42,000
• 매출원가	₩45,000
• 기말재고(순실현가능가치)	₩4,000

① 평가손실 ₩2,000 ② 평가손실 ₩3,000

③ 평가이익 ₩2,000 ④ 평가이익 ₩3,000

⑤ 평가이익 ₩4,000

86 총공급곡선이 $Y = \overline{Y} + \alpha(p - p^e)$인 총수요 – 총공급 모형에서 경제가 현재 장기균형상태에 있다고 하자. 이 경제의 중앙은행이 통화량을 감소시킬 경우 물가예상이 합리적으로 형성되고 통화량 감소가 미리 예측된다면, 다음 중 옳은 것은?(단, Y는 실질GDP, $\overline{Y}$는 실질GDP의 장기균형수준, α는 0보다 큰 상수, P는 물가, P^e는 예상물가수준이다)

① 실질GDP는 즉시 감소한 다음 서서히 원래 수준으로 복귀한다.

② 물가는 즉시 감소한 다음 서서히 원래 수준으로 복귀한다.

③ 물가는 즉시 감소하고 실질GDP도 즉시 감소한다.

④ 물가는 서서히 감소하고 실질GDP는 즉시 감소한다.

⑤ 물가는 즉시 감소하고 실질GDP는 원래 수준을 유지한다.

87 다음 중 내용연수를 기준으로 초기에 비용을 많이 계상하는 감가상각방법으로 옳은 것은?

① 정액법 ② 정률법

③ 선입선출법 ④ 후입선출법

⑤ 저가법

88 H회사는 2021년 초 종업원 100명에게 현금결제형 주가차액보상권을 각각 20개씩 부여하고 2년간의 용역 제공조건을 부과하였다. H회사는 2021년에 ₩6,000, 2021년에 ₩6,500을 주식보상비용으로 인식하였다. 2021년 초부터 2022년 말까지 30명의 종업원이 퇴사하였으며, 2023년 말 종업원 10명이 권리를 행사하였다. 2023년 말 현금결제형 주가차액보상권의 개당 공정가치는 ₩15, 개당 내재가치는 ₩10이라고 할 때, H회사가 2023년 인식할 주식보상비용은 얼마인가?

① ₩5,500 ② ₩6,000

③ ₩7,000 ④ ₩7,500

⑤ ₩8,500

89 H회사의 2023년도 현금흐름표상 영업에서 창출된 현금(영업으로부터 창출된 현금)은 ₩100,000이다. 다음 자료를 이용하여 계산한 H회사의 2023년 법인세비용차감전순이익 및 영업활동순현금흐름으로 옳은 것은?(단, 이자지급 및 법인세 납부는 영업활동으로 분류한다)

• 매출채권손상차손 : ₩500	• 매출채권(순액) 증가 : ₩4,800
• 감가상각비 : ₩1,500	• 재고자산(순액) 감소 : ₩2,500
• 이자비용 : ₩2,700	• 매입채무 증가 : ₩3,500
• 사채상환이익 : ₩700	• 미지급이자 증가 : ₩1,000
• 법인세비용 : ₩4,000	• 미지급법인세 감소 : ₩2,000

	법인세비용차감전순이익	영업활동순현금흐름
①	₩94,800	₩92,300
②	₩95,300	₩92,300
③	₩96,800	₩95,700
④	₩97,300	₩95,700
⑤	₩98,000	₩107,700

90 다음 중 유용한 재무정보의 질적 특성에 대한 설명으로 옳은 것은?

① 목적적합성과 충실한 표현은 보강적 질적 특성이다.
② 동일한 경제적 현상에 대해 대체적인 회계처리방법을 허용하면 비교가능성이 감소한다.
③ 재무정보가 예측가치를 갖기 위해서는 제공되는 정보 그 자체가 예측치 또는 예상치이어야 한다.
④ 재무정보가 과거 평가를 확인하거나 변경시킨다면 예측가치를 갖는다.
⑤ 재무정보의 제공자와는 달리 이용자의 경우에는 제공된 정보를 분석하고 해석하는 데 원가가 발생하지 않는다.

91 다음 중 시장지향적 마케팅에 대한 설명으로 옳지 않은 것은?

① 고객지향적 사고의 장점을 포함하면서 그 한계점을 극복하기 위한 포괄적 마케팅이다.
② 기업이 최종고객들과 원활한 교환을 통하여 최상의 가치를 제공하기 위함을 목표로 한다.
③ 오직 기존 사업시장에 집중하며 경쟁우위를 점하기 위한 마케팅이다.
④ 다양한 시장 구성요소들이 원만하게 상호작용하며 마케팅 전략을 구축한다.
⑤ 기존 사업시장뿐만 아니라 외부 사업시장이나 이익 기회들을 확인하며, 때에 따라 기존사업 시장을 포기하기도 한다.

92 다음 중 마이클 포터(Michael E. Porter)의 가치사슬모형(Value Chain Model)에 대한 설명으로 옳지 않은 것은?

① 기업이 가치를 창출하는 활동을 본원적 활동과 지원 활동으로 구분하였다.

② 물류 투입 및 산출 활동은 본원적 활동에 해당한다.

③ 마케팅 활동은 지원 활동에 해당한다.

④ 기술 개발은 지원 활동에 해당한다.

⑤ 지원 활동에 해당하는 활동도 기업의 핵심 역량이 될 수 있다.

93 다음 중 사회후생함수에 대한 설명으로 옳지 않은 것은?

① 롤즈(J. Rawls)의 사회후생함수는 레온티에프(Leontief) 생산함수와 동일한 형태를 가진다.

② 평등주의 사회후생함수는 모든 사회 구성원들에게 동일한 가중치를 부여한다.

③ 에지워드(F. Edgeworth)의 주장에 의하면 소득의 재분배는 사회후생을 증가시킬 수 있다.

④ 공리주의적 사회무차별곡선의 기울기는 -1이다.

⑤ 애로우(K. Arrow)의 불가능성 정리는 사회의 여러 상태를 비교, 평가할 수 있는 합리적이고 민주적인 기준을 찾을 수 없다는 것을 뜻한다.

94 다음 〈보기〉 중 가격차별 행위로 옳지 않은 것은?

―――――――〈보기〉―――――――
가. 전월세 상한제
나. 학생과 노인 대상 극장표 할인
다. 수출품 가격과 내수품 가격을 다르게 책정
라. 전력 사용량에 따라 단계적으로 다른 가격 적용
마. 대출 최고 이자율 제한

① 가, 마 ② 다, 라
③ 나, 다, 라 ④ 나, 다, 마
⑤ 다, 라, 마

95 H국가의 만 15세 이상 인구는 2,600만 명이며, 이 중 경제활동참가율은 55%라고 한다. H국가의 실업률이 30%일 때, 취업자 수와 실업자 수가 바르게 나열된 것은?

	취업자 수	실업자 수
①	975만 명	528만 명
②	975만 명	429만 명
③	1,001만 명	429만 명
④	1,001만 명	528만 명
⑤	1,022만 명	410만 명

96 다음 〈보기〉의 사례들을 역선택(Adverse Selection)과 도덕적 해이(Moral Hazard)의 개념에 따라 바르게 구분한 것은?

---〈보기〉---
가. 자동차 보험 가입 후 더 난폭하게 운전한다.
나. 건강이 좋지 않은 사람이 민간 의료보험에 더 많이 가입한다.
다. 실업급여를 받게 되자 구직 활동을 성실히 하지 않는다.
라. 사망 확률이 낮은 건강한 사람이 주로 종신연금에 가입한다.
마. 의료보험제도가 실시된 이후 사람들의 의료수요가 현저하게 증가하였다.

	역선택	도덕적 해이
①	가, 나	다, 라, 마
②	나, 라	가, 다, 마
③	다, 마	가, 나, 라
④	나, 다, 라	가, 마
⑤	다, 라, 마	가, 나

97 정부가 소득세 감면, 정부 부채 증가 등의 재정정책을 시행하여 경기를 진작시켰다고 한다. 다음 중 확대 재정정책의 효과가 커질 수 있는 조건으로 옳은 것은?

① 소득에 대한 한계소비성향이 낮다.
② 정부 부채 증가가 이자율 상승을 초래한다.
③ 소비자가 미래 중심으로 소비에 임한다.
④ 신용제약에 걸려 은행으로부터 차입하기 어려운 소비자들이 존재한다.
⑤ 소비자들이 정부 부채 증가를 미래에 조세 증가로 메울 것으로 기대한다.

98 다음 중 자연독점하의 공기업 공공요금 결정에 대한 설명으로 옳은 것은?

① 규모의 경제를 활용하여 평균비용을 낮추기 위해 하나가 아닌 여러 공기업에서 생산하는 것이 바람직하다.

② 민간기업이 생산하고 가격을 규제하지 않으면 사회적 최적생산량 달성이 가능하다.

③ 이부가격제도(Two - part Tariff)를 도입하면 생산량 자체는 효율적이다.

④ 한계비용가격 설정을 사용하는 경우 해당 공기업의 경제적 이윤이 0이 된다.

⑤ 평균비용가격 설정을 사용하는 경우 사회적 최적 생산량을 달성할 수 있다.

99 다음 중 통화정책과 재정정책에 대한 설명으로 옳지 않은 것은?

① 경제가 유동성 함정에 빠져 있을 경우에는 통화정책보다는 재정정책이 효과적이다.

② 전통적인 케인스 경제학자들은 통화정책이 재정정책보다 더 효과적이라고 주장했다.

③ 재정정책과 통화정책을 적절히 혼합하여 사용하는 것을 정책혼합이라고 한다.

④ 화폐공급의 증가가 장기에서 물가만을 상승시킬 뿐 실물변수에는 아무런 영향을 미치지 못하는 현상을 화폐의 장기중립성이라고 한다.

⑤ 정부지출의 구축효과란 정부지출을 증가시키면 이자율이 상승하여 민간 투자지출이 감소하는 효과를 말한다.

100 다음 중 무역수지에 대한 설명으로 옳지 않은 것은?

① 무역수지 흑자란 수출이 수입보다 클 때를 말하며, 이 때 순수출은 0보다 크다.

② 무역수지 흑자의 경우 국민소득이 국내지출(소비 + 투자 + 정부지출)보다 크다.

③ 무역수지 흑자의 경우 국내투자가 국민저축보다 크다.

④ 무역수지 적자의 경우 순자본유출은 0보다 작다.

⑤ 순수출은 순자본유출과 같다.

| 02 | 법정

61 다음 중 국제사회에서 법의 대인적 효력에 대한 입장으로 옳은 것은?

① 속지주의를 원칙적으로 채택하고 속인주의를 보충적으로 적용한다.
② 속인주의를 원칙적으로 채택하고 속지주의를 보충적으로 적용한다.
③ 보호주의를 원칙적으로 채택하고 피해자주의를 보충적으로 적용한다.
④ 보호주의를 원칙적으로 채택하고 기국주의를 보충적으로 적용한다.
⑤ 피해자주의를 원칙적으로 채택하고 보호주의를 보충적으로 적용한다.

62 헌법 제8조에 따르면 정당의 목적이나 활동이 민주적 기본질서에 위배될 때에는 정부는 헌법재판소에 그 해산을 제소할 수 있다. 이에 해당하는 헌법상의 원리는?

① 자유민주주의
② 국민주권의 원리
③ 방어적 민주주의
④ 사회적 시장경제주의
⑤ 권력 분립의 원리

63 다음 중 행정입법에 대한 설명으로 옳지 않은 것은?(단, 다툼이 있는 경우 판례에 의한다)

① 국회규칙은 법규명령이다.
② 대통령령은 총리령 및 부령보다 우월한 효력을 가진다.
③ 총리령으로 제정된 법인세법 시행규칙에 따른 '소득금액조정합계표 작성요령'은 법령을 보충하는 법규사항으로서 법규명령의 효력을 가진다.
④ '학교장・교사 초빙제 실시'는 행정조직 내부에서만 효력을 가지는 행정상의 운영지침을 정한 것으로서 국민이나 법원을 구속하는 효력이 없는 행정규칙에 해당한다.
⑤ 건강보험심사평가원이 보건복지가족부 고시인 '요양급여비용 심사・지급업무 처리기준'에 근거하여 제정한 심사지침인 '방광내압 및 요누출압 측정 시 검사방법'은 내부적 업무처리 기준으로서 행정규칙에 불과하다.

64 다음 중 기본권에 대한 설명으로 옳지 않은 것은?

① 기본권의 주체에는 미성년자나 정신병자, 수형자 등도 포함된다.

② 성질상 법인이 누릴 수 없는 기본권이 있다.

③ 외국인에게는 자유권적 기본권의 대부분이 제한된다.

④ 외국인에게는 사회적 기본권은 원칙적으로 보장되지 않는다.

⑤ 외국인에게는 내국인과 같이 형사보상청구권이 인정된다.

65 다음 중 재단법인에 대한 설명으로 옳은 것은?(단, 다툼이 있는 경우 판례에 의한다)

① 재단법인은 유언으로 설립할 수 없다.

② 재단법인이 기본재산을 처분할 경우 주무관청의 허가를 얻어야 한다.

③ 재단법인의 출연자는 착오를 이유로 출연의 의사표시를 취소할 수 없다.

④ 재단법인의 출연자가 출연재산과 그 목적을 정하지 않고 사망한 때에는 주무관청이 이를 정한다.

⑤ 재단법인의 목적을 달성할 수 없는 경우, 이사는 설립자의 동의가 있으면 주무관청의 허가 없이 그 목적을 변경할 수 있다.

66 다음 중 법과 도덕의 차이점에 대한 설명으로 옳지 않은 것은?

① 법은 강제성이 있지만 도덕은 강제성이 없다.

② 법은 타율성을 갖지만 도덕은 자율성을 갖는다.

③ 법은 내면성을 갖지만 도덕은 외면성을 갖는다.

④ 법은 양면성을 갖지만 도덕은 일면성을 갖는다.

⑤ 법은 정의를 실현하지만 도덕은 선을 실현한다.

67 다음 중 철학자와 그가 설명한 법의 목적을 바르게 연결하지 않은 것은?

① 칸트 : 인격의 완성

② 루소 : 국가이익의 추구

③ 예링 : 생활이익의 확보

④ 벤담 : 최대다수의 최대행복

⑤ 플라톤 : 도덕생활의 실현

68 다음 중 신의성실의 원칙에 대한 설명으로 옳은 것은?(단, 다툼이 있는 경우 판례에 의한다)

① 인지청구권의 포기는 허용되지 않지만, 인지청구권에는 실효의 법리가 적용될 수 있다.

② 강행법규를 위반한 약정을 한 사람이 스스로 그 약정의 무효를 주장하는 것은 신의칙상 허용되지 않는다.

③ 신의성실의 원칙에 반한다는 것을 당사자가 주장하지 않더라도 법원은 직권으로 판단할 수 있다.

④ 취득시효완성 후 그 사실을 모르고 권리를 주장하지 않기로 하였다가 후에 시효주장을 하는 것은 특별한 사정이 없는 한 신의칙상 허용된다.

⑤ 임대차계약 당사자가 차임을 증액하지 않기로 약정한 경우, 사정변경의 원칙에 따라 차임을 증액할 수 없다.

69 다음 중 무권대리행위의 추인에 대한 설명으로 옳지 않은 것은?(단, 다툼이 있는 경우 판례에 의한다)

① 추인은 제3자의 권리를 해하지 않는 한, 다른 의사표시가 없으면 계약시에 소급하여 그 효력이 생긴다.

② 무권대리행위의 일부에 대한 추인은 상대방의 동의를 얻지 못하는 한 무효이다.

③ 추인은 무권대리행위로 인한 권리 또는 법률관계의 승계인에게도 할 수 있다.

④ 본인이 무권대리인에게 추인한 경우, 상대방은 추인이 있었음을 주장할 수 있다.

⑤ 무권대리행위가 범죄가 되는 경우에 본인이 그 사실을 알고도 장기간 형사고소를 하지 않은 것만으로 묵시적 추인이 된다.

70 다음 중 준법률행위적 행정행위에 해당하는 것은?

① 하명
② 특허
③ 승인
④ 공증
⑤ 면제

71 다음 중 로위(Lowi)의 정책분류와 그 특징을 연결한 내용으로 옳지 않은 것은?

① 구성정책 : 정부기관의 신설과 선거구 조정 등과 같이 정부기구의 구성 및 조정과 관련된 정책이다.

② 구성정책 : 체제 내부를 정비하는 정책으로 대외적 가치 배분에는 큰 영향이 없다.

③ 재분배정책 : 고소득층으로부터 저소득층으로의 소득이전을 목적으로 하기 때문에 계급대립적 성격을 지닌다.

④ 배분정책 : 재화와 서비스를 사회의 특정 부분에 배분하는 정책으로 수혜자와 비용부담자 간 갈등이 발생한다.

⑤ 규제정책 : 특정 개인이나 집단에 대한 선택의 자유를 제한하는 유형의 정책으로 정책불응자에게는 강제력을 행사한다.

72 다음 〈보기〉 중 행정작용에 대한 설명으로 옳지 않은 것을 모두 고르면?

─────〈보기〉─────
ㄱ. 하명은 명령적 행정행위이다.
ㄴ. 인가는 형성적 행정행위이다.
ㄷ. 공증은 법률행위적 행정행위이다.
ㄹ. 공법상 계약은 권력적 사실행위이다.

① ㄱ, ㄴ   ② ㄱ, ㄷ

③ ㄱ, ㄹ   ④ ㄴ, ㄹ

⑤ ㄷ, ㄹ

73 법무부장관이 외국인 A에게 귀화를 허가한 경우, 선거관리위원장은 귀화 허가가 무효가 아닌 한 귀화 허가에 하자가 있더라도 A가 한국인이 아니라는 이유로 선거권을 거부할 수 없다. 이처럼 법무부장관의 귀화 허가에 구속되는 행정행위의 효력은 무엇인가?

① 공정력   ② 구속력

③ 형식적 존속력   ④ 구성요건적 효력

⑤ 실질적 존속력

74 다음 〈보기〉 중 비계량적 성격의 직무평가 방법을 모두 고르면?

---〈보기〉---
ㄱ. 점수법   ㄴ. 서열법
ㄷ. 요소비교법   ㄹ. 분류법

---

① ㄱ, ㄴ   ② ㄱ, ㄷ
③ ㄴ, ㄷ   ④ ㄴ, ㄹ
⑤ ㄷ, ㄹ

75 다음 정책결정모형 중에서 합리적인 요소와 초합리적인 요소의 조화를 강조하는 모형은?

① 최적 모형(Optimal Model)
② 점증주의(Incrementalism)
③ 혼합탐사 모형(Mixed-Scanning Model)
④ 만족 모형(Satisficing Model)
⑤ 쓰레기통 모형(Garbage Can Model)

76 다음 중 고위공무원단에 대한 설명으로 옳지 않은 것은?

① 일부 개방형 직위는 공직 밖에서도 충원이 가능하다.
② 미국의 고위공무원단 제도에는 엽관주의적 요소가 혼재되어 있다.
③ 우리나라의 고위공무원단 제도는 이명박 정부 시기인 2008년 7월 1일에 도입되었다.
④ 미국의 고위공무원단 제도는 카터 행정부 시기인 1978년에 공무원제도개혁법 개정으로 도입되었다.
⑤ 우리나라에서 고위공무원이 되기 위해서는 고위공무원 후보자과정을 이수해야 하고, 역량평가를 통과해야 한다.

77 다음에 제시된 행정법의 기본원칙에 대한 설명으로 옳지 않은 것은?(단, 다툼이 있는 경우 판례에 의한다)

> (가) 어떤 행정목적을 달성하기 위한 수단은 그 목적달성에 유효·적절하고, 가능한 한 최소한의 침해를 가져오는 것이어야 하며 아울러 그 수단의 도입으로 인한 침해가 의도하는 공익을 능가하여서는 아니 된다.
> (나) 행정기관은 행정결정에 있어서 동종의 사안에 대하여 이전에 제3자에게 행한 결정과 동일한 결정을 하도록 스스로 구속당한다.
> (다) 개별국민이 행정기관의 어떤 언동의 정당성 또는 존속성을 신뢰한 경우 그 신뢰가 보호받을 가치가 있는 한 그러한 귀책사유 없는 신뢰는 보호되어야 한다.
> (라) 행정주체가 행정작용을 함에 있어서 상대방에게 이와 실질적인 관련이 없는 의무를 부과하거나 그 이행을 강제하여서는 아니 된다.

① 판례는 (라) 원칙의 적용을 긍정하고 있다.
② 반복적으로 행하여진 행정처분이 위법한 것일 경우 행정청은 (나) 원칙에 구속되지 않는다.
③ 선행조치의 상대방에 대한 신뢰보호의 이익과 제3자의 이익이 충돌하는 경우에는 (다) 원칙이 우선한다.
④ 고속국도 관리청이 고속도로 부지와 접도구역에 송유관 매설을 허가하면서 상대방과 체결한 협약에 따라 송유관 시설을 이전하게 될 경우, 그 비용을 상대방에게 부담하도록 한 부관은 (라) 원칙에 반하지 않는다.
⑤ 자동차를 이용하여 범죄행위를 한 경우 범죄의 경중에 상관없이 반드시 운전면허를 취소하도록 한 규정은 (가) 원칙을 위반한 것이다.

78 다음 중 우리나라의 지방자치제도에 대한 설명으로 옳지 않은 것은?

① 주민의 지방정부에 대한 참정권은 법률에 의해 제한되며 지방정부의 과세권 역시 법률로 제한된다.
② 우리나라 지방자치단체의 구성은 기관통합형이 아닌 기관대립형을 택하고 있다.
③ 지방자치단체는 법령의 범위 안에서 자치에 관한 규정을 제정할 수 있다.
④ 지방세무서, 지방노동청, 지방산림청 등의 특별지방행정기관은 중앙부처에서 설치한 일선 집행기관으로서 고유의 법인격은 물론 자치권도 가지고 있지 않다.
⑤ 기관위임사무는 지방자치단체장이 국가사무를 위임받아 수행하는 것이며 소요 경비는 지방의회의 심의를 거쳐 지방정부 예산으로 부담한다.

79 다음 중 우리나라 행정조직에 대한 설명으로 옳지 않은 것은?

① 책임운영기관은 정부조직법에 의하여 설치되고 운영된다.

② 중앙선거관리위원회와 공정거래위원회는 행정위원회에 속한다.

③ 특별지방행정기관으로는 서울지방국세청, 중부지방고용노동청이 있다.

④ 실, 국, 과는 부처 장관을 보조하는 기관으로 계선 기능을 담당하고, 참모 기능은 차관보, 심의관 또는 담당관 등의 조직에서 담당한다.

⑤ 행정기관 소속 위원회의 설치·운영에 관한 법률상 위원회 소속 위원 중 공무원이 아닌 위원의 임기는 대통령령으로 정하는 특별한 경우를 제외하고는 3년을 넘지 아니하도록 하여야 한다.

80 다음 중 미래예측기법에 대한 설명으로 옳지 않은 것은?

① 비용·편익분석은 정책의 능률성 내지 경제성에 초점을 맞춘 정책분석의 접근방법이다.

② 판단적 미래예측에서는 경험적 자료나 이론이 중심적인 역할을 한다.

③ 추세연장적 미래예측기법들 중 하나인 검은줄 기법(Black Thread Technique)은 시계열적 변동의 굴곡을 직선으로 표시하는 기법이다.

④ 교차영향분석은 연관사건의 발생여부에 따라 대상사건이 발생할 가능성에 관한 주관적 판단을 구하고 그 관계를 분석하는 기법이다.

⑤ 이론적 미래예측은 인과관계 분석이라고도 하며 선형계획, 투입·산출분석, 회귀분석 등을 예로 들 수 있다.

81 다음 중 정부실패의 원인으로 옳지 않은 것은?

① 권력으로 인한 분배적 불공정성

② 정부조직의 내부성

③ 파생적 외부효과

④ 점증적 정책결정의 불확실성

⑤ 비용과 편익의 괴리

82 다음 중 정책집행의 하향식 접근과 상향식 접근에 대한 설명으로 옳지 않은 것은?

① 상향식 접근은 정책문제를 둘러싸고 있는 행위자들의 동기, 전략, 행동, 상호작용 등에 주목하며 일선공무원들의 전문지식과 문제해결능력을 중시한다.

② 상향식 접근은 집행이 일어나는 현장에 초점을 맞추고 그 현장을 미시적이고 현실적이며 상호작용적인 차원에서 관찰한다.

③ 하향식 접근은 하나의 정책에만 초점을 맞추므로 여러 정책이 동시에 집행되는 경우를 설명하기 곤란하다.

④ 하향식 접근의 대표적인 것은 전방향접근법(Forward Mapping)이며, 이는 집행에서 시작하여 상위계급이나 조직 또는 결정단계로 거슬러 올라가는 방식이다.

⑤ 하향식 접근은 정책결정을 정책집행보다 선행하는 것이고 상위의 기능으로 간주한다.

83 다음 중 공공선택론에 대한 설명으로 옳지 않은 것은?

① 정부를 공공재의 생산자로 규정하며, 시민들을 공공재의 소비자로 규정한다.

② 자유시장의 논리를 공공부문에 도입함으로써 시장실패라는 한계를 안고 있다.

③ 개인의 기득권을 계속 유지하려는 보수적인 접근이라는 비판이 있다.

④ 뷰캐넌(J. Buchanan)이 창시하고 오스트롬(V. Ostrom)이 발전시킨 이론으로 정치학적인 분석도구를 중시한다.

⑤ 시민 개개인의 선호와 선택을 존중하며 경쟁을 통해 서비스를 생산하고 공급함으로써 행정의 대응성이 높아진다.

84 다음 중 대한민국 헌정사에 대한 설명으로 옳지 않은 것은?

① 1954년 제2차 개정헌법은 민의원선거권자 50만 명 이상의 찬성으로도 헌법개정을 제안할 수 있다고 규정하였다.

② 1962년 제5차 개정헌법은 국회의원 정수의 하한뿐 아니라 상한도 설정하였다.

③ 1969년 제6차 개정헌법은 대통령에 대한 탄핵소추요건을 제5차 개정헌법과 다르게 규정하였다.

④ 1972년 제7차 개정헌법은 개헌안의 공고기간을 30일에서 20일로 단축하였다.

⑤ 1980년 제8차 개정헌법은 대통령선거 및 국회의원선거에서 후보자가 필수적으로 정당의 추천을 받도록 하는 조항을 추가하였다.

85 다음 중 직위분류제에 대한 설명으로 옳지 않은 것은?

① 직위분류제는 인적자원 활용에 주는 제약이 크다는 비판을 받는다.

② 직렬은 직무의 종류가 유사하고 그 책임과 곤란성의 정도가 상이한 직급의 군이다.

③ 직위분류제는 책임명료화·갈등예방·합리적 절차수립을 돕는다는 장점이 있다.

④ 직무 수행의 책임도와 자격 요건이 다르지만, 직무의 종류가 유사해 동일한 보수를 지급할 수 있는 직위의 집단을 등급이라고 한다.

⑤ 계급제가 사람의 자격과 능력을 기준으로 한 계급구조라면 직위분류제는 사람이 맡아서 수행하는 직무와 그 직무 수행에 수반되는 책임을 기준으로 분류한 직위구조이다.

86 다음 중 행정가치에 대한 설명으로 옳은 것은?

① 공익에 대한 실체설에서는 공익을 현실의 실체로 존재하는 사익들의 총합으로 이해한다.

② 가외성의 장치로는 법원의 3심제도, 권력분립, 만장일치, 계층제 등이 있다.

③ 수익자부담 원칙은 수평적 형평성, 대표관료제는 수직적 형평성과 각각 관계가 깊다.

④ 장애인들에게 특별한 세금감면 혜택을 부여하는 것은 모든 국민이 동등한 서비스를 제공받아야 한다는 사회적 형평성에 어긋나는 제도이다.

⑤ 행정의 민주성이란 정부가 국민의사를 존중하고 수렴하는 책임행정의 구현을 의미하며 행정조직 내부 관리 및 운영과는 관계없는 개념이다.

87 다음 중 행정상 강제집행에 대한 설명으로 옳지 않은 것은?(단, 다툼이 있는 경우 판례에 의한다)

① 관계 법령상 행정대집행의 절차가 인정되어 행정청이 행정대집행의 방법으로 건물 철거 등 대체적 작위의무의 이행을 실현할 수 있는 경우에는 따로 민사소송의 방법으로 그 의무의 이행을 구할 수 없다.

② 건축법에 위반된 건축물의 철거를 명하였으나 불응하자 이행강제금을 부과·징수한 후, 이후에도 철거를 하지 않자 다시 행정대집행계고처분을 한 경우 그 계고처분은 유효하다.

③ 한국자산공사의 공매통지는 공매의 요건이 아니라 공매사실 자체를 체납자에게 알려주는 데 불과한 것으로서 행정처분에 해당한다고 할 수 없다.

④ 건축법상 이행강제금은 의무자에게 심리적 압박을 주어 시정명령에 따른 의무이행을 간접적으로 강제하는 강제집행수단이 아니라 시정명령의 불이행이라는 과거의 위반행위에 대한 금전적 제재에 해당한다.

⑤ 위법건축물에 대한 철거명령 및 계고처분에 불응하여 제2차, 제3차로 계고처분을 한 경우에 제2차, 제3차의 후행 계고처분은 행정처분에 해당하지 아니한다.

88 다음 중 행정주체가 아닌 것은?

① 한국은행　　　　　　　　　② 서울특별시
③ 대한민국　　　　　　　　　④ 경찰청장
⑤ 산림조합

89 다음 중 헨리(N. Henry)의 정책결정모형 유형론에 대한 설명으로 옳은 것은?

① 점증주의적 패러다임은 지식·정보의 완전성과 미래예측의 확실성을 전제한다.
② 체제모형, 제도모형, 집단모형은 합리주의적 패러다임의 범주에 포함되는 정책결정모형의 예이다.
③ 신제도모형은 정책유형과 조직 내외의 상황적 조건을 결부시켜 정부개입의 성격을 규명하려 한다.
④ 기술평가·예측모형은 전략적 계획 패러다임의 범주에 포함된다.
⑤ 합리주의적 패러다임은 정책결정을 전략적 계획의 틀에 맞추어 이해한다.

90 다음 중 조직의 상황적 요인과 구조적 특성의 관계에 대한 설명으로 옳은 것은?

① 조직의 규모가 커짐에 따라 복잡성이 감소할 것이다.
② 환경의 불확실성이 높아질수록 조직의 공식화 수준은 높아질 것이다.
③ 조직의 규모가 커짐에 따라 조직의 공식화 수준은 낮아질 것이다.
④ 일상적 기술일수록 분화의 필요성이 높아져서 조직의 복잡성이 높아질 것이다.
⑤ 조직의 규모가 커짐에 따라 조직의 분권화가 촉진될 것이다.

91 다음 중 법의 적용에 대한 설명으로 옳지 않은 것은?

① 법을 적용하기 위한 사실의 확정은 증거에 의한다.
② 확정의 대상인 사실이란 자연적으로 인식한 현상 자체를 말한다.
③ 사실의 추정은 확정되지 못한 사실을 그대로 가정하여 법률효과를 발생시키는 것이다.
④ 간주는 법이 의제한 효과를 반증에 의해 번복할 수 없다.
⑤ 입증책임은 그 사실의 존부를 주장하는 자가 부담한다.

92 다음 중 국가재정법상 예산제도에 대한 설명으로 옳은 것을 〈보기〉에서 모두 고르면?

┌─────────────〈보기〉─────────────┐

ㄱ. 기획재정부장관은 국가회계법에서 정하는 바에 따라 회계연도마다 작성하여 대통령의 승인을 받은 국가 결산보고서를 다음 연도 4월 10일까지 감사원에 제출하여야 한다.

ㄴ. 차관물자대(借款物資貸)의 경우 전년도 인출 예정분의 부득이한 이월 또는 환율 및 금리의 변동으로 인하여 세입이 그 세입예산을 초과하게 되는 때에는 그 세출예산을 초과하여 지출할 수 없다.

ㄷ. 정부는 예산이 여성과 남성에게 미칠 영향을 미리 분석한 보고서를 작성하여야 한다.

ㄹ. 각 중앙관서의 장은 예산 요구서를 제출할 때에 다음 연도 예산의 성과계획서 및 전년도 예산의 성과보고서를 기획재정부장관에게 함께 제출하여야 한다.

└────────────────────────────────┘

① ㄱ, ㄴ
② ㄱ, ㄹ
③ ㄱ, ㄴ, ㄷ
④ ㄱ, ㄷ, ㄹ
④ ㄴ, ㄷ, ㄹ

93 다음 중 관료제의 병리와 역기능에 대한 설명으로 옳지 않은 것은?

① 굴드너(W. Gouldner)는 관료들의 무사안일주의적 병리현상을 지적한다.
② 관료들은 상관의 권위에 무조건적으로 의존하는 경향이 있다.
③ 관료들은 보수적이며 변화와 혁신에 저항하는 경향이 있다.
④ 파킨슨의 법칙은 업무량과는 상관없이 기구와 인력을 팽창시키려는 역기능을 의미한다.
⑤ 셀즈닉(P. Selznik)에 따르면 최고관리자의 관료에 대한 지나친 통제가 조직의 경직성을 초래하여 관료제의 병리현상이 나타난다.

94 다음 중 행정청이 건물의 철거 등 대체적 작위의무의 이행과 관련하여 의무자가 행할 작위를 스스로 행하거나 또는 제3자로 하여금 이를 행하게 하고, 그 비용을 의무자로부터 징수하는 행정상의 강제집행 수단은?

① 행정대집행
② 행정벌
③ 직접강제
④ 행정상 즉시강제
⑤ 행정조사

95 다음 중 손해배상과 손실보상의 가장 본질적인 구별기준은?

① 침해의 위법·적법성 여부
② 고의·과실
③ 공무원 직무행위
④ 손해액수
⑤ 손해범위

96 다음 중 근무성적평정제도에서 다면평가제도의 장점으로 옳지 않은 것은?

① 직무수행 동기 유발
② 원활한 커뮤니케이션
③ 자기역량 강화
④ 미래 행동에 대한 잠재력 측정
⑤ 평가의 수용성 확보 가능

97 다음 중 코터(J.P. Kotter)의 변화관리모형의 8단계를 순서대로 바르게 나열한 것은?

① 위기감 조성 → 변화추진팀 구성 → 비전 개발 → 비전 전달 → 임파워먼트 → 단기성과 달성 → 지속적 도전 → 변화의 제도화

② 위기감 조성 → 비전 개발 → 비전 전달 → 임파워먼트 → 단기성과 달성 → 변화의 제도화 → 변화추진팀 구성 → 지속적 도전

③ 단기성과 달성 → 위기감 조성 → 변화추진팀 구성 → 비전 개발 → 비전 전달 → 임파워먼트 → 지속적 도전 → 변화의 제도화

④ 변화추진팀 구성 → 비전 개발 → 비전 전달 → 임파워먼트 → 단기성과 달성 → 지속적 도전 → 위기감 조성 → 변화의 제도화

⑤ 변화추진팀 구성 → 위기감 조성 → 단기성과 달성 → 비전 개발 → 비전 전달 → 임파워먼트 → 지속적 도전 → 변화의 제도화

98 다음 중 조직이론에 대한 설명으로 옳지 않은 것은?

① 상황이론은 유일한 최선의 대안이 존재한다는 것을 부정한다.

② 조직군생태론은 횡단적 조직분석을 통하여 조직의 동형화(Isomorphism)를 주로 연구한다.

③ 거래비용이론의 조직가설에 따르면, 정보의 비대칭성과 기회주의에 의한 거래비용의 증가 때문에 계층제가 필요하다.

④ 자원의존이론은 조직이 주도적·능동적으로 환경에 대처하며 그 환경을 조직에 유리하도록 관리하려는 존재로 본다.

⑤ 전략적 선택이론은 조직구조의 변화가 외부환경 변수보다는 조직 내 정책결정자의 상황 판단과 전략에 의해 결정된다고 본다.

99 다음 중 법의 적용 및 해석에 대한 설명으로 옳은 것은?

① 문리해석은 유권해석의 한 유형이다.

② 법률 용어로 사용되는 선의·악의는 일정한 사항에 대해 모르는 것과 아는 것을 의미한다.

③ 유사한 두 가지 사항 중 하나에 대해 규정이 있으면 명문규정이 없는 다른 쪽에 대해서도 같은 취지의 규정이 있는 것으로 해석하는 것을 준용이라 한다.

④ 간주란 법이 사실의 존재·부존재를 법정책적으로 확정하되, 반대사실의 입증이 있으면 번복되는 것이다.

⑤ 추정이란 나중에 반증이 나타나도 이미 발생된 효과를 뒤집을 수 없는 것을 말한다.

100 다음 〈보기〉 중 분배정책과 재분배정책에 대한 설명으로 옳은 것을 모두 고르면?

―――――〈보기〉―――――

ㄱ. 분배정책에서는 로그롤링(Log Rolling)이나 포크배럴(Pork Barrel)과 같은 정치적 현상이 나타나기도 한다.

ㄴ. 분배정책은 사회계급적인 접근을 기반으로 이루어지기 때문에 규제정책보다 갈등이 더 가시적이다.

ㄷ. 재분배정책에는 누진소득세, 임대주택 건설사업 등이 포함된다.

ㄹ. 재분배정책에서는 자원배분에 있어서 이해당사자들 간의 연합이 분배정책보다 안정적으로 이루어진다.

① ㄱ, ㄴ   ② ㄱ, ㄷ

③ ㄱ, ㄹ   ④ ㄴ, ㄷ

⑤ ㄷ, ㄹ

61 지하수의 흐름에서 상·하류 두 지점의 수두차가 2.4m이고 두 지점의 수평거리가 360m인 경우, 대수층의 두께가 2.5m, 폭이 1.2m일 때의 지하수 유량은?(단, 투수계수 $k=310$m/day이고, 소수점 셋째 자리에서 반올림한다)

① 5.62m^3/day ② 6.20m^3/day
③ 7.46m^3/day ④ 8.22m^3/day
⑤ 9.60m^3/day

62 재질, 단면적, 길이가 같은 장주에서 양단 활절 기둥의 좌굴 하중과 양단 고정 기둥의 좌굴 하중의 비는?

① $1:2$ ② $1:4$
③ $1:8$ ④ $1:16$
⑤ $1:32$

63 직사각형 개수로의 단위폭당 유량이 12m/sec, 수심이 4m이면, 프루드 수(Froude Number) 및 흐름의 종류는?

① $Fr=0.479$, 사류 ② $Fr=0.516$, 사류
③ $Fr=0.479$, 상류 ④ $Fr=0.516$, 상류
⑤ $Fr=0.622$, 사류

64 다음 중 표면장력의 단위와 단위중량의 단위를 바르게 나열한 것은?

① dyne/cm, dyne/cm^3 ② dyne/cm^2, dyne/cm
③ dyne/cm^2, dyne/cm^3 ④ dyne/cm, dyne/cm^2
⑤ dyne/cm^3, dyne/cm^2

65 다음 중 뉴턴의 점성법칙의 함수를 구성하는 항으로 모여 있는 것은?

① 압력, 속도, 점성계수

② 압력, 속도

③ 온도, 점성계수

④ 점성계수, 속도경사

⑤ 속도경사, 압력

66 파이프 배관에서 손실수두와 마찰손실수두가 같아지는 직선관의 길이는 직경의 몇 배인가?[단, 관의 마찰계수(f)=0.025, 미소손실계수(K)=0.8이다]

① 4배

② 8배

③ 16배

④ 32배

⑤ 64배

67 티센 다각형(Thiessen Polygon)에서 A지역의 각각의 면적이 30km^2, 45km^2, 80km^{2}이고, 이에 대응되는 강우량은 각각 60mm, 35mm, 45mm일 때, A지역의 평균면적 강우량은?

① 15mm

② 30mm

③ 45mm

④ 60mm

⑤ 75mm

68 다음 중 도로의 아스팔트 포장에 대한 설명으로 옳지 않은 것은?

① 무거운 하중에 대한 내구성이 강하다.

② 수명이 콘크리트 포장에 비해 짧다.

③ 연약한 지반에서도 적용 가능하다.

④ 시공 초기에는 콘크리트 포장에 비해 마찰계수가 낮다.

⑤ 시공 기간이 콘크리트 포장에 비해 짧다.

69 다음 중 여과량이 $2m^3/s$이고 동수경사가 0.2, 투수계수가 $1cm/s$일 때 필요한 여과지 면적은?

① $2,500m^2$ ② $2,000m^2$

③ $1,500m^2$ ④ $1,000m^2$

⑤ $500m^2$

70 관 벽면의 마찰력 τ_σ, 유체의 밀도 ρ, 점성계수를 μ라고 할 때 마찰속도(U_*)는?

① $\dfrac{\tau_\sigma}{\rho\mu}$ ② $\sqrt{\dfrac{\tau_\sigma}{\rho\mu}}$

③ $\sqrt{\dfrac{\tau_\sigma}{\rho}}$ ④ $\sqrt{\dfrac{\tau_\sigma}{\mu}}$

⑤ $\dfrac{\tau_\sigma}{\rho}$

71 다음 중 개수로 지배단면의 특성으로 옳은 것은?

① 하천흐름이 부정류인 경우에 발생한다.
② 완경사의 흐름에서 배수곡선이 나타나면 발생한다.
③ 상류 흐름에서 사류 흐름으로 변화할 때 발생한다.
④ 사류인 흐름에서 도수가 발생할 때 발생한다.
⑤ 단면에서의 수심은 유속에 의해 결정된다.

72 직사각형 단면의 수로에서 최소 비에너지가 1.5m라면 단위폭당 최대유량은?(단, 에너지보정계수 $\alpha=1.0$ 이다)

① 약 $2.86m^3/s$ ② 약 $2.98m^3/s$

③ 약 $3.13m^3/s$ ④ 약 $3.32m^3/s$

⑤ 약 $3.48m^3/s$

73 수평으로 관 A와 B가 연결되어 있다. 관 A에서 유속은 2m/s, 관 B에서의 유속은 3m/s이며, 관 B에서의 유체압력이 9.8kN/m^2라고 하면 관 A에서의 유체압력은?(단, 에너지 손실은 무시한다)

① 약 2.5kN/m^2 ② 약 12.3kN/m^2

③ 약 22.6kN/m^2 ④ 약 29.4kN/m^2

⑤ 약 37.6kN/m^2

74 직사각형의 단면(폭 4m×수심 2m) 개수로에서 매닝 평균유속 공식(Manning's Formula)의 조도계수가 $n=0.017$이고 유량 $Q=15\text{m}^3/\text{s}$일 때, 수로의 경사(I)는?

① 약 1.016×10^{-3} ② 약 4.548×10^{-3}

③ 약 15.365×10^{-3} ④ 약 26.525×10^{-3}

⑤ 약 31.875×10^{-3}

75 대기의 온도가 t_1, 상대습도가 70%인 상태에서 증발이 진행되었다. 온도가 t_2로 상승하고 대기 중의 증기압이 20% 증가하였다면 온도 t_1 및 t_2에서의 포화 증기압이 각각 10.0mmHg 및 14.0mmHg라 할 때 온도 t_2에서의 상대습도는?

① 50%   ② 60%

③ 70%   ④ 80%

⑤ 90%

76 다음은 다차로도로에 대한 정의이다. 빈칸에 들어갈 숫자로 옳은 것은?

> 다차로도로는 고속도로와 함께 지역간 간선도로 기능을 담당하는 양방향 ____차로 이상의 도로로서, 고속도로와 도시 및 교외 간선도로의 도로 및 교통 특성을 함께 갖고 있으며, 확장 또는 신설된 일반국도가 주로 이에 해당된다.

① 2   ② 4

③ 6   ④ 8

⑤ 10

77 자유속도가 90km/h인 어느 도로의 혼잡밀도가 180대/km이고 현재 밀도가 100대/km일 때, 추정 가능한 현재 교통 흐름 속도는?(단, Greenshields 모형으로 추정한다)

① 40km/h   ② 50km/h

③ 60km/h   ④ 70km/h

⑤ 80km/h

78 폭이 3.5m, 수심이 0.4m인 직사각형 수로의 프란시스 공식(Francis Formula)에 의한 유량은?(단, 접근유속을 무시하고 양단수축이다)

① 약 $1.59\text{m}^3/\text{s}$ ② 약 $2.04\text{m}^3/\text{s}$

③ 약 $2.19\text{m}^3/\text{s}$ ④ 약 $2.34\text{m}^3/\text{s}$

⑤ 약 $2.62\text{m}^3/\text{s}$

79 비중 γ_1의 물체가 비중 $\gamma_2(\gamma_2 > \gamma_1)$의 액체에 떠 있다. 액면 위의 부피($V_1$)와 액면 아래의 부피($V_2$)의 비 $\left(\dfrac{V_1}{V_2}\right)$는?

① $\dfrac{V_1}{V_2} = \dfrac{\gamma_2}{\gamma_1} + 1$ ② $\dfrac{V_1}{V_2} = \dfrac{\gamma_2}{\gamma_1} - 1$

③ $\dfrac{V_1}{V_2} = \dfrac{\gamma_1}{\gamma_2} + 1$ ④ $\dfrac{V_1}{V_2} = \dfrac{\gamma_1}{\gamma_2}$

⑤ $\dfrac{V_1}{V_2} = \dfrac{\gamma_2}{\gamma_1}$

80 다음 중 간이포장도로에서 노면 배수를 위한 횡단경사로 옳은 것은?

① 1 ~ 3%
② 2 ~ 4%
③ 3 ~ 5%
④ 4 ~ 6%
⑤ 5 ~ 7%

81 다음 중 교통 · 통신 등 첨단기술을 도로 · 차량 등 교통체계의 구성 요소에 적용하여 실시간 교통정보를 수집 및 관리 · 제공해 교통시설의 이용 극대화, 교통안전 제고, 친환경적 교통체계를 구현하는 시스템은?

① FOV
② ITS
③ AVI
④ TG
⑤ VMS

82 다음 그림과 같은 정정 라멘에 등분포하중 w가 작용 시 최대 휨모멘트는?

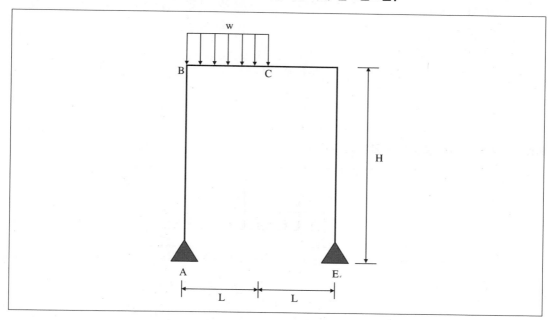

① 약 $0.077wL^2$
② 약 $0.186wL^2$
③ 약 $0.219wL^2$
④ 약 $0.250wL^2$
⑤ 약 $0.281wL^2$

83 단면이 150mm×350mm인 장주의 길이가 5m일 때의 좌굴하중은?(단, 기둥의 지지상태는 일단고정 일단 힌지이고, $E=20,000$MPa이다)

① 약 759.376kN

② 약 820.335kN

③ 약 842.155kN

④ 약 863.590kN

⑤ 약 885.905kN

84 길이가 10m의 철근을 300MPa의 인장응력으로 인장하였더니 그 길이가 15mm만큼 늘어났다. 이 철근의 탄성계수는?

① 2.0×10^5MPa

② 2.1×10^5MPa

③ 2.2×10^5MPa

④ 2.3×10^5MPa

⑤ 2.4×10^5MPa

85 250mm×400mm인 직사각형 단면을 가진 길이가 8m인 양단힌지 기둥의 세장비(λ)는?

① 약 54.9

② 약 69.3

③ 약 75.1

④ 약 92.7

⑤ 약 115.5

86 다음 그림에서 중앙점의 휨모멘트는?

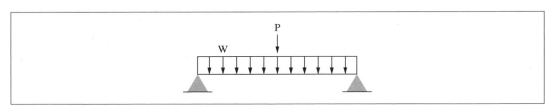

① $\dfrac{PL}{4}-\dfrac{wL^3}{8}$

② $\dfrac{2PL}{3}+\dfrac{wL}{8}$

③ $\dfrac{PL}{4}+\dfrac{wL^2}{8}$

④ $\dfrac{PL}{8}+\dfrac{wL}{4}$

⑤ $\dfrac{PL}{4}-\dfrac{wL^2}{8}$

87 단면이 250mm×300mm, 경간이 4m인 단순보의 중앙에 집중하중 25.0kN이 작용할 때 최대 휨응력은?
(단, 소수점 둘째 자리에서 반올림한다)

① 3.4MPa

② 4.1MPa

③ 5.8MPa

④ 6.7MPa

⑤ 8.1MP

88 다음 그림과 같은 구조물의 중앙 C점에서 휨모멘트가 0이 되기 위한 $\dfrac{a}{l}$ 의 비는?(단, $P=2wl$ 이다)

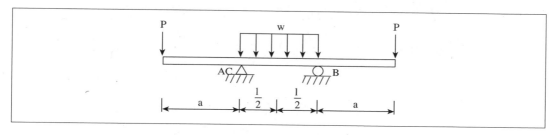

① $\dfrac{1}{4}$

② $\dfrac{1}{6}$

③ $\dfrac{1}{8}$

④ $\dfrac{1}{16}$

⑤ $\dfrac{1}{24}$

89 다음 중 도로의 등급이 높은 순서대로 나열한 것은?

① 고속국도 – 일반국도 – 지방도 – 특별시도 – 시도 – 군도 – 구도

② 고속국도 – 일반국도 – 지방도 – 시도 – 특별시도 – 군도 – 구도

③ 고속국도 – 일반국도 – 시도 – 특별시도 – 지방도 – 구도 – 군도

④ 고속국도 – 일반국도 – 특별시도 – 시도 – 구도 – 지방도 – 군도

⑤ 고속국도 – 일반국도 – 특별시도 – 지방도 – 시도 – 군도 – 구도

90 다음 그림과 같은 부정정보에서 지점 A의 처짐각(θ_A) 및 수직 반력(R_A)은?(단, 휨강성 EI는 일정하다)

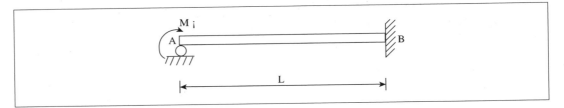

① $\theta_A = \dfrac{M_1 L}{4EI}$ (시계방향), $R_A = \dfrac{M_1}{2L}$ ($\downarrow$)

② $\theta_A = \dfrac{M_1 L}{4EI}$ (시계방향), $R_A = \dfrac{3M_1}{2L}$ ($\downarrow$)

③ $\theta_A = \dfrac{5M_1 L}{12EI}$ (시계방향), $R_A = \dfrac{M_1}{2L}$ ($\downarrow$)

④ $\theta_A = \dfrac{5M_1 L}{12EI}$ (시계방향), $R_A = \dfrac{3M_1}{2L}$ ($\downarrow$)

⑤ $\theta_A = \dfrac{5M_1 L}{12EI}$ (시계방향), $R_A = \dfrac{2M_1}{L}$ ($\downarrow$)

91 단면적 20cm^2, 길이 10cm의 시료를 15cm의 수두차로 정수위 투수시험을 한 결과 2분 동안에 150cm^3의 물이 유출되었다. 이 흙의 비중은 2.67이고, 건조중량이 420g이었다. 공극을 통하여 침투하는 실제 침투유속 V_s는 약 얼마인가?

① 0.018cm/sec

② 0.296cm/sec

③ 0.437cm/sec

④ 0.628cm/sec

⑤ 0.813cm/sec

92 축강성이 EA인 다음 강철봉의 C점에서의 수평변위는?(단, EA는 일정하다)

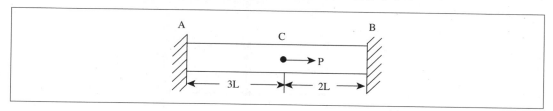

① $\dfrac{4PL}{5EA}$

② $\dfrac{PL}{EA}$

③ $\dfrac{6PL}{5EA}$

④ $\dfrac{7PL}{5EA}$

⑤ $\dfrac{8PL}{5EA}$

93 다음은 '우력'에 대한 글이다. 빈칸에 들어갈 단어를 순서대로 바르게 나열한 것은?

어떤 물체에 크기가 ___㉠___ 방향이 ___㉡___ 2개의 힘이 작용할 때, 작용선이 일치하면 합력이 0이 되고, 작용선이 일치하지 않고 나란하면 합력은 0이 되지만 힘의 효과가 물체에 ___㉢___ 을 일으킨다. 이와 같이 크기가 ___㉠___ 방향이 ___㉡___ 한 쌍의 힘을 우력이라 한다.

	㉠	㉡	㉢
①	같고	반대인	회전운동
②	다르고	반대인	회전운동
③	다르고	같은	평행운동
④	같고	같은	평행운동
⑤	같고	같은	회전운동

94 다음 그림과 같이 방향이 반대인 힘 P와 $3P$가 L간격으로 평행하게 작용하고 있다. 두 힘의 합력의 작용위치인 X는?

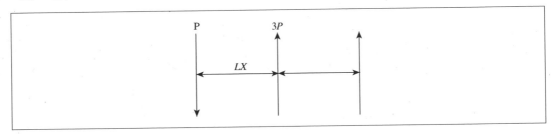

① $\dfrac{1}{3}L$

② $\dfrac{1}{2}L$

③ $\dfrac{2}{3}L$

④ L

⑤ $2L$

95 다음 그림과 같이 철근 콘크리트로 만든 사각형 기둥의 단면 중심축에 $P=120tf$의 압축 하중이 작용하고 있다. 콘크리트와 철근의 단면적이 각각 900cm^2와 27cm^2일 때, 콘크리트의 응력(σ_c)과 철근의 응력(σ_s)은?[단, 철근과 콘크리트의 탄성계수비(Es / Ec)는 9이고, 소수점은 반올림한다]

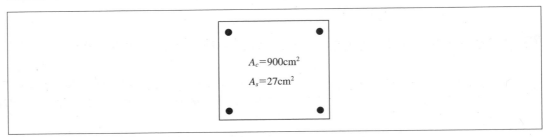

	$\sigma_c[\text{kgf/cm}^2]$	$\sigma_s[\text{kgf/cm}^2]$
①	105	925
②	105	945
③	120	945
④	125	925
⑤	125	945

96 다음 그림과 같은 게르버 보(Gerber Beam)에서 A점의 휨모멘트 값은?

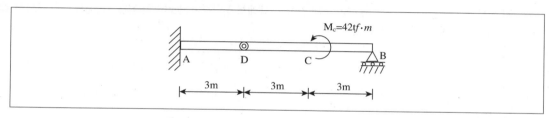

① -21

② 21

③ -9

④ 9

⑤ -3

97 길이가 4.0m이고 직사각형 단면을 가진 기둥의 세장비 λ는?(단, 기둥의 단면성질에서 $I_{\max}=2,500\text{cm}^4$, $I_{\min}=1,600\text{cm}^4$, $A=100\text{cm}^2$ 이다)

① 50

② 80

③ 100

④ 150

⑤ 160

98 다음 그림과 같은 보에서 지점 B의 반력이 4P일 때 하중 3P의 재하위치 x는?

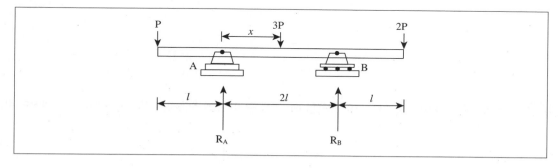

① $x=l$

② $x=\dfrac{3}{2}l$

③ $x=2l$

④ $x=\dfrac{2}{3}l$

⑤ $x=3l$

99 A점이 회전(Hinge), B점이 이동(Roller) 지지이고 부재의 길이가 L인 단순보에서, A점에서 중앙 C점(L / 2)까지 작용하는 하중이 등분포하중일 때, 부재 길이 L 내에서 전단력이 제로(0)인 점은 A점에서 중앙 쪽으로 얼마만큼 떨어진 곳에 위치하고 있는가?

① $\dfrac{1}{8}L$

② $\dfrac{1}{16}L$

③ $\dfrac{3}{8}L$

④ $\dfrac{3}{16}L$

⑤ $\dfrac{5}{8}L$

100 단면이 원형인 보에 휨모멘트 M이 작용할 때, 다음 중 이 보에 작용하는 최대 휨응력은?(단, 원형의 반지름은 r이다)

① $\dfrac{2M}{\pi r^3}$

② $\dfrac{4M}{\pi r^3}$

③ $\dfrac{8M}{\pi r^3}$

④ $\dfrac{16M}{\pi r^3}$

⑤ $\dfrac{32M}{\pi r^3}$

제2회
한국도로공사

직업기초능력평가 +
직무수행능력평가
[경영 · 법정 · 토목(일반)]

www.sdedu.co.kr

〈문항 및 시험시간〉

평가영역		문항 수	시험시간	모바일 OMR 답안분석
행정직	[NCS] 의사소통능력 / 수리능력 / 문제해결능력 / 정보능력 [전공] 경영 / 법정	100문항	110분	경영　　　　법정
기술직	[NCS] 의사소통능력 / 수리능력 / 문제해결능력 / 정보능력 [전공] 토목(일반)	100문항	110분	토목(일반)

제2회 모의고사

문항 수 : 100문항
시험시간 : 110분

제1영역 직업기초능력평가

01 다음 글을 읽고 이해한 내용으로 가장 적절한 것은?

〈사고·재난 발생 시 대처요령〉

1. 사고나 차량고장이 발생하면 비상등을 켜고 차량을 갓길로 신속하게 이동한 후 차량의 후방에 안전삼각대 혹은 불꽃신호기를 설치하고 운전자와 동승자 모두 가드레일 밖 안전지대로 대피해야 한다. 만일 차량이 동이 어려우면 차량이 정지해 있다는 신호(비상등, 삼각대, 불꽃신호기, 트렁크 열기)를 뒤따르는 차량에 알려주는 조치를 취한 후 신속히 가드레일 밖 안전지대로 대피한다.
2. 고속도로 같은 자동차 전용도로의 경우 사고차량을 갓길로 빼냈다고 해서 결코 안심할 수 있는 것은 아니다. 갓길에도 2차 사고 위험이 크므로 될 수 있는 대로 빨리 견인조치 하는 것이 가장 안전한 방법이다.
3. 사고차량을 도로 한가운데 세워 놓고 잘잘못을 따지는 사람들을 볼 수 있는데, 뒤따르는 차들이 알아서 피해가겠거니 생각하면 오산이다. 이때는 신속하게 차량을 갓길로 이동시켜야 한다. 가벼운 접촉사고임에도 불구하고 다투느라 도로에 서 있는 것은 정말 위험천만한 일이다.
4. 사고지점 통과요령 및 사고제보 방법
   - 고속도로 운전의 경우 가능한 한 시야를 넉넉하게 유지함으로써 전방의 돌발 상황에 기민하게 대처할 수 있다. 전방 돌발 상황 발견 시 비상등을 신속하게 작동하여 후행차량에게 알리고 차량의 흐름에 따라 통과하되 사고현장을 구경하기 위해 서행하거나 정차하는 일은 지양하여야 한다.
   - 돌발 상황 발생 시 한국도로공사 콜센터로 신고하고, 인명피해가 발생한 경우에는 119로 신고하여 신속하게 안전조치가 이루어질 수 있도록 하여야 한다. 아울러 후속차량의 유도나 사고수습 등을 이유로 고속도로 본선은 물론 갓길을 확보하는 사례는 2차 사고의 위험이 높으므로 지양하여야 한다.

① 차량 사고 시에 차량을 갓길로 이동시킨 후 운전자와 동승자 모두 가드레일 밖으로 대피한다.
② 고속도로에서 사고가 난 경우 2차 사고가 일어나지 않는 갓길로 이동시킨다.
③ 접촉사고가 일어났을 경우 사고현장의 보존을 위하여 차량 이동을 될 수 있는 대로 자제한다.
④ 돌발 상황을 발견한 경우 후행차량의 접근을 막기 위해 일시적으로 정차해야 한다.

02 다음은 도로명주소와 관련된 기사이다. 빈칸에 들어갈 내용으로 적절하지 않은 것은?

군포시는 최근 도로명주소 활성화를 위한 시민 설문 조사를 실시한 결과 시민들의 인지도와 사용 만족도가 모두 높은 것으로 나타났다고 밝혔다. 이번 설문 조사는 군포 시민 300명을 대상으로 인지도, 활용 분야, 만족도 등 9개 항목에 대한 1 : 1 대면조사 방법으로 진행됐다.

설문 조사 결과 자택 주소 인지도는 94.7%로 높게 나타났으며, 활용 분야는 _____ 등이 있고, 도로명주소를 알게 된 경로는 우편, 택배, 안내시설 등이 차지했다. 또 만족도에서는 '만족' 65.3%, '보통' 25.7%, '불만족' 9.0%로 다수가 만족하는 것으로 집계됐으며, 불만족 사유로는 '어느 위치인지 모르겠다.'는 응답이 40.3%로 가장 높았다. 그리고 도로명주소 활용도를 높이는 방법에 대해 '안내시설 확대'가 36.0%로 가장 높았으며, 발전 방향으로는 전체 응답자의 절반 가까운 49.4%가 지속적인 홍보 및 교육 강화의 필요성에 대해 의견을 제시했다.

군포시는 이번 결과를 바탕으로 연말까지 훼손 또는 망실된 도로명판을 정비하고 골목길·버스정류장 등에 안내시설을 추가로 설치할 예정이다. 또한 시민 서포터즈단의 내실 있는 운영과 대규모 행사를 중심으로 한 다양한 홍보 활동을 강화해 나갈 계획이다.

군포시 관계자는 '도로명주소 사용 생활화 및 위치 찾기 편의성 증대를 통해 시민들의 도로명주소 사용 만족도가 보다 향상될 수 있도록 최선을 다하겠다고 말했다. 한편, 도로명주소는 기존 지번을 대신해 도로명과 건물번호로 알기 쉽게 표기하는 주소체계로 2014년에 전면 시행됐으며, 군포시는 도로명판·건물번호판 등의 안내시설 10,375개를 설치·관리하고 있다.

① 우편·택배 등의 물류 유통 위치정보 확인
② 응급구조 상황에서의 위치정보 확인
③ 생활편의 시설 위치정보 확인
④ 부동산 가격 및 위치정보 확인

03 다음 글의 빈칸에 들어갈 문장을 〈보기〉에서 찾아 순서대로 바르게 나열한 것은?

요즘에는 낯선 곳을 찾아갈 때 지도를 해석하며 어렵게 길을 찾지 않아도 된다. 기술력의 발달에 따라, 제공되는 공간 정보를 바탕으로 최적의 경로를 탐색할 수 있게 되었기 때문이다. ＿＿＿＿＿＿＿＿＿＿＿＿ 이처럼 공간 정보가 시간에 따른 변화를 반영할 수 있게 된 것은 정보를 수집하고 분석하는 정보 통신 기술의 발전과 밀접한 관련이 있다.

공간 정보의 활용은 '위치정보시스템(GPS)'과 '지리정보시스템(GIS)' 등의 기술적 발전과 휴대전화나 태블릿 PC 등 정보 통신 기기의 보급을 기반으로 한다. 위치정보시스템은 공간에 대한 정보를 수집하고, 지리정보시스템은 정보를 저장, 분류, 분석한다. 이렇게 분석된 정보는 사용자의 요구에 따라 휴대전화나 태블릿 PC 등을 통해 최적화되어 전달된다.

길 찾기를 예로 들어 이 과정을 살펴보자. 휴대전화 애플리케이션을 이용해 사용자가 가려는 목적지를 입력하고 이동 수단으로 버스를 선택하였다면, 우선 사용자의 현재 위치가 위치정보시스템에 의해 실시간으로 수집된다. 그리고 목적지와 이동 수단 등 사용자의 요구와 실시간으로 수집된 정보에 따라 지리정보시스템은 탑승할 버스 정류장의 위치, 다양한 버스 노선, 최단 시간 등을 분석하여 제공한다. ＿＿＿＿＿＿＿＿＿＿＿＿＿＿＿＿＿＿＿＿ 예를 들어, 여행지와 관련한 공간 정보는 여행자의 요구와 선호에 따라 선별적으로 분석되어 활용된다. 나아가 유동 인구를 고려한 상권 분석과 교통의 흐름을 고려한 도시 계획 수립에도 공간 정보 활용이 가능하게 되었다. 획기적으로 발전되고 있는 첨단 기술이 적용된 공간 정보가 국가 차원의 자연재해 예측 시스템에도 활발히 활용된다면 한층 정밀한 재해 예방 및 대비가 가능해질 것이다. 이로 인해 우리의 삶도 더 편리하고 안전해질 것으로 기대된다.

―――――〈보기〉―――――

ⓐ 어떤 곳의 위치 좌표나 지리적 형상에 대한 정보뿐만 아니라 시간에 따른 공간의 변화를 포함한 공간 정보를 이용할 수 있게 되면서 가능해진 것이다.
ⓑ 더 나아가 교통 정체와 같은 돌발 상황과 목적지에 이르는 경로의 주변 정보까지 분석하여 제공한다.
ⓒ 공간 정보의 활용 범위는 계속 확대되고 있다.

① ㉠, ㉡, ㉢   ② ㉠, ㉢, ㉡
③ ㉡, ㉠, ㉢   ④ ㉡, ㉢, ㉠

04 다음 문단을 논리적 순서대로 바르게 나열한 것은?

(가) 개념사를 역사학의 한 분과로 발전시킨 독일의 역사학자 코젤렉은 '개념은 실재의 지표이자 요소'라고 하였다. 이 말은 실타래처럼 얽혀 있는 개념과 정치·사회적 실재, 개념과 역사적 실재의 관계를 정리하기 위한 중요한 지침으로 작용한다. 그에 의하면 개념은 정치적 사건이나 사회적 변화 등의 실재를 반영하는 거울인 동시에 정치·사회적 사건과 변화의 실제적 요소이다.

(나) 개념은 정치적 사건과 사회적 변화 등에 직접 관련되어 있거나 그것을 기록, 해석하는 다양한 주체들에 의해 사용된다. 이러한 주체들, 즉 '역사 행위자'들이 사용하는 개념은 여러 의미가 포개어진 층을 이룬다. 개념사에서는 사회·역사적 현실과 관련하여 이러한 층들을 파헤치면서 개념이 어떻게 사용되어 왔는가, 이 과정에서 그 의미가 어떻게 변화했는가, 어떤 함의들이 거기에 투영되었는가, 그 개념이 어떠한 방식으로 작동했는가 등에 대해 탐구한다.

(다) 이상에서 보듯이 개념사에서는 개념과 실재를 대조하고 과거와 현재의 개념을 대조함으로써, 그 개념이 대응하는 실재를 정확히 드러내고 있는가, 아니면 실재의 이해를 방해하고 더 나아가 왜곡하는가를 탐구한다. 이를 통해 코젤렉은 과거에 대한 '단 하나의 올바른 묘사'를 주장하는 근대 역사학의 방법을 비판하고, 과거의 역사 행위자가 구성한 역사적 실재와 현재 역사가가 만든 역사적 실재를 의미있게 소통시키고자 했다.

(라) 사람들이 '자유', '민주', '평화' 등과 같은 개념들을 사용할 때, 그 개념이 항상 서로 같은 의미를 갖는 것은 아니다. '자유'의 경우, '구속받지 않는 상태'를 강조하는 개념으로 쓰이는가 하면, '자발성'이나 '적극적인 참여'를 강조하는 개념으로 쓰이기도 한다. 이러한 정의와 해석의 차이로 인해 개념에 대한 논란과 논쟁은 늘 있어 왔다. 바로 이러한 현상에 주목하여 출현한 것이 코젤렉의 '개념사'이다.

(마) 또한, 개념사에서는 '무엇을 이야기 하는가.'보다는 '어떤 개념을 사용하면서 그것을 이야기하는가.'에 관심을 갖는다. 개념사에서는 과거의 역사 행위자가 자신이 경험한 '현재'를 서술할 때 사용한 개념과 오늘날의 입장에서 '과거'의 역사 서술을 이해하기 위해 사용한 개념의 차이를 밝힌다. 그리고 과거의 역사를 현재의 역사로 번역하면서 양자가 어떻게 수렴될 수 있는가를 밝히는 절차를 밟는다.

① (가) – (라) – (나) – (다) – (마)
② (나) – (라) – (다) – (마) – (가)
③ (라) – (가) – (나) – (마) – (다)
④ (라) – (나) – (가) – (다) – (마)

05 다음 빈칸에 들어갈 접속사로 가장 적절한 것은?

> 얼마 전 신문에서 충격적인 사진을 보았다. 계속된 가뭄으로 산정호수의 바닥이 드러나 쩍쩍 갈라져 있는 장면이었다. 그 사진 한 장에, 나에게 힘을 주었던 기억 하나도 쩍쩍 갈라지는 느낌이었다. 일견 낭만적일 수 있는 국회 정원의 스프링클러도 이젠 그냥 그렇게 바라볼 수가 없다. H기업 임원으로 일하면서 업무상 골프장을 찾을 때 흔히 보던 스프링클러는 나에게 별다른 감흥을 준 적이 없었다. _____ 이젠 아침저녁으로 정신없이 돌고 있는 스프링클러를 보면 가뭄이 심각하구나 하는 생각이 먼저 들고, 지역 가뭄 피해 상황부터 확인하게 된다. 정성들여 가꾼 농작물이 타들어 가는데 농민들의 마음은 오죽할까 싶다.

① 하지만
② 비록
③ 과연
④ 그래서

06 다음 중 빈칸 ㉠~㉣에 들어갈 말을 순서대로 바르게 나열한 것은?

> 오늘날의 민주주의는 자본주의가 성숙함에 따라 함께 성장한 것이라고 볼 수 있다. ㉠ 자본주의가 발달함에 따라 민주주의가 함께 발달한 것이다. ㉡ 이러한 자본주의의 성숙을 긍정적으로만 해석할 수는 없다. ㉢ 자본주의의 성숙이 민주주의와 그 성장에 부정적 영향을 끼칠 수도 있기 때문이다. 자본주의가 발달하면 돈 많은 사람이 그렇지 않은 사람보다 더 많은 권리 내지는 권력을 갖게 된다. ㉣ 시장에서의 권리나 권력뿐만 아니라 정치 영역에서도 그럴 수 있다는 것이 문제다.

① 즉 – 그러나 – 왜냐하면 – 비단
② 그러나 – 즉 – 비단 – 왜냐하면
③ 비단 – 즉 – 그러나 – 왜냐하면
④ 즉 – 그러나 – 비단 – 왜냐하면

07 다음 문장을 논리적 순서대로 바르게 나열한 것은?

(가) 콘크리트가 굳은 뒤에 당기는 힘을 제거하면, 철근이 줄어들면서 콘크리트에 압축력이 작용하여 외부의 인장력에 대한 저항성이 높아진 프리스트레스트 콘크리트가 만들어진다.

(나) 이러한 과정을 통해 만들어진 프리스트레스트 콘크리트가 사용된 킴벨 미술관은 개방감을 주기 위하여 기둥 사이를 30m 이상 벌리고 내부의 전시 공간을 하나의 층으로 만들었다.

(다) 이 간격은 프리스트레스트 콘크리트 구조를 활용하였기에 구현할 수 있었고, 일반적인 철근 콘크리트로는 구현하기 어려웠다.

(라) 특히 근대 이후에는 급격한 기술의 발전으로 혁신적인 건축 작품들이 탄생할 수 있었고, 건축 재료와 건축 미학의 유기적인 관계는 앞으로도 지속될 것이다.

(마) 철근 콘크리트는 근대 이후 가장 중요한 건축 재료로 널리 사용되어 왔으며, 철근 콘크리트의 인장 강도를 높이려는 연구가 계속되어 프리스트레스트 콘크리트가 등장하였다.

(바) 이처럼 건축 재료에 대한 기술적 탐구는 언제나 새로운 건축 미학의 원동력이 되어 왔다.

(사) 이 구조로 이루어진 긴 지붕의 틈새로 들어오는 빛이 넓은 실내를 환하게 채우며 철근 콘크리트로 이루어진 내부를 대리석처럼 빛나게 한다.

(아) 프리스트레스트 콘크리트는 다음과 같이 제작되는데, 먼저 거푸집에 철근을 넣고 철근을 당긴 상태에서 콘크리트 반죽을 붓는다.

① (가) – (라) – (다) – (아) – (나) – (사) – (마) – (바)

② (가) – (라) – (아) – (다) – (마) – (나) – (바) – (사)

③ (마) – (다) – (아) – (나) – (가) – (바) – (라) – (사)

④ (마) – (아) – (가) – (나) – (다) – (사) – (바) – (라)

08 다음은 H치과에 게시되어 있는 치아 건강보험 혜택 안내 자료이다. 이에 대한 설명으로 적절하지 않은 것은?

〈한눈에 알아보는 H치과 우리 가족 치아 건강보험 혜택〉

▶ **건강보험 임플란트(2022.07.01.부터 시행)**
 – 적용대상자 : 만 65세 이상의 치아 일부가 없는 어르신
 – 지원 급여적용 개수 : 1인당 평생 2개
 – 본인부담금 50%

▶ **건강보험 틀니(2023.11.01.부터 시행)**
 – 적용대상자 : 만 65세 이상의 치아 전체 / 일부가 없는 어르신
 – 지원 급여적용 개수 : 7년마다 상 / 하악 각 1회
 – 치료재료 : 부분틀니 / 전체틀니 – 본인부담금 30%

▶ **건강보험 스케일링(2023.07.01.부터 시행)**
 – 적용대상자 : 만 19세 이상의 후속 처치가 없는 치석 제거 대상자
 – 지원 급여적용 개수 : 연간 1회(연 기준 매해 7월 1일부터 다음 해 6월 30일까지)

▶ **건강보험 실란트(2023.10.01.부터 시행)**
 – 적용대상자 : 만 18세 미만의 어린이, 청소년
 – 지원 급여적용 개수 : 제 1, 2대구치 총 8개 치아
 – 본인부담금 10%

▶ **건강보험 임산부(2023.01.01.부터 시행)**
 – 적용대상자 : 현재 임신 중인 모든 임산부
 – 지원내용 : 국민건강보험 적용 진료 시 의료비 혜택 가능
 – 본인부담금 10%

① 스케일링의 경우 2023년 9월에 건강보험을 적용받았더라도 2024년 8월에 적용받을 수 있다.

② 치아 치료비가 45만 원일 경우 임산부는 4만 5천 원의 본인부담금만 부담하면 된다.

③ 만 52세 고객은 틀니에 대한 건강보험을 받을 수 없다.

④ 며칠 전 생일이 지난 만 19세 고객의 실란트 치료 시 본인부담금은 10%이다.

09 다음 기사의 제목으로 가장 적절한 것은?

올 여름 휴가철 고속도로를 이용해 수도권에서 출발하는 차량은 다음달 3~4일, 수도권으로 돌아오는 차량은 5일이 가장 많아 교통 혼잡이 심할 것으로 예상된다. 국토교통부는 오는 25일부터 내달 12일까지 19일간을 '하계 휴가철 특별 교통대책 기간'으로 정하고 원활한 교통편의 제공을 위해 특별 교통대책을 마련·시행할 계획이라고 24일 밝혔다.

혼잡이 예상되는 구간은 갓길차로 운영, 우회도로 안내, 실시간 교통정보 제공 등으로 교통량을 분산하고, 동해안 이동 고속도로 노선과 주요 휴가지 인근 고속도로 영업소의 교통관리도 강화해 나갈 예정이다. 또한 안전에 지장이 없는 범위 내에서 버스·열차·항공기·연안 여객선 등 대중교통 수송력을 최대한 확충하여 이용을 활성화할 예정이다.

대책 기간 동안 교통수요 분석결과를 살펴보면, 올해 하계휴가 특별 교통대책 기간 동안 1일 평균 483만 명, 총 9,180만 명이 이동해 작년 대책 기간의 일평균 대비 0.3%, 평시 대비 27.6% 증가할 것으로 예상된다. 정부는 먼저 휴가기간 이동객의 원활한 수송을 위해 특별 교통대책 기간 동안 1일 평균 고속버스 324회, 철도 6회, 항공기 7편, 선박 179회를 더 늘리기로 하였다.

또한 교통안내전광판(VMS) 등을 활용한 실시간 교통정보를 제공하는 한편 상습정체구간 우회도로, 교통 집중기간 및 혼잡구간 등에 대한 교통정보를 제공하는 등 사전 홍보도 강화한다. 아울러 스마트폰 앱, 인터넷, 방송 등 다양한 홍보매체를 통해 실시간 도로소통 상황과 우회도로 정보를 제공해 교통수요 분산을 유도할 예정이다. 더불어 고속도로 신규 개통, 고속도로 갓길의 효율적 운용과 교통수요 관리, 피서지 주변도로 교통대책 등 다양한 교통소통 대책이 시행된다.

또한 갓길차로제(35개 구간, 246.1km)를 운영하고, 고속도로 이용이 집중될 것으로 예상되는 내달 1일부터 5일까지 승용차 임시 갓길차로(5개 구간, 12.4km) 운영 및 진출부 감속차로 연장운영(2개 구간, 1.4km)을 통해 교통 정체를 완화하고 교통 흐름의 연속성을 확보한다. 또한 고속도로 휴게소·졸음쉼터 등에 화장실을 확충하고, 졸음쉼터 198곳에 그늘막을 설치해 이용객 편의를 증진시키기로 하였다.

① 휴가철, 이용객 편의를 위한 특별 교통대책 시행
② 휴가철, VMS를 활용한 실시간 교통정보 제공
③ 휴가철, 승용차 임시 갓길차로제 도입
④ 휴가철, 고속버스, 철도 등 대중교통 수송력 확대

역사적으로 볼 때 기본권은 인권 사상에서 유래되었지만, 개념상으로 인권과 기본권은 구별된다. 인권은 인간의 권리, 즉 인간이 인간이기 때문에 당연히 갖는다고 생각하는 생래적(生來的)·천부적(天賦的) 권리를 말하며, 기본권은 헌법이 보장하는 국민의 기본적인 권리를 의미한다. 기본권 중에는 생래적 권리가 헌법에 수용된 것도 있지만 헌법에 의해서 비로소 형성되거나 구체화된다고 생각하는 청구권적 기본권, 참정권, 환경권 등도 있으므로 엄격한 의미에서 인권과 기본권은 동일한 것으로 볼 수 없다.

기본권은 일반적으로 주관적 공권(公權)으로서의 성격을 가진다. 이는 기본권이 기본권의 주체인 개인이 자신을 위하여 가지는 현실적이고 구체적인 권리이기 때문에 국가 권력을 직접적으로 구속하고, 따라서 개인은 국가에 대하여 작위(作爲)나 부작위(不作爲)를 요청할 수 있으며, 헌법 질서를 형성하고 개선해 나갈 수 있다는 것을 뜻한다. 그런데 이러한 주관적 공권으로서의 권리가 어떠한 성질의 것이냐에 대하여서는 자연권설, 실정권설, 통합가치설 등으로 견해가 나뉘고 있다.

자연권설(自然權說)에서는 기본권의 자연권적 성격은 시대나 국가에 따라 차이가 있을 수 있지만, 기본권은 본질적으로 인간의 본성에 의거하여 인간이 가지는 권리이고, 국가 권력의 침해와 간섭을 배제하는 기본권의 방어적·저항적 성격은 오늘날에도 여전히 부정될 수 없다고 주장한다. 그리고 헌법 제정 권력자도 기본권 존중이라는 근본 규범에는 구속되는 것이기 때문에 기본권은 전(前)국가적, 초(超)국가적인 천부적 자연권이라고 본다. 또한, 헌법상의 기본권 보장 규정은 그 헌법의 규정이 기본권을 창설(創設)하는 것이 아니라 단지 인간이 인간으로서 당연히 가지고 있는 권리를 문서로 확인, 선언하고 있는 것에 지나지 않는 것으로 본다.

실정권설(實定權說)에서는 헌법에 규정된 모든 기본권은 실정권으로 파악한다. 사상과 언론의 자유, 신체의 자유 등과 같은 전통적인 자유권적 기본권도 그 역사적인 전개 과정에서는 자연법상의 권리로 주장된 것이지만, 사회는 공동 생활체이므로 개인의 자유는 조정되지 않으면 안 된다. 또한, 국가 영역 안에서는 그 최후의 조정자가 국가인 이상 국가에 의한 국민의 자유의 제한·조정은 필요 불가결하므로, 결국 자유권도 헌법 또는 법률에 의하지 않고는 제한되지 않는 인간의 자유를 말하는 것이다. 그렇다면 자유권도, 그것을 제한할 수도 있다는 헌법 또는 법률이 국가의 실정법인 이상 그것에 의해서만 제한될 수 있다는 의미에서 실정법상의 권리일 수밖에 없다고 주장한다. 실정권설에 의하면 기본권도 헌법에 규정되어야만 비로소 권리로서 인정되기 때문에 헌법의 기본권 보장 규정은 기본권을 확인, 선언하는 것이 아니라 기본권을 창설하는 것이라고 본다.

통합가치설(統合價値說)에서는 질서와 관련하여 기본권을 바라본다. 현실의 인간은 일정한 질서 속에서 존재하기 때문에 인간의 자유와 권리는 질서 내의 자유와 권리를 뜻할 수밖에 없다. 그에 따라 통합가치설에서 기본권은 헌법적인 질서 속에서의 자유와 권리를 뜻하고 사회 공동체가 동화되고 통합되어 가기 위한 실질적인 원동력을 의미하므로, 본질적으로 사회 공동체의 구성원 모두가 공감할 수 있는 가치의 세계를 나타내는 것으로 본다. 또한, 헌법 질서 내의 국가 권력은 국민에 앞서 존재하는 것이 아니라 국민의 기본권 행사에 의해서 창설되고, 국가 내에서 행사되는 모든 권력이 국민의 기본권에 의해 통제되고 정당화된다고 주장한다. 그에 따라 통합가치설은 기본권의 국가 형성적 기능과 동화적(同化的) 통합 기능을 강조하고 이러한 기능을 가능하게 하는 기본권의 정치적 성격을 중시한다.

※ '작위'는 의식적으로 한 적극적인 행위나 동작을 말하고, '부작위'는 마땅히 해야 할 일을 의식적으로 하지 않는 일을 말한다.

10 다음 중 윗글의 내용으로 적절하지 않은 것은?

① 기본권은 인권 사상에서 유래한 것으로, 주관적 공권으로서의 성격을 가진다.

② 기본권은 국가 권력을 직접적으로 구속하므로 개인은 국가에 대해 작위나 부작위를 요청할 수 있다.

③ 자연권설에서는 기본권의 방어적·저항적 성격이 점차 약화되고 있음을 인정하고 있다.

④ 실정권설에서는 자유권을 헌법 또는 법률에 의하지 않고는 제한되지 않는 자유로 이해한다.

11 다음 중 윗글에 근거하여 〈보기〉의 헌법 조문을 설명한 내용으로 적절하지 않은 것은?

> ─────────〈보기〉─────────
>
> 제10조
> 모든 국민은 인간으로서의 존엄과 가치를 가지며, 행복을 추구할 권리를 가진다. 국가는 개인이 가지는 불가침의 기본적 인권을 확인하고 이를 보장할 의무를 진다.
>
> 제37조
> ① 국민의 자유와 권리는 헌법에 열거되지 아니한 이유로 경시되지 아니한다.
> ② 국민의 모든 자유와 권리는 국가안전보장·질서유지 또는 공공복리를 위하여 필요한 경우에 한하여 법률로써 제한할 수 있으며, 제한하는 경우에도 자유와 권리의 본질적인 내용을 침해할 수 없다.

① 자연권설에 의하면 제10조의 '모든 국민은 인간으로서의 존엄과 가치를 가지며, 행복을 추구할 권리를 가진다.'는 기본권이 가지는 자연권으로서의 성격을 확인, 선언한 조항이라 할 수 있다.

② 제37조 제1항의 '헌법에 열거되지 아니한' 자유와 권리를 인정하는 내용과, 제37조 제2항의 '자유와 권리의 본질적인 내용을 침해할 수 없다.'는 내용은, 자연권설의 주장을 지지하는 근거로 삼을 수 있다.

③ 제37조 제2항의 '자유와 권리는 국가안전보장·질서유지 또는 공공복리를 위하여 필요한 경우에 한하여 법률로써 제한'할 수 있다는 내용은, 기본권이 실정법상의 권리라는 실정권설의 관점을 뒷받침할 수 있다.

④ 통합가치설은 제37조 제1항의 '헌법에 열거되지 아니한' 자유와 권리는, 헌법적 질서의 외부에 존재하는 자유와 권리를 지칭한 것으로 이해할 것이다.

12 다음 중 윗글에 근거할 때, 밑줄 친 ㉠의 이유로 가장 적절한 것은?

> 자연권설의 입장은 다시 절대적 자연권설과 상대적 자연권설로 나뉜다. 상대적 자연권설을 취하는 법 이론가들은 교육을 받을 권리, 근로의 권리, 사회 보장을 받을 권리 등의 '생존권적 기본권'과 사상과 언론의 자유, 신체의 자유 등과 같은 '자유권적 기본권'을 구분하여, ㉠ <u>전자는 후자와 달리 실정권임을 인정한다.</u>

① 생존권적 기본권과 자유권적 기본권은 모두 헌법에 규정된 실정권이기 때문이다.
② 생존권적 기본권은 자유권적 기본권과는 달리 국가 권력에 앞서 존재하기 때문이다.
③ 생존권적 기본권과 자유권적 기본권은 모두 인간의 본성에 의거한 권리이기 때문이다.
④ 생존권적 기본권은 국가 권력의 적극적인 관여에 의해 보장될 수 있는 권리이기 때문이다.

13 다음 글의 빈칸에 들어갈 접속사로 가장 적절한 것은?

우리나라는 빠른 속도로 증가하는 치매의 사회·경제적 부담에 대응하기 위하여 선제적으로 치매환자와 가족을 위한 정책 비전을 제시하고, 치매국가책임제 발표를 통해 관련한 세부 과제들을 더욱 구체화함으로써 큰 틀에서의 방향성이 확고히 마련되었다고 볼 수 있다. 하지만 이렇게 마련된 정책이 국민에게 맞춤형으로 적절히 제공되기 위해서는 수립된 계획을 적극적으로 추진해 나갈 수 있도록 재정 확보, 전문 인력 양성, 국민의 인식제고 등의 노력이 함께 뒷받침되어야 한다.

이번에 제시된 치매국가책임제의 내용은 제3차 국가치매관리종합계획에서 제시한 치매환자를 위한 보건복지 관련 정책 및 제도적 추진 방향을 보다 구체화하고 확대하였다는 점에서 큰 의의가 있다. 그럼에도 불구하고 치매안심센터가 지역 내 치매환자를 위한 종합적인 정보 제공, 상담 등의 역할을 충실히 담당해 나갈 수 있도록 기능을 명확히 하고 관계자들의 전문성 확보, 효과적인 기관 설립 및 운영이 가능할 수 있도록 정부차원의 적극적인 지원이 필요할 것으로 사료된다. _____ 치매환자를 위한 장기요양서비스를 확대함에 있어서도 인프라 확충과 함께 관련 직종의 관계자가 치매케어를 더 전문적으로 수행할 수 있도록 치매증상에 맞춘 서비스 제공기술 고도화 등의 노력이 전제되어야 할 것이며, 의료서비스 기관의 확충 역시 충분히 그 역할을 담당해 나갈 수 있도록 정책적 지원이 수반되어야 한다.

치매환자 및 가족을 위한 관련 정책을 신속히 안착시키기 위해서는 지역주민들이 치매환자에 대한 부정적 인식을 가지기보다는 일상생활상의 불편함을 함께 극복해 나가는 사회적 분위기가 조성될 수 있도록 국민들의 치매에 대한 관심을 높이고, 홍보를 적극적으로 추진해 나가는 노력이 필요하다. 무엇보다도 치매질환을 갖고 있다고 해서 시설이나 병원으로 가야 할 것이 아니라, 충분히 내 집에서 혹은 우리 동네에서 살아갈 수 있음을 제시해 주는 인식 대전환의 기회들이 적극적으로 제시되어야 할 것이다.

① 그러나
② 그러므로
③ 그래서
④ 또한

14 다음 글에 대한 반론으로 가장 적절한 것은?

사회복지는 소외 문제를 해결하고 예방하기 위하여 사회 구성원들이 각자의 사회적 기능을 원활하게 수행하게 하고, 삶의 질을 향상시키는 데 필요한 제반 서비스를 제공하는 행위와 그 과정을 의미한다. 현대 사회가 발전함에 따라 계층·세대 간의 갈등 심화, 노령화와 가족해체, 정보격차에 의한 불평등 등의 사회문제가 다각적으로 생겨나고 있는데, 이들 문제는 때로 사회해체를 우려할 정도로 심각한 양상을 띠기도 한다. 이러한 문제의 기저에는 경제성장과 사회분화 과정에서 나타나는 불평등과 불균형이 있으며, 이런 점에서 사회문제는 대부분 소외 문제와 관련되어 있음을 알 수 있다.

사회복지 찬성론자들은 이러한 문제들의 근원에 자유 시장경제의 불완전성이 있으며, 사회적 병리 현상을 해결하기 위해서는 국가의 역할이 더 강화되어야 한다고 주장한다. 예컨대 구조 조정으로 인해 대량의 실업 사태가 생겨나는 경우를 생각해 볼 수 있다. 이 과정에서 생겨난 희생자들을 방치하게 되면 사회 통합은 물론 지속적 경제성장에 막대한 지장을 초래할 것이다. 따라서 사회가 공동의 노력으로 이들을 구제할 수 있는 안전망을 만들어야 하며, 여기서 국가의 주도적 역할은 필수적이라 할 것이다. 현대 사회에 들어와 소외 문제가 사회 전 영역으로 확대되고 있는 상황을 감안할 때, 국가와 사회가 주도하여 사회복지 제도를 체계적으로 수립하고 그 범위를 확대해 나가야 한다는 이들의 주장은 충분한 설득력을 갖는다.

① 사회복지는 소외 문제 해결을 통해 구성원들의 사회적 기능 수행을 원활하게 한다.
② 사회복지는 제공 행위뿐만 아니라 과정까지를 의미한다.
③ 사회복지의 확대는 근로 의욕의 상실과 도덕적 해이를 불러일으킬 수 있다.
④ 사회가 발전함에 따라 불균형이 심해지고 있다.

15 다음 글을 이해한 내용으로 적절하지 않은 것은?

> 감수성은 외부의 자극을 느끼는 성질이나 심리적인 능력으로, 사회 전반에 필요한 심리적인 판단 능력을 '사회적 감수성'이라고 한다. 사회적 감수성은 전통을 가장한 불합리한 문제와 관행적으로 행해지던 사회문제들을 직시하고 바꿔나가는 데 힘을 모을 수 있는 근원이 된다. 만약 이러한 사회적 감수성이 사회에서 제 기능을 하지 못한다면, 우리 사회는 부패가 만연해지고 신뢰할 수 없는 사회가 될 것이다.
>
> 공직자의 사회적 감수성은 사회의 리더로서 청렴한 사회를 만드는 데 중요한 덕목이다. 통계청에서 조사한 '한국의 사회동향'에서 부패인식의 차이를 보면 국민들이 공직부패가 심각하다고 인식하는 비율은 75.6%에서 62.3%로 줄었지만 여전히 높은 수준을 유지한 반면, 공직부패 경험자 비율은 같은 기간 24.8%에서 3.5%로 큰 폭으로 감소했다. 이는 국민이 공직에 대해 신뢰하지 못하는 것으로, 국민으로부터 부패하다고 인식된 공직은 잃어버린 국민들의 신뢰를 회복해야만 한다.
>
> 청탁금지법이 촘촘하게 변경되고 공직자 행동강령도 강화됨에 따라 결재선상에 있는 모든 관계자가 청렴하지 않은 선택에 대해 거절할 수 있는 명분이 확고해졌다. 그로 인해 청렴하지 않은 업무지시나 부패의 여지가 있는 부분들이 개선되어 공직 사회의 청렴성이 발전할 수 있다는 기대를 갖게 되었다. 그런데 이러한 청렴성은 사회적 통념을 갖고 바라본다면 자칫 담당자의 오만함으로 비춰질 수도 있다. 지금까지 상명하복을 중시해 온 공직 사회에서 완고한 거절은 오해를 불러일으킬 수도 있기 때문이다. 이럴 때는 신뢰할 수 있는 조직 문화를 형성하고 소통하는 것이 중요하다. 특히, 공직자는 '내가 우월한 위치에서 부당하고 강압적인 지시를 하고 있는가? 그래서 다른 사람들이 불편할까?'에 대해 사회적 감수성을 갖고 늘 성찰해야 한다.
>
> 국민은 불평등함에 민감하게 대응하기 시작했다. 주체적이고 적극적으로 행동하는 분위기가 빠르게 확산되면서 문제의식을 갖고 감시와 견제를 통해 깨어있고자 하는 것이다. 더불어 국민의 공직 청렴에 대한 기대치가 높아지면서 그에 따른 공직 문화에서의 사회적 감수성은 점점 중요해지고 있다. 공직자는 공직에서 청렴을 실천하며, 용기를 내어 사회의 부조리를 고발하는 사람들을 지지하고 그들에게 힘이 되어야 한다. 사회를 변화시키겠다는 의지를 가진 시민들의 용기에 함께 행동하거나 그를 지원해주는 것이야말로 이 사회의 공직자로서 우리 사회를 청렴하게 만들어 가는 리더의 역할이다. 공직자는 아이들이 더 행복하고 정의로운 사회에서 살아갈 수 있도록 사회 부조리와 사회적 약자에 대한 갑질을 근절하고, 불합리하고 불공정한 일이 일어나지 않도록 노력해야 한다. 무엇보다 사회적 감수성을 키워 사회의 어느 분야에서든 청렴한 판단과 행동을 위해 움직일 수 있기를 기대한다.

① 사회적 감수성은 사회 전반에 필요한 심리적인 판단 능력으로, 사회에서 제 기능을 하지 못할 경우 사회는 국민의 신뢰를 잃게 된다.

② 공직부패 경험자 비율은 큰 폭으로 감소했지만, 국민들의 공직부패에 대한 부정적 인식은 여전히 높은 수준을 유지하고 있다.

③ 관계자의 청렴성은 자칫 오만함으로 비춰질 수 있으므로 완고한 거절보다는 사회의 기존 관습에 따라 업무를 진행하는 것이 좋다.

④ 주체적이고 적극적으로 행동하는 분위기가 확산되면서 국민의 공직 청렴에 대한 기대치도 높아지고 있다.

※ 다음은 H국의 2019 ~ 2023년 교통수단별 사고건수를 나타낸 자료이다. 이어지는 질문에 답하시오. **[16~17]**

〈2019 ~ 2023년 교통수단별 사고건수〉

(단위 : 건)

구분	2019년	2020년	2021년	2022년	2023년
전동킥보드	8	12	54	81	162
원동기장치 자전거	5,450	6,580	7,480	7,110	8,250
이륜자동차	12,400	12,900	12,000	11,500	11,200
택시	158,800	175,200	168,100	173,000	177,856
버스	222,800	210,200	235,580	229,800	227,256
전체	399,458	404,892	423,214	421,491	424,724

※ 2020년에 이륜자동차 면허에 대한 법률이 개정되었고, 2021년부터 시행되었다.

16 다음 중 자료에 대한 설명으로 옳은 것은?

① 2019 ~ 2023년 대비 2020 ~ 2021년 이륜자동차 총 사고건수의 비율은 40% 이상이다.

② 2020년부터 2023년까지 원동기장치 자전거의 사고건수는 매년 증가하고 있다.

③ 2020년부터 2023년까지 전동킥보드 사고건수 증가율이 전년 대비 가장 높은 해는 2023년이다.

④ 2019년 대비 2023년 택시의 사고건수 증가율은 2019년 대비 2023년 버스의 사고건수 증가율보다 낮다.

17 다음 〈보기〉 중 자료에 대한 판단으로 옳은 것을 모두 고르면?

――――〈보기〉――――

㉠ 전동킥보드만 매년 사고건수가 증가하는 것으로 보아 이에 대한 대책이 필요하다.

㉡ 원동기장치 자전거의 사고건수가 가장 적은 해에 이륜자동차의 사고건수는 가장 많았다.

㉢ 2021 ~ 2023년 이륜자동차의 사고건수가 전년 대비 감소한 것에는 법률개정도 영향이 있었을 것이다.

㉣ 택시와 버스의 사고건수 증감추이는 해마다 서로 반대이다.

① ㉠, ㉢

② ㉡, ㉣

③ ㉠, ㉡, ㉢

④ ㉠, ㉢, ㉣

※ 다음은 연령대별 일자리 규모에 대한 자료이다. 이어지는 질문에 답하시오. **[18~19]**

〈연령대별 일자리 규모〉

(단위 : 만 개)

구분	2022년			2023년		
	합계	지속일자리	신규채용일자리	합계	지속일자리	신규채용일자리
전체	2,302	1,564	738	2,321	1,587	734
19세 이하	26	3	23	25	3	22
20대	332	161	171	331	161	170
30대	545	390	155	529	381	148
40대	623	458	165	617	458	159
50대	516	374	142	531	388	143
60세 이상	260	178	82	288	196	92

18 다음 중 자료에 대한 설명으로 옳지 않은 것은?

① 2023년 전체 일자리 규모에서 20대가 차지하는 비중은 2022년보다 약 0.1%p 감소했다.

② 2023년 전체 일자리 규모 중 30대의 전체 일자리 규모 비중은 20% 이상이다.

③ 2022년 40대의 지속일자리 규모는 신규채용일자리 규모의 2.5배 이상이다.

④ 2023년 연령대별 전체 일자리 규모는 2022년보다 모두 증가했다.

19 다음 중 50대와 60세 이상의 2022년 대비 2023년의 전체 일자리 규모 증가 수를 바르게 나열한 것은?

	50대	60세 이상
①	150,000개	170,000개
②	150,000개	170,000개
③	150,000개	280,000개
④	170,000개	280,000개

※ 다음은 한국도로공사 직원 1,200명을 대상으로 출·퇴근 수단 이용률 및 출근 시 통근시간을 조사한 자료이다. 이어지는 질문에 답하시오. **[20~21]**

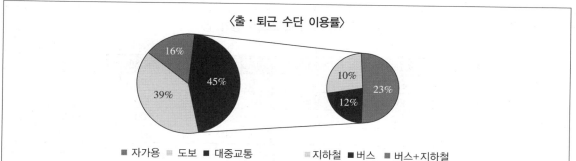

〈출·퇴근 수단 이용률〉

■ 자가용　▨ 도보　■ 대중교통　　▧ 지하철　■ 버스　■ 버스+지하철

※ 한국도로공사 직원들은 그래프에 제시된 교통수단만을 이용한다.

〈출근 시 통근시간〉

(단위 : 명)

구분	30분 이하	30분 초과 45분 이하	45분 초과 1시간 이하	1시간 초과
인원	( )	260	570	160

20 다음 중 자료에 대한 설명으로 옳지 않은 것은?

① 통근시간이 30분 이하인 직원은 전체의 17.5%이다.

② 통근시간이 45분 이하인 직원 수는 1시간 초과인 직원 수의 3.5배 미만이다.

③ 버스와 지하철 모두 이용하는 직원 수는 도보를 이용하는 직원 수보다 174명 적다.

④ 대중교통을 이용하는 직원 모두 통근시간이 45분을 초과하고, 그중 25%의 통근시간이 1시간 초과일 때, 대중교통을 이용하면서 통근시간이 1시간 초과인 직원은 통근시간이 1시간 초과인 전체 인원의 80% 이상을 차지한다.

21 도보 또는 버스만 이용하는 직원 중 25%의 통근시간이 30분 초과 45분 이하 소요된다. 통근시간이 30분 초과 45분 이하인 인원에서 도보 또는 버스만 이용하는 직원 외에는 모두 자가용을 이용한다고 할 때, 이 인원이 자가용으로 출근하는 전체 인원에서 차지하는 비율은 얼마인가?(단, 비율은 소수점 첫째 자리에서 반올림한다)

① 56%
② 67%
③ 74%
④ 80%

22 다음은 H국의 2019 ~ 2023년 스포츠 경기 4종목에 대한 경기 수를 나타낸 자료이다. 이에 대한 설명으로 옳지 않은 것은?

〈연도별 H국 스포츠 경기 수〉

(단위 : 회)

구분	2019년	2020년	2021년	2022년	2023년
농구	413	403	403	403	410
야구	432	442	425	433	432
배구	226	226	227	230	230
축구	228	230	231	233	233

① 농구의 경기 수는 전년 대비 2020년 감소율이 전년 대비 2023년 증가율보다 높다.

② 2019년 농구와 배구 경기 수 차이는 야구와 축구 경기 수 차이의 90% 이상이다.

③ 2019년부터 2023년까지 야구 평균 경기 수는 축구 평균 경기 수의 2배 이하이다.

④ 2020년부터 2022년까지 경기 수가 증가하는 스포츠는 1종목이다.

23 다음은 국가별 해외직접투자 현황에 대한 자료이다. 이에 대한 설명으로 옳지 않은 것은?

〈2022년 국가별 해외직접투자 현황〉

구분	신고건수(건)	신규법인 수(개)	신고금액 (천 달러)	송금횟수(건)	투자금액 (천 달러)
아시아	7,483	2,322	15,355,762	10,550	12,285,835
북미	1,925	560	14,380,926	2,621	15,765,726
중남미	583	131	8,986,726	813	7,000,207
유럽	966	269	8,523,533	1,173	6,843,634
대양주	172	60	1,110,459	285	912,932
중동	210	46	794,050	323	651,912
아프리카	131	23	276,180	138	236,103
합계	11,470	3,411	49,427,636	15,903	43,696,349

〈2023년 국가별 해외직접투자 현황〉

구분	신고건수(건)	신규법인 수(개)	신고금액 (천 달러)	송금횟수(건)	투자금액 (천 달러)
아시아	8,089	2,397	21,055,401	11,086	16,970,910
북미	2,028	568	14,444,840	2,638	11,328,002
중남미	679	138	7,869,775	865	8,137,758
유럽	1,348	326	14,348,891	1,569	11,684,820
대양주	241	65	495,375	313	663,007
중동	173	24	901,403	293	840,431
아프리카	149	22	147,318	185	156,667
합계	12,707	3,540	59,263,003	16,949	49,781,595

① 전체 송금횟수에서 북미와 중남미의 송금횟수 합의 비율은 2022년이 2023년의 비율보다 높다.

② 2022년 아시아의 신고금액은 대양주, 중동, 아프리카 신고금액의 합보다 120억 달러 이상 많다.

③ 2022년 유럽의 신고건수당 신고금액은 2023년보다 1,500천 달러 이상 적다.

④ 2023년 전년 대비 신규법인 수가 가장 많이 증가한 지역의 2023년 투자금액은 전체 지역 중 3위로 많다.

24 다음은 지역별 우정직 공무원 인원 현황을 나타낸 자료이다. 이에 대한 설명으로 옳은 것은?(단, 합계는 모든 지역의 총인원이며, 비율은 소수점 둘째 자리에서 반올림한다)

〈지역별 우정직 공무원 인원 현황 Ⅰ〉

(단위 : 명)

구분	합계	서울특별시	부산광역시	대구광역시	인천광역시	광주광역시	대전광역시	울산광역시
우정 3급	27	2	–	–	1	1	2	–
우정 4급	107	15	3	7	2	10	2	–
우정 5급	759	102	54	32	26	43	25	11
우정 6급	2,257	275	153	120	52	134	86	29
우정 7급	7,571	1,282	A	B	301	279	243	112
우정 8급	5,384	958	370	244	294	169	174	102
우정 9급	3,293	514	193	166	224	101	95	70
합계	19,398	3,148	1,287	989	900	737	627	324

〈지역별 우정직 공무원 인원 현황 Ⅱ〉

(단위 : 명)

구분	세종특별자치시	경기도	강원도	충청북도	충청남도	전라북도	전라남도	경상북도	경상남도
우정 3급	–	3	3	–	3	5	–	5	2
우정 4급	1	11	9	2	7	4	8	10	16
우정 5급	–	110	45	21	44	57	53	74	62
우정 6급	12	324	167	74	105	180	198	182	166
우정 7급	40	1,600	386	261	292	465	382	486	508
우정 8급	25	1,280	231	198	234	189	243	303	370
우정 9급	20	815	149	115	164	109	120	215	223
합계	98	4,143	( )	671	849	( )	1,004	1,275	1,347

※ 지역별 우정직 공무원 인원 현황 Ⅰ, Ⅱ는 연결된 자료이다.

① 경기도의 우정직 공무원 전체 인원은 우정 8급 전체 인원의 70% 이상을 차지한다.

② A와 B에 들어갈 수의 합은 1,034이다.

③ 우정 4급 전체 인원에서 전체 광역시 우정직 공무원 인원의 비율은 32% 이상이다.

④ 강원도의 우정직 공무원 전체 인원수는 전라북도 우정직 공무원 전체 인원수보다 21명 적다.

25 다음은 2023년 8월부터 2024년 1월까지의 산업별 월간 국내카드 승인액에 대한 자료이다. 〈보기〉에서 이에 대한 설명으로 옳은 것을 모두 고르면?

〈산업별 월간 국내카드 승인액〉

(단위 : 억 원)

산업별	2023년 8월	2023년 9월	2023년 10월	2023년 11월	2023년 12월	2024년 1월
도매 및 소매업	3,116	3,245	3,267	3,261	3,389	3,241
운수업	161	145	165	159	141	161
숙박 및 음식점업	1,107	1,019	1,059	1,031	1,161	1,032
사업시설관리 및 사업지원 서비스업	40	42	43	42	47	48
교육 서비스업	127	104	112	119	145	122
보건 및 사회복지 서비스업	375	337	385	387	403	423
예술, 스포츠 및 여가관련 서비스업	106	113	119	105	89	80
협회 및 단체, 수리 및 기타 개인 서비스업	163	155	168	166	172	163

〈보기〉

ㄱ. 교육 서비스업의 2024년 1월 국내카드 승인액의 전월 대비 감소율은 25% 이상이다.

ㄴ. 2023년 11월 운수업과 숙박 및 음식점업의 국내카드 승인액의 합은 도매 및 소매업의 국내카드 승인액의 40% 미만이다.

ㄷ. 2023년 10월부터 2024년 1월까지 사업시설관리 및 사업지원 서비스업과 예술, 스포츠 및 여가관련 서비스업 국내카드 승인액의 전월 대비 증감추이는 동일하다.

ㄹ. 2023년 9월 협회 및 단체, 수리 및 기타 개인 서비스업의 국내카드 승인액의 보건 및 사회복지 서비스업 국내카드 승인액 대비 비율은 35% 이상이다.

① ㄱ, ㄴ
② ㄱ, ㄷ
③ ㄴ, ㄷ
④ ㄴ, ㄹ

26 다음은 H국의 광물자원 수출입 교역액을 연도별로 나타낸 자료이다. 이를 변형한 그래프로 옳지 않은 것은?(단, 그래프의 단위는 '천 달러'이다)

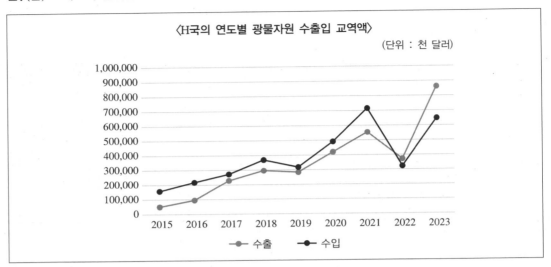

① 연도별 광물자원 수출입 교역액

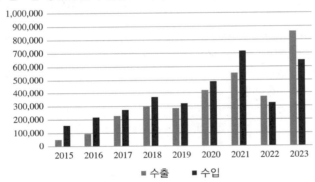

② 연도별 광물자원 수출 교역액

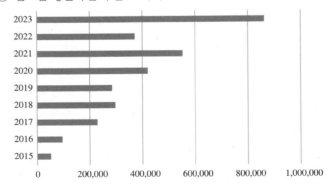

③ 연도별 광물자원 수입 교역액

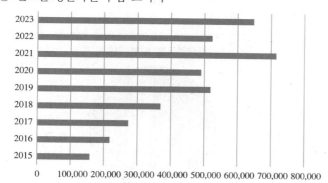

④ 2019 ~ 2023년 수출입 총 교역액

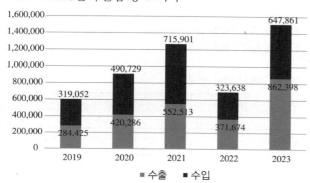

※ 다음은 2024년 2월 H회사에서 판매된 자동차 800대를 대상으로 조사한 자료이다. 이어지는 질문에 답하시오. **[27~28]**

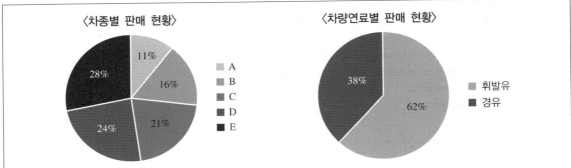

※ 판매된 차종은 A ~ E 외에는 없다.
※ 한 사람당 한 대의 차량을 구매했다.
※ 차종 A ~ E 모두 휘발유차량과 경유차량 모두 존재하며, 차량연료별 판매 현황 자료는 2024년 2월 H회사에서 판매된 자동차 800대 전체에 대한 자료가 아니라, 차종 A ~ E 중 한 차종에 대한 자료이다.

〈차량 구매자 연령 비율〉

구분	20대	30대	40대	50대	60대
비율	( )	34%	21%	27%	( )

※ 차량 구매자 연령은 20 ~ 60대 외에는 존재하지 않는다.

27 다음 자료에 대한 설명으로 옳지 않은 것은?(단, 소수점 첫째 자리에서 버린다)

① 차량 구매자 중 20대와 60대를 합친 비율은 40대의 비율보다 작다.
② 차량연료별 판매 현황 그래프가 A차종에 대한 것일 때 휘발유 차량 판매수는 차량연료별 판매 현황 그래프가 E차종에 대한 것일 때 E차종의 경유 차량 판매수보다 많다.
③ 40대 모두 E차종 경유 차량을 구매했으며, E차종 경유 차량 모두 40대에게 판매되었다면, E차종 경유 차량 판매량은 E차종 휘발유 차량 판매량의 3배이다.
④ 30대, 40대, 50대 모두 A차량을 구매하지 않았다면, 30대, 40대, 50대가 구매하지 않은 차량 중 A차량 이외에 차량 판매량은 A차량의 판매량보다 작다.

28 차종 A ~ E의 차량연료별 판매 현황 그래프가 모두 동일하다고 할 때, 차종 A, B, C의 휘발유 차량 판매량 수를 a대, 차종 D, E의 경유 차량 판매량 수를 b대라고 한다. 이때, $a+b$의 값이 전체 차량 판매량에서 차지하는 비율은?(단, 소수점 첫째 자리에서 버린다)

① 28%
② 36%
③ 49%
④ 52%

※ H공사 A직원은 환경지표와 관련된 통계자료를 열람하고 있다. 이어지는 질문에 답하시오. **[29~30]**

〈녹색제품 구매 현황〉

(단위 : 백만 원)

구분	총구매액	녹색제품 구매액	비율
2021년	1,800	1,700	94%
2022년	3,100	2,900	㉠%
2023년	3,000	2,400	80%

※ 지속가능한 소비를 촉진하고 친환경경영 실천을 강화하기 위해 환경표지인증 제품 등의 녹색제품 구매를 적극 실천한다.
※ 비율은 (녹색제품 구매액)÷(총구매액)×100으로 계산하며, 소수점 첫째 자리에서 반올림한다.

〈온실가스 감축〉

구분	2021년	2022년	2023년
온실가스 배출량(tCO_2eq)	1,604,000	1,546,000	1,542,000
에너지 사용량(TJ)	30,000	29,000	30,000

※ 온실가스 및 에너지 감축을 위한 전사 온실가스 및 에너지 관리 체계를 구축하여 운영하고 있다.

〈수질관리〉

(단위 : m^3)

구분	2021년	2022년	2023년
오수 처리량(객차)	70,000	61,000	27,000
폐수 처리량	208,000	204,000	207,000

※ 철도차량 등의 수선, 세차, 세척과정에서 발생되는 폐수와 열차 화장실에서 발생되는 오수, 차량검수시설과 역 운영시설 등에서 발생되는 생활하수로 구분되며, 모든 오염원은 처리시설을 통해 기준 이내로 관리한다.

---

29 다음 중 A직원이 자료를 이해한 내용으로 적절하지 않은 것은?

① ㉠에 들어갈 수치는 94이다.
② 온실가스 배출량은 2021년부터 매년 감소하고 있다.
③ 폐수 처리량이 가장 적었던 연도에 오수 처리량도 가장 적었다.
④ 2021 ~ 2023년 동안 녹색제품 구매액의 평균은 약 23억 3,300만 원이다.

30 다음 〈조건〉은 환경지표점수 산출 기준이다. 가장 점수가 높은 연도와 그 점수를 바르게 짝지은 것은?

─── 〈조건〉 ───
• 녹색제품 구매액 : 20억 원 미만이면 5점, 20억 원 이상이면 10점
• 에너지 사용량 : 30,000TJ 이상이면 5점, 30,000TJ 미만이면 10점
• 폐수 처리량 : 205,000m^3 초과이면 5점, 205,000m^3 이하이면 10점

① 2021년 – 25점
② 2022년 – 20점
③ 2022년 – 30점
④ 2023년 – 25점

※ 한국도로공사는 정부의 녹색성장 정책을 따르기 위해 직원들의 출퇴근길 '자전거 타기'를 권장하기로 하였다. '자전거 타기' 제도를 정립하기 위해 자전거의 운동효과를 인트라넷에 게시한 후, 직원들의 수요를 조사하여 한 달 후부터 직원이 원하는 자전거를 대여해 주기로 하였다. 다음 자료를 참고하여 이어지는 질문에 답하시오. [31~32]

〈자전거 운동효과〉

구분	모델명	가격	바퀴 수	보조바퀴 여부
일반 자전거	S - mae72	110,000원	2개	없음
	S - dae66	99,000원		
연습용 자전거	S - HWS	78,000원	2개	있음
	S - WTJ	80,000원		
외발 자전거	S - 4532	145,000원	1개	없음
	S - 8653	130,000원		

※ 운동량은 자전거 주행 거리에 비례한다.
※ 같은 거리를 주행하여도 자전거에 운전자 외에 한 명이 더 타면 운전자의 운동량은 두 배가 된다.
※ 보조바퀴가 달린 자전거를 타면 같은 거리를 주행하여도 운동량이 일반 자전거의 80%밖에 되지 않는다.
※ 바퀴가 1개인 자전거를 타면 같은 거리를 주행하여도 운동량이 일반 자전거보다 50% 더 많다.
※ 자전거 가격이 더 높을수록 신체 피로도가 낮다.
※ 이외의 다른 조건은 모두 같다.

31 조직혁신팀에 근무하는 귀하는 '자전거 타기' 제도를 정립하기 위한 회의에 참석하였다. 다음 중 직원들이 제시할 수 있는 의견으로 옳지 않은 것은?

① 직원 사전조사에 따르면 피로도를 중요시하는 직원이 가장 많으므로 외발 자전거를 연습용 자전거보다 많이 구매해야 합니다.

② 또한 피로도와 운동량을 동일하게 중요시하는 직원이 많으므로 S - 4532 모델보다는 S - 8653 모델을 구매하는 것이 좋을 것 같습니다.

③ 일반 자전거를 선호하는 직원들은 피로도는 상관없다고 응답하였으므로 S - dae66 모델을 S - mae72 모델보다 많이 구매하는 것이 좋을 것 같습니다.

④ 이번 기회를 통해 자전거 타는 방법을 배우고 싶어 하는 직원들도 있으므로 보조바퀴가 달린 S - HWS 모델과 S - WTJ 모델을 구매하는 것도 좋을 것 같습니다.

32 출퇴근길 '자전거 타기'에 더 많은 직원이 관심을 갖도록 하기 위해 운동량이 가장 많은 직원을 선정하여 상품을 주기로 하였다. 다음 5명의 후보를 운동량이 많은 순서대로 바르게 나열한 것은?

<후보>

- 갑 : 1.4km의 거리를 뒷자리에 한 명을 태우고 일반 자전거로 주행하였다.
- 을 : 1.2km의 거리를 뒷자리에 한 명을 태우고 연습용 자전거로 주행하였다.
- 병 : 2km의 거리를 혼자 외발 자전거로 주행하였다.
- 정 : 2km의 거리를 혼자 연습용 자전거로 주행한 후에 이어서 1km의 거리를 혼자 외발 자전거로 주행하였다.
- 무 : 0.8km의 거리를 뒷자리에 한 명을 태우고 연습용 자전거로 주행한 후에 이어서 1.2km의 거리를 혼자 일반 자전거로 주행하였다.

① 병 – 정 – 갑 – 을 – 무
② 병 – 정 – 갑 – 무 – 을
③ 정 – 병 – 갑 – 무 – 을
④ 정 – 병 – 무 – 갑 – 을

33 다음 <조건>을 토대로 네 자리수 비밀번호를 유추하려고 할 때, 옳지 않은 것은?

<조건>

- 비밀번호를 구성하고 있는 각 숫자는 소수가 아니다.
- 6과 8 중에서 단 하나만이 비밀번호에 들어간다.
- 비밀번호는 짝수로 시작한다.
- 비밀번호의 각 숫자는 큰 수부터 차례로 나열되어 있다.
- 같은 숫자는 두 번 이상 들어가지 않는다.

① 비밀번호는 짝수이다.
② 비밀번호의 앞에서 두 번째 숫자는 4이다.
③ 주어진 정보를 모두 만족하는 비밀번호는 모두 세 개이다.
④ 비밀번호는 1을 포함하지만, 9는 포함하지 않는다.

34 한 경기장에는 네 개의 탈의실이 있는데 이를 대여할 때에는 〈조건〉을 따라야 하며, 예약 현황은 다음과 같다고 한다. 금요일의 빈 시간에 탈의실을 대여할 수 있는 단체를 모두 고르면?

구분	월	화	수	목	금
A	시대		한국		
B	우리			시대	
C			나라		나라
D	한국	시대		우리	

〈조건〉

• 일주일에 최대 세 번, 세 개의 탈의실을 대여할 수 있다.
• 한 단체가 하루에 두 개의 탈의실을 대여하려면, 인접한 탈의실을 대여해야 한다.
• 한 단체는 탈의실을 하루에 두 개까지 대여할 수 있다.
• 탈의실은 A－B－C－D 순서대로 직선으로 나열되어 있다.
• 전날 대여한 탈의실을 똑같은 단체가 다시 대여할 수 없다.

① 나라
② 우리, 나라, 한국
③ 한국, 나라
④ 시대, 한국, 나라

35 H공사에서는 인건비를 줄이기 위해 다양한 방식을 고민하고 있다. 다음 정보를 참고할 때, 가장 적절한 방법은 무엇인가?(단, 한 달은 4주이다)

〈정보〉

• 정직원은 오전 8시부터 오후 7시까지 평일·주말 상관없이 주 6일 근무하며, 1인당 월 급여는 220만 원이다.
• 계약직원은 오전 8시부터 오후 7시까지 평일·주말 상관없이 주 5일 근무하며, 1인당 월 급여는 180만 원이다.
• 아르바이트생은 평일 3일, 주말 2일로 하루 9시간씩 근무하며, 평일은 시급 9,000원, 주말은 시급 12,000 원이다.
• 현재 정직원 5명, 계약직원 3명, 아르바이트생 3명이 근무 중이며 전체 인원을 줄일 수는 없다.

① 계약직원을 정직원으로 전환한다.
② 계약직원을 아르바이트생으로 전환한다.
③ 아르바이트생을 정직원으로 전환한다.
④ 아르바이트생을 계약직원으로 전환한다.

36 H빌딩의 경비원 김갑돌 씨와 이을동 씨 중 김갑돌 씨는 청력이 좋지 않아 특정 날씨 조건에 따라 '삼'과 '천'을 바꾸어 알아듣는다. 예를 들면 '301호'를 '천일호'로, '1101호'를 '삼백일호'라고 알아듣는다. 한편 이 빌딩 ○○○호 직원은 전화 통화로 경비원에게 맡겨진 자신의 물건을 가져다 줄 것을 부탁하였다. 11월 1일에서 11월 7일까지의 상황이 다음과 같다고 할 때, 경비원 김갑돌 씨와 이을동 씨가 7일간 301호와 1101호에 전달한 내용물을 바르게 나열한 것은?

〈통화 내용〉

○○○호 직원 : 여기 ○○○호 직원인데요, 관리실에 맡겨져 있는 △△(주인과 호수가 표시되어 있지 않음)를 저희 사무실에 갖다 주시면 고맙겠습니다.
　경비원 　　: 알겠습니다.

〈상황〉

• 근무 일정 및 날씨

일자 / 날씨	11월 1일 / 종일 맑음	11월 2일 / 종일 비	11월 3일 / 종일 맑음	11월 4일 / 종일 맑음	11월 5일 / 종일 맑음	11월 6일 / 종일 흐림	11월 7일 / 종일 비
근무자	김갑돌	이을동	김갑돌	이을동	김갑돌	이을동	김갑돌
발신자	1101호 직원	1101호 직원	–	–	301호 직원	301호 직원	–
요청사항	천 묶음 전달	삼 묶음 전달	–	–	천백 원 봉투 전달	삼백 원 봉투 전달	–

• 김갑돌 씨와 이을동 씨는 1일씩 근무하고 자정에 교대한다.
• 이 경비실에는 상기 기간 동안 천 2묶음, 삼 2묶음, 천백 원 봉투 2개, 삼백 원 봉투 2개가 맡겨져 있다.
• 청력 상태
　– 김갑돌 : 날씨가 맑지 않으면 위와 같이 '삼'과 '천'을 바꾸어 알아듣는다.
　– 이을동 : 날씨에 아무런 영향을 받지 않고, 정상적으로 알아듣는다.
• 특이사항 : 이을동 씨는 11월 2일에 전화받은 내용을 미처 실행에 옮기지 못하여 김갑돌 씨에게 교대하기 10분 전에 "삼 묶음을 1101호에 내일 전달해 주세요."라고 말하였고, 김갑돌 씨는 알아들었다고 했다.

	301호	1101호
①	천 묶음, 천백 원 봉투, 삼백 원 봉투	천 묶음
②	삼 묶음, 천 묶음	삼백 원 봉투, 천백 원 봉투
③	천 묶음, 삼백 원 봉투	천 묶음, 삼 묶음
④	삼백 원 봉투, 천백 원 봉투	천 묶음, 삼백 원 봉투

다음 자료는 H공사의 고객의 소리 운영 규정의 일부이다. 고객서비스 업무를 담당하고 있는 1년 차 사원인 K씨는 7월 18일 월요일에 어느 한 고객으로부터 질의 민원을 접수받았다. 그러나 부득이한 사유로 기간 내 처리가 불가능할 것으로 보여 본사 총괄부서장의 승인을 받고 지연하였다. 해당 민원은 늦어도 언제까지 처리가 완료되어야 하는가?

목적(제1조)
이 규정은 H공사에서 고객의 소리 운영에 필요한 사항에 대하여 규정함을 목적으로 한다.

정의(제2조)
"고객의 소리(Voice Of Customer)"라 함은 H공사 직무와 관련된 행정 처리에 대한 이의신청, 진정 등 민원과 H공사의 제도, 서비스 등에 대하여 불만이나 불편사항, 건의·단순 질의 등 모든 고객의 의견을 말한다.

처리기간(제7조)
① 고객의 소리는 다른 업무에 우선하여 처리하여야 하며 처리기간이 남아있음 등의 이유로 처리를 지연시켜서는 아니 된다.
② 고객의 소리 처리기간은 24시간으로 한다. 다만, 서식민원은 별도로 한다.

처리기간의 연장(제8조)
① 부득이한 사유로 기간 내에 처리하기 곤란한 경우 중간답변을 하여야 하며, 이 경우 처리기간은 48시간으로 한다.
② 중간답변을 하였음에도 기간 내에 처리하기 어려운 사항은 1회에 한하여 본사 총괄부서장의 승인을 받고 추가로 연장할 수 있다. 이 경우 추가되는 연장시간은 48시간으로 한다.
③ 업무의 성격이나 중요도, 본사 총괄부서의 처리시간에 임박한 재배정 등으로 제1항 내지 제2항의 기간 내에 처리할 수 없는 사항은 부서장 또는 소속장이 본사 총괄부서장에게 특별 기간연장을 요구할 수 있다.

---

① 7월 19일
② 7월 20일
③ 7월 21일
④ 7월 22일

※ 한국도로공사 인사팀 6명이 회식을 하기 위해 이탈리안 레스토랑에 갔다. 이를 바탕으로 이어지는 질문에 답하시오. [38~39]

- 인사팀은 토마토 파스타 2개, 크림 파스타 1개, 토마토 리소토 1개, 크림 리소토 2개, 콜라 2잔, 사이다 2잔, 주스 2잔을 주문했다.
- 인사팀은 K팀장, L과장, M대리, S대리, H사원, J사원으로 구성되어 있는데, 같은 직급끼리는 같은 소스가 들어가는 요리를 주문하지 않았고, 같은 음료도 주문하지 않았다.
- 각자 좋아하는 요리가 있으면 그 요리를 주문하고, 싫어하는 요리나 재료가 있으면 주문하지 않았다.
- K팀장은 토마토 파스타를 좋아하고, S대리는 크림 리소토를 좋아한다.
- L과장과 H사원은 파스타면을 싫어한다.
- 대리들 중에 콜라를 주문한 사람은 없다.
- 크림 파스타를 주문한 사람은 사이다도 주문했다.
- 토마토 파스타나 토마토 리소토와 주스는 궁합이 안 맞는다고 하여 함께 주문하지 않았다.

38 다음 중 주문한 결과로 옳지 않은 것은?

① 사원 중 한 사람은 주스를 주문했다.
② L과장은 크림 리소토를 주문했다.
③ K팀장은 콜라를 주문했다.
④ 토마토 리소토를 주문한 사람은 콜라를 주문했다.

39 다음 중 같은 요리와 음료를 주문한 사람은?

① J사원, S대리
② H사원, L과장
③ S대리, L과장
④ M대리, H사원

※ 한국도로공사의 총무처와 인사처는 친목도모를 위해 각각 5월 3일과 5월 7일에 청량산 트래킹을 시작했다. 다음 청량산 트래킹 코스와 구간별 트래킹 소요시간에 대한 자료와 〈조건〉을 바탕으로 이어지는 질문에 답하시오. [40~41]

〈청량산 트래킹 코스〉

(2,833m)L ─ M (3,012m)
(2,594m)J ─ K (2,641m)
(2,502m)I
(2,348m)G ─ H (2,467m)
(2,260m)F
E (2,178m)
D (2,111m)
(2,050m)C
B (1,638m)
A (1,050m)

북
서 ─ 동
남

※ 괄호 안의 수치는 해발고도를 의미한다.

〈구간별 트래킹 소요시간〉

• 올라가는 경우

(단위 : 시간)

경로	소요시간
A → B	3
B → C	2
C → D	1
D → E	1
E → F	2
F → G	3
G → H	2
H → I	2
I → J	1
J → K	2
K → L	3
L → M	3

• 내려오는 경우, 구간별 소요시간은 50% 단축된다.

─〈조건〉─

• 트래킹 코스는 A지점에서 시작하여 M지점에 도달한 다음 A지점으로 돌아오는 것이다.
• 하루에 가능한 트래킹의 최장시간은 6시간이다.
• 하루 트래킹이 끝나면 반드시 비박을 해야 하고, 비박은 각 지점에서만 가능하다.
• M지점에 도달한 날은 그날 바로 내려오지 않고, M지점에서 비박한다.
• 2,500m를 통과하는 날부터 고산병 예방을 위해 당일 해발고도를 전날 해발고도보다 200m 이상 높일 수 없다.
• 하루에 이동할 수 있는 최대거리로 이동하며, 최단시간의 경우로 트래킹한다.

40 다음 중 총무처의 청량산 트래킹에 대한 설명으로 옳지 않은 것은?

① 트래킹 첫째 날 해발고도는 2,111m이다.

② 트래킹 둘째 날 해발고도는 2,400m보다 낮다.

③ 트래킹 둘째 날과 셋째 날의 이동시간은 서로 같다.

④ 트래킹 셋째 날에 해발고도 2,500m 이상의 높이를 올라갔다.

41 인사처가 청량산에 올라가다가 내려오는 총무부와 만났다면, 다음 중 그날은 언제인가?

① 5월 8일

② 5월 9일

③ 5월 10일

④ 5월 11일

42 다음 수제 초콜릿에 대한 분석 기사를 읽고 〈보기〉에서 설명하는 SWOT 분석에 의한 마케팅 전략을 진행하고자 할 때, 마케팅 전략에 해당되지 않는 것은?

오늘날 식품 시장을 보면 원산지와 성분이 의심스러운 제품들로 넘쳐 납니다. 이로 인해 소비자들은 고급스럽고 안전한 먹거리를 찾고 있습니다. 우리의 수제 초콜릿은 이러한 요구를 완벽하게 충족시켜주고 있습니다. 풍부한 맛, 고급 포장, 모양, 건강상의 혜택, 강력한 스토리텔링 모두 높은 품질을 원하는 소비자들의 요구를 충족시키는 것입니다. 사실 수제 초콜릿을 만드는 데에는 비용이 많이 듭니다. 각종 장비 및 유지 보수에서부터 값비싼 포장과 유통 업체의 높은 수익을 보장해 주다 보면 초콜릿을 생산하는 업체에게 남는 이익은 많지 않습니다. 또한 수제 초콜릿의 존재 자체를 많은 사람들이 알지 못하는 상황입니다. 하지만 좋은 식품에 대한 인기가 높아짐에 따라 더 많은 업체들이 수제 초콜릿을 취급하기를 원하고 있습니다. 따라서 수제 초콜릿은 일반 초콜릿보다 더 높은 가격으로 판매될 수 있을 것입니다. 현재 초콜릿을 대량으로 생산하는 대형 기업들은 자신들의 일반 초콜릿과 수제 초콜릿의 차이를 줄이는 데 최선을 다하고 있습니다. 그리고 직접 맛을 보기 전에는 일반 초콜릿과 수제 초콜릿의 차이를 알 수 없기 때문에 소비자들은 굳이 초콜릿에 더 많은 돈을 지불해야 하는 이유를 알지 못할 수 있습니다. 따라서 수제 초콜릿의 효과적인 마케팅 전략이 필요한 시점입니다.

〈보기〉

• SO전략(강점 – 기회전략) : 강점을 살려 기회를 포착한다.

• ST전략(강점 – 위협전략) : 강점을 살려 위협을 회피한다.

• WO전략(약점 – 기회전략) : 약점을 보완하여 기회를 포착한다.

• WT전략(약점 – 위협전략) : 약점을 보완하여 위협을 회피한다.

① 수제 초콜릿의 값비싸고 과장된 포장을 바꾸고, 그 비용으로 안전하고 맛있는 수제 초콜릿을 홍보하면 어떨까.

② 수제 초콜릿을 고급 포장하여 수제 초콜릿의 스토리텔링을 더 살려보는 것은 어떨까.

③ 수제 초콜릿의 스토리텔링을 포장에 명시한다면 소비자들이 믿고 구매할 수 있을 거야.

④ 수제 초콜릿의 마케팅을 강화하는 방법으로 수제 초콜릿의 차이를 알려 대기업과의 경쟁에서 이겨야겠어.

※ 다음은 H공사에서 시행하는 난방 복지제도인 에너지 바우처에 대한 자료이다. 이어지는 질문에 답하시오.
[43~44]

1. 에너지 바우처란 무엇인가요?
　가. 개념
　　　동계 난방비 지원을 목적으로 난방 에너지원(전기, 가스, 난방, LPG, 등유, 연탄)을 선택 사용할 수 있는
　　　이용권(카드방식)을 에너지 빈곤층에게 지급하여 사용하게 하고 해당 비용을 정부가 사후 정산하는 복지제도
　나. 시행주체 : 산업통상자원부, H공사(전담기관)
　다. 법적근거 : 에너지법, 에너지 및 자원사업특별법
　라. 지원대상 : 생계급여·의료급여 수급자(기준 중위소득 40% 이하)이면서 다음 중 1개 항목에 해당하는 가구
　　　권을 포함하는 가구
　　　- (노인) 2023년 말 기준(1958. 12. 31 이전 출생) 만 65세 이상
　　　- (영유아) 2023년 말 기준(2018. 1. 1 이후 출생) 만 5세 이하
　　　- (장애인) 장애인복지법에 따른 1 ~ 6급 등록 장애인
　마. 지원액 : 가구원수별 차등 지급(동계 지원금액 일시 지원)
　　　※ 지원규모 : 70만 가구(예산 : 1,058억 원)

1등급(1인 가구)	2등급(2인 가구)	3등급(3인 이상 가구)
81천 원/월	102천 원/월	114천 원/월

　바. 해당월분 / 사용기간 : 2023. 12 ~ 2024. 3(4개월분) / 2023. 12 ~ 2024. 3(4개월)
　　　※ 사용기간 경과 후 에너지 바우처(실물카드 및 가상카드) 잔액은 2024년 4월분 전기요금에서 차감 후 정산(2024년 5월
　　　분 이후부터는 차감 중단 및 에너지 바우처 잔액 소멸)
　사. 신청기간 : 2023. 11. 2 ~ 2024. 1. 29(행복e음 시스템 오픈 : 2023. 11. 9)
　　　- 접수처 : 수급자 거주지 읍·면 사무소, 동 주민센터
　　　- 신청서류 : 신분증, 에너지공급사 청구서(가상카드 신청 시) 등
　아. 바우처 카드 유형 및 적용대상(국민행복카드사 : BC, 삼성, 롯데)

구분	실물카드	가상카드
적용대상	① 구매형 에너지(연탄, 등유, LPG) ② 청구형 에너지(전기, 도시가스)로서 개별청구 (단독주택)되고 수급자가 희망하는 경우	① 청구형 에너지로서 개별청구 불가한 경우(아파트) ② 개별청구(단독주택)가 되고 수급자가 희망하는 경우(이동불편, 카드사용 능력이 없는 경우)
카드형태	국민행복카드(플라스틱 재질) - 카드사가 카드발급 가능여부 확인 후 신용카드· 체크카드 발급하며, 신용카드 발급 불가한 경우 무계좌 체크카드(바우처 결제만 가능한 비금융 카드) 발급	플라스틱 형태의 카드 지급 없음 - 결제기능이 없는 이미지 카드 생성 - 카드번호 부여
결제 프로세스	현행 신용카드 포인트 결제방법을 준용한 프로세스 로서 카드사가 카드대금에서 차감 청구한 금액은 국가바우처를 통해 정산하게 됨	현행 복지할인 요금차감 방법을 준용한 프로세스로 서 에너지 공급사가 차감 청구한 금액은 국가바우 처를 통해 정산하게 됨

　　※ 지역난방 및 구역전기사업지구 전기요금은 가상카드만 가능하다.

2. 에너지 바우처를 신청하려면 어떻게 하나요?

(신청·접수) 읍·면사무소, 동 주민센터(행복e음) ⇒ (선정·결정 통지) 시군구 사업팀(행복e음) ⇒ 국민행복카드(에너지 바우처 금액 내재) 발급(카드사 ① 실물카드 배송, ② 가상카드 등록) ⇒ 수급자 사용 및 해당 비용 정산(국가바우처시스템)

※ 보건복지부 복지인프라(행복e음, 국가바우처시스템) 활용

43 올해 72세가 되는 A할머니는 생계급여를 받아 생활하며 손자와 단 둘이 단칸방에 살고 있다. 겨울 추위에 난방비 걱정이 앞서던 와중 매주 집에 찾아와 말동무를 해주는 사회복지사로부터 H공사에서 시행하는 에너지 바우처 제도를 소개받아 신청하게 되었다. 다음 중 옳은 것은?

① 모든 전기요금은 실물카드로 결제 가능하다.

② 2인 가구이므로 102,000원을 지원받는다.

③ 사용기간 경과 후 에너지 바우처 잔액은 다시 신청자에게 돌려준다.

④ A할머니는 생계급여를 받으며, 65세 이상에 해당되지만 함께 사는 손자는 포함되지 않으므로 신청할 수 없다.

44 다음은 A할머니가 2023년 12월부터 2024년 4월까지 사용한 가스비와 전기세를 기록한 표이다. 에너지 바우처 사용기간이 종료되어 소멸되는 에너지 바우처 잔액은 얼마인가?

(단위 : 원)

구분	가스비	전기세
12월	60,000	20,000
1월	85,000	24,000
2월	70,000	21,000
3월	68,000	22,000
4월	40,000	19,000

① 10,000원　　　　　　　　② 15,000원

③ 19,000원　　　　　　　　④ 22,000원

45 다음은 국내 원자력 산업에 대한 SWOT 분석 결과 및 경영전략에 대한 자료이다. 이를 바탕으로 〈보기〉에서 적절하지 않은 것을 모두 고르면?

〈국내 원자력 산업에 대한 SWOT 분석 결과〉

구분	분석 결과
강점(Strength)	• 우수한 원전 운영 기술력 • 축적된 풍부한 수주 실적
약점(Weakness)	• 낮은 원전해체 기술 수준 • 안전에 대한 우려
기회(Opportunity)	• 해외 원전수출 시장의 지속적 확대 • 폭염으로 인한 원전 효율성 및 필요성 부각
위협(Threat)	• 현 정부의 강한 탈원전 정책 기조

〈SWOT 분석에 의한 경영전략〉

• SO전략 : 강점을 살려 기회를 포착하는 전략이다.
• ST전략 : 강점을 살려 위협을 회피하는 전략이다.
• WO전략 : 약점을 보완하여 기회를 포착하는 전략이다.
• WT전략 : 약점을 보완하여 위협을 회피하는 전략이다.

─〈보기〉─

㉠ 뛰어난 원전 기술력을 바탕으로 동유럽 원전수출 시장에서 우위를 점하는 것은 SO전략으로 적절하다.
㉡ 안전성을 제고하여 원전 운영 기술력을 향상시키는 것은 WO전략으로 적절하다.
㉢ 우수한 기술력과 수주 실적을 바탕으로 국내 원전 사업을 확장하는 것은 ST전략으로 적절하다.
㉣ 안전에 대한 우려가 있는 만큼, 안전점검을 강화하고 당분간 정부의 탈원전 정책 기조에 협조하는 것은 WT전략으로 적절하다.

① ㉠, ㉡
② ㉠, ㉢
③ ㉡, ㉢
④ ㉢, ㉣

46 다음 Java 프로그램의 실행 결과는?

```
public class C {
private int a;
public void set(int a) {this.a = a;}
public void add(int d) {a+ = d;}
public void print() {System.out.println(a);}
public static void main(String args[ ]) {
    C p = new C( );
    C q;
    p.set(10);
    q = p;
    p.add(10);
    q.set(30);
    p.print( );
        }
}
```

① 10
② 20
③ 30
④ 4

47 다음 프로그램의 실행 결괏값이 100이 되도록 할 때 빈칸에 들어가야 할 값은?

```
#include 〈studio.h〉

int main( )
{
    int num1;
    int num2=5;

    num1=10−num2;

    num1+=_____;

    printf("%d\n", num1);

    return 0;
}
```

① 80
② 85
③ 95
④ 100

48 다음 운영체제의 구성요소 중 프로세스를 생성, 실행, 중단, 소멸시키는 것은?

① 에디터(Editor)

② 드라이버(Driver)

③ 스케줄러(Scheduler)

④ 스풀러(Spooler)

49 다음 중 매크로의 바로가기 키에 대한 설명으로 옳지 않은 것은?

① 기본적으로 조합키 〈Ctrl〉과 함께 사용할 영문자를 지정한다.

② 바로가기 키 지정 시 영문자를 대문자로 입력하면 조합키는 〈Ctrl〉+〈Shift〉로 변경된다.

③ 바로가기 키로 영문자와 숫자를 함께 지정할 때에는 조합키로 〈Alt〉를 함께 사용해야 한다.

④ 바로가기 키를 지정하지 않아도 매크로를 기록할 수 있다.

50 다음 중 정보검색 연산자에 대한 설명으로 옳은 것은?

① * : 두 단어가 모두 포함된 문서를 검색한다.

② ! : 두 단어가 모두 포함되거나, 두 단어 중에서 하나만 포함된 문서를 검색한다.

③ ~ : 기호 다음에 오는 단어는 포함하지 않는 문서를 검색한다.

④ − : 앞, 뒤의 단어가 가깝게 인접해 있는 문서를 검색한다.

51 다음 중 Windows에 설치된 프린터의 [인쇄 관리자] 창에서 할 수 있는 작업으로 옳지 않은 것은?

① 인쇄 중인 문서도 강제로 종료시킬 수 있다.

② 인쇄 중인 문서를 일시 정지하고 다른 프린터로 출력하도록 할 수 있다.

③ 현재 사용 중인 프린터를 기본 프린터로 설정할 수 있다.

④ 현재 사용 중인 프린터를 공유하도록 설정할 수 있다.

52 다음 순서도에 의해 출력되는 값은 얼마인가?

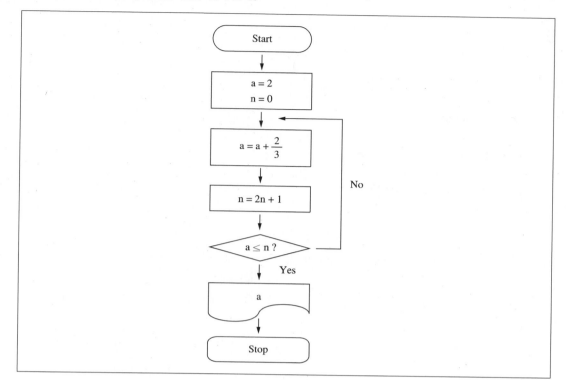

① 6

② $\dfrac{16}{3}$

③ $\dfrac{14}{3}$

④ 4

53 다음 중 그래픽 파일 포맷의 종류가 아닌 것은?

① JPG

② GIF

③ AVI

④ PNG

※ 다음 프로그램의 실행 결과로 옳은 것을 고르시오. [54~56]

54

```
#include <studio.h>

int main( )
{
    int num1;

    num1=1+2;

    printf("%d\n", num1);

    return 0;
}
```

① 3
③ 2

② 1+2
④ num1=1+2

55

```
#include <stdio.h>
int main( ) {
    int i = 1;
    while (i <= 50) {
        if ( i > 30 ) {
            break;
        }
        i = i + i;
    }
    printf( "%d", i);
}
```

① 32
③ 30

② 31
④ 0

56

```
#include <stdio.h>
int main() {
    int num[10] = { 7, 9, 3, 7, 6, 16, 0, 7, 9, 15 };
    int value = 0;
    for (int i = 0; i < 10; i++) {
        if (num[i] % 3 == 0 ) {
            printf("%d", num[i]);
            value++;
        }
    }
    printf("%d", value);
}
```

① 3   ② 4
③ 5   ④ 6

57 다음 프로그램의 실행 결과로 나온 값의 합을 구하면?

```
#include <studio.h>

int main( )
{
    printf("%d\n", 1%3);
    printf("%d\n", 2%3);
    printf("%d\n", 3%3);
    printf("%d\n", 4%3);
    printf("%d\n", 5%3);
    printf("%d\n", 6%3);

    return 0;
}
```

① 3   ② 4
③ 5   ④ 6

58 다음 순서도에 의해 출력되는 값은 얼마인가?

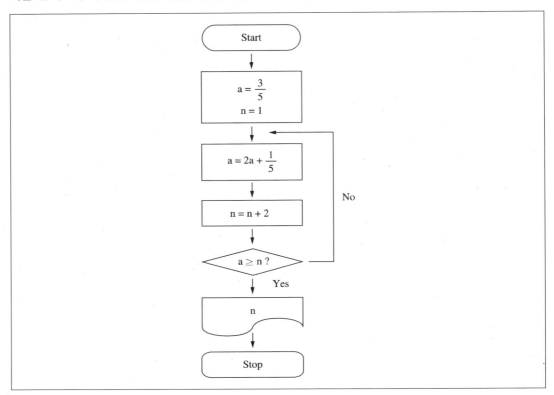

① 5　　　　　　　　　　　　　　② 7

③ 9　　　　　　　　　　　　　　④ 11

59 다음 상황에서 B사원이 제시할 해결 방안으로 옳은 것은?

> A팀장 : 어제 부탁한 보고서 작성은 다 됐나?
> B사원 : 네, 제 컴퓨터의 '문서' 폴더를 공유해 놓았으니 보고서를 내려 받으시면 됩니다.
> A팀장 : 내 컴퓨터의 인터넷은 잘 되는데, 혹시 자네 인터넷이 지금 문제가 있나?
> B사원 : (모니터를 들여다보며) 아닙니다. 잘 되는데요?
> A팀장 : 네트워크 그룹에서 자네의 컴퓨터만 나타나지 않네. 어떻게 해야 하지?

① 공유폴더의 사용권한 수준을 소유자로 지정해야 합니다.
② 화면 보호기를 재설정해야 합니다.
③ 디스크 검사를 실행해야 합니다.
④ 네트워크상의 작업 그룹명을 동일하게 해야 합니다.

60 다음 중 정보화 사회에 대한 설명으로 옳은 것은?

① 정보화 사회에서는 정보의 다양한 특성 중 기술적 실효성이 가장 강조된다.
② 정보화 사회의 심화는 새로운 분야에서 국가 간 갈등을 야기해 세계화를 저해한다.
③ 정보화 사회가 진전됨에 따라 지식과 정보의 증가량 및 변화 속도는 더욱 증가할 것이다.
④ 정보화 사회에서는 체계화된 정보관리주체들이 존재하므로 개인들의 정보관리 필요성이 낮아진다.

| 01 | 경영

61 다음 중 숍 제도에서 기업에 대한 노동조합의 통제력이 강력한 순서대로 나열한 것은?

① 오픈 숍 – 클로즈드 숍 – 유니언 숍
② 클로즈드 숍 – 오픈 숍 – 유니언 숍
③ 유니언 숍 – 오픈 숍 – 클로즈드 숍
④ 클로즈드 숍 – 유니언 숍 – 오픈 숍
⑤ 유니언 숍 – 클로즈드 숍 – 오픈 숍

62 다음 중 제품의 마케팅조사에 있어서 신뢰성에 대한 설명으로 옳지 않은 것은?

① 마케팅 조사의 신뢰도를 측정하는 방법으로 크론바흐 알파계수를 이용하기도 한다.
② 신뢰도를 측정하는 방법으로는 재검사법, 동형 검사법이 있다.
③ 내적 일관성법은 가능한 모든 반분 신뢰도의 평균값으로 신뢰성을 추정하는 방법이다.
④ 신뢰성이란 동일한 조건에서 동일한 대상에게 동일한 개념에 대하여 반복 측정하였을 때 같은 값을 나타내는 정도를 의미한다.
⑤ 체계적인 오차는 측정 도구와 관계없이 측정상황에 따라 발생하는 오차이며, 오차가 적다는 것은 신뢰성이 높다고 볼 수 있다.

63 다음 설명에 해당하는 조직구조로 옳은 것은?

> • 수평적 분화에 중점을 두고 있다.
> • 각자의 전문분야에서 작업능률을 증대시킬 수 있다.
> • 생산, 회계, 인사, 영업, 총무 등의 기능을 나누고 각 기능을 담당할 부서단위로 조직된 구조이다.

① 기능 조직   ② 사업부 조직
③ 매트릭스 조직   ④ 수평적 조직
⑤ 네트워크 조직

64 다음 중 제품 – 시장 매트릭스에서 기존시장에 그대로 머물면서 신제품으로 매출을 늘려 시장점유율을 높여 가는 성장전략은?

① 시장침투 전략　　　　　　　　② 신제품개발 전략

③ 시장개발 전략　　　　　　　　④ 다각화 전략

⑤ 신시장 전략

65 다음 중 노사관계에 대한 설명으로 옳지 않은 것은?

① 좁은 의미의 노사관계는 집단적 노사관계를 의미한다.

② 메인터넌스 숍(Maintenance Shop)은 조합원이 아닌 종업원에게도 노동조합비를 징수하는 제도이다.

③ 우리나라 노동조합의 조직형태는 기업별 노조가 대부분이다.

④ 사용자는 노동조합의 파업에 대응하여 직장을 폐쇄할 수 있다.

⑤ 채용 이후 자동적으로 노동조합에 가입하는 제도는 유니온 숍(Union Shop)이다.

66 다음 중 다른 기업에게 수수료를 받는 대신 자사의 기술이나 상품 사양을 제공하고 그 결과로 생산과 판매를 허용하는 것은?

① 아웃소싱(Outsourcing)

② 합작투자(Joint Venture)

③ 라이선싱(Licensing)

④ 턴키프로젝트(Turn – key Project)

⑤ 그린필드투자(Green Field Investment)

67 다음은 지난 2023년도 H마트의 해당연도에 사업방향성을 나타낸 기사이다. 빈칸에 들어갈 알맞은 용어는?

> H마트는 지난해 학성점(울산), 부평점(인천), 시지점(대구) 그리고 하남과 평택 부지를 매각했다. 그리고 지난달 26일에는 H마트 일산 덕이점을 매각했다. 덕이점은 내년 상반기까지 운영되고 폐점될 예정이다. 이와 같은 _____으로 전국 H마트 점포수는 점점 줄어들고 있다. 2022년 147개였던 H마트는 2023년 145개로 줄었다. 부회장은 "올해 추가로 2~3곳의 오프라인 매장을 정리할 계획"이라고 말한 것을 감안하면 올해 H마트 매장은 143개까지 감소할 전망이다.
> 이에 대해 국내 유통업계는 2가지 해석을 내놓고 있다. 첫 번째는 e커머스 확장을 앞둔 '비용절감' 차원의 오프라인 매장 정리. 신세계는 e커머스 사업 확장을 위한 법인 설립과 주식시장 상장 조건으로 해외 투자업체들에게 약 1조 원의 투자금을 유치했다. 1조 원이 적은 돈이 아니지만, 기존 e커머스 전문 업체들과의 경쟁을 고려하면 충분한 수준은 아니라는 것이 업계의 의견이다. 이 때문에 실적이 부진한 오프라인 업체들을 줄여 경영을 효율화한다는 것이다.

① 다각화(Diversification)
② 시스템화(System)
③ 전략도메인(Domain)
④ 현지화(Localization)
⑤ 다운사이징(Downsizing)

68 다음 중 인사평가제도에서 상대평가에 해당하는 기법은?

① 평정척도법
② 체크리스트법
③ 중요사건기술법
④ 연공형 승진제도
⑤ 강제할당법

69 다음 중 평가센터법에 대한 설명으로 옳지 않은 것은?

① 한 번에 1명의 피평가자를 다수의 평가자들이 평가한다.
② 피평가자들에게 주어지는 조건들은 가급적 동등하며, 보통 피평가자들의 행동을 주로 평가한다.
③ 평가의 기준이 사전에 정해져 있어, 평가자의 주관적 판단을 감소시킨다.
④ 실용성을 최대화하기 위해 평가자와 피평가자가 모두 사전에 철저한 훈련을 받는다.
⑤ 실제로 담당할 직무와 관련성이 높은 행동들 위주로 평가하기 때문에 예측타당성이 큰 편이다.

70 다음 중 채찍효과의 발생 원인으로 옳지 않은 것은?

① 공급망의 단계별로 이루어지는 수요예측

② 일정기간 예상되는 물량에 대한 일괄주문방식

③ 전자 자료 교환(EDI)의 시행

④ 공급을 초과하는 수요에 따른 구매자 간 힘겨루기

⑤ 판매 촉진 행사 등으로 인한 가격 변동

71 다음 중 투자안의 경제성 평가방법에 대한 설명으로 옳은 것은?

① 회계적이익률법은 화폐의 시간적 가치를 고려한다.

② 회수기간법은 회수기간 이후의 현금흐름을 고려한다.

③ 내부수익률법은 평균이익률법이라고도 한다.

④ 순현재가치법에서는 가치의 가산원리가 적용된다.

⑤ 수익성지수법은 수익성지수가 0보다 커야 경제성이 있다.

72 다음 중 JIT(Just In Time) 시스템의 특징으로 옳지 않은 것은?

① 푸시(Push) 방식이다.

② 필요한 만큼의 자재만을 생산한다.

③ 공급자와 긴밀한 관계를 유지한다.

④ 가능한 소량 로트(Lot) 크기를 사용하여 재고를 관리한다.

⑤ 생산지시와 자재이동을 가시적으로 통제하기 위한 방법으로 칸반(Kanban)을 사용한다.

73 다음 중 이자율의 기간구조에 대한 설명으로 옳지 않은 것은?

① 채권금리는 만기가 길수록 금리도 높아지는 우상향의 형태를 취한다.

② 기간에 따라 달라질 수 있는 이자율 사이의 관계를 이자율의 기간구조라고 부른다.

③ 이자율의 기간구조는 흔히 수익률곡선(Yield Curve)으로 나타낸다.

④ 장기이자율이 단기이자율보다 높으면 우하향곡선의 형태를 취한다.

⑤ 장기이자율이 단기이자율과 같다면 수평곡선의 형태를 취한다.

74 다음은 H회사가 2023년 1월 1일 액면발행한 전환사채에 대한 자료이다. 2024년 1월 1일 전환사채 액면금액의 60%에 해당하는 전환사채가 보통주로 전환될 때, 증가하는 주식발행초과금은?[단, 전환사채 발행시점에서 인식한 자본요소(전환권대가) 중 전환된 부분은 주식발행초과금으로 대체하고, 계산금액은 소수점 첫째 자리에서 반올림하며, 단수차이로 인한 오차가 있으면 가장 근사치를 선택한다]

- 액면금액 : ₩100,000
- 2023년 1월 1일 전환권조정 : ₩11,414
- 2023년 12월 31일 전환권조정 상각액 : ₩3,087
- 전환가격 : ₩1,000(보통주 주당 액면금액 ₩500)
- 상환할증금 : 만기에 액면금액의 105.348%

① ₩25,853
② ₩28,213
③ ₩28,644
④ ₩31,853
⑤ ₩36,849

75 다음은 2024년 초 설립한 H회사의 법인세에 대한 자료이다. 이를 참고할 때, H회사의 2024년 법인세는 얼마인가?

- 2024년 세무조정사항
  - 감가상각비한도초과액 : 125,000원
  - 접대비한도초과액 : 60,000원
  - 정기예금 미수이자 : 25,000원
- 2024년 법인세비용차감전순이익 : 490,000원
- 연도별 법인세율은 20%로 일정하다.
- 이연법인세자산(부채)의 실현가능성은 거의 확실하다.

① 85,000원
② 98,000원
③ 105,000원
④ 110,000원
⑤ 122,000원

76 다음 〈보기〉에서 콥 − 더글라스 생산함수에 대한 설명으로 옳은 것을 모두 고르면?

〈보기〉

가. 동차함수(Homogeneous Function)이다.
나. 규모에 대한 수익이 항상 불변이다.
다. CES(Constant Elasticity of Substitution)함수의 일종이다.
라. 생산요소 간의 대체탄력성이 1이다.

① 가, 나
② 가, 라
③ 나, 다
④ 가, 다, 라
⑤ 나, 다, 라

77 다음 중 소비이론에 대한 설명으로 옳지 않은 것은?

① 케인스의 소비함수에 따르면 평균소비성향은 한계소비성향보다 크다.
② 항상소득가설에 따르면 항상소득의 한계소비성향은 일시소득의 한계소비성향보다 작다.
③ 생애주기가설에 따르면 총인구에서 노인층의 비중이 상승하면 국민저축률은 낮아진다.
④ 쿠즈네츠는 장기에는 평균소비성향이 대략 일정하다는 것을 관찰하였다.
⑤ 상대소득가설에 따르면 소득이 감소하여도 소비의 습관성으로 인해 단기적으로 소비는 거의 감소하지 않는다.

78 다음 중 두 상품의 선택모형에서 A소비자의 무차별곡선에 대한 설명으로 옳지 않은 것은?

① 두 상품이 각각 재화(Goods)와 비재화(Bads)인 경우 무차별곡선은 우상향한다.
② 두 상품이 완전대체재인 경우 무차별곡선의 형태는 L자형이다.
③ 서로 다른 두 무차별곡선은 교차하지 않는다.
④ 두 상품이 모두 재화(Goods)인 경우 한계대체율체감의 법칙이 성립하면, 무차별곡선은 원점에 대하여 볼록하다.
⑤ 두 상품이 모두 재화(Goods)인 경우 무차별곡선이 원점으로부터 멀어질수록 무차별곡선이 나타내는 효용수준이 높아진다.

79 다음 중 주가순자산비율(PBR)에 대한 설명으로 옳은 것은?

① 주가를 주당순자산가치(BPS)로 나눈 비율로써 주가와 1주당 순자산가치를 비교한 수치이다.

② 주당순자산가치는 자기자본을 자산으로 나누어 계산한다.

③ 주가순자산비율(PBR)은 재무회계상 주가를 판단하는 기준지표로써 성장성을 보여주는 지표이다.

④ 기업 청산 시 채권자가 배당받을 수 있는 자산의 가치를 의미하며 1을 기준으로 한다.

⑤ 추가순자산비율(PBR)이 1보다 클 경우 순자산보다 주가가 낮게 형성되어 저평가되었다고 판단한다.

80 다음 중 공매도가 미치는 영향으로 옳지 않은 것은?

① 공매도에 따른 채무불이행 리스크가 발생할 수 있다.

② 매도물량이 시장에 공급됨에 따라 시장 유동성이 증대된다.

③ 하락장에서도 수익을 낼 수 있어 수익의 변동성을 조정할 수 있다.

④ 공매도를 통해 기대수익과 기대손실을 자산가격 내에서 운용할 수 있다.

⑤ 주가가 고평가되어 있다고 생각하는 투자자의 의견도 반영할 수 있어 효율성이 증대된다.

81 다음 중 현금 및 현금성자산으로 재무상태표에 표시될 수 없는 것을 〈보기〉에서 모두 고르면?(단, 지분상품은 현금으로 전환이 용이하다)

─────〈보기〉─────

ㄱ. 부채상환을 위해 12개월 이상 사용이 제한된 요구불예금
ㄴ. 사용을 위해 구입한 수입인지와 우표
ㄷ. 상환일이 정해져 있고 취득일로부터 상환일까지 기간이 2년인 회사채
ㄹ. 취득일로부터 1개월 내에 처분할 예정인 상장기업의 보통주
ㅁ. 재취득한 자기지분상품

① ㄱ, ㄴ, ㄹ   ② ㄱ, ㄷ, ㄹ
③ ㄴ, ㄷ, ㅁ   ④ ㄱ, ㄴ, ㄷ, ㅁ
⑤ ㄱ, ㄴ, ㄷ, ㄹ, ㅁ

82 다음 〈보기〉 중 비유동부채에 해당하는 것은 모두 몇 개인가?

┌─────────────────────────〈보기〉─────────────────────────┐
│ A. 매입채무   B. 예수금   │
│ C. 미지급금   D. 장기차입금   │
│ E. 임대보증금   F. 선수수익   │
│ G. 단기차입금   H. 선수금   │
│ I. 장기미지급금   J. 유동성장기부채   │
└──┘

① 1개   ② 3개
③ 5개   ④ 7개
⑤ 10개

83 다음 중 투자부동산에 대한 설명으로 옳지 않은 것은?

① 소유 투자부동산은 최초 인식시점에 원가로 측정한다.
② 투자부동산을 후불조건으로 취득하는 경우의 원가는 취득시점의 현금가격상당액으로 한다.
③ 투자부동산의 평가방법으로 공정가치모형을 선택한 경우, 감가상각을 수행하지 아니한다.
④ 공정가치로 평가하게 될 자가건설 투자부동산의 건설이나 개발이 완료되면 해당일의 공정가치와 기존 장부금액의 차액은 기타포괄손익으로 인식한다.
⑤ 재고자산을 공정가치로 평가하는 투자부동산으로 대체하는 경우, 재고자산의 장부금액과 대체시점의 공정가치의 차액은 당기손익으로 인식한다.

84 다음 중 무형자산의 회계처리에 대한 설명으로 옳은 것은?

① 내용연수가 비한정인 무형자산은 상각한다.
② 제조과정에서 사용된 무형자산의 상각액은 재고자산의 장부금액에 포함하지 않는다.
③ 내용연수가 유한한 경우 상각은 자산을 사용할 수 있는 때부터 시작한다.
④ 최초비용으로 인식한 무형항목에 대한 지출은 그 이후에 무형자산의 원가로 인식할 수 있다.
⑤ 내용연수가 비한정인 무형자산의 내용연수를 유한 내용연수로 변경하는 것은 회계정책의 변경에 해당한다.

85 H회사는 2022년 중 연구개발비를 다음과 같이 지출하였다. H회사는 2023년 말까지 ₩100,000을 추가 지출하고 개발을 완료하였다. 무형자산으로 인식한 개발비(내용연수 10년, 잔존가치 ₩0, 정액법 상각)는 2024년 1월 1일부터 사용이 가능하며, 원가모형을 적용한다. 2023년 말 현재 개발비가 손상징후를 보였으며 회수가능액은 ₩80,000이다. 다음 중 2024년 인식할 개발비 손상차손은?

지출시기	구분	금액	비고
1월 초 ~ 6월 말	연구단계	₩50,000	–
7월 초 ~ 9월 말	개발단계	₩100,000	자산인식요건 미충족함
10월 초 ~ 12월 말	개발단계	₩50,000	자산인식요건 충족함

① ₩50,000

③ ₩53,750

⑤ ₩70,000

② ₩50,500

④ ₩55,000

86 다음 표는 사과와 오렌지만을 생산하는 경제의 연도별 생산 현황이다. 2022년을 기준 연도로 할 때, 2023년의 GDP디플레이터(A)와 물가상승률(B)은 얼마인가?(단, 물가상승률은 GDP디플레이터를 이용하여 구한다)

연도	사과		오렌지	
	가격(원)	생산량(개)	가격(원)	생산량(개)
2021년	50	100	90	40
2022년	60	120	100	60
2023년	70	140	110	80

① A : 76, B : 40.90%

③ A : 116, B : 12.93%

⑤ A : 131, B : 12.93%

② A : 116, B : 24.56%

④ A : 131, B : 24.56%

87 다음은 2023년 설립된 H회사의 재고자산(상품)에 대한 자료이다. 다음 중 H회사의 2023년 재고자산감모손실로 옳은 것은?(단, 재고자산평가손실과 재고자산감모손실은 매출원가에 포함한다)

- 당기매입액 : ₩2,000,000
- 취득원가로 파악한 장부상 기말재고액 : ₩250,000

기말상품	실지재고	단위당 원가	단위당 순실현가능가치
A	800개	₩100	₩120
B	250개	₩180	₩150
C	400개	₩250	₩200

① ₩0

② ₩9,000

③ ₩25,000

④ ₩27,500

⑤ ₩52,500

88 H회사는 정상원가계산을 사용하고 있으며, 직접노무시간을 기준으로 제조간접원가를 예정배부하고 있다. H회사의 2023년도 연간 제조간접원가 예산은 ₩600,000이고, 실제 발생한 제조간접원가는 ₩650,000이다. 2023년도 연간 예정조업도는 20,000시간이고, 실제 직접노무시간은 18,000시간이다. H회사는 제조간접원가 배부차이를 전액 매출원가에서 조정하고 있다. 2023년도 제조간접원가 배부차이조정전 매출총이익이 ₩400,000이라면, 포괄손익계산서에 인식할 매출총이익은?

① ₩290,000

② ₩360,000

③ ₩400,000

④ ₩450,000

⑤ ₩510,000

89 다음 중 빈칸 A, B에 들어갈 용어를 바르게 연결한 것은?

> • ___A___ 은 상품을 구입할 때마다 상품계정에 기록하며, 상품을 판매하는 경우에 판매시점마다 매출액만큼을 수익으로 기록하고, 동시에 상품원가를 매출원가로 기록하는 방법이다.
> • ___B___ 은 기말실사를 통해 기말재고수량을 파악하고, 판매가능수량[(기초재고수량)+(당기매입수량)]에서 실사를 통해 파악된 기말재고수량을 차감하여 매출수량을 결정하는 방법이다.

	A	B
①	기초재고조사법	기말재고조사법
②	계속기록법	기말재고조사법
③	계속기록법	실지재고조사법
④	기초재고조사법	실지재고조사법
⑤	기말재고조사법	실지재고조사법

90 기업의 재무제표는 재무상태표, 포괄손익계산서, 자본변동표, 현금흐름표, 그리고 주석으로 구성된다. 다음 중 현금흐름표에 대한 설명으로 옳지 않은 것은?

① 현금흐름표는 한 회계기간 동안의 현금흐름을 영업활동과 투자활동으로 나누어 보고한다.
② 재화의 판매와 관련한 현금 유입은 영업활동 현금흐름에 해당한다.
③ 유형자산의 취득과 관련한 현금 유출은 투자활동 현금흐름에 해당한다.
④ 영업활동 현금흐름을 표시하는 방식에는 직접법과 간접법 모두 인정된다.
⑤ 직접법은 현금유출입액에 대하여 각각의 원천별로 표시하므로 정보이용자의 이해가능성이 높다.

91 다음 중 최고가격제와 최저가격제에 대한 설명으로 옳은 것은?

① 최고가격을 균형가격 이하로 책정하면 상품의 배분이 비효율적으로 이루어진다.
② 최고가격을 균형가격보다 낮게 책정하면 시장수급에는 아무런 영향을 미치지 못한다.
③ 최저임금제는 미숙련노동자의 취업을 용이하게 만든다.
④ 최저임금제는 시장 균형 임금보다 낮은 수준에서 책정되므로 비자발적 실업이 발생한다.
⑤ 최저임금제를 실시하여 총노동소득이 감소하였다면 이는 노동의 수요곡선이 비탄력적이기 때문이다.

92 다음 중 독점적 경쟁시장의 장기균형에 대한 설명으로 옳지 않은 것은?(단, P는 가격, SAC는 단기평균비용, LAC는 장기평균비용, SMC는 단기한계비용을 의미한다)

① $P=SAC$가 성립한다.

② $P=LAC$가 성립한다.

③ $P=SMC$가 성립한다.

④ 균형생산량은 SAC가 최소화되는 수준보다 작다.

⑤ 기업의 장기 초과이윤은 0이다.

93 다음 중 공공재의 특성에 대한 설명으로 옳은 것은?

① 한 사람의 소비가 다른 사람의 소비를 감소시킨다.

② 소비에 있어서 경합성 및 배제성의 원리가 작용한다.

③ 무임승차의 문제로 과소 생산의 가능성이 있다.

④ 공공재는 민간이 생산, 공급할 수 없다.

⑤ 시장에 맡기면 사회적으로 적절한 수준보다 과대공급될 우려가 있다.

94 다음 〈보기〉 중 국내총생산(GDP) 통계에 대한 설명으로 옳은 것을 모두 고르면?

─〈보기〉─
가. 여가가 주는 만족은 삶의 질에 매우 중요한 영향을 미치므로 GDP에 반영된다.
나. 환경오염으로 파괴된 자연을 치유하기 위해 소요된 지출은 GDP에 포함된다.
다. 우리나라의 지하경제 규모는 엄청나므로 한국은행은 이것을 포함하여 GDP를 측정한다.
라. 가정주부의 가사노동은 GDP에 불포함되지만 가사도우미의 가사노동은 GDP에 포함된다.

① 가, 다   ② 가, 라
③ 나, 다   ④ 나, 라
⑤ 다, 라

95 다음 글에서 설명하는 정책에 대한 내용으로 옳지 않은 것은?

> 중앙은행의 정책으로 금리 인하를 통한 경기부양 효과가 한계에 다다랐을 때 중앙은행이 국채매입 등을 통해 유동성을 시중에 직접 푸는 정책을 뜻한다.

① 경기후퇴를 막음으로써 시장의 자신감을 향상시킨다.
② 디플레이션을 초래할 수 있다.
③ 수출 증대의 효과가 있다.
④ 유동성을 무제한으로 공급하는 것이다.
⑤ 중앙은행은 이율을 낮추지 않고 돈의 흐름을 늘릴 수 있다.

96 다음 중 고전학파의 이자율에 대한 내용으로 옳은 것은?

① 피셔효과로 인해 화폐의 중립성이 성립된다.
② IS－LM 곡선에 의해 균형이자율이 결정된다.
③ 유동성선호가 이자율 결정에 중요한 역할을 한다.
④ 화폐부문과 실물부문의 연결고리 역할을 한다.
⑤ 화폐시장에서 화폐에 대한 수요와 화폐의 공급에 의해 결정된다.

97 고정비용과 가변비용이 존재할 때, 다음 중 생산비용에 대한 설명으로 옳지 않은 것은?

① 평균고정비용(AFC)은 생산량이 증가함에 따라 감소한다.
② 평균가변비용(AVC)이 최저가 되는 생산량에서 평균가변비용은 한계비용과 일치한다.
③ 한계비용이 생산량과 상관없이 일정하면 평균비용도 마찬가지로 일정하다.
④ 평균비용이 증가하는 영역에서는 평균비용이 한계비용보다 작다.
⑤ 한계비용이 증가하더라도 평균비용은 감소할 수 있다.

98 다음 〈보기〉 중 내생적 경제성장이론에 대한 설명으로 옳은 것을 모두 고르면?

─────────〈보기〉─────────
ㄱ. 인적자본의 축적이나 연구개발은 경제성장을 결정하는 중요한 요인이다.
ㄴ. 정부의 개입이 경제성장에 중요한 역할을 한다.
ㄷ. 자본의 한계생산은 체감한다고 가정한다.
ㄹ. 선진국과 후진국 사이의 소득격차가 줄어든다.

① ㄱ, ㄴ ② ㄱ, ㄷ
③ ㄴ, ㄷ ④ ㄴ, ㄹ
⑤ ㄷ, ㄹ

99 정부가 재정적자를 국채의 발행으로 조달할 경우 채권가격의 하락으로 이어져, 시장이자율이 상승하여 투자에 부정적인 영향을 주는 것을 무엇이라고 하는가?

① 피셔방정식 ② 구축효과
③ 유동성함정 ④ 오쿤의 법칙
⑤ 화폐수량설

100 다음 중 수요의 탄력성에 대한 설명으로 옳은 것은?

① 재화가 기펜재라면 수요의 소득탄력성은 양(+)의 값을 갖는다.
② 두 재화가 서로 대체재의 관계에 있다면 수요의 교차탄력성은 음(−)의 값을 갖는다.
③ 우하향하는 직선의 수요곡선상에 위치한 두 점에서 수요의 가격탄력성은 동일하다.
④ 수요의 가격탄력성이 '1'이면 가격변화에 따른 판매총액은 증가한다.
⑤ 수요곡선이 수직선일 때 모든 점에서 수요의 가격탄력성은 '0'이다.

61 다음 중 우리나라의 지방재정조정제도에 대한 설명으로 옳지 않은 것은?

① 지방교부세의 재원은 내국세의 19.24%에 해당하는 금액과 종합부동산세 전액으로 구성된다.

② 중앙정부가 지방자치단체별로 지방교부세를 교부할 때 사용하는 기준지표는 지방재정자립도이다.

③ 지방교부세는 용도가 정해져 있지 않다는 점에서 국고보조금과 다르다.

④ 재정자립도를 산정할 때 지방교부세는 지방자치단체의 의존재원에 속한다.

⑤ 국고보조금은 행정서비스의 구역외 확산에 대처할 수 있지만 지역간 재정력 격차 및 불균형을 심화시키기도 한다.

62 다음 인권선언과 관계된 사건들을 시간 순서대로 바르게 나열한 것은?

① 권리청원 → 마그나 카르타 → 미국의 독립선언 → 프랑스의 인권선언

② 마그나 카르타 → 프랑스의 인권선언 → 연방헌법 → 영국의 권리장전

③ 버지니아 권리장전 → 마그나 카르타 → 프랑스의 인권선언 → 영국의 인신보호법

④ 마그나 카르타 → 영국의 권리장전 → 미국의 독립선언 → 프랑스의 인권선언

⑤ 버지니아 권리장전 → 영국의 인신보호법 → 마그나 카르타 → 프랑스의 인권선언

63 다음 중 한국의 대민 전자정부(G2C 또는 G2B)의 사례가 아닌 것은?

① 민원24

② 국민신문고

③ 전자조달 나라장터

④ 온 – 나라시스템

⑤ 전자통관시스템

64 다음 중 헌법전문에 대한 설명으로 옳지 않은 것은?

① 전문에 선언된 헌법의 기본원리는 헌법해석의 기준이 된다.

② 우리 헌법전문은 헌법제정권력의 소재를 밝힌 전체적 결단으로서 헌법의 본질적 부분을 내포하고 있다.

③ 헌법전문은 당연히 본문과 같은 법적 성질을 내포한다.

④ 헌법전문은 전면 개정을 할 수 없으며 일정한 한계를 갖는다.

⑤ 헌법전문은 모든 법령에 대하여 우월한 효력을 가지고 있다.

65 다음 사례에 대한 설명으로 옳은 것은?(단, 다툼이 있는 경우 판례에 의한다)

> 甲은 관련법령에 따라 공장등록을 하기 위하여 등록신청을 乙에게 위임하였고, 수임인 乙은 등록서류를 위조하여 공장등록을 하였으나 甲은 그 사실을 알지 못하였다. 이후 관할 행정청 A는 위조된 서류에 의한 공장등록임을 이유로 甲에 대해 공장등록을 취소하는 처분을 하였다.

① 관할 행정청 A가 甲에 대해 공장등록을 취소하려면 법적 근거가 있어야 한다.

② 관할 행정청 A는 甲에 대해 공장등록을 취소하면서 甲의 신뢰이익을 고려하지 아니할 수 있다.

③ 甲에 대한 공장등록 취소는 상대방의 귀책사유에 의한 것이므로 관할 행정청 A는 행정절차법상 사전통지 및 의견제출절차를 거치지 않아도 된다.

④ 甲에 대한 공장등록을 취소하면 공장등록이 확정적으로 효력을 상실하게 되므로, 공장등록 취소처분이 위법함을 이유로 그 취소처분을 직권취소하더라도 공장등록이 다시 효력을 발생할 수는 없다.

⑤ 甲의 공장등록을 취소하는 처분에 대해 제소기간이 경과하여 불가쟁력이 발생한 이후에는 관할 행정청 A도 그 취소처분을 직권취소할 수 없다.

66 다음 중 정당에 대한 국고보조금 지급과 관련된 설명으로 옳지 않은 것은?

① 보조금 계상의 기준이 되는 선거는 최근 실시한 임기만료에 의한 '대통령 선거'이다.

② 경상보조금과 선거보조금은 동일 정당의 소속의원으로 교섭단체를 구성하지 못하는 정당으로서 5석 이상의 의석을 가진 정당에 대하여는 100분의 5씩을 배분·지급한다.

③ 경상보조금을 지급받은 정당은 경상보조금 총액의 100분의 10 이상을 시·도당에 배분·지급하여야 한다.

④ 중앙선거관리위원회는 보조금을 지급받은 정당이 보조금에 관한 회계보고를 허위로 한 경우 허위에 해당하는 금액의 2배에 상당하는 금액을 이후 감액하여 지급할 수 있다.

⑤ 보조금을 지급받은 정당이 해산된 경우 정당은 보조금 가운데 잔액이 있는 때에는 이를 중앙선거관리위원회에 반환하여야 한다.

67 다음 중 지방자치제도에 대한 설명으로 옳지 않은 것을 〈보기〉에서 모두 고르면?(단, 다툼이 있는 경우 판례에 의한다)

─〈보기〉─

ㄱ. 자치권이 미치는 관할구역의 범위에는 육지는 물론 바다도 포함되는바 지방자치단체의 영토고권이 인정된다.

ㄴ. 법률에 의한 지방자치단체의 폐치와 분합은 헌법 소원의 대상이 되지만, 반드시 주민투표에 의한 주민의사 확인절차를 거쳐야 하는 것은 아니다.

ㄷ. 지방자치단체의 장의 계속 재임을 3기로 제한함에 있어 폐지나 통합되는 지방자치단체의 장으로 재임한 것까지 포함시키는 것은 해당 기본권 주체의 공무담임권과 평등권을 침해한 것이다.

ㄹ. 조례에 대한 법률의 위임은 법규명령에 대한 법률의 위임과 같이 반드시 구체적으로 범위를 정하여 할 필요가 없으며 포괄적인 것으로 족하지만, 벌칙 규정은 법률의 위임이 필요하다.

ㅁ. 감사원은 지방자치단체의 자치사무에 대해 합법성과 합목적성 감사를 할 수 있으므로 특정한 위법행위가 확인되었거나 위법행위가 있었으리라는 합리적 의심이 가능한 경우에는 사전적·포괄적 감사가 예외적으로 허용된다.

① ㄱ, ㄴ, ㄷ   ② ㄱ, ㄷ, ㅁ

③ ㄱ, ㄹ, ㅁ   ④ ㄴ, ㄷ, ㄹ

⑤ ㄴ, ㄹ, ㅁ

68 다음 중 예산분류 방식의 특징에 대한 설명으로 옳은 것은?

① 기능별 분류는 시민을 위한 분류라고도 하며 행정수반의 재정정책 수립에 도움이 되지 않는다.

② 조직별 분류는 부처 예산의 전모를 파악할 수 있어 지출의 목적이나 예산의 성과 파악이 용이하다.

③ 품목별 분류는 사업의 지출 성과와 결과에 대한 측정이 곤란하다.

④ 경제 성질별 분류는 국민소득, 자본형성 등에 관한 정부활동의 효과를 파악하는 데 한계가 있다.

⑤ 품목별 분류는 예산집행기관의 재량을 확대하는 데 유용하다.

69 다음 중 개방형 인사관리에 대한 설명으로 옳지 않은 것은?

① 충원된 전문가들이 관료집단에서 중요한 역할을 수행하게 한다.

② 개방형은 승진기회의 제약으로, 직무의 폐지는 대개 퇴직으로 이어진다.

③ 정치적 리더십의 요구에 따른 고위층의 조직 장악력 약화를 초래한다.

④ 공직의 침체, 무사안일주의 등 관료제의 병리를 억제한다.

⑤ 민간부문과의 인사교류로 적극적 인사행정이 가능하다.

70 다음 중 무의사결정(Non – Decision Making)에 대한 설명으로 옳지 않은 것은?

① 사회문제에 대한 정책과정이 진행되지 못하도록 막는 행동이다.

② 기득권 세력이 그 권력을 이용해 기존의 이익배분 상태에 대한 변동을 요구하는 것이다.

③ 정책문제 채택과정에서 기존 세력에 도전하는 요구는 정책 문제화하지 않고 억압한다.

④ 변화를 주장하는 사람으로부터 기존에 누리는 혜택을 박탈하거나 새로운 혜택을 제시하여 매수한다.

⑤ 기득권 세력의 특권이나 이익 그리고 가치관이나 신념에 대한 잠재적 또는 현재적 도전을 좌절시키려는 것을 의미한다.

71 다음 중 정책의제의 설정에 영향을 미치는 요인에 대한 설명으로 옳지 않은 것은?

① 일상화된 정책문제보다는 새로운 문제가 더 쉽게 정책의제화된다.

② 정책 이해관계자가 넓게 분포하고 조직화 정도가 낮은 경우에는 정책의제화가 상당히 어렵다.

③ 정책문제가 상대적으로 쉽게 해결될 것으로 인지되는 경우에는 쉽게 정책의제화된다.

④ 국민의 관심 집결도가 높거나 특정 사회 이슈에 대해 정치인의 관심이 큰 경우에는 정책의제화가 쉽게 진행된다.

⑤ 사회 이슈와 관련된 행위자가 많고, 이 문제를 해결하기 위한 정책의 영향이 많은 집단에 영향을 미치거나 정책으로 인한 영향이 중요한 것일 경우 상대적으로 쉽게 정책의제화된다.

72 다음 중 행정의 가치에 대한 설명으로 옳지 않은 것은?

① 능률성(Efficiency)은 일반적으로 '투입에 대한 산출의 비율'로 정의된다.

② 공익에 대한 과정설은 절차적 합리성을 강조하여 적법절차의 준수에 의해서 공익이 보장된다는 입장이다.

③ 가외성의 특성 중 중첩성(Overlapping)은 동일한 기능을 여러 기관들이 독자적인 상태에서 수행하는 것을 뜻한다.

④ 사이먼(Simon)은 합리성을 목표와 행위를 연결하는 기술적·과정적 개념으로 이해하고, 내용적 합리성 (Substantive Rationality)과 절차적 합리성(Procedural Rationality)으로 구분하였다.

⑤ 대응성(Responsiveness)은 행정이 시민의 이익을 반영하고, 그에 반응하는 행정을 수행해야 한다는 것을 뜻한다.

73 다음 중 주인 – 대리인 이론에 대한 설명으로 옳은 것은?

① 관료들이 피규제집단의 입장을 옹호하는 소위 관료포획현상은 역선택의 사례이다.

② 주인 – 대리인 이론은 대리인의 책임성을 확보할 수 있는 방안을 주로 내부통제에서 찾고 있다.

③ 공기업의 민영화는 시장의 경쟁요소를 도입함으로써 역선택을 방지하고자 하는 노력의 일환이다.

④ 정보비대칭을 줄이기 위한 방안으로는 주민참여, 내부고발자 보호제도, 입법예고제도 등이 있다.

⑤ 도덕적 해이는 주인이 대리인의 업무처리 능력과 지식을 충분히 알지 못해 기준 미달의 대리인을 선택하는 현상이다.

74 다음 글의 빈칸 ㉠과 ㉡에 해당하는 용어로 옳은 것은?

> ___㉠___ 은/는 지출이 직접 수입을 수반하는 경비로서 기획재정부장관이 지정하는 것을 의미하며 전통적 예산 원칙 중 ___㉡___ 의 예외에 해당한다.

	㉠	㉡
①	수입금마련경비	통일성의 원칙
②	수입대체경비	통일성의 원칙
③	수입금마련지출	한정성의 원칙
④	수입대체경비	한정성의 원칙
⑤	수입금마련지출	통일성의 원칙

75 다음 중 신공공관리론과 신공공서비스론의 특성에 대한 설명으로 옳지 않은 것은?

① 신공공관리론은 경제적 합리성에 기반하는 반면에 신공공서비스론은 전략적 합리성에 기반한다.

② 신공공관리론은 기업가 정신을 강조하는 반면에 신공공서비스론은 사회적 기여와 봉사를 강조한다.

③ 신공공관리론의 대상이 고객이라면 신공공서비스론의 대상은 시민이다.

④ 신공공서비스론이 신공공관리론보다 지역공동체 활성화에 더 적합한 이론이다.

⑤ 신공공관리론이 신공공서비스론보다 행정책임의 복잡성을 중시하며 행정재량권을 강조한다.

76 다음 중 빈칸에 공통으로 들어갈 용어로 옳은 것은?

> • _____은 밀러(Gerald J. Miller)가 비합리적 의사결정 모형을 예산에 적용하여 1991년에 개발한 예산이론 (모형)이다.
> • _____은 독립적인 조직들이나 조직의 하위단위들이 서로 느슨하게 연결되어 독립성과 자율성을 누릴 수 있는 조직의 예산결정에 적합한 예산이론(모형)이다.

① 모호성 모형
② 단절적 균형 이론
③ 다중합리성 모형
④ 쓰레기통 모형
⑤ 무의사결정론

77 다음 중 예산제도에 대한 설명으로 옳지 않은 것은?

① 계획 예산제도(PPBS)는 기획, 사업구조화, 그리고 예산을 연계시킨 시스템적 예산제도이다.
② 계획 예산제도(PPBS)의 단점으로는 의사결정이 지나치게 집권화되고 전문화되어 외부통제가 어렵다는 점과 대중적인 이해가 쉽지 않아 정치적 실현가능성이 낮다는 점이 있다.
③ 품목별 예산제도(LIBS)는 정부의 지출을 체계적으로 구조화한 최초의 예산제도로서 지출대상별 통제를 용이하게 할 뿐 아니라 지출에 대한 근거를 요구하고 확인할 수 있다.
④ 성과 예산제도(PBS)는 사업별, 활동별로 예산을 편성하고, 성과평가를 통하여 행정통제를 합리화할 수 있다.
⑤ 품목별 예산제도(LIBS)는 왜 돈을 지출해야 하는지, 무슨 일을 하는지에 대하여 구체적인 정보를 제공하는 장점이 있다.

78 다음 근무성적평정의 오류 중 강제배분법으로 방지할 수 있는 것을 〈보기〉에서 모두 고르면?

─〈보기〉─
ㄱ. 첫머리 효과 　　　　　　　　 ㄴ. 집중화 경향
ㄷ. 엄격화 경향 　　　　　　　　 ㄹ. 선입견에 의한 오류

① ㄱ, ㄴ
② ㄱ, ㄷ
③ ㄴ, ㄷ
④ ㄴ, ㄹ
⑤ ㄷ, ㄹ

79 다음 중 직위분류제와 관련된 개념들에 대한 설명으로 옳지 않은 것은?

① 직위 : 한 사람의 근무를 요하는 직무와 책임이다.

② 직급 : 직위에 포함된 직무의 성질 및 난이도, 책임의 정도가 유사해 채용과 보수 등에서 동일하게 다룰 수 있는 직위의 집단이다.

③ 직렬 : 직무의 종류는 유사하나 난이도와 책임수준이 다른 직급 계열이다.

④ 직류 : 동일 직렬 내에서 담당 직책이 유사한 직무군이다.

⑤ 직군 : 직무의 종류는 다르지만 직무 수행의 책임도와 자격 요건이 상당히 유사해 동일한 보수를 지급할 수 있는 직위의 집단군이다.

80 정책을 규제정책, 분배정책, 재분배정책, 추출정책으로 분류할 때 저소득층을 위한 근로장려금 제도는 어느 정책으로 분류하는 것이 타당한가?

① 규제정책
② 분배정책
③ 재분배정책
④ 추출정책
⑤ 구성정책

81 다음 글에서 설명하는 이론으로 옳은 것은?

경제학적인 분석도구를 관료 행태, 투표자 행태, 정당정치, 이익집단 등의 비시장적 분석에 적용함으로써 공공서비스의 효율적 공급을 위한 제도적 장치를 탐색한다.

① 과학적 관리론
② 공공선택론
③ 행태론
④ 발전행정론
⑤ 현상학

82 다음 중 대표관료제에 대한 설명으로 옳지 않은 것은?

① 대표관료제는 정부관료제가 그 사회의 인적 구성을 반영하도록 구성함으로써 관료제 내에 민주적 가치를 반영시키려는 의도에서 발달하였다.

② 크랜츠(Kranz)는 대표관료제의 개념을 비례대표로까지 확대하여 관료제 내의 출신 집단별 구성 비율이 총인구 구성 비율과 일치해야 할 뿐만 아니라 나아가 관료제 내의 모든 직무 분야와 계급의 구성 비율까지도 총인구 비율에 상응하게 분포되어 있어야 한다고 주장한다.

③ 대표관료제의 장점은 사회의 인구 구성적 특징을 반영하는 소극적 측면의 확보를 통해서 관료들이 출신 집단의 이익을 위해 적극적으로 행동하는 적극적인 측면을 자동적으로 확보하는 데 있다.

④ 대표관료제는 할당제를 강요하는 결과를 초래해 현대 인사행정의 기본 원칙인 실적주의를 훼손하고 행정 능률을 저해할 수 있다는 비판을 받는다.

⑤ 우리나라의 양성평등채용목표제나 지역인재추천채용제는 관료제의 대표성을 제고하기 위해 도입된 제도로 볼 수 있다.

83 다음 〈보기〉 중 역량평가제에 대한 설명으로 옳은 것을 모두 고르면?

─────〈보기〉─────

ㄱ. 일종의 사전적 검증장치로 단순한 근무실적 수준을 넘어 공무원에게 요구되는 해당 업무 수행을 위한 충분한 능력을 보유하고 있는지에 대한 평가를 목적으로 한다.

ㄴ. 근무실적과 직무수행능력을 대상으로 정기적으로 이루어지며, 그 결과는 승진과 성과급 지급, 보직관리 등에 활용된다.

ㄷ. 조직 구성원으로 하여금 조직 내외의 모든 사람과 원활한 인간관계를 증진시키려는 강한 동기를 부여함으로써 업무 수행의 효율성을 제고할 수 있다.

ㄹ. 다양한 평가기법을 활용하여 실제 업무와 유사한 모의상황에서 나타나는 평가 대상자의 행동 특성을 다수의 평가자가 평가하는 체계이다.

ㅁ. 미래 행동에 대한 잠재력을 측정하는 것이며 성과에 대한 외부변수를 통제함으로써 객관적 평가가 가능하다.

① ㄱ, ㄴ, ㄷ   ② ㄱ, ㄹ, ㅁ

③ ㄴ, ㄷ, ㄹ   ④ ㄴ, ㄹ, ㅁ

⑤ ㄷ, ㄹ, ㅁ

84 다음 중 행정법상 행정작용에 대한 설명으로 옳지 않은 것은?

① 기속행위는 행정주체에 대하여 재량의 여지를 주지 않고 그 법규를 집행하도록 하는 행정행위를 말한다.

② 특정인에게 새로운 권리나 포괄적 법률관계를 설정해주는 특허는 형성적 행정행위이다.

③ 의사표시 이외의 정신작용 등의 표시를 요소로 하는 행위는 준법률행위적 행정행위이다.

④ 개인에게 일정한 작위의무를 부과하는 하명은 형성적 행정행위이다.

⑤ 특정한 사실 또는 법률관계의 존재를 공적으로 증명하는 공증은 준법률행위적 행정행위이다.

85 다음 중 동기부여이론에 대한 설명으로 옳지 않은 것은?

① 매슬로(Maslow)의 욕구계층론에 의하면 인간의 욕구는 생리적 욕구, 안전 욕구, 사회적 욕구, 존중 욕구, 자기실현 욕구의 5개로 나누어져 있으며, 하위계층의 욕구가 충족되어야 상위계층의 욕구가 나타난다.

② 허즈버그(Herzberg)의 동기 – 위생이론에 따르면 욕구가 충족되었다고 해서 모두 동기부여로 이어지는 것이 아니고, 어떤 욕구는 충족되어도 단순히 불만을 예방하는 효과 밖에 없다. 이러한 불만 예방효과만 가져오는 요인을 위생요인이라고 설명한다.

③ 애덤스(Adams)의 형평성이론에 의하면 인간은 자신의 투입에 대한 산출의 비율이 비교 대상의 투입에 대한 산출의 비율보다 크거나 작다고 지각하면 불형평성을 느끼게 되고, 이에 따른 심리적 불균형을 해소하기 위하여 형평성 추구의 행동을 작동시키는 동기가 유발된다고 본다.

④ 앨더퍼(Alderfer)는 매슬로(Maslow)의 욕구계층론을 받아들여 한 계층의 욕구가 만족되어야 다음 계층의 욕구를 중요시한다고 본다. 그리고 이에 더하여 한 계층의 욕구가 충분히 채워지지 않는 상태에서는 바로 하위 욕구의 중요성이 훨씬 커진다고 주장한다.

⑤ 브룸(Vroom)의 기대이론에 의하면 동기의 정도는 노력을 통해 얻게 될 중요한 산출물인 목표달성, 보상, 만족에 대한 주관적 믿음에 의하여 결정되는데, 특히 성과와 보상 간의 관계에 대한 인식인 기대치의 정도가 동기부여의 주요한 요인이다.

86 다음 글의 내용을 특징으로 하는 리더십의 유형으로 옳은 것은?

> • 추종자의 성숙단계에 따라 효율적인 리더십 스타일이 달라진다.
> • 리더십은 개인의 속성이나 행태뿐만 아니라 환경의 영향을 받는다.
> • 가장 유리하거나 가장 불리한 조건에서는 과업 중심적 리더십이 효과적이다.

① 변혁적 리더십　　　　　　　② 거래적 리더십
③ 카리스마적 리더십　　　　　④ 상황론적 리더십
⑤ 서번트 리더십

87 다음 중 성과주의 예산제도에 대한 설명으로 옳지 않은 것은?

① 정부가 무슨 일을 하느냐에 중점을 두는 제도이다.

② 기능별 예산제도 또는 활동별 예산제도라고 부르기도 한다.

③ 관리지향성을 지니며 예산관리를 포함하는 행정관리작용의 능률화를 지향한다.

④ 예산관리기능의 집권화를 추구한다.

⑤ 정부사업에 대한 회계책임을 묻는 데 유용하다.

88 다음 중 근무성적평정에 대한 설명으로 옳지 않은 것은?

① 정부의 근무성적평정방법은 다원화되어 있으며, 상황에 따라 신축적인 운영이 가능하다.

② 원칙적으로 5급 이상 공무원을 대상으로 하며 평가대상 공무원과 평가자가 체결한 성과계약에 따른 성과목표 달성도 등을 평가한다.

③ 행태기준척도법은 평정의 임의성과 주관성을 배제하기 위하여 도표식평정척도법에 중요사건기록법을 가미한 방식이다.

④ 다면평가는 보다 공정하고 객관적인 평정이 가능하게 하며, 평정결과에 대한 당사자들의 승복을 받아내기 쉽다.

⑤ 어느 하나의 평정요소에 대한 평정자의 판단이 다른 평정요소의 평정에 영향을 미치는 현상을 연쇄적 착오라 한다.

89 헌법을 결단주의에 입각하여 국가의 근본상황에 대하여 헌법제정권자가 내린 근본적 결단이라고 한 사람은?

① 오펜하이머(Oppenheimer)

② 칼 슈미트(C. Schmitt)

③ 안슈츠(Anschut)

④ 시에예스(Sieyes)

⑤ 바르톨루스(Bartolus)

90 외부환경의 불확실성에 대응하는 조직구조상의 특징에 따라 기계적 조직과 유기적 조직으로 구분하는 경우에, 〈보기〉 중 유기적 조직의 특성에 해당하는 것을 모두 고르면?

┌─────────────────────────〈보기〉─────────────────────────┐
ㄱ. 넓은 직무범위   ㄴ. 분명한 책임관계
ㄷ. 몰인간적 대면관계   ㄹ. 다원화된 의사소통채널
ㅁ. 높은 공식화 수준   ㅂ. 모호한 책임관계
└───┘

① ㄱ, ㄹ, ㅂ   ② ㄱ, ㅁ, ㅂ
③ ㄴ, ㄷ, ㅁ   ④ ㄴ, ㄹ, ㅁ
⑤ ㄷ, ㅁ, ㅂ

91 다음 중 지방자치법에서 규정하고 있는 지방의회의 권한으로 옳지 않은 것은?

① 지방자치단체장에 대한 주민투표실시 청구권
② 지방의회 의장에 대한 불신임 의결권
③ 행정사무감사 및 조사권
④ 외국 지방자치단체와의 교류협력에 관한 사항
⑤ 소속의원의 사직허가

92 다음 중 미국 행정학의 특징을 시대적 순서대로 바르게 나열한 것은?

┌───┐
ㄱ. 가치 중립적인 관리론보다는 민주적 가치 규범에 입각한 정책연구를 지향한다.
ㄴ. 행정학은 이론과 법칙을 정립하는 데 목적을 두어야 하며 사실판단의 문제를 연구대상으로 삼아야 한다.
ㄷ. 과업별로 가장 효율적인 표준시간과 동작을 정해서 수행할 필요가 있다.
ㄹ. 정부는 공공재의 생산·공급자이며 국민을 만족시킬 수 있는 최선의 제도적 장치를 설계해야 한다.
ㅁ. 조직 구성원의 생산성은 조직의 관리통제보다는 조직 구성원 간의 관계에 더 많은 영향을 받는다.
└───┘

① ㄴ - ㄷ - ㄱ - ㄹ - ㅁ   ② ㄴ - ㄷ - ㅁ - ㄱ - ㄹ
③ ㄷ - ㅁ - ㄱ - ㄹ - ㄴ   ④ ㄷ - ㅁ - ㄴ - ㄱ - ㄹ
⑤ ㄷ - ㅁ - ㄴ - ㄹ - ㄱ

93 다음 글에 대한 설명으로 옳지 않은 것은?(단, 다툼이 있는 경우 판례에 의한다)

> 甲은 녹지지역의 용적률 제한을 충족하지 못한다는 점을 숨기고 마치 그 제한을 충족하는 것처럼 가장하여 관할 행정청 A에게 건축허가를 신청하였고, A는 사실관계에 대하여 명확한 확인을 하지 아니한채 甲에게 건축허가를 하였다. 그 후 A는 甲의 건축허가신청이 위와 같은 제한을 충족하지 못한다는 사실을 알게 되자 甲에 대한 건축허가를 직권으로 취소하였다.

① A의 건축허가취소는 강학상 철회가 아니라 직권취소에 해당한다.

② 甲이 건축허가에 관한 자신의 신뢰이익을 원용하는 것은 허용되지 아니한다.

③ 건축관계법령상 명문의 취소근거규정이 없다고 하더라도 그 점만을 이유로 A의 건축허가 취소가 위법하게 되는 것은 아니다.

④ 만약 甲으로부터 건축허가신청을 위임받은 乙이 건축허가를 신청한 경우라면, 사실은폐나 기타 사위의 방법에 의한 건축허가 신청행위가 있었는지 여부는 甲과 乙 모두를 기준으로 판단하여야 한다.

⑤ A는 甲의 신청내용에 구애받지 아니하고 조사 및 검토를 거쳐 관련 법령에 정한 기준에 따라 허가조건의 충족 여부를 제대로 따져 허가 여부를 결정하여야 함에도 불구하고 자신의 잘못으로 건축허가를 한 것이므로 A의 건축허가 취소는 위법하다.

94 다음 중 롤스(J. Rawls)의 사회정의의 원리와 거리가 먼 것은?

① 원초상태(Original Position)하에서 합의되는 일련의 법칙이 곧 사회정의의 원칙으로서 계약 당사자들의 사회협동체를 규제하게 된다.

② 정의의 제1원리는 기본적 자유의 평등원리로서, 모든 사람은 다른 사람의 유사한 자유와 상충되지 않는 한도 내에서 최대한의 기본적 자유에의 평등한 권리를 인정하는 것이다.

③ 정의의 제2원리의 하나인 '차등원리(Difference Principle)'는 가장 불우한 사람들의 편익을 최대화해야 한다는 원리이다.

④ 정의의 제2원리의 하나인 '기회균등의 원리'는 사회·경제적 불평등은 그 모체가 되는 모든 직무와 지위에 대한 기회 균등이 공정하게 이루어진 조건하에서 직무나 지위에 부수해 존재해야 한다는 원리이다.

⑤ 정의의 제1원리가 제2원리에 우선하고, 제2원리 중에서는 '차등원리'가 '기회균등의 원리'에 우선되어야 한다.

95 다음 중 행정학의 접근방법에 대한 설명으로 옳은 것은?

① 신공공관리론은 기업경영의 원리와 기법을 그대로 정부에 이식하려고 한다는 비판을 받는다.

② 신공공서비스론은 정부와 민간부문의 협력적 활동을 강조하며, 민영화와 민간위탁을 주장하였다.

③ 법률적·제도론적 접근방법은 공식적 제도나 법률에 기반을 두고 있기 때문에 제도 이면에 존재하는 행정의 동태적 측면을 체계적으로 파악할 수 있다.

④ 행태론적 접근방법은 후진국의 행정현상을 설명하는 데 크게 기여했으며, 행정의 보편적 이론보다는 중범위이론의 구축에 자극을 주어 행정학의 과학화에 기여했다.

⑤ 합리적 선택 신제도주의는 방법론적 전체주의에, 사회학적 신제도주의는 방법론적 개체주의에 기반을 두고 있다.

96 다음 글의 빈칸에 공통으로 들어갈 용어로 옳은 것은?

> _____은/는 정부업무, 업무수행에 필요한 데이터, 업무를 지원하는 응용서비스 요소, 데이터와 응용시스템의 실행에 필요한 정보기술, 보안 등의 관계를 구조적으로 연계한 체계로서 정보자원관리의 핵심수단이다.
> _____은/는 정부의 정보시스템 간의 상호 운용성 강화, 정보자원 중복투자 방지, 정보화 예산의 투자효율성 제고 등에 기여한다.

① 블록체인 네트워크　　　　　　　② 정보기술 아키텍처

③ 제3의 플랫폼　　　　　　　　　④ 클라우드 – 클라이언트 아키텍처

⑤ 스마트워크센터

97 다음 중 행정상 정보공개에 대한 설명으로 옳은 것은?(단, 다툼이 있는 경우 판례에 의한다)

① 국회는 공공기관의 정보공개에 관한 법률상 공공기관에 해당하지만 동법이 적용되는 것이 아니라 국회정보공개규칙이 적용된다.

② 국내에 일정한 주소를 두고 있는 외국인은 오로지 상대방을 괴롭힐 목적으로 정보공개를 구하고 있다는 등의 특별한 사정이 없는 한 한국방송공사(KBS)에 대하여 정보공개를 청구할 수 있다.

③ 독립유공자서훈 공적심사위원회의 심의·의결과정 및 그 내용을 기재한 회의록은 독립유공자 등록에 관한 신청당사자의 알 권리 보장과 공정한 업무수행을 위해서 공개되어야 한다.

④ 정보공개에 관한 정책 수립 및 제도 개선에 관한 사항을 심의·조정하기 위하여 국무총리 소속으로 정보공개위원회를 둔다.

⑤ 행정안전부장관은 정보공개에 관하여 필요할 경우에 국회사무총장에게 정보공개 처리 실태의 개선을 권고할 수 있고 전년도의 정보공개 운영에 관한 보고서를 매년 국정감사 시작 30일 전까지 국회에 제출하여야 한다.

98 다음 중 정책결정 모형에 대한 설명으로 옳지 않은 것은?

① 합리 모형에서 말하는 합리성은 정치적 합리성을 의미한다.

② 혼합 모형은 점증모형의 단점을 합리모형과의 통합으로 보완하려는 시도이다.

③ 사이먼(Simon)은 결정자의 인지능력의 한계, 결정상황의 불확실성 및 시간의 제약 때문에 결정은 제한적 합리성의 조건하에 이루어지게 된다고 주장한다.

④ 점증 모형은 이상적이고 규범적인 합리모형과는 대조적으로 실제의 결정상황에 기초한 현실적이고 기술적인 모형이다.

⑤ 쓰레기통 모형에서 가정하는 결정상황은 불확실성과 혼란이 심한 상태로 정상적인 권위구조와 결정규칙이 작동하지 않는 경우이다.

99 다음 중 행정쟁송의 제소기간에 대한 설명으로 옳지 않은 것은?(단, 다툼이 있는 경우 판례에 의한다)

① 제소기간의 요건은 처분의 상대방이 소송을 제기하는 경우는 물론이고 법률상 이익이 침해된 제3자가 소송을 제기하는 경우에도 적용된다.

② 부작위위법확인의 소는 부작위상태가 계속되는 한 그 위법의 확인을 구할 이익이 있다고 보아야 하므로 제소기간의 제한이 없음이 원칙이나 행정심판 등 전심절차를 거친 경우에는 제소기간의 제한이 있다.

③ 당사자가 적법한 제소기간 내에 부작위위법확인의 소를 제기한 후 동일한 신청에 대하여 소극적 처분이 있다고 보아 처분취소소송으로 소를 교환적으로 변경한 후 부작위위법확인의 소를 추가적으로 병합한 경우 제소기간을 준수한 것으로 볼 수 있다.

④ 소극적 처분과 부작위에 대한 의무이행심판은 처분이 있음을 알게 된 날부터 90일 이내에 청구하여야 한다.

⑤ 행정처분의 당연무효를 선언하는 의미에서 그 취소를 구하는 행정소송을 제기하는 경우에는 취소소송의 제소기간을 준수하여야 한다.

100 다음 중 대집행에 대한 설명으로 옳은 것을 〈보기〉에서 모두 고르면?(단, 다툼이 있는 경우 판례에 의한다)

―――――――――〈보기〉―――――――――
ㄱ. 대집행을 통한 건물철거의 경우 건물의 점유자가 철거의무자인 때에는 부수적으로 건물의 점유자에 대한 퇴거조치를 할 수 있다.

ㄴ. 대집행에 의한 건물철거 시 점유자들이 위력을 행사하여 방해하는 경우라도 경찰의 도움을 받을 수 없다.

ㄷ. 대집행 시에 대집행계고서에 대집행의 대상물 등 대집행 내용이 특정되지 않으면 다른 문서나 기타 사정을 종합하여 특정될 수 있다 하더라도 그 대집행은 위법하다.

ㄹ. 한 장의 문서에 철거명령과 계고처분을 동시에 기재하여 처분할 수 있다.

① ㄱ, ㄴ   ② ㄱ, ㄹ

③ ㄴ, ㄷ   ④ ㄴ, ㄹ

⑤ ㄷ, ㄹ

61 빙산의 부피가 V, 비중이 0.92이고, 바닷물의 비중은 1.025라 할 때, 바닷물 속에 잠겨있는 빙산의 부피는?

① $1.1V$

② $0.9V$

③ $0.8V$

④ $0.7V$

⑤ $0.6V$

62 다음과 같은 집중호우가 자기기록지에 기록되었다. 지속기간 20분 동안의 최대강우강도는?

시간	5분	10분	15분	20분	25분	30분	35분	40분
누가우량	2mm	5mm	10mm	20mm	35mm	40mm	43mm	45mm

① 95mm/h

② 105mm/h

③ 115mm/h

④ 135mm/h

⑤ 145mm/h

63 흐트러지지 않은 시료를 이용하여 액성한계 40%, 소성한계 22.3%를 얻었다. Terzaghi와 Peck이 발표한 경험식에 의해 정규압밀 점토의 압축지수 C_c 값을 구하면?

① 0.25

② 0.27

③ 0.30

④ 0.35

⑤ 0.40

64 강도설계법으로 휨부재를 해설할 때, 고정하중 모멘트 10kN·m, 활하중 모멘트 20kN·m가 생긴다면 계수 모멘트(M_u)는?

① 36kN·m

② 38kN·m

③ 40kN·m

④ 44kN·m

⑤ 48kN·m

65 항만을 설계하기 위해 관측한 불규칙 파랑의 주기 및 파고가 다음 자료와 같을 때, 유의파고 $H_{1/3}$은?

연번	파고(m)	주기(s)
1	9.5	9.8
2	8.9	9.0
3	7.4	8.0
4	7.3	7.4
5	6.5	7.5
6	5.8	6.5
7	4.2	6.2
8	3.3	4.3
9	3.2	5.6

① 9.0m

② 8.6m

③ 8.2m

④ 7.4m

⑤ 6.2m

66 어느 소유역의 면적이 20ha이고, 유수의 도달시간이 5분이다. 강수자료의 해석으로부터 얻어진 이 지역의 강우강도식이 다음과 같을 때, 합리식에 의한 홍수량은?(단, 유역의 평균유출계수는 0.6이다)

$$\text{강우강도식 } I = \frac{6,000}{(t+35)} \text{ (단, } t \text{는 강우지속시간이다)}$$

① 18.0m³/s

② 5.0m³/s

③ 1.8m³/s

④ 0.5m³/s

⑤ 0.2m³/s

67 폭이 넓은 하천에서 수심이 2m이고, 경사가 $\dfrac{1}{200}$인 흐름의 소류력(Tractive Force)은?

① 98N/m²

② 149N/m²

③ 196N/m²

④ 294N/m²

⑤ 388N/m²

68 면적 10km²인 저수지의 수면으로부터 2m 위에서 측정된 대기의 평균온도가 25℃이고, 상대습도가 65%, 풍속이 4m/s일 때, 증발률은 1.44mm/일이었다. 다음 중 저수지 수면에서의 일 증발량은?

① 2,360m³/일

② 3,600m³/일

③ 7,200m³/일

④ 14,400m³/일

⑤ 18,600m³/일

69 티센 다각형(Thiessen Polygon)에서 각각의 면적이 20km², 30km², 50km²이고, 이에 대응하는 강우량은 각각 40mm, 30mm, 20mm이다. 다음 중 이 지역의 면적 평균강우량 P는?

① 25mm

② 27mm

③ 30mm

④ 32mm

⑤ 35mm

70 다음 중 DAD(Depth – Area – Duration) 해석에 대한 설명으로 옳은 것은?

① 최대 평균 우량깊이, 유역면적, 강우강도와의 관계를 수립하는 작업이다.

② 유역면적을 대수축에 최대 평균 강우량을 산술축에 표시한다.

③ DAD 해석 시 상대 습도 자료가 필요하다.

④ 유역면적과 증발산량과의 관계를 알 수 있다.

⑤ 일반적으로 강수의 계속시간이 짧을수록 또는 지역의 면적이 클수록 평균 유량의 최대치는 커진다.

71 폭(b_w)이 400mm, 유효깊이(d)가 500mm인 단철근 직사각형보 단면에서, 강도설계법에 의한 균형철근량은 약 얼마인가?(단, $f_{ck}=35\text{MPa}$, $f_y=400\text{MPa}$이다)

① 6,135mm²   ② 6,623mm²

③ 7,149mm²   ④ 7,841mm²

⑤ 8,243mm²

72 평균지름 $d=1,200\text{mm}$, 벽두께 $t=6\text{mm}$를 갖는 긴 강제 수도관이 $P=10\text{kg/cm}^2$의 내압을 받고 있다. 이 관벽 속에 발생하는 원환응력 σ의 크기는?

① 16.6kg/cm²   ② 450kg/cm²

③ 900kg/cm²   ④ 1,000kg/cm²

⑤ 1,200kg/cm²

73 연속 휨 부재에 대한 해석 중에서 현행 콘크리트 구조기준에 따라 부모멘트를 증가 또는 감소시키면서 재분배할 수 있는 경우는?

① 근사해법에 의해 휨 모멘트를 계산한 경우
② 하중을 적용하여 탄성이론에 의하여 산정한 경우
③ 2방향 슬래브 시스템의 직접설계법을 적용하여 계산한 경우
④ 2방향 슬래브 시스템을 등가골조법으로 해석한 경우
⑤ 경간 내 단면에 대해 수정된 부모멘트를 사용하지 않은 경우

74 단순보의 A단에 작용하는 모멘트를 M_A라고 할 때, 다음 중 처짐각 θ_B는?(단, EI는 일정하다)

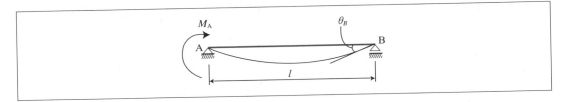

① $\dfrac{M_A l}{3EI}$

② $\dfrac{M_A l}{4EI}$

③ $\dfrac{M_A l}{5EI}$

④ $\dfrac{M_A l}{6EI}$

⑤ $\dfrac{M_A l}{7EI}$

75 다음 중 지름이 d인 원형 단면의 회전반경은?

① $\dfrac{d}{4}$

② $\dfrac{d}{3}$

③ $\dfrac{d}{2}$

④ $\dfrac{d}{8}$

⑤ $\dfrac{d}{6}$

76 길이가 10m이고 단면이 25mm×45mm인 직사각형 단면을 가진 양단 고정인 장주의 중심축에 하중이 작용할 때, 좌굴응력은 약 얼마인가?(단, $E=2.1\times10^5$이다)

① 3.512MPa

② 4.318MPa

③ 5.177MPa

④ 6.722MPa

⑤ 7.284MPa

77 탄성계수 $E = 2.1 \times 10^6 \, \text{kg/cm}^2$ 이고 푸아송비 $v = 0.25$일 때, 전단 탄성계수의 값은 얼마인가?

① $8.4 \times 10^5 \, \text{kg/cm}^2$ ② $10.5 \times 10^5 \, \text{kg/cm}^2$

③ $16.8 \times 10^5 \, \text{kg/cm}^2$ ④ $21.0 \times 10^5 \, \text{kg/cm}^2$

⑤ $23.6 \times 10^5 \, \text{kg/cm}^2$

78 다음과 같은 단순보에서 최대 휨모멘트가 발생하는 위치는?(단, A점을 기준으로 한다)

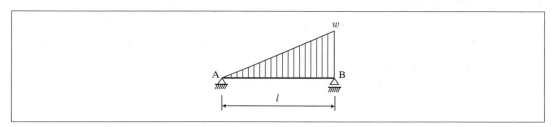

① $\dfrac{2}{3} l$ ② $\dfrac{1}{\sqrt{3}} l$

③ $\dfrac{1}{\sqrt{2}} l$ ④ $\dfrac{2}{\sqrt{5}} l$

⑤ $\dfrac{2}{\sqrt{2}} l$

79 강우계의 관측분포가 균일한 평야지역의 작은 유역에 발생한 강우에 적합한 유역 평균 강우량 산정법은?

① Thiessen의 가중법   ② Talbot의 강도법

③ 산술평균법   ④ 등우선법

⑤ 연쇄지수법

80 다음 중 흐름에 대한 설명으로 옳지 않은 것은?

① 흐름이 층류일 때는 뉴톤의 점성 법칙을 적용할 수 있다.

② 등류란 모든 점에서의 흐름의 특성이 공간에 따라 변하지 않는 흐름이다.

③ 유관이란 개개의 유체입자가 흐르는 경로를 말한다.

④ 유선이란 각 점에서 속도벡터에 접하는 곡선을 연결한 선이다.

⑤ 정류는 어느 점에서도 시간에 따라 압력, 밀도, 속도 등의 상태가 변하지 않는 흐름이다.

81 대수층에서 지하수가 2.4m의 투과거리를 통과하면서 0.4m의 수두손실이 발생할 때, 지하수의 유속은?(단, 투수계수는 0.3m/s이다)

① 0.01m/s   ② 0.05m/s

③ 0.1m/s   ④ 0.5m/s

⑤ 1m/s

82 30m에 대하여 3mm 늘어나 있는 줄자로 정사각형의 지역을 측정한 결과가 $62,500\text{m}^2$이었다면, 실제의 면적은 얼마인가?

① 약 $62,503.3\text{m}^2$ ② 약 $62,512.5\text{m}^2$

③ 약 $62,524.3\text{m}^2$ ④ 약 $62,535.5\text{m}^2$

⑤ 약 $62,550.3\text{m}^2$

83 다음 중 플레이트 보(Plate Girder)의 경제적인 높이는 어느 것에 의해 구해지는가?

① 전단력   ② 지압력

③ 휨모멘트   ④ 비틀림모멘트

⑤ 구속압력

84 두 개의 수평한 판이 5mm 간격으로 놓여 있고, 점성계수 $0.01\text{N} \cdot \text{s/cm}^2$인 유체로 채워져 있다. 하나의 판을 고정시키고 다른 하나의 판을 2m/s로 움직일 때, 유체 내에서 발생되는 전단응력은?

① 1N/cm^2　　　　　　　　　　② 2N/cm^2

③ 3N/cm^2　　　　　　　　　　④ 4N/cm^2

⑤ 5N/cm^2

85 유역의 평균 폭 B, 유역면적 A, 본류의 유로연장 L인 유역의 형상을 양적으로 표시하기 위한 유역형상계수는?

① $\dfrac{A}{L}$　　　　　　　　　　② $\dfrac{A}{L^2}$

③ $\dfrac{B}{L}$　　　　　　　　　　④ $\dfrac{B}{L^2}$

⑤ $\dfrac{L}{A}$

86 다음 중 층류영역에서 사용 가능한 마찰손실계수의 산정식은?(단, Re는 Reynolds수이다)

① $\dfrac{1}{Re}$　　　　　　　　　　② $\dfrac{4}{Re}$

③ $\dfrac{24}{Re}$　　　　　　　　　　④ $\dfrac{48}{Re}$

⑤ $\dfrac{64}{Re}$

87 기초폭이 4m인 연속기초에서 기초면에 작용하는 합력의 연직성분은 10t이고, 편심거리가 0.4m일 때, 기초지반에 작용하는 최대압축응력은?

① 2t/m^2　　　　　　　　　　② 4t/m^2

③ 6t/m^2　　　　　　　　　　④ 8t/m^2

⑤ 10t/m^2

88 다음 중 철근 콘크리트 부재의 피복 두께에 대한 설명으로 옳지 않은 것은?

① 최소 피복 두께를 제한하는 이유는 철근의 부식 방지, 부착력의 증대, 내화성을 갖도록 하기 위해서이다.

② 콘크리트 표면과 그와 가장 가까이 배치된 철근 표면 사이의 콘크리트 두께를 피복 두께라 한다.

③ 현장치기 콘크리트로서, 옥외의 공기나 흙에 직접 접하지 않는 콘크리트의 최소 피복 두께는 기둥의 경우 40mm이다.

④ 현장치기 콘크리트로서, 흙에 접하거나 옥외의 공기에 직접 노출되는 콘크리트의 최소 피복 두께는 D16 이하의 철근의 경우 20mm이다.

⑤ 현장치기 콘크리트로서, 흙에 접하여 콘크리트를 친 후 영구히 흙에 묻혀 있는 콘크리트의 최소 피복 두께는 80mm이다.

89 다음 중 기계적 에너지와 마찰손실을 고려하는 베르누이 정리에 대한 표현식은?(단, E_P 및 E_T는 각각 펌프 및 터빈에 의한 수두를 의미하며, 유체는 점1에서 점2로 흐른다)

① $\dfrac{v_1^2}{2g} + \dfrac{p_1}{\gamma} + z_1 = \dfrac{v_2^2}{2g} + \dfrac{p_2}{\gamma} + z_2 + E_P + E_T + h_L$

② $\dfrac{v_1^2}{2g} + \dfrac{p_1}{\gamma} + z_1 = \dfrac{v_2^2}{2g} + \dfrac{p_2}{\gamma} + z_2 - E_P - E_T - h_L$

③ $\dfrac{v_1^2}{2g} + \dfrac{p_1}{\gamma} + z_1 = \dfrac{v_2^2}{2g} + \dfrac{p_2}{\gamma} + z_2 - E_P + E_T + h_L$

④ $\dfrac{v_1^2}{2g} + \dfrac{p_1}{\gamma} + z_1 = \dfrac{v_2^2}{2g} + \dfrac{p_2}{\gamma} + z_2 + E_P - E_T + h_L$

⑤ $\dfrac{v_1^2}{2g} + \dfrac{p_1}{\gamma} + z_1 = \dfrac{v_2^2}{2g} + \dfrac{p_2}{\gamma} + z_2 - E_P - E_T + h_L$

90 수심이 2m, 폭이 4m, 경사가 0.0004인 직사각형 단면수로에서 유량 $14.56\text{m}^3/\text{s}$가 흐르고 있다. 이 흐름에서 수로표면 조도계수(n)는?(단, Manning 공식을 사용한다)

① 약 0.0096
② 약 0.01099
③ 약 0.02096
④ 약 0.03099
⑤ 약 0.04092

91 두께가 10m인 피압대수층에서 우물을 통해 양수한 결과, 50m 및 100m 떨어진 두 지점에서 수면강하가 각각 20m 및 10m로 관측되었다. 정상상태를 가정할 때 우물의 양수량은?(단, 투수계수는 0.3m/hr이다)

① $7.5 \times 10^{-2} \mathrm{m^3/s}$ ② $6.0 \times 10^{-3} \mathrm{m^3/s}$

③ $9.4 \mathrm{m^3/s}$ ④ $21.6 \mathrm{m^3/s}$

⑤ $36.5 \mathrm{m^3/s}$

92 다음 〈조건〉에 따른 군지수는?

---〈조건〉---

- 흙의 액성한계 : 49%
- 10번체 통과율 : 96%
- 200번체 통과율 : 70%
- 흙의 소성지수 : 25%
- 40번체 통과율 : 89%

---

① 9   ② 12

③ 15   ④ 18

⑤ 21

93 다음 중 이중누가우량곡선법에 대한 설명으로 옳은 것은?

① 평균강수량을 산정하기 위하여 사용한다.

② 강수의 지속기간을 구하기 위하여 사용한다.

③ 결측자료를 보완하기 위하여 사용한다.

④ 강수량 자료의 일관성을 검증하기 위하여 사용한다.

⑤ 관측점들의 동질성이 작을수록 정확하다.

94 폭이 b인 직사각형 위어에서 접근유속이 작은 경우 월류수심이 h일 때, 양단수축 조건에서 월류수맥에 대한 단수축 폭(b_o)은?(단, Francis 공식을 적용한다)

① $b_o = b - \dfrac{h}{5}$ ② $b_o = 2b - \dfrac{h}{5}$

③ $b_o = b - \dfrac{h}{10}$ ④ $b_o = 2b - \dfrac{h}{10}$

⑤ $b_o = 3b - \dfrac{h}{10}$

95 점토지반으로부터 불교란 시료를 채취하였다. 이 시료는 직경 5cm, 길이 10cm이고, 습윤무게는 350g이고, 함수비가 40%일 때 이 시료의 건조단위무게는?

① 1.78g/cm^3

② 1.43g/cm^3

③ 1.27g/cm^3

④ 1.14g/cm^3

⑤ 1.04g/cm^3

96 A저수지에서 200m 떨어진 B저수지로 지름이 20cm, 마찰손실계수가 0.035인 원형관으로 $0.0628\text{m}^3\text{/s}$의 물을 송수하려고 한다. A저수지와 B저수지 사이의 수위차는?(단, 마찰손실, 단면급확대 및 급축소 손실을 고려한다)

① 5.75m

② 6.94m

③ 7.14m

④ 7.44m

⑤ 7.75m

97 옹벽의 안정 조건 중 전도에 의한 저항 모멘트는 횡토압에 의한 전도 모멘트의 최소 몇 배 이상이어야 하는가?

① 1.0배

② 1.5배

③ 2.0배

④ 2.5배

⑤ 3.0배

98 다음 중 흐름의 단면적과 수로경사가 일정할 때, 최대유량이 흐르는 조건으로 옳은 것은?

① 윤변이 최소이거나 동수반경이 최대일 때
② 윤변이 최대이거나 동수반경이 최소일 때
③ 수심이 최소이거나 동수반경이 최대일 때
④ 수심이 최대이거나 수로 폭이 최소일 때
⑤ 수심이 최대이거나 동수반경이 최소일 때

99 Manning의 조도계수 $n=0.012$인 원관을 사용하여 $1m^3/s$의 물을 동수경사 $1/100$로 송수하려 할 때, 적당한 관의 지름은?

① 약 70cm
② 약 80cm
③ 약 90cm
④ 약 100cm
⑤ 약 110cm

100 다음 중 흙의 다짐시험에서 다짐에너지를 증가시킬 때 일어나는 결과는?

① 최적함수비는 감소하고, 최대건조 단위중량은 증가한다.
② 최적함수비는 증가하고, 최대건조 단위중량은 감소한다.
③ 최적함수비와 최대건조 단위중량이 모두 감소한다.
④ 최적함수비와 최대건조 단위중량이 모두 증가한다.
⑤ 최적함수비와 최대건조 단위중량이 모두 변화하지 않는다.

합격의공식
시대
에듀

www.sdedu.co.kr

제3회
한국도로공사

직업기초능력평가 +
직무수행능력평가
[경영 · 법정 · 토목(일반)]

〈문항 및 시험시간〉

평가영역		문항 수	시험시간	모바일 OMR 답안분석	
행정직	[NCS] 의사소통능력 / 수리능력 / 문제해결능력 / 정보능력 [전공] 경영 / 법정	100문항	110분	경영	법정
기술직	[NCS] 의사소통능력 / 수리능력 / 문제해결능력 / 정보능력 [전공] 토목(일반)	100문항	110분	토목(일반)	

제3회 모의고사

제 1 영역 직업기초능력평가

01 다음은 한국도로공사의 안전보건관리예규 일부 내용이다. 이를 이해한 내용으로 적절하지 않은 것은?

〈안전보건관리예규〉

사고발생 시 처리절차(제51조)
① 공사는 사고발생 시 적극적으로 사고확대 방지와 재해자 응급구호를 위한 적절한 조치를 하여야 하고, 피해 최소화를 위해 노력하여야 한다.
② 사고발생 최초 목격자나 최초 발견자는 해당 관리감독자 등에게 보고하고, 직상급자 및 차상급 기관에 보고하여야 한다.
③ 사고발생 현장은 사고조사가 마무리될 때까지 원형대로 보존되어야 한다. 중대재해의 경우는 관계 행정기관의 조사가 마무리될 때까지 변형하거나 훼손하여서는 아니 된다.
④ 관계 법령에서 정하는 바에 따라 행정기관에 신고하여야 하는 사고에 해당하는 경우는 절차에 따라 관련 행정기관에 신고하여야 한다.
⑤ 사고조사 시 근로자대표의 요청이 있는 경우 근로자대표를 입회시켜야 한다.
⑥ 사고발생 시 긴급조치, 처리절차 등에 관하여 별도로 정할 수 있다.
⑦ 사고대책본부나 사고조사위원회를 별도로 구성·운영할 수 있다.
⑧ 사고조사가 마무리된 경우 재해자가 산재보상보험법에 따라 조속하게 보상을 받을 수 있도록 적극 지원한다.

사고원인조사 및 대책수립(제52조)
① 사고발생 원인조사는 신속하고 중립적인 자세로 사고발생 사유에 대한 근본적인 원인을 발굴하고 대책을 수립하여 동종사고 재발 방지 및 사고 예방을 할 수 있도록 하여야 한다. 이 경우 중대재해인 경우에는 산업안전보건위원회의 심의·의결을 거쳐야 한다.
② 공사는 사고발생원인과 재발방지대책을 수립하여 관련 부서에 개선대책, 추진일정 등을 포함한 개선요구서를 통보하여야 한다.
③ 개선요구서를 받은 관련 부서장은 모든 일에 우선하여 개선하는 등의 조치를 하여야 한다.
④ 공사는 개선일정과 사후점검 일정에 맞추어 개선여부를 확인하고 안전보건관리책임자에게 보고한다.
⑤ 사내 게시판, 홍보물 등을 통하여 사고사례, 동종재해예방대책, 개선내용 등을 공지한다.

재해발생현황분석 및 종합대책수립(제53조)
① 공사는 정기적으로 재해발생현황을 총괄 분석하고 이에 대한 대책을 수립하여 시행한다. 이 경우 근로자대표의 요구가 있는 경우 이에 협조한다.

② 공사는 매 이듬해 1월 중에 전년도의 재해를 총괄 분석하고 재해다발원인을 분석하고 이에 대한 대책을 수립·시행하여야 한다.

③ 분기별 또는 연간 재해분석 결과는 각 부서에 통보하여야 한다.

① 사고를 최초로 목격한 사람은 반드시 사고발생 사실을 관리감독자와 직상급자 및 차상급 기관에 보고해야 한다.

② 한국도로공사는 사고조사가 마무리될 때까지 사고발생 현장을 보존해야 하고, 사고조사가 마무리된 경우에는 재해자가 조속하게 보상을 받을 수 있도록 지원해야 한다.

③ 한국도로공사가 재발방지대책을 수립하여 관련 부서에 개선요구서를 통보하면, 관련 부서장은 개선여부를 확인하고 이를 안전보건관리책임자에게 보고해야 한다.

④ 한국도로공사는 1월 중 전년도의 재해에 대해 분석하여 그 결과를 각 부서에 통보하고, 재해에 대한 대책을 수립·시행하여야 한다.

02 다음 글의 제목으로 가장 적절한 것은?

모르는 게 약이고 아는 게 병이라는 말은 언제 사용될까? 언제 몰라야 좋은 것이고, 알면 나쁜 것일까? 모든 것을 다 안다고 좋은 것은 아니다. 몰랐으면 아무 문제되지 않았을 텐데 알아서 문제가 발생하는 경우도 많다. 어떤 때는 정확히 알지 않고 어슴푸레한 지식으로 알고 있어서 고통스러운 경우도 있다. 예를 들어 우리가 모든 것을 알고 있으면 행복할까? 손바닥에 수많은 균이 있다는 것을 늘 인식하고 산다면 어떨까? 내가 먹는 음식의 성분들이나 위해성을 안다면 더 행복할까? 물건에서 균이 옮을까봐 다른 사람들이 쓰던 물건을 만지지 않는 사람도 있다. 이런 게 괜히 알아서 생긴 병이다. 흔히 예전에는 이런 경우를 노이로제라고 부르기도 했다.

① 노이로제, 아는 것이 힘이다.

② 노이로제, 선무당이 사람 잡는다.

③ 노이로제, 모르는 게 약이다.

④ 노이로제, 돌다리도 두드려보고 건너라.

03 다음 글의 내용으로 적절하지 않은 것은?

경제학에서는 가격이 한계비용과 일치할 때를 가장 이상적인 상태라고 본다. '한계비용'이란 재화의 생산량을 한 단위 증가시킬 때 추가되는 비용을 말한다. 한계비용곡선과 수요곡선이 만나는 점에서 가격이 정해지면 재화의 생산 과정에 들어가는 자원이 낭비 없이 효율적으로 배분되며, 이때 사회 전체의 만족도가 가장 커진다. 가격이 한계비용보다 높아지면 상대적으로 높은 가격으로 인해 수요량이 줄면서 거래량이 따라 줄고, 결과적으로 생산량도 감소한다. 이는 사회 전체의 관점에서 볼 때 자원이 효율적으로 배분되지 못하는 상황이므로 사회 전체의 만족도가 떨어지는 결과를 낳는다.

위에서 설명한 일반 재화와 마찬가지로 수도, 전기, 철도와 같은 공익 서비스도 자원배분의 효율성을 생각하면 한계비용 수준으로 가격(공공요금)을 결정하는 것이 바람직하다. 대부분의 공익 서비스는 초기 시설 투자비용은 막대한 반면 한계비용은 매우 적다. 이러한 경우, 한계비용으로 공공요금을 결정하면 공익 서비스를 제공하는 기업은 손실을 볼 수 있다.

예컨대 초기 시설 투자비용이 6억 달러이고, 톤당 1달러의 한계비용으로 수돗물을 생산하는 상수도 서비스를 가정해 보자. 이때 수돗물 생산량을 '1톤, 2톤, 3톤, …'으로 늘리면 총비용은 '6억 1달러, 6억 2달러, 6억 3달러, …'로 늘어나고, 톤당 평균비용은 '6억 1달러, 3억 1달러, 2억 1달러, …'로 지속적으로 줄어든다. 그렇지만 평균비용이 계속 줄어들더라도 한계비용 아래로는 결코 내려가지 않는다. 따라서 한계비용으로 수도 요금을 결정하면 총비용보다 총수입이 적으므로 수도 사업자는 손실을 보게 된다.

이를 해결하는 방법에는 크게 두 가지가 있다. 하나는 정부가 공익 서비스 제공 기업에 손실분만큼 보조금을 주는 것이고, 다른 하나는 공공요금을 평균비용 수준으로 정하는 것이다. 전자의 경우 보조금을 세금으로 충당한다면 다른 부문에 들어갈 재원이 줄어드는 문제가 있다. 평균비용곡선과 수요곡선이 교차하는 점에서 요금을 정하는 후자의 경우에는 총수입과 총비용이 같아져 기업이 손실을 보지는 않는다. 그러나 요금이 한계비용보다 높기 때문에 사회 전체의 관점에서 자원의 효율적 배분에 문제가 생긴다.

① 자원이 효율적으로 배분될 때 사회 전체의 만족도가 극대화된다.

② 가격이 한계비용보다 높은 경우에는 한계비용과 같은 경우에 비해 결국 그 재화의 생산량이 줄어든다.

③ 공익 서비스와 일반 재화의 생산 과정에서 자원을 효율적으로 배분하기 위한 조건은 서로 같다.

④ 평균비용이 한계비용보다 큰 경우, 공공요금을 평균비용 수준에서 결정하면 자원의 낭비를 방지할 수 있다.

04 다음 글의 빈칸에 들어갈 내용으로 적절한 것을 〈보기〉에서 골라 순서대로 바르게 나열한 것은?

뉴스는 언론이 현실을 '틀 짓기(Framing)'하여 전달한 것이다. 여기서 틀 짓기란 일정한 선택과 배제의 원리에 따라 현실을 구성하는 것을 말한다. 그런데 수용자는 이러한 뉴스를 그대로 받아들이지는 않는다. 수용자는 수동적인 존재가 아니라 능동적인 행위자가 되어, 언론이 전하는 뉴스의 의미를 재구성한다. _____ 이것을 뉴스 틀 짓기에 대한 수용자의 '다시 틀 짓기(Reframing)'라고 한다. '다시 틀 짓기'가 가능한 이유는 수용자가 주체적인 의미 해석자로, 사회 속에서 사회와 상호 작용하는 존재이기 때문이다.

그렇다면 수용자의 주체적인 의미 해석은 어떻게 가능할까? _____ 인지 구조는 경험과 지식, 편향성 등으로 구성되는데, 뉴스 틀과 수용자의 인지 구조는 일치하기도 하고 갈등하기도 한다. 이 과정에서 수용자는 자신의 경험, 지식, 편향성 등에 따라 뉴스가 전달하는 의미를 재구성하게 된다. 수용자의 이러한 재구성, 즉 해석은 특정 화제에 대해 어떤 태도를 취할 것인가, 그 화제와 관련된 다른 화제나 행위자들을 어떻게 평가할 것인가 등을 결정하는 근거가 된다.

이렇게 특정 화제에 대한 수용자의 다양한 해석들은 수용자들이 사회 속에서 상호 작용하는 과정에서 여론의 형태로 나타난다. _____ 이렇게 형성된 여론은 다시 뉴스 틀에 영향을 주며, 이에 따라 새로운 틀과 여론이 만들어진다. 새로운 틀이 만들어짐으로써 특정 화제에 대한 사회적 논의들은 후퇴하거나 발전할 수 있으며 더 다양해질 수 있다.

─────〈보기〉─────

㉠ 이렇게 재구성된 의미들을 바탕으로 여론이 만들어지고, 이것은 다시 뉴스 구성의 '틀(Frame)'에 영향을 준다.

㉡ 그것은 수용자가 외부 정보를 해석하는 인지 구조를 갖고 있기 때문이다.

㉢ 여론은 사회적 차원에서 벌어지는 특정 화제에 대한 사회적 공방들과 개인적 차원에서의 대화, 논쟁들로 만들어지는 의견들을 모두 포괄한다.

① ㉠, ㉡, ㉢
② ㉠, ㉢, ㉡
③ ㉡, ㉠, ㉢
④ ㉡, ㉢, ㉠

05 다음은 투명사회협약 중 일부 내용이다. 이에 대한 설명으로 가장 적절한 것은?

〈투명사회협약〉

부패방지체제 개선(제5조)
정부는 체계적이고 효과적인 부패방지체제의 구축과 활용을 위하여 다음 각 항의 이행에 최선을 다한다.
① 공공부문의 부패방지와 투명성 제고를 위한 체계적인 종합계획을 수립하여 효과적으로 실천한다.
② 부패방지위원회, 감사원, 검찰, 공직자윤리위원회 등 부패통제 관련 기관들이 견제와 균형의 원리에 맞게 제 역할을 수행할 수 있도록 그 기능과 구조를 합리화한다.
③ 정부기관 간 반부패 정책의 원활한 조정과 효율적인 집행 및 평가를 위하여 반부패 관계기관 협의회를 활성화한다.
④ 정부는 자체 감사의 실효성 확보를 위하여 관련 법령의 제·개정을 포함한 종합적인 계획을 수립하여 실행한다.
⑤ 정부는 부패방지를 위한 정책 과정의 투명성을 확대하고 민간부문의 실질적 참여를 확대할 수 있도록 제도를 마련한다.

제도 개선(제6조)
정부는 공공분야의 투명성을 제고하기 위한 다음 각 항의 제도 및 정책을 도입·시행한다.
① 공익신고자 보호제도를 강화한다.
② 정보공개법을 개정하여 국민의 알 권리 확대와 정보접근권을 강화한다.
③ 기록물관리제도를 개선하여 주요한 의사결정 과정과 내용의 기록을 강화한다.
④ 부정부패를 통하여 취득한 수익에 대한 몰수제도를 강화한다.
⑤ 부패취약 분야에 대하여 전면적인 제도 개선을 우선적으로 추진한다.
⑥ 공기업과 정부출연기관 등 정부산하기관의 인사와 경영, 운영 전반에 대해 적정성과 투명성을 높일 수 있는 제도개선을 추진한다.
⑦ 정부는 지방자치단체의 투명성을 높일 수 있도록 관련 법령의 제·개정을 포함한 종합적인 계획을 수립하여 실천한다.
⑧ 시민감사관제 도입, 감사위원회 설치 등을 통하여 감사의 독립성과 공정성을 확보한다.
⑨ 납세자 소송을 도입하여 재정 투명성을 강화한다.
⑩ 부패공직자에 대한 양형기준을 강화한다.
⑪ 공정·투명하고 개방적인 공직 인사운영을 위하여 인사제도 및 체제 전반을 재정비한다.
⑫ 재량권이 부당하게 남용되는 불합리한 정부규제를 합리적으로 개선한다.
⑬ 입법부와 충분한 협의를 거쳐 독립적이고 공정한 공직부패 수사전담을 위한 특별기구를 설치한다.
⑭ 국방획득 사업과 남북경제협력 사업 등을 투명하게 하기 위한 제도 개선 노력을 지속한다.
⑮ 대통령의 사면권이 투명하게 행사될 수 있도록 제도적 장치를 마련한다.

공직자 윤리 강화(제7조)
정부는 공직자 윤리의식을 제고하기 위하여 다음 각 항의 시책을 시행한다.
① 공직자의 직무 상 이익충돌의 회피를 위한 제도를 마련하여 부패의 발생 가능성을 예방할 수 있는 장치를 마련한다.
② 벌금 이상의 비위로 인하여 면직된 공직자와 퇴직공직자의 유관 사기업체 등의 취업제한을 엄격히 관리할 수 있도록 제도를 정비한다.
③ 공직자윤리위원회의 공정성, 전문성, 실효성을 높인다.
④ 공직자 행동강령의 엄격한 시행과 실효성 확보를 위하여 지도·점검 활동을 강화한다.
⑤ 부패를 극복하고 투명성을 높이기 위하여 노력하는 공직자들을 우대하기 위한 다각적인 제도적 기반을 마련한다.

공직자 윤리 강화(제7조)

정부는 공직자 윤리의식을 제고하기 위하여 다음 각 항의 시책을 시행한다.

① 공직자의 직무 상 이익충돌의 회피를 위한 제도를 마련하여 부패의 발생 가능성을 예방할 수 있는 장치를 마련한다.

② 벌금 이상의 비위로 인하여 면직된 공직자와 퇴직공직자의 유관 사기업체 등의 취업제한을 엄격히 관리할 수 있도록 제도를 정비한다.

③ 공직자윤리위원회의 공정성, 전문성, 실효성을 높인다.

④ 공직자 행동강령의 엄격한 시행과 실효성 확보를 위하여 지도 · 점검 활동을 강화한다.

⑤ 부패를 극복하고 투명성을 높이기 위하여 노력하는 공직자들을 우대하기 위한 다각적인 제도적 기반을 마련한다.

지배구조 개선(제20조)

기업은 지배구조의 투명성과 경영책임을 제고하기 위하여 다음 각 항의 조치를 취한다.

① 사외이사의 전문성을 강화하고 중립성을 보장한다.

② 부당내부거래를 하지 않으며 부당내부거래의 차단을 위하여 제도를 개선한다.

③ 협약체결 당사자는 개별기업 지배구조의 다양성을 고려하여 이에 대한 과도한 관여를 자제하며, 기업은 지배구조에 대한 각종 문제제기와 법적 규제를 합리적으로 조정하기 위해 협약당사자간의 원만한 대화를 적극적으로 추진한다.

시민참여 촉진(제26조)

부패감시와 극복을 위한 시민참여를 촉진하기 위하여 다음 각 항의 입법촉구 활동에 주력한다.

① 주민소환제, 주민투표제, 납세자 소송 등 주민참여제도를 조속히 도입하기 위한 입법촉구 활동을 전개한다.

② 주민감사청구, 주민발안제의 요건 완화 등 주민참여를 활성화하기 위한 입법촉구 활동을 강화한다.

③ 시민 옴부즈맨 제도의 확대 실시 및 지원을 확충하기 위한 입법촉구 활동을 한다.

① 벌금형 이상의 비위를 범한 경우에는 면직될 수 있다.

② 정부는 반부패 제도 개선의 일환으로 관련 법령의 제 · 개정을 통해 지방자치단체의 자율성을 높여야 한다.

③ 투명사회협약에 따르면 기업의 지배구조를 개선하기 위해 최고재무관리자의 전문성을 강화하고 중립성을 보장해야 한다.

④ 정부기관 간 반부패 정책의 원활한 운영 및 집행, 평가를 위해 반부패 활동을 위한 시민단체의 기능을 활성화한다.

06 다음 빈칸에 들어갈 접속어로 가장 적절한 것은?

앞으로는 공무원이 공공기관 민원시스템에서 신고성 민원 등의 서류를 출력해도 민원인 정보는 자동으로 삭제된다. ___㉠___ 민원인 정보를 제3자에게 제공할 때도 유의사항 등을 담은 세부 처리지침이 조성된다. 국민권익위원회는 이 같은 내용을 담은 '공공기관 민원인 개인정보 보호 강화방안'을 마련해 499개 공공기관과 행정안전부에 제도 개선을 권고했다. 권고안에는 민원담당 공무원이 기관별 민원시스템에서 신고성 민원 등의 내용을 출력해도 민원인 이름 등 개인정보는 자동으로 삭제되고 민원 내용만 인쇄되도록 하는 내용이 담겨 있다. 이와 함께 민원인 정보를 제3자에게 제공할 때 민원담당자가 지켜야 하는 세부 처리지침을 '민원행정 및 제도개선 기본지침'에 반영하도록 했다. 특히 각 기관에서 신고성 민원을 처리할 때 민원인 비밀보장 준수, 신고자 보호·보상제도 안내 등 관련 유의사항이 담기도록 했다.

그간 개인정보보호를 위한 정부의 노력에도 불구하고 민원처리 과정에서 민원인 정보가 유출되어 국민의 권익이 침해되는 사례가 지속해서 발생하고 있었다. ___㉡___ 민원처리 지침 등에는 민원인 정보 유출 관련 주의사항, 처벌 규정 등만 명시되어 있을 뿐 민원인 정보를 제3자에게 제공할 수 있는 범위와 한계 등에 관한 규정이 없었다. 기관별로 접수되는 신고성 민원은 내용과 요건에 따라 부패·공익신고에 해당할 경우 신고자 보호 범위가 넓은 공익신고자 보호법 등에 따라 처리되어야 함에도 민원 담당자들이 이를 제대로 알지 못해 신고자 보호 규정을 제대로 준수하지 못했기에 이를 보완하려는 후속 조치가 마련된 것이다.

국민권익위원회의 권익개선정책국장은 "이번 제도개선으로 공공기관 민원처리 과정에서 신고성 민원 등을 신청한 민원인의 개인정보가 유출되는 사례를 방지할 수 있을 것"이라며 "앞으로도 국민권익위 정부 혁신 실행과제인 국민의 목소리를 반영한 생활밀착형 제도개선을 적극 추진하겠다."라고 말했다.

	㉠	㉡
①	또한	한편
②	또한	그러나
③	그러므로	그러나
④	그러므로	한편

07 다음 글의 주제로 가장 적절한 것은?

우주 개발이 왜 필요한가에 대한 주장은 크게 세 가지로 구분할 수 있다. 먼저 칼 세이건이 우려하는 것처럼 인류가 혜성이나 소행성의 지구 충돌과 같은 재앙에서 살아남으려면 지구 이외의 다른 행성에 식민지를 건설해야 한다는 것이다. 소행성의 지구 충돌로 절멸한 공룡의 전철을 밟지 않기 위해서 말이다. 여기에는 자원 고갈이나 환경오염과 같은 전 지구적 재앙에 대비하자는 주장도 포함된다. 다음으로 우리의 관심을 지구에 한정하는 것은 인류의 숭고한 정신을 가두는 것이라는 호킹의 주장을 들 수 있다. 지동설, 진화론, 상대성 이론, 양자역학, 빅뱅이론과 같은 과학적 성과들은 인류의 문명뿐만 아니라 정신적 패러다임의 변화에 지대한 영향을 끼쳤다. 마지막으로 우주 개발의 노력에 따르는 부수적인 기술의 파급 효과를 근거로 한 주장을 들 수 있다. 실제로 우주 왕복선 프로그램을 통해 산업계에 이전된 새로운 기술이 100여 가지나 된다고 한다. 인공심장, 신분확인 시스템, 비행추적 시스템 등이 그 대표적인 기술들이다. 그러나 우주 개발에서 얻는 이익이 과연 인류 전체의 이익을 대변할 수 있는가에 대해서는 쉽게 답할 수가 없다. 역사적으로 볼 때 탐사의 주된 목적은 새로운 사실의 발견이라기보다 영토와 자원, 힘의 우위를 선점하기 위한 것이었기 때문이다. 이러한 이유로 우주 개발에 의심의 눈초리를 보내는 사람들도 적지 않다. 그들은 우주 개발에 소요되는 자금과 노력을 지구의 가난과 자원 고갈, 환경 문제 등을 해결하는 데 사용하는 것이 더 현실적이라고 주장한다. 과연 그 주장을 따른다고 해서 이러한 문제들을 해결할 수 있는가? 인류가 우주 개발에 나서지 않고 지구 안에서 인류의 미래를 위한 노력을 경주한다고 가정해 보자. 그럴더라도 인류가 사용할 수 있는 자원이 무한한 것은 아니며, 인구의 자연 증가를 막을 수 없다는 문제는 여전히 남는다. 지구에 자금과 노력을 투자해야 한다고 주장하는 사람들은 지금 당장은 아니더라도 언젠가는 이러한 문제들을 해결할 수 있다는 논리를 펼지도 모른다. 그러나 이러한 논리는 우주 개발을 지지하는 쪽에서 마찬가지로 내세울 수 있다. 오히려 인류가 미래에 닥칠 문제를 해결할 수 있는 방법은 지구 밖에서 찾게 될 가능성이 더 크지 않을까?

우주를 개발하려는 시도가 최근에 등장한 것은 아니다. 인류가 의식을 갖게 되면서부터 우주를 꿈꾸어 왔다는 증거는 세계 여러 민족의 창세신화에서 발견된다. 수천 년 동안 우주에 대한 인류의 꿈은 식어갈 줄 몰랐다. 그리고 그 결과가 오늘날의 우주 개발이라는 현실로 다가온 것이다. 이제 인류는 우주의 시초를 밝히게 되었고, 우주의 끄트머리를 바라볼 수 있게 되었으며, 우주 공간에 인류의 거주지를 만들 수 있게 되었다. 우주 개발을 해야 할 것이냐 말아야 할 것이냐는 이제 문제의 핵심이 아니다. 우리가 선택해야 할 문제는 우주 개발을 어떻게 해야 할 것인가이다. "달과 다른 천체들은 모든 나라가 함께 탐사하고 이용할 수 있도록 자유지역으로 남아 있어야 한다. 어느 국가도 영유권을 주장할 수는 없다."라는 린든 B. 존슨의 경구(警句)는 우주 개발의 방향을 일러주는 시금석이 되어야 한다.

① 우주 개발의 한계
② 지구의 당면 과제
③ 우주 개발의 정당성
④ 친환경적인 지구 개발

08 다음은 한국도로공사의 보안규정의 일부 내용이다. 이를 이해한 내용으로 가장 적절한 것은?

〈보안규정〉

1. 목적 및 적용범위
    1.1. 본 규정은 한국도로공사(이하 '공사'라 한다)에서 '보안업무규정', '보안업무시행규칙' 및 산업통상자원부 '보안업무규정시행세칙'에 의거한 보안업무 수행에 필요한 사항을 규정함을 목적으로 한다.
    1.2. 적용범위는 공사 전 임직원 및 업무상 관련회사 또는 인원을 대상으로 한다.
    ⋮

4. 보안업무협의회 설치 및 운영
    4.1. 보안업무에 관한 중요한 사항을 협의하기 위하여 다음과 같이 보안업무협의회(이하 '협의회'라 한다)를 설치한다.
    4.2. 협의회는 다음 사항에 대하여 심의한다.
        1) 보안제도의 개선에 관한 사항
        2) 보안업무에 관한 기획 · 조정 · 감독 · 통제에 관한 사항
        3) 신원 특이자 인사관리(비밀취급인가 포함)에 관한 사항
        4) 비밀, 대외비 등 외부 공개 시 업무에 중대한 지장을 줄 수 있는 자료의 대외기간 제공 및 홈페이지 공개에 관한 사항
        5) 기타 보안상 중요하다고 인정되는 사항
    ⋮

6. 일반보안
    6.3. 문서보안
        1) 모든 문서는 담당자가 보안관리 책임을 진다.
        2) 문서는 장시간 이석, 퇴근 시에는 반드시 시건 장치가 되어있는 서류함에 보관하여야 하며 방치되어서는 아니 된다.
        3) 문서는 공사 내부의 경영상 비밀의 보호를 위해 필요하다고 인정되는 경우에는 비밀의 구분에 의해 분류하고 관리하여야 한다.
        4) 비밀의 분류는 국가정보원의 비밀세부분류지침에 의거한 자체 비밀세부분류지침에 의하되, 비밀분류 3대원칙(과도 · 과소분류금지, 독립분류, 외국 비밀의 존중)에 따라 분류하여야 하며, 자체 비밀세부분류지침에 대하여는 '일반 보안 절차서'에 따른다.
        5) 비밀문서는 불필요하게 남발되지 않도록 충분히 검토되어야 하며, 부서장의 승인을 득한 후 보안담당부서장에게 비밀문서 등재 요청, 승인을 하여야 한다.

7. 정보보안
    7.2. 정보보안 기본활동
        1) 공사 정보보안 책임자는 정보보안을 위하여 정보보안 정책 및 기본계획 수립 · 시행, 정보보안업무 지도 · 감독, 사이버공격 초동조치 및 대응, 정보보안 교육계획 수립 · 시행, 정보보안업무 심사분석 시행 등의 기본활동을 수행하여야 한다.
        2) 정보보안활동에 대한 구체적인 사항은 '정보보안 절차서'에 따른다.
    7.3. 개인정보보호
        1) 개인정보는 개인정보의 처리목적을 명확히 하고 그 목적에 필요한 범위에서 적법하게 수집 하여야 하며 안전성 확보에 필요한 기술적, 관리적, 물리적 조치를 하여야 한다.
        2) 개인정보보호에 관한 구체적인 사항은 '개인정보보호 절차서'에 따른다.

---

① 보안규정의 적용범위는 공사의 전 임직원만을 대상으로 한다.

② 보안업무에 관한 중요한 사항을 협의하기 위해 보안업무협의회가 설치된다.

③ 보안업무협의회는 보안사고에 대한 수습 및 처리방안에 대해 심의한다.

④ 비밀문서를 포함한 모든 문서는 보안담당부서장이 책임을 진다.

09 다음 글의 주제로 가장 적절한 것은?

우리는 우리가 생각한 것을 말로 나타낸다. 또 다른 사람의 말을 듣고, 그 사람이 무슨 생각을 가지고 있는지를 짐작한다. 그러므로 생각과 말은 서로 떨어질 수 없는 깊은 관계를 가지고 있다.

그러면 말과 생각이 얼마만큼 깊은 관계를 가지고 있을까? 이 문제를 놓고 사람들은 오랫동안 여러 가지 생각을 하였다. 그 가운데 가장 두드러진 것이 두 가지 있다. 그 하나는 말과 생각이 서로 꼭 달라붙은 쌍둥이인데 한 놈은 생각이 되어 속에 감추어져 있고, 다른 한 놈은 말이 되어 사람 귀에 들리는 것이라는 생각이다. 다른 하나는 생각이 큰 그릇이고 말은 생각 속에 들어가는 작은 그릇이어서 생각에는 말 이외에도 다른 것이 더 있다는 생각이다.

이 두 가지 주장 가운데서 앞의 것은 조금만 깊이 생각해 보면 틀렸다는 것을 즉시 깨달을 수 있다. 우리가 생각한 것은 거의 대부분 말로 나타낼 수 있지만, 누구든지 가슴 속에 응어리진 어떤 생각이 분명히 있었으나 그것을 어떻게 말로 표현해야 할지 애태운 경험을 가지고 있을 것이다. 이것 한 가지만 보더라도 말과 생각이 서로 안팎을 이루는 쌍둥이가 아님은 쉽게 판명된다.

인간의 생각이라는 것은 매우 넓고 큰 것이며, 말이란 결국 생각의 일부분을 주워 담는 작은 그릇에 지나지 않는다. 그러나 아무리 인간의 생각이 말보다 범위가 넓고 큰 것이라고 하여도 그것을 가능한 한 말로 바꾸어 놓지 않으면 그 생각의 위대함이나 오묘함이 다른 사람에게 전달되지 않기 때문에 말의 신세를 지지 않을 수가 없게 되어 있다. 그러니까 말을 통하지 않고는 생각을 전달할 수가 없는 것이다.

① 말은 생각의 폭을 확장시킨다.

② 말은 생각을 전달하기 위한 수단이다.

③ 생각은 말이 내면화된 쌍둥이와 같은 존재이다.

④ 말은 생각의 하위요소이다.

10 다음 문단에 이어질 내용을 논리적 순서대로 바르게 나열한 것은?

> 우리는 '방사능'이라는 단어를 뉴스로든 신문에서든 쉽게 접할 수 있다. 현대 사회에서는 방사성 물질을 통해서 전력을 생산하거나 무기를 만드는 등 그 활용도가 다양하기 때문이다. 그러나 방사능의 위험성에 대해서는 잘 모르는 경우가 많다.
>
> (가) 방사능 물질과의 접촉으로 인한 피폭은 남의 이야기가 아니라, 체르노빌 원자력 발전소 사태처럼 언제나 우리에게 일어날 수 있는 것이며, 그 피해는 매우 크다. 따라서 방사능 물질을 이용하는 산업 등에서는 반드시 주의를 기울여야 할 것이다.
>
> (나) 그 이름의 정의가 어떻든 간에, 인간이 방사능 물질과 접촉하는 것은 심대한 육체적 문제를 불러온다. 방사능 물질과 접촉하여 방사선을 쐬게 되는 것을 '피폭'이라 하는데, 과다한 피폭은 곧바로 죽음으로 직결될 수도 있을 정도로 위험하다.
>
> (다) 방사능이란 원소의 원자핵이 붕괴하면서 고에너지 전자기파 혹은 입자를 방출하는 능력을 말한다. 방사능이라는 말은 물질을 대상으로 하는 것이 아니므로 '방사능 유출'이라는 말은 적합하지 않다. 방사능 물질 혹은 방사성 물질로 불러야 할 것이다.
>
> (라) 사례를 들자면, 체르노빌 원자력 발전소 사고에서 사고 처리를 맡던 당시 소련 사람들이 사고 처리 작업 후 갖게 된 여러 가지 병마와 체르노빌 원자력 발전소가 있던 우크라이나의 프리피야트가 아직도 접근에 제한을 받고 있는 점이 있다.

① (나) – (다) – (가) – (라)　　　　② (나) – (다) – (라) – (가)

③ (다) – (나) – (가) – (라)　　　　④ (다) – (나) – (라) – (가)

11 다음 중 빈칸에 들어갈 접속사로 가장 적절한 것은?

> 날이 추우면 통증이 커질 수 있는 질환이 몇 가지 있다. 골관절염이나 류마티스 관절염 등 관절 관련 질환이 여기에 해당한다. 통증은 신체에 어떤 이상이 있으니 상황이 악화되지 않도록 피할 방법을 준비하라고 스스로에게 알리는 경고이다.
>
> 골관절염과 류마티스 관절염은 여러 면에서 차이가 있으나 환절기에 추워지면 증상이 악화될 수 있다는 공통점이 있다. 날씨에 따라 관절염 증상이 악화되는 이유를 의학적으로 명확하게 설명할 수 있는 근거는 다소 부족하지만 추위로 인해 관절염 통증이 심해질 수 있다. 우리는 신체의 신경을 통해 통증을 느끼는데, 날이 추워지면 신체의 열을 빼앗기지 않고자 조직이 수축한다. 이 과정에서 신경이 자극을 받아 통증을 느끼게 되는 것이다. 즉, 관절염의 질환 상태에는 큰 변화가 없을지라도 평소보다 더 심한 통증을 느끼게 된다.
>
> _____ 날이 추워질수록 외부 온도 변화에 대응할 수 있도록 가벼운 옷을 여러 개 겹쳐 입어 체온을 일정하게 유지해야 한다. 특히 일교차가 큰 환절기에는 아침, 점심, 저녁으로 변화하는 기온에 따라 옷을 적절하게 입고 벗을 필요가 있다. 오전에 첫 활동을 시작할 때는 가벼운 스트레칭을 통해 체온을 올린 후 활동하는 것도 효과적이다. 춥다고 웅크린 상태에서 움직이지 않으면 체온이 유지되지 않을 수 있으므로 적절한 활동을 지속하는 것이 중요하다.

① 그러나　　　　　　　　　　② 따라서

③ 한편　　　　　　　　　　　④ 그리고

12 다음 빈칸에 들어갈 단어로 가장 적절한 것은?

현대사회에는 외모가 곧 경쟁력이라는 인식이 만연해 있다. 어느 조사에 따르면 한국 여성의 53%가 성형을 받기를 원하며, 성형외과 고객 중 3분의 1은 남성이라고 한다. 한국의 거식증 환자 수는 이미 1만 명을 넘었으며, 지금도 그 수는 증가하고 있다. 평범한 외모를 가졌고 정상 체중인 사람도 불안감에 시달리게 하는 외모 강박의 시대가 된 셈이다. 우리는 왜 외모 욕망에서 자유로울 수 없는 것일까?

우리는 스스로 멋지거나 바람직하게 생각하는 모습, 즉 이상자아를 자신에게서 발견할 때 만족감을 느끼는데, 이것을 자아감을 느낀다고 표현한다. 그런데 이상자아는 주체의 참된 본질이 아니라 자신을 둘러싼 환경 즉, 자신에 대한 주변인들의 평가, 학교 교육, 대중매체, 광고, 문화 이데올로기 등의 담론과 자신을 동일시함으로써 형성된다. 이렇게 탄생한 이상자아는 자아를 이끌어가는 바람직한 자아의 모습으로 주체의 무의식에 깊게 자리잡는다. 그리하여 우리가 이상적인 자아에 못 미치는 모습을 자신에게서 발견할 때, 예를 들어 날씬한 몸매가 이상적인 자아인데 현실의 몸매는 뚱뚱할 때, 우리의 자아는 고통을 받는다. 이러한 고통으로부터 벗어나기 위해서는 이상자아에 맞추어 자신의 모습을 날씬하게 바꾸거나, 자신의 이상자아를 뚱뚱한 몸매로 바꾸어 만족감을 얻어야 한다. 그러나 전자는 체중감량과 유지가 어렵기 때문에, 후자는 자아의 무의식 구성을 급진적으로 바꾸는 것이기 때문에 쉽지 않다.

또한, 외모는 단순히 '보기 좋음'을 넘어 다양한 의미를 표상한다. 외모 문화에는 미의 기준을 제시하는 대중매체의 담론과, 여성의 외모를 중시하는 가부장적인 이데올로기가 뿌리 깊게 작용하고 있다. 더 깊게 들어가서는 관상을 중시하는 시각문화, 외모에서조차 경쟁과 서열화를 만드는 자본주의 문화, 성공을 부추기는 유교적 출세주의, 서구의 미적 기준의 식민화, 개인의 개성을 인정하지 않는 집단획일주의 등 수많은 문화적·사회구조적 이데올로기가 개개인의 외모 욕망을 부추겨 외모 문화를 구축한다.

외모지상주의의 문제점을 단편적으로 제시하며 이를 거부할 것을 주장하는 사람들이 있다. 그러나 외모에 대한 욕망은 한두 가지 관점에서 비판함으로써 제거될 수 있는 것이 아니다. 하나의 단순한 현상처럼 보이지만, 그 기저에는 _____ 담론 코드가 끊임없이 작용하고 있는 것이다.

① 심층적인   ② 다층적인
③ 획일적인   ④ 주관적인

13 다음 글의 제목으로 가장 적절한 것은?

> 요한 제바스티안 바흐는 '경건한 종교음악가'로서 천직을 다하기 위한 이상적인 장소가 라이프치히라고 생각하여, 27년 동안 그곳에서 열심히 칸타타를 써 나갔다고 알려졌다. 그러나 실은 7년째에 라이프치히의 칸토르(교회의 음악감독)직으로는 가정을 꾸릴 만큼 수입이 충분치 못해서 다른 일을 하기도 했고 다른 궁정에 자리를 알아보기도 했다. 그것이 계기가 되어 칸타타를 쓰지 않게 되었다는 사실이 최근의 연구에서 밝혀졌다. 또한, 볼프강 아마데우스 모차르트의 경우에는 비극적으로 막을 내린 35년이라는 짧은 생애에 걸맞게 '하늘이 이 위대한 작곡가의 죽음을 비통해하듯' 천둥 치고 진눈깨비 흩날리는 가운데 장례식이 행해졌고 그 때문에 그의 묘지는 행방을 알 수 없게 되었다고 하는데, 이러한 이야기는 빈 기상대에 남아 있는 기상자료와 일치하지 않는다는 사실도 밝혀졌다. 게다가 만년에 엄습해 온 빈곤에도 불구하고 다수의 걸작을 남기고 세상을 떠난 모차르트가 실제로는 그 정도로 수입이 적지는 않았다는 사실도 드러나 최근에는 도박벽으로 인한 빈곤설을 주장하는 학자까지 등장하게 되었다.

① 음악가들의 쓸쓸한 최후
② 미화된 음악가들의 이야기와 그 진실
③ 음악가들을 괴롭힌 근거 없는 소문들
④ 음악가들의 명성에 가려진 빈곤한 생활

14 다음 빈칸에 들어갈 내용으로 가장 적절한 것은?

> _____ 최근 몇 년 동안 서울을 비롯한 수도권을 중심으로 자전거 도로가 많이 늘어난 덕분이다. 자전거 도로는 강을 따라 뻗어나갔다. 한강시민공원을 따라 서쪽 행주대교에서, 동쪽 강동구 암사동까지 37km가 이어져 있다. 북쪽은 중랑천변 자전거 도로가 의정부 끝까지 달린다.

① 자전거 도로의 확충이 필요하다.
② 자전거 시대가 열리고 있다.
③ 자전거 시대를 열어야 한다.
④ 자동차 시대가 도래한다.

15 다음 문단을 논리적 순서대로 바르게 나열한 것은?

(가) 이처럼 사대부들의 시조는 심성 수양과 백성의 교화라는 두 가지 주제로 나타난다. 이는 사대부들이 재도지기(載道之器), 즉 문학을 도(道)를 싣는 수단으로 보는 효용론적 문학관에 바탕을 두었기 때문이다. 이때 도(道)란 수기의 도와 치인의 도라는 두 가지 의미를 지니는데, 강호가류의 시조는 수기의 도를, 오륜가류의 시조는 치인의 도를 표현한 것이라 할 수 있다.

(나) 한편, 오륜가류는 백성들에게 유교적 덕목인 오륜을 실생활 속에서 실천할 것을 권장하려는 목적으로 창작한 시조이다. 사대부들이 관직에 나아가면 남을 다스리는 치인(治人)을 위해 최선을 다했고, 그 방편으로 오륜가류를 즐겨 지었던 것이다. 오륜가류는 쉬운 일상어를 활용하여 백성들이 일상생활에서 마땅히 행하거나 행하지 말아야 할 것들을 명령이나 청유 등의 어조로 노래하였다. 이처럼 오륜가류는 유교적 덕목인 인륜을 실천함으로써 인간과 인간이 이상적 조화를 이루고, 이를 통해 천하가 평화로운 상태까지 나아가는 것을 주요 내용으로 하였다.

(다) 조선시대 시조 문학의 주된 향유 계층은 사대부들이었다. 그들은 '사(士)'로서 심성을 수양하고 '대부(大夫)'로서 관직에 나아가 정치 현실에 참여하는 것을 이상으로 여겼다. 세속적 현실 속에서 나라와 백성을 위한 이념을 추구하면서 동시에 심성을 닦을 수 있는 자연을 동경했던 것이다. 이러한 의식의 양면성에 기반을 두고 시조 문학은 크게 강호가류(江湖歌類)와 오륜가류(五倫歌類)의 두 가지 경향으로 발전하게 되었다.

(라) 강호가류는 자연 속에서 한가롭게 지내는 삶을 노래한 것으로, 시조 가운데 작품 수가 가장 많다. 강호가류가 크게 성행한 시기는 사화와 당쟁이 끊이질 않았던 16 ~ 17세기였다. 세상이 어지러워지자 정치적 이상을 실천하기 어려웠던 사대부들은 정치 현실을 떠나 자연으로 회귀하였다. 이때 사대부들이 지향했던 자연은 세속적 이익과 동떨어진 검소하고 청빈한 삶의 공간이자 안빈낙도(安貧樂道)의 공간이었다. 그 속에서 사대부들은 강호가류를 통해 자연과 인간의 이상적 조화를 추구하며 자신의 심성을 닦는 수기(修己)에 힘썼다.

① (다) – (나) – (가) – (라) 　　　② (다) – (라) – (나) – (가)
③ (라) – (나) – (가) – (다) 　　　④ (라) – (다) – (나) – (가)

※ 다음은 의료보장별 심사실적에 대한 자료이다. 이어지는 질문에 답하시오. **[16~17]**

<의료보장별 심사실적>

(단위 : 천 건, 억 원)

구분		2023년 상반기		2024년 상반기	
		청구건수	진료비	청구건수	진료비
건강보험	입원	7,056	101,662	7,571	111,809
	외래	690,999	185,574	704,721	200,886
의료급여	입원	1,212	15,914	1,271	17,055
	외래	35,634	13,319	38,988	15,366
보훈	입원	35	728	17	418
	외래	1,865	1,250	1,370	940
자동차 보험	입원	466	4,984	479	5,159
	외래	6,508	2,528	7,280	3,036

16 전년 대비 2024년 상반기 보훈분야 전체 청구건수의 감소율은?

① 21%

② 23%

③ 25%

④ 27%

17 2024년 상반기 입원 진료비 중 세 번째로 비용이 높은 분야의 전년 대비 진료비 증가 금액은?

① 145억 원

② 155억 원

③ 165억 원

④ 175억 원

※ 다음은 연령대별 평균 TV시청시간을 조사한 자료이다. 이어지는 질문에 답하시오. [18~19]

〈연령대별 평균 TV시청시간〉

(단위 : 시간)

구분	평일		주말	
	오전	오후	오전	오후
10대 미만	2.2	3.8	2.5	5.2
10대	0.8	1.7	1.5	3.4
20대	0.9	1.8	2.2	3.2
30대	0.3	1.5	1.8	2.2
40대	1.1	2.5	3.2	4.5
50대	1.4	3.8	2.5	4.6
60대	2.6	4.4	2.7	4.7
70대	2.4	5.2	3.1	5.2
80대 이상	2.5	5.3	3.2	5.5

※ 구분 : 청년층(20대), 장년층(30·40대), 중년층(50·60대), 노년층(70대 이후)

※ (장년층의 단순 평균 TV시청시간)=$\dfrac{(30대\ 평균\ TV시청시간)+(40대\ 평균\ TV시청시간)}{2}$

　－ 중년층, 노년층도 동일한 방식으로 계산한다.

※ (평일 / 주말 단순 평균 TV시청시간)=$\dfrac{(오전\ 평균\ TV시청시간)+(오후\ 평균\ TV시청시간)}{2}$

18 다음 중 자료에 대한 설명으로 옳은 것은?

① 10대 미만의 평일 오전과 오후 평균 TV시청시간의 차는 1시간 30분이다.

② 주말 오전 단순 평균 TV시청시간은 장년층이 중년층보다 적다.

③ 전 연령대에서 평일은 오후에 TV를 시청하는 시간이 길었지만, 주말에는 오전에 TV를 시청하는 시간이 길었다.

④ 30대 이후부터는 연령대가 높아질수록 평일 오후 평균 TV시청시간은 감소하고 주말 오후 평균 TV시청시간은 증가한다.

19 다음 〈보기〉 중 옳은 것을 모두 고르면?

────〈보기〉────

㉠ 10대 미만의 평일 오전 평균 TV시청시간은 주말 오전 평균 TV시청시간의 90% 미만이다.

㉡ 10대와 20대의 평일 오후 평균 TV시청시간의 차는 5분 미만이다.

㉢ 평일 오전 평균 TV시청시간이 가장 많은 연령대의 주말 단순 평균 TV시청시간은 4시간 이상이다.

㉣ 장년층·중년층·노년층 중 평일 오전과 오후의 단순 평균 TV시청시간 차가 가장 큰 연령층은 노년층이다.

① ㉠, ㉡　　　　　　　　　　② ㉠, ㉣

③ ㉢, ㉣　　　　　　　　　　④ ㉠, ㉡, ㉢

※ 다음은 휴일 여가시간에 대한 설문조사 자료이다. 이어지는 질문에 답하시오. **[20~21]**

〈집단별 휴일 여가시간에 대한 설문 결과〉

(단위 : %)

구분		매우부족	부족	약간부족	보통	약간충분	충분	매우충분
전체	소계	0.6	2.3	11.0	27.5	32.1	19.6	6.9
성별	남성	0.4	2.2	11.2	28.1	32.2	19.3	6.6
	여성	0.8	2.5	10.8	26.9	32.1	19.7	7.2
연령	15 ~ 19세	1.4	5.3	17.2	25.0	31.6	15.5	4.0
	20대	0.4	2.0	9.7	24.8	37.1	19.6	6.4
	30대	0.7	4.0	15.5	29.9	30.8	15.3	3.8
	40대	1.2	2.4	14.2	30.0	30.2	17.5	4.5
	50대	0.2	2.2	9.7	30.6	32.8	19.3	5.2
	60대	0.3	0.9	8.0	25.8	31.8	23.6	9.6
	70대 이상	–	0.6	3.2	21.4	29.9	27.0	17.9
혼인상태	미혼	0.6	2.6	11.6	25.3	35.3	18.3	6.3
	기혼	0.7	2.5	11.5	29.1	31.1	19.2	5.9
	기타	0.1	0.8	5.7	22.5	29.5	25.1	16.3
지역규모	대도시	0.6	1.8	9.7	28.9	31.6	19.4	8.0
	중소도시	0.6	3.1	12.3	25.6	33.5	19.3	5.6
	읍면지역	0.7	2.3	11.4	28.1	30.4	20.0	7.1

〈집단별 휴일 여가시간에 대한 평균점수〉

(단위 : 명, 점)

구분		조사인원	평균
전체	소계	10,498	4.75
성별	남성	( )	4.74
	여성	5,235	4.75
연령	10대(15 ~ 19세)	696	4.43
	20대	1,458	4.81
	30대	1,560	4.47
	40대	1,998	4.56
	50대	2,007	4.72
	60대	1,422	4.97
	70대 이상	1,357	5.33
혼인상태	미혼	2,925	4.72
	기혼	6,121	4.69
	기타	1,452	5.21
지역규모	대도시	4,418	4.79
	중소도시	3,524	4.69
	읍면지역	2,556	4.74

20 다음 중 자료에 대한 설명으로 옳은 것을 〈보기〉에서 모두 고르면?

─────────────〈보기〉─────────────
ㄱ. 전체 연령에서 여가시간에 대한 평균점수가 가장 높은 순서로 나열하면 '70대 이상 – 60대 – 20대 – 50대 – 40대 – 30대 – 10대'이다.
ㄴ. 전체 남성 중 '약간충분 ~ 매우충분'을 선택한 인원은 3천 명 이상이다.
ㄷ. 미혼과 기혼의 평균점수는 각각 기타의 평균점수보다 낮고, 설문조사에서 '약간부족'을 선택한 비율도 낮다.
ㄹ. 대도시에서 '약간부족'을 선택한 인원은 중소도시와 읍면지역에서 '부족'을 선택한 총인원의 2배 이하이다.
───────────────────────────────

① ㄱ, ㄴ   ② ㄱ, ㄴ, ㄷ
③ ㄱ, ㄴ, ㄹ   ④ ㄴ, ㄷ, ㄹ

21 다음 중 각 연령대에서 '매우충분'을 선택한 인원이 적은 순서대로 바르게 나열된 것은?(단, 소수점은 버림 한다)

① 10대 – 30대 – 40대 – 20대 – 50대 – 60대 – 70대 이상
② 10대 – 30대 – 40대 – 20대 – 60대 – 50대 – 70대 이상
③ 10대 – 30대 – 60대 – 20대 – 40대 – 50대 – 70대 이상
④ 30대 – 40대 – 10대 – 20대 – 50대 – 60대 – 70대 이상

22 다음은 모바일 뱅킹 서비스 이용 실적에 대한 분기별 자료이다. 이에 대한 설명으로 옳지 않은 것은?

<h3 style="text-align:center"><모바일 뱅킹 서비스 이용 실적></h3>

(단위 : 천 건, %)

구분	2023년				2024년
	1분기	2분기	3분기	4분기	1분기
조회 서비스	817	849	886	1,081	1,106
자금이체 서비스	25	16	13	14	25
합계	842(18.6)	865(2.7)	899(3.9)	1,095(21.8)	1,131(3.3)

※ (　)는 전 분기 대비 증가율이다.

① 자금이체 서비스 이용 실적은 2023년 2분기에 감소하였다가 다시 증가하였다.
② 2023년 2분기의 조회 서비스 이용 실적은 전 분기보다 3만 2천 건 증가하였다.
③ 조회 서비스 이용 실적은 매 분기마다 계속 증가하였다.
④ 모바일 뱅킹 서비스 이용 실적의 전 분기 대비 증가율이 가장 높은 분기는 2023년 4분기이다.

23 다음은 H국의 2015 ~ 2023년 공연예술 연도별 행사 추이를 나타낸 자료이다. 이에 대한 설명으로 옳은 것은?(단, 증가율은 소수점 첫째 자리에서 반올림한다)

<h3 style="text-align:center"><H국의 공연예술 연도별 행사 추이></h3>

(단위 : 건)

구분	2015년	2016년	2017년	2018년	2019년	2020년	2021년	2022년	2023년
양악	2,658	2,658	2,696	3,047	3,193	3,832	3,934	4,168	4,628
국악	617	1,079	1,002	1,146	1,380	1,440	1,884	1,801	2,192
무용	660	626	778	1,080	1,492	1,323	미집계	1,480	1,521
연극	610	482	593	717	1,406	1,113	1,300	1,929	1,794

① 2015 ~ 2023년 동안 매년 국악 공연건수가 연극 공연건수보다 더 많았다.
② 2015년 대비 2023년 공연건수의 증가율이 가장 높은 장르는 국악이다.
③ 2015 ~ 2023년 동안 매년 양악 공연건수가 국악, 무용, 연극 공연건수의 합보다 더 많았다.
④ 연극 공연건수가 무용 공연건수보다 많아진 것은 2022년부터였다.

24 다음은 H휴게소의 2022년과 2023년 에너지 소비량 및 온실가스 배출량에 대한 자료이다. 이에 대한 설명으로 옳은 것을 〈보기〉에서 모두 고르면?

〈H휴게소 에너지 소비량〉

(단위 : TOE)

구분	계	에너지 소비량								
		건설 부문				이동 부문				
		소계	경유	도시가스	수전전력	소계	휘발유	경유	도시가스	천연가스
2022년	11,658	11,234	17	1,808	9,409	424	25	196	13	190
2023년	17,298	16,885	58	2,796	14,031	413	28	179	15	191

〈H휴게소 온실가스 배출량〉

(단위 : 톤CO$_2$eq)

구분	온실가스 배출량				
	계	고정 연소	이동 연소	공정 배출	간접 배출
2022년	30,823	4,052	897	122	25,752
2023년	35,638	6,121	965	109	28,443

─〈보기〉─

ㄱ. 에너지 소비량 중 이동 부문에서 경유가 차지하는 비중은 2023년에 전년 대비 10%p 이상 감소하였다.

ㄴ. 건설 부문의 도시가스 소비량은 2023년에 전년 대비 30% 이상 증가하였다.

ㄷ. 2023년 온실가스 배출량 중 간접 배출이 차지하는 비중은 2022년 온실가스 배출량 중 고정 연소가 차지하는 비중의 5배 이상이다.

① ㄱ
③ ㄴ, ㄷ
② ㄴ
④ ㄱ, ㄴ, ㄷ

25 다음은 한국도로공사 시설처에 근무하는 K대리의 급여명세서이다. 이에 대한 설명으로 옳은 것은?(단, 비율은 소수점 첫째 자리에서 반올림한다)

<2024년 6월 급여지급명세서>

사번	12343	성명	K
소속	시설처	직급	대리

<지급 내역>

지급항목(원)		공제항목(원)	
기본급여	1,000,000	주민세	4,160
시간외수당	45,000	고용보험	16,250
직책수당	200,000	건강보험	( )
상여금	400,000	국민연금	112,500
특별수당	100,000	장기요양	4,960
교통비	150,000	소득세	41,630
교육지원	0		
식대	50,000		
급여 총액	1,945,000	공제 총액	255,370

① 공제 총액은 기본급여의 30% 이상이다.

② 주민세와 소득세 총액은 국민연금의 35%를 차지한다.

③ 시간외수당은 건강보험료보다 많다.

④ 건강보험료는 75,870원이다.

26 다음은 2021 ~ 2023년 H국의 에너지원별 발전량과 화력에너지의 종류별 발전량에 대한 자료이다. 이를 바탕으로 〈보기〉에서 옳은 설명을 한 사람을 모두 고르면?

〈에너지원별 발전량〉

(단위 : GWh)

구분	2021년	2022년	2023년
원자력	164,762	161,995	148,427
화력	336,629	348,822	369,943
수력	3,650	3,787	4,186
신재생	23,050	25,837	30,817
기타	–	–	157
합계	528,091	540,441	553,530

〈화력에너지의 종류별 발전량〉

(단위 : GWh)

구분	2021년	2022년	2023년
석탄	204,230	213,803	238,799
유류	31,616	14,001	8,358
LNG	100,783	121,018	122,785
합계	336,629	348,822	369,942

〈보기〉

영준 : 원자력에너지 발전량은 2021년부터 2023년까지 매년 감소했어.

진경 : 2023년 신재생에너지 발전량은 같은 해 화력에너지 발전량의 10% 이상이야.

현아 : 2021년 대비 2022년 LNG에너지 발전량의 증가율은, 2022년 대비 2023년의 석탄에너지 발전량 증가율의 2배 이상이야.

세종 : 2022년 대비 2023년 수력에너지 발전량의 증가율이 2021년 대비 2022년의 증가율과 같다면, 2023년 수력에너지 발전량은 4,600GWh 이상일 거야.

① 영준, 진경
② 영준, 세종
③ 진경, 현아
④ 진경, 세종

27 다음은 H사의 2023년 분기별 손익 현황에 대한 자료이다. 이에 대한 설명으로 옳은 것을 〈보기〉에서 모두 고르면?

<2023년 분기별 손익 현황>

(단위 : 억 원)

구분		1분기	2분기	3분기	4분기
손익	매출액	9,332	9,350	8,364	9,192
	영업손실	278	491	1,052	998
	당기순손실	261	515	1,079	1,559

※ [영업이익률(%)] $= \dfrac{[영업이익(손실)]}{(매출액)} \times 100$

─── 〈보기〉 ───

ㄱ. 2023년 3분기의 영업이익이 가장 크다.
ㄴ. 2023년 4분기의 영업이익률은 2023년 1분기보다 감소하였다.
ㄷ. 2023년 2 ~ 4분기 매출액은 직전 분기보다 증가하였다.
ㄹ. 2023년 3분기의 당기순손실은 직전 분기 대비 100% 이상 증가하였다.

① ㄱ, ㄴ   ② ㄱ, ㄷ
③ ㄴ, ㄷ   ④ ㄴ, ㄹ

〈2023년 범죄의 수사단서〉

(단위 : 건)

범죄 구분		합계	현행범	신고	미신고
합계	소계	1,824,876	142,309	1,239,772	442,795
형법범죄	소계	958,865	122,097	753,715	83,053
	재산범죄	542,336	23,423	470,114	48,799
	강력범죄(흉악)	36,030	7,366	23,364	5,300
	강력범죄(폭력)	238,789	60,042	171,824	6,923
	위조범죄	19,502	286	13,399	5,817
	공무원범죄	3,845	69	1,560	2,216
	풍속범죄	12,161	2,308	4,380	5,473
	과실범죄	8,419	169	7,411	839
	기타형법범죄	97,783	28,434	61,663	7,686
특별법범죄	소계	866,011	20,212	486,057	359,742

28 다음 〈보기〉 중 자료에 대한 설명으로 옳지 않은 것을 모두 고르면?

─〈보기〉─

ㄱ. 풍속범죄의 경우 수사단서 중 미신고 유형이 가장 많다.
ㄴ. 수사단서 중 현행범 유형의 건수가 가장 많은 범죄는 재산범죄이다.
ㄷ. 형법범죄의 수사단서 합계보다 특별법범죄의 수사단서 합계가 더 많다.
ㄹ. 수사단서 중 미신고 유형의 건수가 5만 건 이상인 범죄는 없다.

① ㄴ, ㄷ
② ㄱ, ㄴ, ㄷ
③ ㄱ, ㄴ, ㄹ
④ ㄴ, ㄷ, ㄹ

29 형법범죄 중 수사단서로 '신고'의 건수가 가장 많은 범죄와 가장 적은 범죄의 신고 건수의 차이는?

① 410,045건
② 468,052건
③ 468,554건
④ 473,179건

30 다음은 2011 ~ 2023년 축산물 수입 추이를 나타낸 그래프이다. 이에 대한 설명으로 옳지 않은 것은?

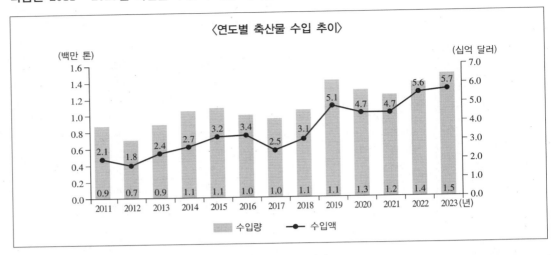

① 2023년 축산물 수입량은 2013년 대비 약 67% 증가하였다.

② 처음으로 2011년 축산물 수입액의 두 배 이상 수입한 해는 2019년이다.

③ 전년 대비 축산물 수입액의 증가율이 가장 높았던 해는 2019년이다.

④ 축산물 수입량과 수입액의 변화 추세는 동일하다.

31 서로 다른 세 분야에서 연구 중인 8명의 연구원은 2개 팀으로 나누어 팀 프로젝트를 진행하려고 한다. 다음 〈조건〉에 따라 팀을 구성한다고 할 때, 항상 참인 것은?

───────────〈조건〉───────────

• 분야별 인원 구성
 – A분야 : a(남자), b(남자), c(여자)
 – B분야 : 가(남자), 나(여자)
 – C분야 : 갑(남자), 을(여자), 병(여자)
• 4명씩 나누어 총 2팀(1팀, 2팀)으로 구성한다.
• 같은 분야의 같은 성별인 사람은 같은 팀으로 구성될 수 없다.
• 각 팀에는 분야별로 적어도 한 명 이상이 포함되어야 한다.
• 한 분야의 모든 사람이 한 팀으로 구성될 수 없다.

① 갑과 을이 한 팀이 된다면, 가와 나도 한 팀이 될 수 있다.

② 4명으로 나뉜 두 팀에는 남녀가 각각 2명씩 구성된다.

③ a가 1팀에 포함된다면, c는 2팀에 포함된다.

④ 가와 나는 한 팀이 될 수 없다.

32 다음은 H회사 디자인팀의 주간회의록이다. 이에 대한 내용으로 옳은 것은?

주간회의록					
회의일시	2024-07-01(월)	**부서**	디자인팀	**작성자**	이사원
참석자	김과장, 박주임, 최사원, 이사원				
회의안건	1. 개인 주간 스케줄 및 업무 점검 2. 2024년 회사 홍보 브로슈어 기획				

	내용	비고

회의내용	1. 개인 스케줄 및 업무 점검
	  • 김과장 : 브로슈어 기획 관련 홍보팀 미팅, 외부 디자이너 미팅
	  • 박주임 : 신제품 SNS 홍보 이미지 작업, 회사 영문 서브페이지 2차 리뉴얼
	    작업 진행
	  • 최사원 : 2024년 하반기 홈페이지 개편 작업 진행
	  • 이사원 : 7월 사보 편집 작업
	
	2. 2024년 회사 홍보 브로슈어 기획
	  • 브로슈어 주제 : '신뢰'
	    − 창립 ○○주년을 맞아 고객의 신뢰로 회사가 성장했음을 강조
	    − 한결같은 모습으로 고객들의 지지를 받아왔음을 기업 이미지로 표현
	  • 20페이지 이내로 구성 예정
		• 7월 6일 AM 10:00
		  디자인팀 전시회 관람
		
		• 7월 3일까지 홍보팀에서
		  2023년 브로슈어 최종원
		  고 전달 예정

	내용	작업자	진행일정
결정사항	브로슈어 표지 이미지 샘플 조사	최사원, 이사원	2024-07-03 ~ 2024-07-04
	브로슈어 표지 시안 작업 및 제출	박주임	2024-07-03 ~ 2024-07-08

특이사항	다음 회의 일정 : 7월 10일 • 브로슈어 표지 결정, 내지 1차 시안 논의

① H회사는 외부 디자이너에게 브로슈어 표지 이미지 샘플을 요청하였다.

② 디자인팀은 이번 주 금요일에 전시회를 관람할 예정이다.

③ 김과장은 이번 주에 내부 미팅과 외부 미팅을 모두 할 예정이다.

④ 이사원은 이번 주에 7월 사보 편집 작업만 하면 된다.

※ 한국도로공사의 해외영업팀은 팀 전체가 해외출장을 앞두고 있다. 해외출장에 앞서 총책임을 맡은 A팀장은 유의사항을 확인하기 위해 위기상황별 대처매뉴얼을 찾아보았다. 이를 참고하여 이어지는 질문에 답하시오. **[33~34]**

〈위기상황별 대처매뉴얼〉

■ **영사콜센터 – 24시간 연중무휴**
- 이용방법
  - 국내 : 02)3210-0404(유료)
  - 해외 : +822-3210-0404(유료)
- 상담내용
  우리 국민 해외 사건·사고 접수, 신속해외송금지원제도 안내, 가까운 재외공관 연락처 안내 등 전반적인 영사 민원 상담

■ **도난·분실 시**
- 재외공관(대사관 혹은 총영사관)에서 사건 관할 경찰서의 연락처와 신고방법 및 유의사항을 안내받습니다.
- 의사소통의 문제로 어려움을 겪을 경우, 통역 선임을 위한 정보를 제공받습니다.
- 여권 분실
  - 여권을 분실 발견한 경우, 가까운 현지 경찰서를 찾아가 여권 분실 증명서를 만듭니다. 재외공관에 분실 증명서, 사진 2장(여권용 컬러사진), 여권번호, 여권발행일 등을 기재한 서류를 제출합니다. 급히 귀국해야 할 경우 여행 증명서를 발급받습니다.
    ※ 여권 분실을 대비해 여행 전 여권을 복사해두거나, 여권번호, 발행 연월일, 여행지 우리 공관 주소 및 연락처 등을 메모해둡니다. 단, 여권을 분실했을 경우 해당 여권이 위·변조되어 악용될 수 있다는 점에 유의바랍니다.
- 현금 및 수표 분실
  - 여행 경비를 분실·도난당한 경우, 신속해외송금지원제도를 이용합니다(재외공관 혹은 영사콜센터 문의).
  - 여행자 수표를 분실한 경우, 경찰서에 바로 신고한 후 분실 증명서를 발급받습니다.
- 항공권 분실
  - 항공권을 분실한 경우, 해당 항공사의 현지 사무실에 신고하고, 항공권 번호를 알려줍니다.
    ※ 분실에 대비해 항공권 번호가 찍혀 있는 부분을 미리 복사해 두고, 구매한 여행사의 연락처도 메모해둡니다.
- 수하물 분실
  - 수하물을 분실한 경우, 화물인수증(Claim Tag)을 해당 항공사 직원에게 제시하고, 분실 신고서를 작성합니다. 공항에서 짐을 찾을 수 없게 되면, 항공사에서 책임지고 배상합니다.
    ※ 현지에서 여행 중에 물품을 분실한 경우 현지 경찰서에 잃어버린 물건에 대해 신고를 하고, 해외여행자 보험에 가입한 경우 현지 경찰서로부터 도난 신고서를 발급받은 뒤, 귀국 후 해당 보험회사에 청구합니다.

33 다음 중 A팀장이 해외출장 전 팀원들에게 당부할 내용으로 적절하지 않은 것은?

① 항공권을 분실할 경우를 대비해 항공권 번호가 있는 부분을 일괄적으로 모두 복사할 예정입니다.

② 여권 분실을 대비해서 여행 전 여권을 복사해둬야 합니다.

③ 여행 경비를 분실·도난당한 경우에 신속해외송금지원제도를 이용할 수 있으니 바로 저에게 말씀해주시기 바랍니다.

④ 수하물을 분실했을 때 화물인수증이 없어도 해당 항공사 직원에게 항공권을 보여주면 항공사에서 책임지고 배상해주니 걱정하지 마세요.

34 A팀장은 위기상황별 대처매뉴얼을 기반으로 유인물을 만들어 팀원들에게 나눠주었다. 다음 중 팀원들의 질문에 대한 A팀장의 대답으로 적절하지 않은 것은?

① B대리 : 만약 여권을 분실했는데 그 사실을 한국으로 돌아가기 전날 알았다면 어떻게 하죠?

　A팀장 : 급히 귀국해야 하는 경우이니 여행 증명서를 발급받으면 됩니다.

② C사원 : 현지에서 잃어버린 물품에 대해 가입한 해외여행자 보험사에 청구하려 할 때는 어떤 서류가 필요한가요?

　A팀장 : 현지 경찰서로부터 도난 신고서를 발급받으면 자동으로 해당 보험회사에 정보가 넘어가니 따로 제출할 서류는 없습니다.

③ D주임 : 여행자 수표를 분실했을 때는 어떻게 해야 하나요?

　A팀장 : 경찰서에 바로 신고한 후 분실 증명서를 발급받습니다.

④ E사원 : 여행 경비를 강도에게 뺏기고 당장 쓸 돈이 한 푼도 없다면 어떻게 하나요?

　A팀장 : 영사관에서 제공하는 신속해외송금지원제도를 이용하면 됩니다. 재외공관이나 영사콜센터에 문의하면 자세히 가르쳐 줍니다.

35 다음은 제거물질별 산업용수의 종류와 산업용수의 종류 및 용도에 대한 자료이다. 이에 대한 설명으로 옳은 것은?

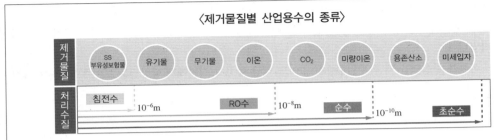

〈제거물질별 산업용수의 종류〉

※ 용존산소 : 물에 녹아있는 산소

〈산업용수의 종류 및 용도〉

구분	RO수	순수	초순수
비저항	$0.1M\Omega cm$ 미만	$0.1M\Omega cm$ 이상	$10M\Omega cm$ 이상
공정	다중여과탑, 활성탄흡착, RO막	이온교환, CO_2 탈기	용존산소 탈기, 한외여과
사용용도	제철, 석유화학	발전, 자동차, 목재펄프	반도체, 디스플레이, 제약

※ 비저항 : 단위면적, 단위길이당 전기저항의 비율

① RO수를 생산하기 위해서 다중여과탑, 한외여과 공정이 필요하다.

② 정밀한 작업이 필요한 반도체 회사에는 용존산소 탈기, 한외여과 공정을 거쳐 생산된 초순수를 공급한다.

③ 이온교환, CO_2 탈기 공정을 통해 제거물질 순서 중 무기물과 이온까지 제거해 순수를 생산한다.

④ 석유화학 회사에는 예상치 못한 화학반응을 줄이기 위해 미량이온을 제거한 RO수를 공급한다.

36 H공사에서는 지역가입자의 생활수준 및 연간 자동차세액 점수표를 기준으로 지역보험료를 산정한다. 지역 가입자 A ~ D의 정보를 참고하여 지역보험료를 계산한 값으로 옳은 것은?(단, 원 단위는 절사한다)

〈생활수준 및 연간 자동차세액 점수표〉

구분			1구간	2구간	3구간	4구간	5구간	6구간	7구간
가입자 성별 및 연령별	남성		20세 미만 / 65세 이상	60세 이상 65세 미만	20세 이상 30세 미만 / 50세 이상 60세 미만	30세 이상 50세 미만	–	–	–
		점수	1.4점	4.8점	5.7점	6.6점			
	여성		20세 미만 / 65세 이상	60세 이상 65세 미만	25세 이상 30세 미만 / 50세 이상 60세 미만	20세 이상 25세 미만 / 30세 이상 50세 미만	–	–	–
		점수	1.4점	3점	4.3점	5.2점			
재산정도 (만 원)			450 이하	450 초과 900 이하	900 초과 1,500 이하	1,500 초과 3,000 이하	3,000 초과 7,500 이하	7,500 초과 15,000 이하	15,000 초과
점수			1.8점	3.6점	5.4점	7.2점	9점	10.9점	12.7점
연간 자동차세액 (만 원)			6.4 이하	6.4 초과 10 이하	10 초과 22.4 이하	22.4 초과 40 이하	40 초과 55 이하	55 초과 66 이하	66 초과
점수			3점	6.1점	9.1점	12.2점	15.2점	18.3점	21.3점

※ (지역보험료)=[(생활수준 및 경제활동 점수)+(재산등급별 점수)+(자동차등급별 점수)]×(부과점수당 금액)
※ 모든 사람의 재산등급별 점수는 200점, 자동차등급별 점수는 100점으로 가정한다.
※ 부과점수당 금액은 183원이다.
※ (생활수준 및 경제활동 점수)=(성별 및 연령 점수)+(재산정도 점수)+(자동차세액 점수)

	구분	성별	연령	재산정도	연간 자동차세액	지역보험료
①	A씨	남성	32세	2,500만 원	12.5만 원	57,030원
②	B씨	여성	56세	5,700만 원	35만 원	58,130원
③	C씨	남성	55세	20,000만 원	43만 원	60,010원
④	D씨	여성	23세	1,400만 원	6만 원	57,380원

※ 다음은 국민임대 분양가이드의 일부를 발췌한 내용이다. 이어지는 질문에 답하시오. [37~38]

■ 입주자 선정순서 : 순위 → 배점 → 추첨

■ 입주자 선정순위

구분	선정기준
전용면적 50m² 미만	• 제1순위 : 당해 주택이 건설되는 시군자치구에 거주하는 자 • 제2순위 : 당해 주택이 건설되는 시군자치구의 연접 시군자치구 중 사업주체가 지정하는 시군자치구에 거주하는 자 • 제3순위 : 제1, 2순위 이외의 자 ※ 최초 입주자모집 시에는 가구원 수별 가구당 월평균소득의 50% 이하인 세대에게 먼저 공급, 남은 주택이 있을 경우 가구원 수별 가구당 월평균소득의 50% 초과 70% 이하인 세대에게 공급
전용면적 50m² 이상 60m² 이하	• 제1순위 : 청약저축에 가입하여 24회 이상 납입한 자 • 제2순위 : 청약저축에 가입하여 6회 이상 납입한 자 • 제3순위 : 제1, 2순위 이외의 자 ※ 동일순위에서는 당해 주택이 건설되는 시군자치구 거주자에게 우선공급 가능

신혼부부	• 제1순위 : 혼인기간 3년 이내
	• 제2순위 : 혼인기간 3년 초과 5년 이내
	※ 1, 2순위 내 경쟁 시, 아래 순서대로 입주자 선정
	  ① 당해 주택건설지역의 거주자
	  ② 자녀 수가 많은 자(재혼 시 공급신청자의 전혼 자녀 포함)
	  ③ 자녀 수도 동일할 경우 추첨으로 입주자 선정
	※ 전용면적 50m² 이상 주택의 경우 청약저축(또는 주택청약종합저축)에 가입하여 6개월이 경과되고 매월 약정납입일에 월납입금을 6회 이상 납부한 자만 신청 가능

■ 동일순위 경쟁 시 배점기준

구분	배점기준
① 세대주(신청인) 나이	• 50세 이상(3점) • 40세 이상(2점) • 30세 이상(1점)
② 부양가족 수(공급신청자 제외, 태아 포함)	• 3인 이상(3점) • 2인(2점) • 1인(1점)
③ 당해 주택건설지역 거주기간	• 5년 이상(3점) • 3년 이상 5년 미만(2점) • 1년 이상 3년 미만(1점)
④ 만 65세 이상 직계존속(배우자의 직계존속 포함) 1년 이상 부양자	• (3점)
⑤ 미성년 자녀 수(태아를 포함한 만 19세 미만 자녀의 수)	• 3자녀 이상(3점) • 2자녀(2점)
⑥ 청약저축 납입횟수	• 60회 이상(3점) • 48회 이상 60회 미만(2점) • 36회 이상 48회 미만(1점)

37 입주자 선정기준을 근거로 할 때 다음 중 가장 우선순위로 선정될 사람은?(단, 모두 전용면적 50m² 이상 60m² 이하의 주택에 입주 신청을 한다고 가정한다)

① 태어날 때부터 해당 지역에 거주했으며, 청약을 50회 납입하였고 처음 내 집 마련을 하려는 29세의 미혼인 A씨

② 청약 납입횟수가 38회이며 65세 이상 노부모(1년 이상 부양)와 두 성인 자녀, 전업주부 배우자를 둔 외지 출신 49세 B씨

③ 해당 지역 거주 20년차이며, 청약저축 가입 기간이 3년, 납입 30회인 70세 이상의 노부부

④ 배점기준에서 거주기간과 납입횟수 최고점자이며, 배우자와 성인 아들 1명을 부양하는 53세 D씨

38 다음 중 자료를 해석한 내용으로 적절하지 않은 것은?

① 전용면적 50m² 이상인 경우 동일순위에서는 당해 주택건설지역에 거주하는 자는 우선순위로 선정된다.

② 부양가족 수가 많을수록, 청약저축 납입회차가 많을수록 선정될 확률이 높다.

③ 동일면적을 신청한 혼인기간이 5년 이내인 신혼부부들은 신청일이 빠를수록 선정될 확률이 높다.

④ 전용면적이 가장 작은 곳의 경우, 최초 입주자모집 시 경제적으로 어려운 사람일수록 선정될 확률이 높다.

39 다음 상황에서 〈조건〉의 사실을 토대로 신입사원이 김과장을 찾기 위해 추측한 내용 중 항상 참인 것은?

> 김과장은 오늘 아침 조기 축구 시합에 나갔다. 그런데 김과장을 한 번도 본 적이 없는 같은 회사의 어떤 신입사원이 김과장에게 급히 전할 서류가 있어 직접 축구 시합장을 찾았다. 시합은 이미 시작되었고, 김과장이 현재 양 팀의 수비수나 공격수 중 한 사람으로 뛰고 있다는 것은 분명하다.

─── 〈조건〉 ───
> ㉠ A팀은 검정색 상의를, B팀은 흰색 상의를 입고 있다.
> ㉡ 양 팀에서 축구화를 신고 있는 사람은 모두 안경을 쓰고 있다.
> ㉢ 양 팀에서 안경을 쓴 사람은 모두 수비수이다.

① 만약 김과장이 공격수라면 안경을 쓰고 있다.

② 만약 김과장이 A팀의 공격수라면 흰색 상의를 입고 있거나 축구화를 신고 있다.

③ 만약 김과장이 B팀의 공격수라면 축구화를 신고 있지 않다.

④ 만약 김과장이 검정색 상의를 입고 있다면 안경을 쓰고 있다.

40 다음 〈조건〉에 따라 오피스텔 입주민들이 쓰레기를 배출한다고 할 때, 옳지 않은 것은?

─────〈조건〉─────

• 5개 동 주민들은 모두 다른 날에 쓰레기를 버린다.
• 쓰레기 배출은 격일로 이루어진다.
• 5개 동 주민들은 A동, B동, C동, D동, E동 순서대로 쓰레기를 배출한다.
• 규칙은 A동이 첫째 주 일요일에 쓰레기를 배출하는 것으로 시작한다.

① 10주 차 일요일에는 A동이 쓰레기를 배출한다.
② A동은 모든 요일에 쓰레기를 배출한다.
③ 2주에 걸쳐 쓰레기를 2회 배출할 수 있는 동은 두 개 동이다.
④ B동이 처음으로 수요일에 쓰레기를 버리는 주는 8주 차이다.

41 A∼G 7명은 각각 차례대로 바이올린, 첼로, 콘트라베이스, 플루트, 클라리넷, 바순, 심벌즈를 연주하고, 악기 연습을 위해 연습실 1, 2, 3을 빌렸다. 다음 〈조건〉을 만족할 때, 연습 장소와 시간을 확정하기 위해 추가로 필요한 조건은?

─────〈조건〉─────

• 연습실은 오전 9시에서 오후 6시까지 운영하고 모든 시간에 연습이 이루어진다.
• 각각 적어도 3시간 이상, 한 번 연습을 한다.
• 연습실 1에서는 현악기를 연습할 수 없다.
• 연습실 2에서 D가 두 번째로 5시간 동안 연습을 한다.
• 연습실 3에서 처음 연습하는 사람이 연습하는 시간은 연습실 2에서 D가 연습하는 시간과 2시간이 겹친다.
• 연습실 3에서 두 번째로 연습하는 사람은 첼로를 켜고 타악기 연습시간과 겹치면 안 된다.

① E는 연습실 운영시간이 끝날 때까지 연습한다.
② C는 A보다 오래 연습한다.
③ E는 A와 연습시간이 같은 시간에 끝난다.
④ A와 F의 연습시간은 3시간이 겹친다.

42 레저용 차량을 생산하는 H기업에 대한 SWOT 분석 결과를 참고하여 다음 〈보기〉 중 각 전략에 따른 대응으로 적절한 것을 모두 고르면?

〈SWOT 분석 매트릭스〉

구분	강점(S)	약점(W)
기회(O)	SO전략 : 공격적 전략 강점으로 기회를 살리는 전략	WO전략 : 방향전환 전략 약점을 보완하여 기회를 살리는 전략
위협(T)	ST전략 : 다양화 전략 강점으로 위협을 최소화하는 전략	WT전략 : 방어적 전략 약점을 보완하여 위협을 최소화하는 전략

〈H기업의 SWOT 분석 결과〉

강점(Strength)	약점(Weakness)
• 높은 브랜드 이미지·평판 • 훌륭한 서비스와 판매 후 보증수리 • 확실한 거래망, 딜러와의 우호적인 관계 • 막대한 R&D 역량 • 자동화된 공장 • 대부분의 차량 부품 자체 생산	• 한 가지 차종에만 집중 • 고도의 기술력에 대한 과도한 집중 • 생산설비에 막대한 투자 → 차량모델 변경의 어려움 • 한 곳의 생산 공장만 보유 • 전통적인 가족형 기업 운영

기회(Opportunity)	위협(Threat)
• 소형 레저용 차량에 대한 수요 증대 • 새로운 해외시장의 출현 • 저가형 레저용 차량에 대한 선호 급증	• 휘발유의 부족 및 가격의 급등 • 레저용 차량 전반에 대한 수요 침체 • 다른 회사들과의 경쟁 심화 • 차량 안전 기준의 강화

〈보기〉

ㄱ. ST전략 : 기술개발을 통하여 연비를 개선한다.
ㄴ. SO전략 : 대형 레저용 차량을 생산한다.
ㄷ. WO전략 : 규제강화에 대비하여 보다 안전한 레저용 차량을 생산한다.
ㄹ. WT전략 : 생산량 감축을 고려한다.
ㅁ. WO전략 : 국내 다른 지역이나 해외에 공장들을 분산 설립한다.
ㅂ. ST전략 : 경유용 레저 차량 생산을 고려한다.
ㅅ. SO전략 : 해외시장 진출보다는 내수 확대에 집중한다.

① ㄱ, ㄴ, ㅁ, ㅂ
② ㄱ, ㄹ, ㅁ, ㅂ
③ ㄴ, ㄹ, ㅁ, ㅂ
④ ㄴ, ㄹ, ㅂ, ㅅ

※ 다음은 H카페의 음료의 메뉴별 성분 자료와 甲이 요일별로 마실 음료를 선택하는 기준이다. 이어지는 질문에 답하시오. [43~44]

〈메뉴별 성분〉

구분	우유	시럽	기타	구분	우유	시럽	기타
아메리카노	×	×	−	카페모카	○	초콜릿	크림
카페라테	○	×	−	시나몬모카	○	초콜릿	시나몬
바닐라라테	○	바닐라	−	비엔나커피	×	×	크림
메이플라테	○	메이플	−	홍차라테	○	×	홍차

※ ○(함유), ×(미함유)

〈甲의 음료 선택 기준〉

• 월요일과 화요일에는 크림이 들어간 음료를 마신다.
• 화요일과 목요일에는 우유가 들어간 음료를 마시지 않는다.
• 수요일에는 바닐라 시럽이 들어간 음료를 마신다.
• 금요일에는 홍차라테를 마신다.
• 주말에는 시럽이 들어가지 않고, 우유가 들어간 음료를 마신다.
• 비엔나커피는 일주일에 2번 이상 마시지 않는다.
• 바로 전날 마신 음료와 동일한 음료는 마시지 않는다.

43 甲이 오늘 아메리카노를 마셨다면, 오늘은 무슨 요일인가?

① 수요일
② 목요일
③ 금요일
④ 토요일

44 甲이 금요일에 홍차라테가 아닌 카페라테를 마신다면, 토요일과 일요일에 마실 음료를 바르게 짝지은 것은?

	토요일	일요일
①	아메리카노	카페라테
②	카페라테	홍차라테
③	아메리카노	카페모카
④	홍차라테	카페라테

45 다음은 포화 수증기량에 대한 글과 날짜별 기온 및 수증기량에 대한 자료이다. 이에 대한 설명으로 옳은 것을 〈보기〉에서 모두 고르면?(단, 모두 맑은 날이고, 해발 0m에서 수증기량을 측정하였다)

수증기는 온도에 따라 공기에 섞여 있을 수 있는 양이 다르다. 온도에 따라 공기 $1m^3$ 중에 섞여 있는 수증기량의 최댓값을 포화 수증기량이라고 하며 기온에 따른 포화 수증기량의 변화를 그린 그래프를 포화 수증기량 곡선이라 한다. 공기에 섞여 있는 수증기량이 포화 수증기량보다 적으면 건조공기, 포화 수증기량에 도달하면 습윤공기이다.

아래 그래프에서 수증기가 $1m^3$당 X만큼 섞여 있고 온도가 T인 어떤 공기 P가 있다고 하자. 이 공기가 냉각되면 기온이 하강하더라도 섞여 있는 수증기량은 변하지 않으므로 점 P는 왼쪽으로 이동한다. 이동한 점이 포화 수증기량 곡선과 만나면 수증기는 응결되어 물이 된다. 이때 온도를 이슬점(T_D)이라고 한다.

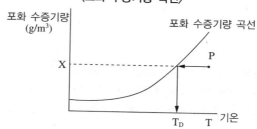

〈포화 수증기량 곡선〉

공기가 상승하면 단열팽창되어 건조한 공기는 100m 상승할 때마다 온도는 약 1℃ 하강하고 습윤한 공기는 100m 상승할 때마다 온도는 약 0.5℃ 하강한다. 반대로 건조한 공기가 100m 하강할 때는 단열압축되어 온도는 약 1℃ 상승하고 습윤한 공기는 100m 하강할 때마다 온도는 약 0.5℃씩 상승하게 된다. 기온이 하강하여 이슬점이 되면 수증기는 응결되어 구름이 되고 더 많은 수증기가 응결되면 비가 되어 내리게 된다.

〈일자별 기온 및 수증기〉

구분	4월 5일	4월 12일	4월 19일	4월 26일	5월 3일	5월 10일
기온(℃)	20	16	18	18	22	20
수증기량(g/m³)	15	13	10	15	8	16

〈보기〉

ㄱ. 가장 건조한 날은 5월 3일이다.
ㄴ. 4월 5일에 측정한 공기와 4월 26일에 측정한 공기가 응결되는 높이는 같다.
ㄷ. 4월 19일에 측정한 공기는 4월 26일에 측정한 공기보다 더 높은 곳에서 응결된다.
ㄹ. 공기 중에 수증기가 가장 많이 있을 수 있는 날은 4월 12일이다.

① ㄱ, ㄷ 　　　　　　　② ㄱ, ㄹ
③ ㄴ, ㄷ 　　　　　　　④ ㄷ, ㄹ

46 다음 〈보기〉 중 인터넷의 역기능을 모두 고르면?

―〈보기〉―
ㄱ. 불건전 정보의 유통　　　　ㄴ. 개인정보 유출
ㄷ. 사이버 성폭력　　　　　　ㄹ. 사이버 언어폭력
ㅁ. 언어 훼손

① ㄱ, ㄴ
③ ㄱ, ㄴ, ㄹ, ㅁ

② ㄷ, ㄹ
④ ㄱ, ㄴ, ㄷ, ㄹ, ㅁ

47 한국도로공사는 사원들만 이용할 수 있는 사내 공용 서버를 운영하고 있다. 하지만 얼마 전부터 공용 서버의 파일을 다운로드 받은 개인용 컴퓨터에서 바이러스가 감지되어, 우선적으로 공용 서버의 바이러스를 모두 치료하였다. 이런 상황에서 발생한 문제에 대처하기 위한 추가 조치사항으로 적절한 것을 〈보기〉에서 모두 고르면?

―〈보기〉―
ㄱ. 접속하는 모든 컴퓨터를 대상으로 바이러스를 치료한다.
ㄴ. 공용 서버에서 다운로드한 파일을 모두 실행한다.
ㄷ. 접속 후에는 쿠키를 삭제한다.
ㄹ. 임시 인터넷 파일의 디스크 공간을 최대로 늘린다.

① ㄱ, ㄴ
③ ㄴ, ㄷ

② ㄱ, ㄷ
④ ㄷ, ㄹ

48 다음 대화를 참고할 때, 빈칸에 들어갈 말로 가장 적절한 것은?

수인 : 요즘은 금융기업이 아닌데도, ○○페이 형식으로 결제서비스를 제공하는 곳이 많더라.
희재 : 맞아! 나도 얼마 전에 온라인 구매를 위해 결제창으로 넘어갔는데, 페이에 가입해서 결제하면 혜택을
　　　제공한다고 하여 가입해서 페이를 통해 결제했어.
수인 : 이렇게 모바일 기술이나 IT에 결제, 송금과 같은 금융서비스를 결합된 새로운 서비스를 _____라고
　　　부른대. 들어본 적 있니?

① P2P
③ 핀테크

② O2O
④ IoT

49 다음 중 정보, 자료, 지식에 대한 설명으로 적절한 것을 〈보기〉에서 모두 고르면?

---〈보기〉---
A. 자료와 정보 가치의 크기는 절대적이다.
B. 정보는 특정한 상황에 맞도록 평가한 의미 있는 기록이다.
C. 정보는 사용하는 사람과 사용하는 시간에 따라 달라질 수 있다.
D. 지식은 평가되지 않은 상태의 숫자나 문자들의 나열을 의미한다.

① A, B
② A, C
③ B, C
④ B, D

50 메신저로 동영상 파일을 전송하자 (가)와 같은 오류 메시지가 발생하였다. 이 동영상의 정보가 (나)와 같을 때, 문제를 해결할 수 있는 방법으로 가장 적절한 것은?

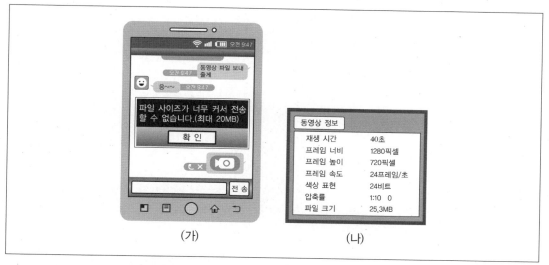

(가)   (나)

① 색상 표현을 32비트로 변경한다.
② 초당 프레임 수를 30으로 변경한다.
③ 동영상의 재생 시간을 45초로 변경한다.
④ 가로 해상도를 640픽셀, 세로 해상도를 360픽셀로 변경한다.

51 다음 순서도에 의해 출력되는 값으로 옳은 것은?

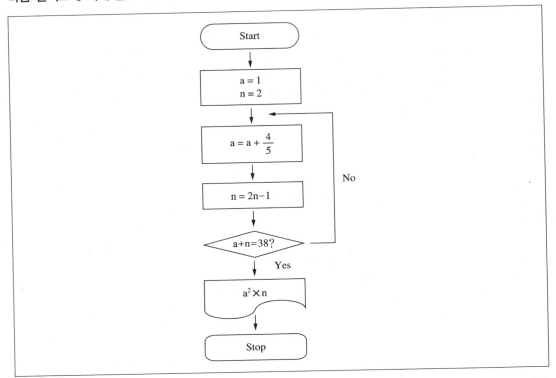

① 810

② 815

③ 820

④ 825

52 다음 프로그램의 실행 결과로 옳은 것은?

```c
#include <stdio.h>
void func() {
  static int num1= 0;
  int num2 = 0;
  num1++;
  num2++;
  printf("num1 : %d, num2: %d \n",num1, num2);
}


void main()
{
  int i;
  for(i=0; i<5; i++) {
    func();
  }
}
```

① num1 : 0, num2 : 0

② num1 : 1, num2 : 1

③ num1 : 1, num2 : 5

④ num1 : 5, num2 : 1

53 다음 중 하이퍼텍스트 전송을 위한 프로토콜로 옳은 것은?

① DHCP   ② HTTP

③ FTP   ④ SFTP

54 다음 글에서 설명하는 용어는?

> 직접 접근 기억장치를 사용하는 파일로 데이터가 임의로 들어있으며, 그것에 주소가 붙어 있어, 처음부터 차례차례 조사하는 것이 아니라 찾고자 하는 데이터를 직접 찾을 수 있다.

① 직접 접근 파일   ② 주소 참조 파일

③ 주소 접근 파일   ④ 직접 참조 파일

55 다음 글을 읽고 H대학교의 문제를 해결하기 위한 대안으로 가장 적절한 것은?

> H대학교는 현재 학생 관리 프로그램, 교수 관리 프로그램, 성적 관리 프로그램의 3개의 응용 프로그램을 갖추고 있다. 학생 관리 프로그램은 학생 정보를 저장하고 있는 파일을 이용하고 교수 관리 프로그램은 교수 정보 파일, 성적 관리 프로그램은 성적 정보 파일을 이용한다. 즉, 각각의 응용 프로그램들은 개별적인 파일을 이용한다.
> 이런 경우, 파일에는 많은 정보가 중복 저장되어 있다. 그렇기 때문에 중복된 정보가 수정되면 관련된 모든 파일을 수정해야 하는 불편함이 있다. 예를 들어, 한 학생이 자퇴하게 되면 학생 정보 파일뿐만 아니라 교수 정보 파일, 성적 정보 파일도 수정해야 하는 것이다.

① 데이터베이스 구축   ② 유비쿼터스 구축

③ RFID 구축   ④ NFC 구축

```
#include <stdio.h>
void main()
{
        int num = 5;
        for (i = 0; i < num; i++)
        {
                printf("%d", i + 1);
        }
}
```

56 다음 중 위 프로그램에서 정수를 출력하기 위해 필요한 정의는?

① int i= ; ② float i;
③ double i; ④ void i;

57 다음 중 위 프로그램에서 정수로 i를 정의하고 실행하였을 때 옳은 것은?

① 00000 ② 12345
③ 0 ④ 1

58 정보검색 연산자를 통해 공기업인 한국도로공사의 사장이 누구인지 알아보려고 한다. 다음 중 키워드 검색 방식을 사용하여 입력한 내용으로 가장 적절한 것은?

① 한국도로공사 * 사장
② 한국도로공사 – 사장
③ 공기업 ~ 한국도로공사
④ 사장! 공기업

59 다음 중 Windows 원격 지원에 대한 설명으로 옳지 않은 것은?

① [도움 요청 파일]은 다른 사용자의 컴퓨터에 연결할 때 사용할 수 있는 특수한 유형의 원격 지원 파일이다.

② 다른 사용자의 도움을 요청할 때에는 [간단한 연결]을 사용하거나 [도움 요청 파일]을 사용할 수 있다.

③ [간단한 연결]은 두 컴퓨터 모두 Windows를 실행하고 인터넷에 연결된 경우에 좋은 방법이다.

④ 다른 사용자에게 도움을 주기 위해서는 먼저 원격 지원을 시작한 후 도움 받을 사용자가 요청하는 연결을 기다려야 한다.

60 다음 중 셀 서식 관련 바로가기 키에 대한 설명으로 옳지 않은 것은?

① 〈Ctrl〉+〈1〉 : 셀 서식 대화상자가 표시된다.

② 〈Ctrl〉+〈2〉 : 선택한 셀에 글꼴 스타일 '굵게'가 적용되며, 다시 누르면 적용이 취소된다.

③ 〈Ctrl〉+〈3〉 : 선택한 셀에 밑줄이 적용되며, 다시 누르면 적용이 취소된다.

④ 〈Ctrl〉+〈5〉 : 선택한 셀에 취소선이 적용되며, 다시 누르면 적용이 취소된다.

| 01 | 경영

61 다음 중 노동조합의 가입방법에 대한 설명으로 옳지 않은 것은?

① 오픈 숍(Open Shop) 제도에서는 노동조합 가입여부가 고용 또는 해고의 조건이 되지 않는다.

② 에이전시 숍(Agency Shop) 제도에서는 근로자들의 조합가입과 조합비 납부가 강제된다.

③ 유니언 숍(Union Shop) 제도에서 신규 채용된 근로자는 일정기간이 지나면 반드시 노동조합에 가입해야 한다.

④ 클로즈드 숍(Closed Shop) 제도는 기업에 속해 있는 근로자 전체가 노동조합에 가입해야 할 의무가 있는 제도이다.

⑤ 클로즈드 숍(Closed Shop) 제도에서는 기업과 노동조합의 단체협약을 통하여 근로자의 채용·해고 등을 노동조합의 통제하에 둔다.

62 다음 중 앤소프의 의사결정에 대한 내용으로 옳지 않은 것은?

① 앤소프의 의사결정은 전략적, 운영적, 관리적 의사결정으로 분류된다.

② 단계별 접근법을 따라 체계적으로 분석가능하다.

③ 단계별로 피드백이 이루어진다.

④ 분석결과에 따라 초기 기업 목적, 시작 단계에서의 평가수정이 불가능하다.

⑤ 단계별 의사결정과정은 기업의 위상과 목표 간의 차이를 줄이는 과정이다.

63 다음 중 BCG 연구에서 성장률이 낮고 시장점유율이 높은 상태의 사업을 지칭하는 것은?

① 수익주종사업   ② 문제사업

③ 사양사업   ④ 개발사업

⑤ 유치사업

64 다음 중 테일러(Taylor)의 과학적 관리법에 대한 설명으로 옳지 않은 것은?

① 이론의 핵심 목표는 경제적 효율성, 특히 노동생산성 증진에 있다.

② 테일러리즘(Taylorism)이라고도 불리며, 20세기 초부터 주목받은 과업수행의 분석과 혼합에 대한 관리 이론이다.

③ 이론의 목적은 모든 관계자에게 과학적인 경영 활동의 조직적 협력에 의한 생산성을 높여 높은 임금을 실현할 수 있다는 인식을 갖게 하는 데 있다.

④ 과학적 관리와 공평한 이익 배분을 통해 생산성과 효율성을 향상하는 것이 기업과 노동자 모두가 성장할 수 있는 길이라는 테일러의 사상은 현대 경영학의 기초가 되었다.

⑤ 테일러의 과학적 관리법은 전문적인 지식과 역량이 요구되는 일에 적합하며, 노동자들의 자율성과 창의성을 고려하며 생산성을 높인다는 장점이 있다.

65 다음 중 자원기반관점(RBV)에 대한 설명으로 옳지 않은 것은?

① 인적자원은 기업의 지속적인 경쟁력 확보의 주요한 원천이라고 할 수 있다.

② 기업의 전략과 성과의 주요결정요인은 기업내부의 자원과 핵심역량의 보유라고 주장한다.

③ 경쟁우위의 원천이 되는 자원은 이질성(Heterogeneous)과 비이동성(Immobile)을 가정한다.

④ 주요결정요인은 진입장벽, 제품차별화 정도, 사업들의 산업집중도 등이다.

⑤ 기업이 보유한 가치(Value), 희소성(Rareness), 모방불가능(Inimitability), 대체불가능성(Non – Sub-Stitutability) 자원들은 경쟁우위를 창출할 수 있다.

66 다음 중 네트워크 조직(Network Organization)의 장점에 해당하지 않는 것은?

① 정보 공유의 신속성 및 촉진이 용이하다.

② 광범위한 전략적 제휴로 기술혁신이 가능하다.

③ 개방성 및 유연성이 뛰어나 전략과 상품의 전환이 빠르다.

④ 전문성이 뛰어나 아웃소싱 업체의 전문성 및 핵심역량을 활용하기 용이하다.

⑤ 더 많은 층위에서 다수의 관리감독자가 존재한다.

67 다음 중 작업성과의 고저에 따라 임금을 적용하는 단순 복률 성과급 방식과 달리 예정된 성과를 올리지 못하여도 미숙련 근로자들에게 최저 생활을 보장하는 방식은?

① 테일러식 복률성과급
② 맨체스터 플랜
③ 메리크식 복률성과급
④ 할증성과급
⑤ 표준시간급

68 다음 〈보기〉에서 소비의 항상소득가설과 생애주기가설에 대한 설명으로 옳은 것을 모두 고르면?

―――――――〈보기〉―――――――
가. 소비자들은 가능한 한 소비수준을 일정하게 유지하려는 성향이 있다.
나. 생애주기가설에 의하면 고령인구의 비율이 높아질수록 민간부문의 저축률이 하락할 것이다.
다. 프리드만의 항상소득가설에 의하면 높은 소득의 가계가 평균적으로 낮은 평균소비성향을 갖는다.
라. 케인스는 항상소득가설을 이용하여 승수효과를 설명하였다.

① 가, 나
② 가, 라
③ 나, 다
④ 가, 나, 다
⑤ 나, 다, 라

69 H사는 자사 제품을 A신문에 광고하려고 한다. A신문의 구독자 수가 10만 명이고, CPM 기준으로 5천 원을 요구하고 있을 때, A신문의 요구대로 광고계약이 진행된다면 광고비는 얼마인가?

① 1,200,000원
② 750,000원
③ 600,000원
④ 500,000원
⑤ 350,000원

70 다음 중 피쉬바인(Fishbein)의 다속성 태도모형에 대한 설명으로 옳지 않은 것은?

① 속성에 대한 신념이란 소비자가 제품 속성에 대하여 가지고 있는 정보와 의견 등을 의미한다.

② 다속성 태도모형은 소비자의 태도와 행동을 동일시한다.

③ 다속성 태도모형은 신념의 강도와 제품속성에 대한 평가로 표현된다.

④ 다속성 태도모형은 구매대안 평가방식 중 비보완적 방식에 해당한다.

⑤ 속성에 대한 평가란 각 속성이 소비자들의 욕구 충족에 얼마나 기여하는가를 나타내는 것으로, 전체 태도 형성에 있어서 속성의 중요도(가중치) 역할을 한다.

71 다음 중 STP 전략의 목표시장선정(Targeting) 단계에서 집중화 전략에 대한 설명으로 옳지 않은 것은?

① 대량생산 및 대량유통, 대량광고 등을 통해 규모의 경제로 비용을 최소화할 수 있다.

② 자원이 한정되어 있을 때 자원을 집중화하고 시장 안에서의 강력한 위치를 점유할 수 있다.

③ 세분시장 내 소비자 욕구의 변화에 민감하게 반응하여야 위험부담을 줄일 수 있다.

④ 대기업 경쟁사의 진입이 쉬우며 위험이 분산되지 않을 경우 시장의 불확실성으로 높은 위험을 감수해야 한다.

⑤ 단일제품으로 단일화된 세부시장을 공략하여 니치마켓에서 경쟁력을 가질 수 있는 창업 기업에 적합한 전략이다.

72 다음 대화의 빈칸에 공통으로 들어갈 용어는 무엇인가?

> 김이사 : 이번에 우리 회사에서도 _____시스템을 도입하려고 합니다. _____는 기업 전체의 의사결정 권자와 사용자 모두가 실시간으로 정보를 공유할 수 있게 합니다. 또한 제조, 판매, 유통, 인사관리, 회계 등 기업의 전반적인 운영 프로세스를 통합하여 자동화할 수 있지요.
>
> 박이사 : 맞습니다. _____시스템을 통하여 기업의 자원관리를 보다 효율적으로 할 수 있어서, 조직 전체 의 의사결정도 보다 신속하게 할 수 있을 것입니다.

① JIT

② MRP

③ MPS

④ ERP

⑤ APP

73 다음 중 EOQ의 가정에 대한 설명으로 옳은 것을 〈보기〉에서 모두 고르면?

---〈보기〉---
ⓐ 해당 품목에 대한 단위기간 중 수요는 정확하게 예측할 수 있다.
ⓑ 주문량은 주문 순서대로 입고된다.
ⓒ 재고 부족 현상이 발생하지 않는다.
ⓓ 대량구매 시 일정부분 할인을 적용한다.

① ㉠, ㉡   ② ㉠, ㉢
③ ㉡, ㉢   ④ ㉡, ㉣
⑤ ㉢, ㉣

74 다음 중 재고품목을 가치나 상대적 중요도에 따라 차별화하여 관리하는 ABC 재고관리에 대한 설명으로 옳은 것은?

① A등급은 재고가치가 낮은 품목들이 속한다.
② A등급 품목은 로트 크기를 크게 유지한다.
③ C등급 품목은 재고유지비가 높다.
④ ABC등급 분석을 위해 롱테일(Long tail) 법칙을 활용한다.
⑤ 가격, 사용량 등을 기준으로 등급을 구분한다.

75 다음 중 회수기간법에 대한 설명으로 옳은 것은?

① 회수기간법과 회계적 이익률법은 전통적 분석기법으로 화폐의 시간가치를 고려한 기법이다.
② 단일 투자안의 투자의사결정은 기업이 미리 설정한 최단기간 회수기간보다 실제 투자안의 회수기간이 길면 선택하게 된다.
③ 화폐의 시간가치를 고려하고 있지만 회수기간 이후의 현금흐름을 무시하고 있다는 점에서 비판을 받고 있다.
④ 회수기간법은 투자안을 평가하는 데 있어 방법이 매우 복잡하면서 서로 다른 투자안을 비교하기 어렵고 기업의 자금 유동성을 고려하지 않았다는 단점을 가지고 있다.
⑤ 회수기간법은 투자에 소요되는 자금을 그 투자안의 현금흐름으로 회수하는 기간이 짧은 투자안을 선택하게 된다.

76 다음 중 마이클 포터(Michael E. Porter)가 제시한 가치사슬분석 중 본원적 활동에 속하지 않은 것은?

① 구매물류 활동　　　　　　　　　② 생산 활동
③ 마케팅과 판매 활동　　　　　　　④ R&D 기술개발 활동
⑤ 서비스 활동

77 H투자안의 명목수익률이 15%이고, 기대인플레이션이 4%라면 H투자안의 실질수익률은?

① 4.2%　　　　　　　　　　　　② 7%
③ 9.5%　　　　　　　　　　　　④ 10.5%
⑤ 13.2%

78 다음 중 파산비용과 자본구조이론에 대한 설명으로 옳은 것은?

① 기업의 자산을 채권자에게 넘겨주는 과정은 법적인 과정이기 때문에 여러 가지 법적 및 행정적 비용은 별도로 책정되는데 이때 사라지는 자산을 파산비용이라 한다.
② 부채를 사용하는 기업의 투자자들은 기업이 파산할 수도 있다는 것을 인식하고 있으며, 파산 시 발생하는 비용을 감안하여 기업의 시장가치를 높게 평가하게 된다.
③ 기업이 일정 수준 이하의 부채를 사용할 경우에는 파산의 가능성이 높기 때문에 감세효과만 존재하게 된다.
④ 자본비용의 사용에 따라 법인세 감소효과와 기대파산비용의 상충관계에 의해 기업별로 최적자본구조가 달리 결정되는 것을 자본구조의 상충이론이라고 한다.
⑤ 차입기업의 가치는 무차입기업의 가치에 파산비용의 현재가치와 이자세금방패의 현재가치를 차감하여 구할 수 있다.

79 H회사는 2023년 초 액면금액 ₩100,000인 전환상환우선주(액면배당률 연 2%, 매년 말 배당지급)를 액면발행하였다. 전환상환우선주 발행 시 조달한 현금 중 금융부채요소의 현재가치는 ₩80,000이고 나머지는 자본요소(전환권)이다. 전환상환우선주 발행시점의 금융부채요소 유효이자율은 연 10%이다. 2023년 초 전환상환우선주의 40%를 보통주로 전환할 때 H회사의 자본증가액은?

① ₩32,000
② ₩34,400
③ ₩40,000
④ ₩42,400
⑤ ₩50,000

80 다음 중 투자안의 경제성 평가에 대한 설명으로 옳은 것은?

① 투자안에서 발생하는 현금흐름은 대부분이 확실하기 때문에 기대현금흐름만을 반영한 할인율을 사용한다.
② 내부수익률은 미래의 현금 유입액이 현재의 투자가치와 동일하게 되는 수익률이다.
③ 공분산은 개별자산의 수익률의 위험정도를 나타내는 척도이다.
④ 할인율은 자본기회비용으로 기업이 현재 추진하려고 하는 사업 대신 위험이 다른 사업을 추진하였을 때 기대할 수 있는 수익률이다.
⑤ 위험이 다른 사업안에 대해 투자자들이 기대하는 수익률과 일치할 것이기 때문에 기대수익률 또는 요구수익률이라고 부른다.

81 H회사는 재고자산을 2023년 말까지 평균법을 적용해 오다가 2024년 초 선입선출법으로 회계정책을 변경하였다. 제시된 H회사의 2023년 말과 2023년 말의 평가방법별 재고자산 금액을 근거로, 평균법을 적용한 2024년 당기순이익이 ₩2,000일 때, 변경 후 2023년 당기순이익은?(단, 동 회계정책 변경은 한국채택국제회계기준에서 제시하는 조건을 충족하는 것이며, 선입선출법으로의 회계정책 변경에 대한 소급효과를 모두 결정할 수 있다고 가정한다)

구분		2023년 말	2024년 초
재고자산 금액	평균법	₩2,800	₩2,200
	선입선출법	₩2,500	₩2,800

① ₩1,400
② ₩2,000
③ ₩2,300
④ ₩2,600
⑤ ₩2,900

82 H회사는 2024년 초 임대수익을 얻고자 건물(취득원가 ₩1,000,000, 내용연수 5년, 잔존가치 ₩100,000, 정액법 상각)을 취득하고, 이를 투자부동산으로 분류하였다. 한편, 부동산 경기의 불황으로 2022년 말 동 건물의 공정가치는 ₩800,000으로 하락하였다. 동 건물에 대하여 공정가치모형을 적용할 경우에 비해 원가모형을 적용할 경우 H회사의 2024년도 당기순이익은 얼마나 증가 혹은 감소하는가?(단, 동 건물은 투자부동산의 분류요건을 충족하며, H회사는 동 건물을 향후 5년 이내 매각할 생각이 없다)

① ₩20,000 증가   ② ₩20,000 감소

③ ₩180,000 증가   ④ ₩180,000 감소

⑤ ₩0

83 H회사의 2024년 말 예상되는 자산과 부채는 각각 ₩100,000과 ₩80,000으로 부채비율[(총부채)÷(주주지분)] 400%가 예상된다. H회사는 부채비율을 낮추기 위해 다음 대안들을 검토하고 있다. 다음 설명 중 옳지 않은 것은?(단, H회사는 모든 유형자산에 대하여 재평가모형을 적용하고 있다)

- 대안Ⅰ : 토지A 처분(장부금액 ₩30,000, 토지재평가잉여금 ₩1,000, 처분손실 ₩5,000 예상) 후 처분대금으로 차입금 상환
- 대안Ⅱ : 유상증자(₩25,000) 후 증자금액으로 차입금 상환
- 대안Ⅲ : 토지B에 대한 재평가 실시(재평가이익 ₩25,000 예상)

① 토지A 처분대금으로 차입금을 상환하더라도 부채비율은 오히려 증가한다.
② 토지A를 처분만 하고 차입금을 상환하지 않으면 부채비율은 오히려 증가한다.
③ 유상증자대금으로 차입금을 상환하면 부채비율은 감소한다.
④ 유상증자만 하고 차입금을 상환하지 않더라도 부채비율은 감소한다.
⑤ 토지B에 대한 재평가를 실시하면 부채비율은 감소한다.

84 다음 중 기업신용평가등급표의 양적 평가요소에 해당하는 것은?

① 진입장벽   ② 시장점유율

③ 재무비율 평가항목   ④ 경영자의 경영능력

⑤ 은행거래 신뢰도

85 다음은 H회사의 2023년 세무조정사항 등 법인세 계산 자료이다. H회사의 2023년도 법인세비용은?

- 접대비 한도초과액은 ₩24,000이다.
- 감가상각비 한도초과액은 ₩10,000이다.
- 2023년 초 전기이월 이연법인세자산은 ₩7,500이고, 이연법인세부채는 없다.
- 2023년도 법인세비용차감전순이익은 ₩150,000이고, 이후에도 매년 이 수준으로 실현될 가능성이 높다.
- 과세소득에 적용될 세율은 25%이고, 향후에도 변동이 없다.

① ₩37,500
② ₩40,500
③ ₩43,500
④ ₩45,500
⑤ ₩48,500

86 다음은 H회사의 거래내용이다. 2023년 10월 1일 거래에 대한 회계처리과정에서 나타나는 계정과 금액으로 옳은 것은?(단, 자기주식의 회계처리는 원가법을 적용한다)

- 2023년 1월 1일, 보통주자본금은 ₩10,000이고 주식발행초과금은 ₩2,000이며 이익잉여금은 ₩1,000이다.
- 2023년 5월 1일, 자기주식 10주를 주당 ₩700에 취득하였고, 취득한 자기주식은 주당 ₩600(주당액면금액 ₩500)에 발행한 보통주였다.
- 2023년 10월 1일, 당해연도 5월 1일에 취득한 자기주식 5주를 소각하였다.

① 자기주식처분손실 ₩1,000
② 자기주식처분손실 ₩1,500
③ 감자차손 ₩500
④ 감자차익 ₩600
⑤ 자기주식처분이익 ₩1,000

87 다음 중 재무제표 요소의 측정에 대한 설명으로 옳지 않은 것은?

① 자산에 대하여 손상차손회계를 적용할 때 고려하는 사용가치는 그 자산의 공정가치와 다르다.
② 재무제표를 작성할 때 합리적 추정을 사용하는 것은 신뢰성을 훼손하게 된다.
③ 부채에 현행원가 개념을 적용하면 현재시점에서 그 의무를 이행하는 데 필요한 현금이나 현금성자산의 할인하지 아니한 금액으로 평가한다.
④ 재무제표를 작성할 때 기업이 가장 보편적으로 채택하고 있는 재무제표 요소의 측정기준은 역사적 원가이다.
⑤ 재무제표 요소의 측정은 재무상태표와 포괄손익계산서에 인식되고 평가되어야 할 재무제표 요소의 화폐금액을 결정하는 과정으로 특정 측정기준의 선택과정을 포함한다.

88 다음 중 재고자산에 대한 설명으로 옳은 것은?(단, 재고자산감모손실 및 재고자산평가손실은 없다)

① 재고자산 매입 시 부담한 매입운임은 운반비로 구분하여 비용처리한다.

② 부동산 매매기업이 정상적인 영업과정에서 판매를 목적으로 보유하는 건물은 재고자산으로 구분한다.

③ 선입선출법 적용 시 물가가 지속적으로 상승한다면, 계속기록법에 의한 기말재고자산금액이 실지재고조사법에 의한 기말재고자산 금액보다 작다.

④ 선입선출법 적용 시 물가가 지속적으로 상승한다면, 계속기록법에 의한 기말재고자산금액이 실지재고조사법에 의한 기말재고자산 금액보다 크다.

⑤ 재고자산을 순실현가능가치로 감액한 평가손실과 모든 감모손실은 감액이나 감모가 발생한 다음 기간에 매출원가로 인식한다.

89 다음 중 주당 액면금액이 ₩5,000인 보통주 100주를 주당 ₩8,000에 현금 발행한 경우 재무제표에 미치는 영향으로 옳지 않은 것은?

① 자산 증가
② 자본 증가
③ 수익 불변
④ 부채 불변
⑤ 이익잉여금 증가

90 다음 자료를 토대로 H회사가 2024년 말 재무상태표에 계상하여야 할 충당부채는?(단, 아래에서 제시된 금액은 모두 신뢰성 있게 측정되었다)

사건	비고
2024년 9월 25일에 구조조정계획이 수립되었으며 예상비용은 ₩300,000으로 추정된다.	2024년 말까지는 구조조정계획의 이행에 착수하지 않았다.
2024년 말 현재소송이 제기되어 있으며, 동 소송에서 패소시 배상하여야 할 손해배상금액은 ₩200,000으로 추정된다.	H회사의 자문 법무법인에 의하면 손해발생 가능성은 높지 않다.
미래의 예상 영업손실이 ₩450,000으로 추정된다.	-
회사가 사용 중인 공장 구축물 철거시, 구축물이 정착되어 있던 토지는 원상복구의무가 있다. 원상복구원가는 ₩200,000으로 추정되며 그 현재가치는 ₩120,000이다.	-
판매한 제품에서 제조상 결함이 발견되어 보증비용 ₩350,000이 예상되며, 그 지출가능성이 높다. 동 보증은 확신유형 보증에 해당한다.	예상비용을 보험사에 청구하여 50%만큼 변제받기로 하였다.

① ₩295,000
② ₩470,000
③ ₩550,000
④ ₩670,000
⑤ ₩920,000

91 다음 중 인플레이션에 의해 나타날 수 있는 현상으로 옳지 않은 것은?

① 구두창 비용의 발생

② 메뉴비용의 발생

③ 통화가치 하락

④ 총요소 생산성의 상승

⑤ 단기적인 실업률 하락

92 다음 중 시장실패(Market Failure)의 원인으로 옳지 않은 것은?

① 독과점의 존재

② 소비의 경합성

③ 외부경제의 존재

④ 비대칭 정보의 존재

⑤ 공유자원의 존재

93 중국과 인도 근로자 한 사람의 시간당 의복과 자동차 생산량은 다음과 같다. 리카도(D. Ricardo)의 비교우위이론에 따르면, 양국은 어떤 제품을 수출하는가?

구분	중국	인도
의복(벌)	40	30
자동차(대)	20	10

① 중국 : 의복, 인도 : 자동차

② 중국 : 자동차, 인도 : 의복

③ 중국 : 의복과 자동차, 인도 : 수출하지 않음

④ 중국 : 수출하지 않음, 인도 : 자동차와 의복

⑤ 두 국가 모두 교역을 하지 않음

94 어느 경제의 로렌츠곡선이 다음 그림과 같이 주어져 있다. 이에 대한 설명으로 옳은 것은?

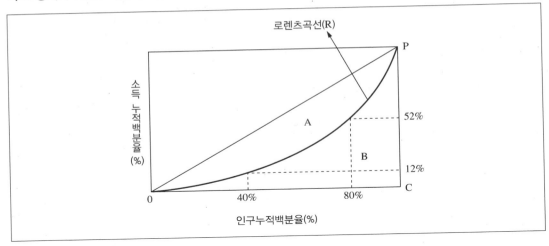

① 10분위분배율의 값은 4이다.

② 지니계수는 삼각형 OCP 면적을 면적 A로 나눈 값으로 산출한다.

③ 중산층 붕괴현상이 발생하면 A의 면적은 감소하고, B의 면적은 증가한다.

④ 불경기로 인해 저소득층의 소득이 상대적으로 크게 감소하면 A의 면적이 커진다.

⑤ 미국의 서브프라임모기지 사태는 로렌츠곡선을 대각선에 가깝도록 이동시킨다.

95 다음 중 파레토 효율성에 대한 설명으로 옳지 않은 것은?

① 파레토 효율적인 자원배분은 일반적으로 무수히 많이 존재한다.

② 일정한 조건이 충족될 때 완전경쟁시장에서의 일반균형은 파레토 효율적이다.

③ 파레토 효율적인 자원배분이 평등한 소득분배를 보장해주는 것은 아니다.

④ 파레토 효율적인 자원배분하에서는 항상 사회후생이 극대화된다.

⑤ 어느 한 사람의 효용을 감소시키지 않고서는 다른 사람의 효용을 증가시킬 수 없는 상태를 파레토 효율적이라고 한다.

96 다음 〈보기〉 중 항상소득이론에 근거한 설명으로 옳은 것을 모두 고르면?

〈보기〉

가. 직장에서 승진하여 소득이 증가하였으나 이로 인한 소비는 증가하지 않는다.
나. 경기호황기에는 임시소득이 증가하여 저축률이 상승한다.
다. 항상소득에 대한 한계소비성향이 임시소득에 대한 한계소비성향보다 더 작다.
라. 소비는 현재소득뿐만 아니라 미래소득에도 영향을 받는다.

① 가, 나　　　　　　　　　　　　② 가, 라
③ 나, 다　　　　　　　　　　　　④ 나, 라
⑤ 다, 라

97 다음은 완전경쟁시장에서 어느 기업의 단기비용곡선이다. 제품의 시장 가격이 90원으로 주어졌을 때, 이 기업의 생산 결정에 대한 설명으로 옳은 것은?

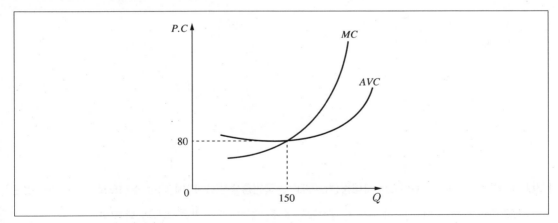

① 이 기업은 생산을 중단한다.
② 이 기업은 생산을 함으로써 초과 이윤을 얻을 수 있다.
③ 균형점에서 이 기업의 한계비용은 90원보다 작다.
④ 균형점에서 이 기업의 한계수입은 90원보다 크다.
⑤ 이 기업은 150개보다 많은 양을 생산한다.

98 다음 〈보기〉 중 외부효과에 대한 설명으로 옳은 것을 모두 고르면?

〈보기〉
ㄱ. 외부효과가 존재할 경우 시장은 자원을 비효율적으로 배분한다.
ㄴ. 부정적 외부효과가 존재할 경우 사회적비용은 사적비용보다 작다.
ㄷ. 부정적 외부효과를 시정하기 위해 고안된 세금을 피구세(Pigouvian tax)라고 한다.
ㄹ. 긍정적 외부효과가 존재할 경우 시장생산량은 사회적으로 바람직한 생산량보다 많다.

① ㄱ, ㄴ
② ㄱ, ㄷ
③ ㄴ, ㄹ
④ ㄷ, ㄹ
⑤ ㄱ, ㄷ, ㄹ

99 다음은 A국의 GDP와 실업률에 대한 자료이다. 이를 참고할 때, 오쿤의 법칙(Okun's Law)을 통해 계산한 A국의 실제실업률(u)은 얼마인가?(단, Y_P는 잠재GDP, Y는 실제GDP, u는 실제실업률, u_N은 자연실업률, a는 상수를 의미한다)

• Y_P=100조 원	• Y=90조 원
• u_N=4%	• a=2.5

① 12%
② 10%
③ 8%
④ 6%
⑤ 4%

100 다음 중 국민총소득(GNI), 국내총생산(GDP), 국민총생산(GNP)에 대한 설명으로 옳지 않은 것은?

① GNI는 한 나라 국민이 국내외 생산활동에 참여한 대가로 받은 소득의 합계이다.
② 명목GNI는 명목GNP와 명목 국외순수취요소소득의 합이다.
③ 국외수취 요소소득이 국외지급 요소소득보다 크면 명목GNI가 명목GDP보다 크다.
④ 원화표시 GNI에 아무런 변동이 없더라도 환율변동에 따라 달러화표시 GNI는 변동될 수 있다.
⑤ 실질GDP는 생산활동의 수준을 측정하는 생산지표인 반면, 실질GNI는 생산활동을 통하여 획득한 소득의 실질 구매력을 나타내는 소득지표이다.

| 02 | 법정

61 다음 중 공무원의 헌법상 지위에 대한 내용으로 옳은 것은?

① 공무원은 국민대표기관인 국회에 대하여 책임을 진다.

② 공무원에 대하여 근로자의 권리를 제한하는 것은 위헌이다.

③ 국민 전체에 대한 봉사자라는 뜻은 국민주권의 원리에 입각하여 국민에 대한 책임을 진다는 것을 말한다.

④ 공무원은 특정 정당에 대한 봉사자가 될 수 있다.

⑤ 공무원은 특별한 경우에 한해 기본권행사가 제한된다.

62 다음 중 교육을 받을 권리에 대한 설명으로 옳지 않은 것을 〈보기〉에서 모두 고르면?(단, 다툼이 있는 경우 판례에 의한다)

─────〈보기〉─────

ㄱ. 대학수학능력시험을 한국교육방송공사(EBS) 수능 교재 및 강의와 연계하여 출제하기로 한 '2018학년도 대학수학능력시험 시행기본계획'은 헌법 제31조 제1항의 능력에 따라 균등하게 교육을 받을 권리를 직접 제한한다고 보기는 어렵다.

ㄴ. '부모의 자녀에 대한 교육권'은 비록 헌법에 명문으로 규정되어 있지는 않지만, 혼인과 가족생활을 보장하는 헌법 제36조 제1항, 교육을 받을 권리를 규정한 헌법 제31조 제1항에서 직접 도출되는 권리이다.

ㄷ. 교육을 받을 권리를 규정한 헌법 제31조 제1항은 헌법 제10조의 행복추구권에 대한 특별규정으로서, 교육의 영역에서 능력주의를 실현하고자 하는 것이다.

① ㄱ
② ㄷ
③ ㄱ, ㄴ
④ ㄴ, ㄷ
⑤ ㄱ, ㄴ, ㄷ

63 다음 중 행정부 소속 소청심사위원회에 대한 설명으로 옳지 않은 것은?

① 소청심사위원회는 인사혁신처 소속이며 그 위원장은 정무직으로 보한다.

② 원징계처분보다 무거운 징계를 부과하는 결정을 할 수 없다.

③ 심사의 결정을 하기 위해서는 재적위원 3분의 1 이상의 출석이 필요하며, 심사의 결정은 출석위원의 과반수의 합의에 따른다.

④ 강임·휴직·직위해제·면직 처분을 받은 공무원은 처분사유 설명서를 받은 후 30일 이내에 심사청구를 할 수 있다.

⑤ 위원장 1인을 포함한 5명 이상 7명 이하의 상임위원과 상임위원 수의 2분의 1 이상의 비상임위원으로 구성되어 있다.

64 다음 글의 빈칸에 해당하는 것은?

> _____은 재정권을 독점한 정부에서 정치가나 관료들이 독점적 권력을 국민에게 남용하여 재정규모를 과도하게 팽창시키는 행위를 의미한다는 내용을 담고 있다.

① 로머와 로젠탈(Tomas Romer & Howard Rosenthal)의 회복수준 이론
② 파킨슨(Cyril N. Parkinson)의 법칙
③ 니스카넨(William Niskanen)의 예산극대화 가설
④ 지대추구 이론
⑤ 리바이어던(Leviathan) 가설

65 다음 중 행정행위에 대한 설명으로 옳지 않은 것은?

① 내용이 명확하고 실현가능하여야 한다.
② 법률상 절차와 형식을 갖출 필요는 없다.
③ 법률의 규정에 위배되지 않아야 한다.
④ 정당한 권한을 가진 자의 행위라야 한다.
⑤ 법률에 근거를 두어야 한다.

66 다음 중 행정심판에 의해 구제받지 못한 자가 위법한 행정행위에 대하여 최종적으로 법원에 구제를 청구하는 절차는?

① 헌법소원　　　　　　　　　　② 손해배상청구
③ 손실보상청구　　　　　　　　④ 행정소송
⑤ 경정청구

67 다음 중 한국의 행정개혁에 대한 내용을 시대적 순서대로 나열한 것은?

> ㄱ. 정보통신정책과 국가정보화를 전담하여 추진하던 정보통신부를 폐지하고 방송통신 융합을 주도할 방송 통신위원회를 설치했다.
> ㄴ. 대통령 소속의 중앙인사위원회를 설치해 대통령의 인사권 행사를 강화했다.
> ㄷ. 부총리제가 부활되고 외교통상부의 통상 교섭 기능이 산업통상자원부로 이관됐다.
> ㄹ. 법제처와 국가보훈처를 장관급 기구로 격상하고, 소방방재청을 신설했다.

① ㄱ - ㄹ - ㄴ - ㄷ   ② ㄴ - ㄱ - ㄹ - ㄷ
③ ㄴ - ㄹ - ㄱ - ㄷ   ④ ㄹ - ㄱ - ㄴ - ㄷ
⑤ ㄹ - ㄴ - ㄱ - ㄷ

68 다음 중 조례에 대한 설명으로 옳지 않은 것은?(단, 다툼이 있는 경우 판례에 의한다)

① 조례가 법률 등 상위법령에 위배되면 비록 그 조례를 무효라고 선언한 대법원의 판결이 선고되지 않았더라도 그 조례에 근거한 행정처분은 당연무효가 된다.

② 시(市)세의 과세 또는 면제에 관한 조례가 납세의무자에게 불리하게 개정된 경우에 있어서 개정 조례 부칙에서 종전의 규정을 개정 조례 시행 후에도 계속 적용한다는 경과규정을 두지 아니한 이상, 다른 특별한 사정이 없는 한 법률불소급의 원칙상 개정 전후의 조례 중에서 납세의무가 성립한 당시에 시행되는 조례를 적용하여야 할 것이다.

③ 시·도의회에 의하여 재의결된 사항이 법령에 위반된다고 판단되면 주무부장관은 시·도지사에게 대법원에 제소를 지시하거나 직접 제소할 수 있다. 다만 재의결된 사항이 둘 이상의 부처와 관련되거나 주무부장관이 불분명하면 행정안전부장관이 제소를 지시하거나 직접 제소할 수 있다.

④ 법률이 주민의 권리의무에 관한 사항에 관하여 구체적으로 범위를 정하지 않은 채 조례로 정하도록 포괄적으로 위임한 경우에도 지방자치단체는 법령에 위반되지 않는 범위 내에서 주민의 권리의무에 관한 사항을 조례로 제정할 수 있다.

⑤ 조례안 재의결 내용 전부가 아니라 일부가 법령에 위반되어 위법한 경우에도 대법원은 재의결 전부의 효력을 부인하여야 한다.

69 다음 중 예산집행 과정에 대한 설명으로 옳은 것은?

① 예산의 전용은 예산구조상 장·관·항 간에 상호 융통하는 것을 말한다.

② 예비비는 국고금관리법에 의하여 기획재정부 장관이 관리한다.

③ 긴급배정은 계획의 변동이나 여건의 변화로 인하여 당초의 연간 정기 배정계획보다 지출원인행위를 앞당길 필요가 있을 때, 해당 사업에 대한 예산을 분기별 정기 배정계획에 관계없이 앞당겨 배정하는 제도이다.

④ 국고채무부담행위에 대한 국회의 의결은 국가로 하여금 다음 연도 이후에 지출할 수 있는 권한을 부여하는 것이다.

⑤ 예산의 이체는 법령의 제정, 개정, 폐지 등으로 그 직무와 권한에 변동이 있을 때 관련되는 예산의 귀속을 변경시키는 것을 말한다.

70 다음 중 취소소송의 판결의 효력에 대한 설명으로 옳지 않은 것은?

① 취소판결의 기판력은 판결의 대상이 된 처분에 한하여 미치고 새로운 처분에 대해서는 미치지 아니한다.

② 거부처분의 취소판결이 확정된 경우 그 판결의 당사자인 처분청은 그 소송의 사실심변론 종결 이후 발생한 사유를 들어 다시 이전의 신청에 대하여 거부처분을 할 수 있다.

③ 취소판결의 기속력은 그 사건의 당사자인 행정청과 그 밖의 관계행정청에게 확정판결의 취지에 따라 행동하여야 할 의무를 지우는 것으로 이는 인용판결에 한하여 인정된다.

④ 거부처분의 취소판결이 확정되었더라도 그 거부처분 후에 법령이 개정·시행되었다면 처분청은 그 개정된 법령 및 허가기준을 새로운 사유로 들어 다시 이전 신청에 대하여 거부처분을 할 수 있다.

⑤ 취소판결의 기판력은 소송의 대상이 된 처분의 위법성존부에 관한 판단 그 자체에만 미치기 때문에 기각판결의 원고는 당해 소송에서 주장하지 아니한 다른 위법사유를 들어 다시 처분의 효력을 다툴 수 있다.

71 다음 중 공공의 영조물의 설치·관리의 하자로 인한 국가배상법상 배상책임에 대한 설명으로 옳지 않은 것은?(단, 다툼이 있는 경우 판례에 의한다)

① 영조물의 설치·관리의 하자란 '영조물이 그 용도에 따라 통상 갖추어야 할 안정성을 갖추지 못한 상태에 있음'을 말한다.

② 영조물의 설치·관리상의 하자로 인한 배상책임은 무과실책임이고, 국가는 영조물의 설치·관리상의 하자로 인하여 타인에게 손해를 가한 경우에 그 손해방지에 필요한 주의를 해태하지 아니하였다 하여 면책을 주장할 수 없다.

③ 객관적으로 보아 시간적·장소적으로 영조물의 기능상 결함으로 인한 손해발생의 예견가능성과 회피가능성이 없는 경우에는 영조물의 설치관리상의 하자를 인정할 수 없다.

④ 영조물의 설치·관리의 하자에는 영조물이 공공의 목적에 이용됨에 있어 그 이용상태 및 정도가 일정한 한도를 초과하여 제3자에게 사회 통념상 참을 수 없는 피해를 입히는 경우도 포함된다.

⑤ 광역시와 국가 모두가 도로의 점유자 및 관리자, 비용부담자로서의 책임을 중첩적으로 지는 경우 국가만이 국가배상법에 따라 궁극적으로 손해를 배상할 책임이 있는 자가 된다.

72 다음 중 행정처분의 하자에 대한 설명으로 옳은 것은?(단, 다툼이 있는 경우 판례에 의한다)

① 과세관청의 소득처분과 그에 따른 소득금액변동통지가 있는 경우 원천징수하는 소득세의 납세의무에 관하여는 이를 확정하는 소득금액변동통지에 대한 항고소송에서 다투어야 하고 소득금액변동통지가 취소사유에 불과한 경우 징수처분에 대한 항고소송에서 이를 다툴 수는 없다.

② 토지구획정리사업 시행 후 시행인가처분의 하자가 취소사유에 불과하더라도 사업 시행 후 시행인가처분의 하자를 이유로 환지청산금 부과처분의 효력을 다툴 수 있다.

③ 선행처분인 국제항공노선 운수권 배분 실효처분 및 노선면허거부처분에 대하여 이미 불가쟁력이 생겨 그 효력을 다툴 수 없게 되었더라도 후행처분인 노선면허처분을 다투는 단계에서 선행처분의 하자를 다툴 수 있다.

④ 선행처분인 개별공시지가결정이 위법하여 그에 기초한 개발부담금 부과처분도 위법하게 되었지만 그 후 적법한 절차를 거쳐 공시된 개별공시지가결정이 종전의 위법한 공시지가결정과 그 내용이 동일하다면 위법한 개별공시지가결정에 기초한 개발부담금 부과처분은 적법하게 된다.

⑤ 선행처분인 계고처분이 하자가 있는 위법한 처분이라도 당연무효의 처분이 아니라면 후행처분인 대집행비용납부명령의 취소를 청구하는 소송에서 그 계고처분을 전제로 행하여진 대집행비용납부명령도 위법한 것이라는 주장을 할 수는 없다.

73 다음 중 엽관주의와 실적주의에 대한 설명으로 옳은 것을 〈보기〉에서 모두 고르면?

〈보기〉

ㄱ. 엽관주의는 실적 이외의 요인을 고려하여 임용하는 방식으로 정치적 요인, 혈연, 지연 등이 포함된다.
ㄴ. 엽관주의는 정실임용에 기초하고 있기 때문에 초기부터 민주주의의 실천원리와는 거리가 멀다.
ㄷ. 엽관주의는 정치지도자의 국정지도력을 강화함으로써 공공정책의 실현을 용이하게 해 준다.
ㄹ. 실적주의는 정치적 중립에 집착하여 인사행정을 소극화·형식화시킨다.
ㅁ. 실적주의는 국민에 대한 관료의 대응성을 높일 수 있다는 장점이 있다.

① ㄱ, ㄴ
② ㄱ, ㄷ
③ ㄴ, ㄹ
④ ㄴ, ㅁ
⑤ ㄷ, ㄹ

74 다음 중 가상 사례를 가장 잘 설명하고 있는 것은?

요즘 한 지방자치단체 공무원들 사이에는 민원 관련 허가를 미루려는 A국장의 기이한 행동이 입방아에 오르내리고 있다. A국장은 자기 손으로 승인여부에 대한 결정을 해야 하는 상황을 피하기 위해 자치단체장에 대한 업무보고도 과장을 시켜서 하는 등 단체장과 마주치지 않기 위해 피나는 노력을 하고 있다고 한다.
최근에는 해외일정을 핑계로 아예 장기간 자리를 뜨기도 했다. A국장이 승인여부에 대한 실무진의 의견을 제대로 올리지 않자 안달이 난 쪽은 다름아닌 바로 단체장이다. 단체장이 모든 책임을 뒤집어써야 하는 상황이 될 수도 있기 때문이다. A국장과 단체장이 책임을 떠넘기려는 웃지 못할 해프닝이 일어나고 있는 것이다.
한 공무원은 "임기 말에 논란이 될 사안을 결정할 공무원이 누가 있겠느냐."고 말했다.
이런 현상은 중앙부처의 정책결정 과정이나 자치단체의 일선행정 현장에서 모두 나타나고 있다. 그 사이에 정부 정책의 신뢰는 저하되고, 신뢰를 잃은 정책은 표류할 수밖에 없다.

① 기관에 대한 정서적 집착과 같은 귀속주의나 기관과 자신을 하나로 보는 심리적 동일시 현상을 말한다.
② 관료제의 구조적 특성인 권위의 계층적 구조에서 상사의 명령까지 절대적으로 추종하는 행태를 말한다.
③ 관료들이 위험회피적이고 변화저항적이며 책임회피적인 보신주의로 빠지는 행태를 말한다.
④ 관료제에서 공식적인 규칙이나 절차가 본래의 목적을 상실하여 조직과 대상 국민에게 순응의 불편이나 비용을 초래하는 것을 말한다.
⑤ 업무수행지침을 규정한 공식적인 법규정만을 너무 고집하고 상황에 따른 유연한 대응을 하지 않는 행태를 말한다.

75 다음 중 특별회계에 대한 설명으로 옳지 않은 것은?

① 특별회계는 일반회계와 기금의 혼용 방식으로 운용할 수 있다.

② 국가재정법에 따르면 기획재정부장관은 특별회계 신설에 대한 타당성을 심사한다.

③ 특별회계는 예산 단일성 및 통일성의 원칙에 대한 예외가 된다.

④ 국가재정법에 따르면 특별회계는 국가에서 특정한 사업을 운영하고자 할 때나 특정한 자금을 보유하여 운용하고자 할 때 대통령령으로 설치할 수 있다.

⑤ 일반회계는 특정 수입과 지출의 연계를 배제하지만, 특별회계는 특정 수입과 지출을 연계하는 것이 원칙이다.

76 다음 중 조직구성원의 인간관에 따른 조직관리와 동기부여에 대한 이론으로 옳은 것을 〈보기〉에서 모두 고르면?

―――――――――――〈보기〉――――――――――

ㄱ. 허즈버그의 욕구충족요인 이원론에 의하면, 불만요인을 제거해야 조직원의 만족감을 높이고 동기가 유발된다.

ㄴ. 로크의 목표설정이론에 의하면, 동기 유발을 위해서는 구체성이 높고 난이도가 높은 목표가 채택되어야 한다.

ㄷ. 합리적·경제적 인간관은 테일러의 과학적 관리론, 맥그리거의 X이론, 아지리스의 미성숙인 이론의 기반을 이룬다.

ㄹ. 자아실현적 인간관은 호손실험을 바탕으로 해서 비공식적 집단의 중요성을 강조하며, 자율적으로 문제를 해결하도록 한다.

① ㄴ, ㄷ

② ㄷ, ㄹ

③ ㄱ, ㄴ, ㄷ

④ ㄱ, ㄴ, ㄹ

⑤ ㄱ, ㄴ, ㄷ, ㄹ

77 다음 중 현행 지방자치법에 대한 설명으로 옳지 않은 것은?

① 조례가 주민의 권리 제한 또는 의무 부과에 관한 사항이나 벌칙을 정할 때에는 법률의 위임이 있어야 한다.

② 주민은 그 지방자치단체의 장 및 지방의회의원을 소환할 권리가 있으나, 비례대표 지방의회의원에 대해서는 그러하지 아니하다.

③ 지방의회는 매년 2회 정례회를 개최하며, 지방의회의장은 지방자치단체의 장이나 재적의원 3분의 1 이상의 의원이 요구하면 15일 이내에 임시회를 소집하여야 한다.

④ 지방자치단체의 장은 주무부장관 또는 시·도 지사의 직무이행 명령에 이의가 있으면, 주무부장관의 이행명령에 대해서는 대법원에, 시·도지사의 이행명령에 대해서는 고등법원에 각각 소를 제기할 수 있다.

⑤ 지방자치단체는 다른 법률에 특별한 규정이 없는 한 농산물·임산물·축산물·수산물 및 양곡의 수급조절과 수출입 등 전국적 규모의 사무를 처리할 수 없다.

78 다음 중 통계적 결론의 타당성 확보에 있어서 발생할 수 있는 오류와 그에 대한 설명을 바르게 나열한 것은?

> ㄱ. 정책이나 프로그램의 효과가 실제로 발생하였음에도 불구하고 통계적으로 효과가 나타나지 않은 것으로 결론을 내리는 경우
> ㄴ. 정책의 대상이 되는 문제 자체에 대한 정의를 잘못 내리는 경우
> ㄷ. 정책이나 프로그램의 효과가 실제로 발생하지 않았음에도 불구하고 통계적으로 효과가 나타난 것으로 결론을 내리는 경우

	제1종 오류	제2종 오류	제3종 오류
①	ㄱ	ㄴ	ㄷ
②	ㄱ	ㄷ	ㄴ
③	ㄴ	ㄱ	ㄷ
④	ㄴ	ㄷ	ㄱ
⑤	ㄷ	ㄱ	ㄴ

79 다음 중 공무원 징계에 대한 설명으로 옳지 않은 것을 〈보기〉에서 모두 고르면?

―――――〈보기〉―――――
ㄱ. 강임은 1계급 아래로 직급을 내리고, 공무원 신분은 보유하나 3개월간 직무에 종사하지 못하며 그 기간 중 보수의 2/3를 감하는 것이다.
ㄴ. 전직시험에서 3회 이상 불합격한 자로서 직무능력이 부족한 자는 직위해제 대상이다.
ㄷ. 금품수수나 공금횡령 및 유용 등으로 인한 징계의결요구의 소멸시효는 3년이다.
ㄹ. 징계에 대한 불복 시 소청심사위원회에 소청제기가 가능하나 근무성적평정결과나 승진탈락 등은 소청대상이 아니다.

① ㄱ, ㄴ
② ㄴ, ㄷ
③ ㄷ, ㄹ
④ ㄱ, ㄴ, ㄷ
⑤ ㄱ, ㄴ, ㄷ, ㄹ

80 다음 중 행정기관에 의하여 기본권이 침해된 경우의 구제수단으로서 적당하지 않은 것은?

① 행정소송
② 형사재판청구권
③ 국가배상청구권
④ 이의신청과 행정심판청구
⑤ 손실보상청구권

81 다음 중 킹던(John Kingdon)의 정책창 모형에 대한 내용으로 옳은 것을 〈보기〉에서 모두 고르면?

―――――〈보기〉―――――
ㄱ. 방법론적 개인주의
ㄴ. 쓰레기통 모형
ㄷ. 정치 흐름
ㄹ. 점화장치
ㅁ. 표준운영절차

① ㄱ, ㄴ, ㄷ
② ㄱ, ㄴ, ㄹ
③ ㄱ, ㄹ, ㅁ
④ ㄴ, ㄷ, ㄹ
⑤ ㄴ, ㄷ, ㅁ

82 다음 중 헌법 제37조 제2항에 의한 기본권의 제한에 대한 설명으로 옳지 않은 것은?

① 국회의 형식적 법률에 의해서만 제한할 수 있다.

② 처분적 법률에 의한 제한은 원칙적으로 금지된다.

③ 국가의 안전보장과 질서유지를 위해서만 제한할 수 있다.

④ 기본권의 본질적 내용은 침해할 수 없다.

⑤ 노동기본권의 제한에 대한 법적 근거를 밝히고 있다.

83 다음 중 갈등조성전략에 대한 설명으로 옳지 않은 것은?

① 표면화된 공식적 및 비공식적 정보전달통로를 의식적으로 변경시킨다.

② 갈등을 일으킨 당사자들에게 공동으로 추구해야 할 상위목표를 제시한다.

③ 상황에 따라 정보전달을 억제하거나 지나치게 과장한 정보를 전달한다.

④ 조직의 수직적·수평적 분화를 통해 조직구조를 변경한다.

⑤ 단위부서들 간에 경쟁상황을 조성한다.

84 다음 중 자유권적 기본권이 아닌 것은?

① 신체의 자유   ② 종교의 자유

③ 직업선택의 자유   ④ 청원권

⑤ 재산권의 보장

85 다음 중 네트워크 조직에 대한 설명으로 옳은 것을 〈보기〉에서 모두 고르면?

---〈보기〉---
ㄱ. 구조의 유연성이 강조된다.
ㄴ. 조직 간 연계장치는 수직적인 협력관계에 바탕을 둔다.
ㄷ. 개방적 의사전달과 참여보다는 타율적 관리가 강조된다.
ㄹ. 조직의 경계는 유동적이며 모호하다.

① ㄱ, ㄴ   ② ㄱ, ㄷ

③ ㄱ, ㄹ   ④ ㄴ, ㄷ

⑤ ㄷ, ㄹ

86 다음 중 행정심판법상 재결에 대한 설명으로 옳지 않은 것은?

① 심판청구를 인용하는 재결은 청구인과 피청구인, 그 밖의 관계 행정청을 기속한다.

② 재결에 의하여 취소되거나 무효 또는 부존재로 확인되는 처분이 당사자의 신청을 거부하는 것을 내용으로 하는 경우에는 그 처분을 한 행정청은 재결의 취지에 따라 다시 이전의 신청에 대한 처분을 하여야 한다.

③ 재결은 서면으로 하며 재결서에 적는 이유에는 주문 내용이 정당하다는 것을 인정할 수 있는 정도의 판단을 표시하여야 한다.

④ 처분의 상대방이 아닌 제3자가 심판청구를 한 경우 위원회는 재결서의 등본을 지체 없이 피청구인을 거쳐 처분의 상대방에게 송달하여야 한다.

⑤ 위원회는 의무이행심판의 청구가 이유가 있다고 인정하면 지체 없이 신청에 따른 처분을 하거나 처분을 할 것을 피청구인에게 명한다.

87 다음 중 특수경력직 공무원에 대한 설명으로 옳지 않은 것은?

① 특수경력직 공무원은 경력직 공무원과는 달리 실적주의와 직업공무원제의 획일적 적용을 받지 않는다.

② 특수경력직 공무원도 경력직 공무원과 마찬가지로 국가공무원법에 규정된 보수와 복무규율을 적용받는다.

③ 선거에 의해 취임하는 공무원은 특수경력직 중 정무직 공무원에 해당한다.

④ 국회수석 전문위원은 특수경력직 중 별정직 공무원에 해당한다.

⑤ 교육·소방·경찰공무원 및 법관, 검사, 군인 등 특수 분야의 업무를 담당하는 공무원은 특수경력직 중 특정직 공무원에 해당한다.

88 다음 중 정책평가에서 인과관계의 타당성을 저해하는 여러 가지 요인들에 대한 설명으로 옳지 않은 것은?

① 회귀인공요소 : 정책대상의 상태가 정책의 영향력과는 관계없이 자연스럽게 평균값으로 되돌아가는 경향이다.

② 성숙효과 : 정책으로 인하여 그 결과가 나타난 것이 아니라 그냥 가만히 두어도 시간이 지나면서 자연스럽게 변화가 일어나는 경우이다.

③ 호손효과 : 정책효과가 나타날 가능성이 높은 집단을 의도적으로 실험집단으로 선정함으로써 정책의 영향력이 실제보다 과대평가되는 경우이다.

④ 혼란변수 : 정책 이외에 제3의 변수도 결과에 영향을 미치는 경우 정책의 영향력을 정확히 평가하기 어렵게 만드는 변수이다.

⑤ 허위변수 : 정책과 결과 사이에 아무런 인과관계가 없으나 마치 정책과 결과 사이에 인과관계가 존재하는 것처럼 착각하게 만드는 변수이다.

89 다음 중 정책참여자 간 관계에 대한 설명으로 옳은 것을 〈보기〉에서 모두 고르면?

―――――〈보기〉―――――
ㄱ. 정책공동체는 일시적이고 느슨한 형태의 집합체라는 점에서 이슈네트워크와 공통점을 가진다.
ㄴ. 다원주의에서의 정부는 집단들 간에 조정자 역할 또는 심판자의 역할을 할 것으로 기대된다.
ㄷ. 이슈네트워크는 참여자 간의 상호의존성이 낮고 불안정하며, 상호 간의 불평등 관계가 존재하기도 한다.
ㄹ. 국가조합주의는 이익집단과 자율적 결성과 능동적 참여를 보장한다.

① ㄱ, ㄴ   ② ㄱ, ㄷ
③ ㄱ, ㄹ   ④ ㄴ, ㄷ
⑤ ㄴ, ㄹ

90 다음 중 공익 개념을 설명하는 접근방법들 중에서 정부와 공무원의 소극설에 해당하는 것은?

① 사회의 다양한 집단 간에 상호 이익을 타협하고 조정하여 얻어진 결과가 공익이다.

② 사회 구성원의 개별적 이익을 모두 합한 전체 이익을 최대화한 것이 공익이다.

③ 정의 또는 공동선과 같은 절대가치가 공익이다.

④ 특정인이나 집단의 특수이익이 아니라 사회 구성원이 보편적으로 공유하는 이익이 공익이다.

⑤ 아리스토텔레스, 플라톤, 롤스가 이 개념을 지지한 대표적인 학자이다.

91 다음 중 신공공관리론(NPM)의 오류에 대한 반작용으로 대두된 신공공서비스론(NPS)에서 주장하는 원칙에 해당하는 것은?

① 지출보다는 수익 창출

② 노젓기보다는 방향잡기

③ 서비스 제공보다 권한 부여

④ 고객이 아닌 시민에 대한 봉사

⑤ 시장기구를 통한 변화 촉진

92 다음 중 행정통제체제에 대한 〈보기〉의 설명으로 옳지 않은 것을 모두 고르면?

─────〈보기〉─────
ㄱ. 일반 계서(Ordinary Hierarchies)는 행정체제 내의 일차적 통제구조에 해당하며, 의사결정계층의 연쇄로 구성된다.
ㄴ. 감사원은 전형적인 외부적 독립통제기관이다.
ㄷ. 옴부즈만은 그가 요구하는 시정조치를 법적으로 강제하거나 이를 대행하는 권한을 함께 갖는 것이 원칙이다.
ㄹ. 외부적 통제체제에는 국회, 헌법재판소, 교차기능조직, 국민 등이 포함된다.

① ㄱ, ㄴ

② ㄱ, ㄷ

③ ㄴ, ㄷ

④ ㄴ, ㄷ, ㄹ

⑤ ㄱ, ㄴ, ㄷ, ㄹ

93 다음 중 행정통제에 대한 설명으로 옳지 않은 것은?

① 외부적 통제의 대표적인 예는 국회, 법원, 국민 등에 의한 통제이다.

② 통제주체에 의한 통제 분류의 대표적인 예는 외부적 통제와 내부적 통제이다.

③ 사전적 통제는 어떤 행동이 통제기준에서 이탈되는 결과를 발생시킬 때까지 기다리지 않고 그러한 결과의 발생을 유발할 수 있는 행동이 나타날 때마다 교정해 나간다.

④ 사후적 통제는 목표수행 행동의 결과가 목표 기준에 부합되는가를 평가하여 필요한 시정조치를 취하는 통제이다.

⑤ 부정적 환류통제는 실적이 목표에서 이탈된 것을 발견하고 후속되는 행동이 전철을 밟지 않도록 시정하는 통제이다.

94 다음 〈보기〉 중 현행 우리나라 공무원 연금제도에 대한 내용으로 옳은 것을 모두 고르면?

─────〈보기〉─────

ㄱ. 법령에 특별한 사유가 없는 한 2012년 신규 임용 후 10년 이상 근무한 일반행정직 공무원의 퇴직연금 수혜 개시 연령은 65세이다.

ㄴ. 원칙적으로 퇴직연금 산정은 평균기준소득월액을 기초로 한다.

ㄷ. 기여금은 납부기간이 33년을 초과해도 납부하여야 한다.

ㄹ. 퇴직급여 산정에 있어서 소득의 평균기간은 퇴직 전 5년으로 한다.

① ㄱ, ㄴ   ② ㄱ, ㄷ

③ ㄱ, ㄹ   ④ ㄴ, ㄷ

⑤ ㄴ, ㄹ

95 다음 중 신고전적 조직이론에 대한 설명으로 옳지 않은 것은?

① 메이요(Mayo) 등에 의한 호손(Hawthorne)공장 실험에서 시작되었다.

② 공식조직에 있는 자생적, 비공식적 집단을 인정하고 수용한다.

③ 인간의 사회적 욕구와 사회적 동기유발 요인에 초점을 맞춘다.

④ 조직이란 거래비용을 감소하기 위한 장치로 기능한다고 본다.

⑤ 사회적 능력과 사회적 규범에 의해 생산성이 결정된다고 보았다.

96 다음 〈보기〉에서 하향적 접근방법이 중시하는 효과적 정책집행의 조건으로 옳은 것을 모두 고르면?

┌─────────────────────〈보기〉─────────────────────┐
│ ㄱ. 일선관료의 재량권 확대   │
│ ㄴ. 지배기관들(Sovereigns)의 지원   │
│ ㄷ. 집행을 위한 자원의 확보   │
│ ㄹ. 명확하고 일관성 있는 목표   │
└──┘

① ㄱ, ㄴ   ② ㄱ, ㄷ
③ ㄴ, ㄹ   ④ ㄱ, ㄴ, ㄹ
⑤ ㄴ, ㄷ, ㄹ

97 지식을 암묵지(Tacit Knowledge)와 형식지(Explicit Knowledge)로 구분할 경우, 다음 〈보기〉 중 암묵지에 해당하는 것을 모두 고르면?

┌─────────────────────〈보기〉─────────────────────┐
│ ㄱ. 업무매뉴얼   ㄴ. 조직의 경험   │
│ ㄷ. 숙련된 기술   ㄹ. 개인적 노하우(Know-how) │
│ ㅁ. 컴퓨터 프로그램   ㅂ. 정부 보고서   │
└──┘

① ㄱ, ㄴ, ㄷ   ② ㄴ, ㄷ, ㄹ
③ ㄴ, ㄷ, ㅁ   ④ ㄷ, ㄹ, ㅂ
⑤ ㄹ, ㅁ, ㅂ

98 다음 중 비례대표제에 대한 설명으로 옳지 않은 것은?

① 사표를 방지하여 소수자의 대표를 보장한다.
② 군소정당의 난립이 방지되어 정국의 안정을 가져온다.
③ 득표수와 정당별 당선의원의 비례관계를 합리화시킨다.
④ 그 국가의 정당사정을 고려하여 채택하여야 한다.
⑤ 명부의 형태에 따라 고정명부식, 가변명부식, 자유명부식으로 구분할 수 있다.

99 다음 중 행정대집행에 대한 판례의 설명으로 옳지 않은 것은?

① 도시공원시설 점유자의 퇴거 및 명도의무는 행정대집행법에 의한 대집행의 대상이 되지 않는다.

② 대집행의 실행이 완료된 후에는 소의 이익이 없으므로 행정쟁송으로 다툴 수 없음이 원칙이다.

③ 제1차 계고처분에 불응하여 제2차 계고처분을 한 경우 제2차 계고처분은 행정쟁송의 대상이 되지 않는다.

④ 선행 계고처분의 위법성을 들어 대집행 비용 납부명령의 취소를 구할 수 없다.

⑤ 계고시 상당한 기간을 부여하지 않은 경우 대집행영장으로 대집행의 시기를 늦추었다 하더라도 대집행계고처분은 상당한 이행기간을 정하여 한 것이 아니므로 위법하다.

100 다음 중 다면평가제도의 장점에 대한 설명으로 옳지 않은 것은?

① 평가의 객관성과 공정성 제고에 기여할 수 있다.

② 계층제적 문화가 강한 사회에서 조직 간 화합을 제고해준다.

③ 피평가자가 자기의 역량을 강화할 수 있는 기회를 제공해준다.

④ 조직 내 상하 간, 동료 간, 부서 간 의사소통을 촉진할 수 있다.

⑤ 팀워크가 강조되는 현대 사회의 새로운 조직 유형에 부합한다.

61 폭(b_w) 300mm, 유효깊이(d) 450mm, 전체 높이(h) 550mm, 철근량(A_s) 4,800mm^{2}인 보의 균열 모멘트 M_{cr}의 값은?(단, f_{ck}가 21MPa인 보통중량 콘크리트를 사용한다)

① 24.5kN·m

② 28.9kN·m

③ 35.6kN·m

④ 37.2kN·m

⑤ 43.7kN·m

62 사각 위어에서 유량산출에 쓰이는 Francis 공식에 대하여 양단수축이 있는 경우에 유량으로 옳은 것은?(단, B는 위어 폭, h는 월류수심이다)

① $Q = 1.84(B - 0.4h)h^{\frac{3}{2}}$

② $Q = 1.84(B - 0.3h)h^{\frac{3}{2}}$

③ $Q = 1.84(B - 0.2h)h^{\frac{3}{2}}$

④ $Q = 1.84(B - 0.1h)h^{\frac{3}{2}}$

⑤ $Q = 1.84(B - 0.05h)h^{\frac{3}{2}}$

63 다음 중 관수로에 대한 설명으로 옳지 않은 것은?

① 단면 점확대로 인한 수두손실은 단면 급확대로 인한 수두손실보다 클 수 있다.

② 관수로 내의 마찰손실수두는 유속수두에 비례한다.

③ 아주 긴 관수로에서는 마찰 이외의 손실수두를 무시할 수 있다.

④ 마찰손실수두는 모든 손실수두 가운데 가장 큰 것으로 마찰손실계수에 유속수두를 곱한 것과 같다.

⑤ 관수로는 관로의 연결 상태에 따라 단일 관수로, 병렬 관수로, 다지 관수로로 분류한다.

64 다음 중 말뚝의 부마찰력(Negative Skin Friction)에 대한 설명으로 옳지 않은 것은?

① 말뚝의 허용지지력을 결정할 때 세심하게 고려해야 한다.

② 연약지반에 말뚝을 박은 후 그 위에 성토를 한 경우 일어나기 쉽다.

③ 연약한 점토에 있어서는 상대변위의 속도가 느릴수록 부마찰력은 크다.

④ 연약지반을 관통하여 견고한 지반까지 말뚝을 박은 경우 일어나기 쉽다.

⑤ 파일시공 전 연약지반 개량공법을 충분히 적용하여 방지할 수 있다.

65 어떤 도로의 시간당 교통량이 V_H일 때 첨두시간 교통류율(V_P)의 값은?(단, 첨두시간계수는 PHF이며, 기타 다른 요인에 의한 영향은 없다고 가정한다)

① $V_P = PHF \times V_H$

② $V_P = \dfrac{V_H}{PHF}$

③ $V_P = (V_H)^{PHF}$

④ $V_P = (V_H)^{-PHF}$

⑤ $V_P = (V_H)^{\frac{-PHF}{10}}$

66 다음 중 평면교차로 설계 원칙으로 옳지 않은 것은?

① 교차로의 면적은 가능한 한 최대가 되도록 설계한다.

② 자동차의 유도를 명확하게 지시한다.

③ 교차각은 $90° \pm 15°$로 설정한다.

④ 다섯 갈래 이상의 교차로는 되도록 피한다.

⑤ 서로 다른 교통류는 분리한다.

67 다음 그림과 같은 보에서 A지점의 반력은?

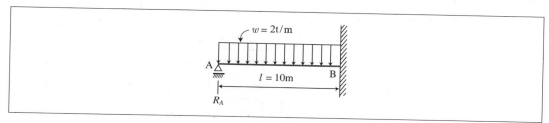

① 6.0t

② 7.5t

③ 8.0t

④ 9.5t

⑤ 10.0t

68 다음 그림과 같이 게르버보에 연행 하중이 이동할 때, 지점 B에서 최대 휨모멘트는?

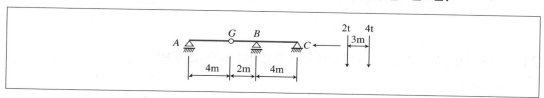

① $-8t \cdot m$

② $-9t \cdot m$

③ $-10t \cdot m$

④ $-11t \cdot m$

⑤ $-12t \cdot m$

69 다음 캔틸레버보 선단 B의 처짐각(Slope, 요각)은?(단, EI는 일정하다)

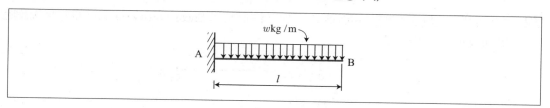

① $\dfrac{wl^3}{3EI}$

② $\dfrac{wl^3}{6EI}$

③ $\dfrac{wl^3}{8EI}$

④ $\dfrac{2wl^3}{3EI}$

⑤ $\dfrac{2wl^3}{6EI}$

70 다음의 그림과 같이 편심 하중 30t을 받는 단주에서 A점의 압축응력은?(단, 편심 거리 $e = 4cm$이다)

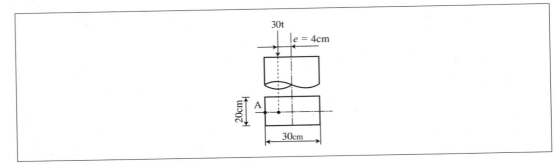

① $10kg/cm^2$

② $25kg/cm^2$

③ $45kg/cm^2$

④ $90kg/cm^2$

⑤ $120kg/cm^2$

71 다음 중 일반적으로 단순보에서 절대 최대 전단력이 일어나는 곳은?

① 중앙점

② 지지점

③ $\frac{1}{2}$ 지점

④ $\frac{1}{4}$ 지점

⑤ $\frac{1}{6}$ 지점

72 그림 (b)는 그림 (a)와 같은 단순보에 대한 전단력도(S.F.D; Shear Force Diagram)이다. 보 AB에는 어떠한 하중이 실려 있는가?

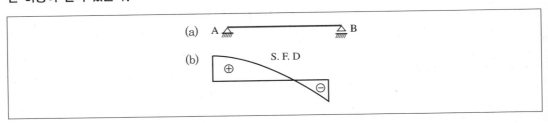

① 집중 하중

② 1차 함수분포 하중

③ 등변분포 하중

④ 모멘트 하중

⑤ 사다리꼴 하중

73 무게 1kg의 물체를 두 끈으로 늘어뜨렸을 때, 한 끈이 받는 힘의 크기가 큰 순서대로 나열한 것은?

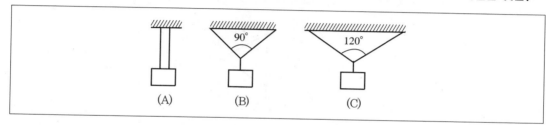

① (B) > (A) > (C
② (C) > (A) > (B)
③ (A) > (B) > (C)
④ (C) > (B) > (A)
⑤ (A) > (C) > (B)

74 다음 그림에서 y축에 대한 단면 2차 모멘트의 값은?

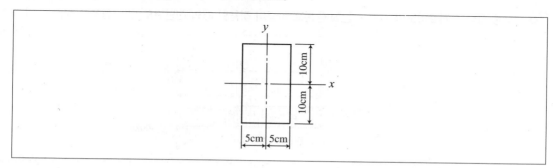

① 약 $1,416cm^4$
② 약 $1,667cm^4$
③ 약 $2,432cm^4$
④ 약 $3,333cm^4$
⑤ 약 $6,666cm^4$

75 다음 구조물에서 CB 부재의 부재력은 얼마인가?

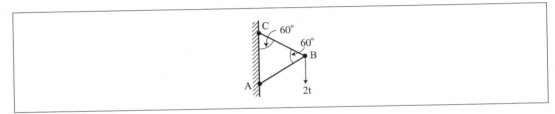

① $2\sqrt{3}\,t$

② 2t

③ 1t

④ $\sqrt{3}\,t$

⑤ $\dfrac{1}{2}\,t$

76 다음 그림은 게르버보의 GB 구간에 등분포 하중이 작용할 때의 전단력도이다. 등분포 하중 w의 크기는?

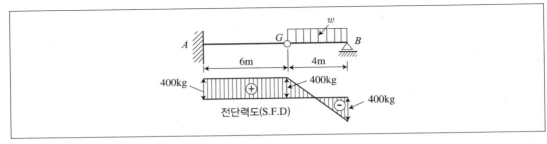

① 400kg/m

② 200kg/m

③ 150kg/m

④ 100kg/m

⑤ 50kg/m

77 다음 〈보기〉에서 흙의 투수계수에 영향을 미치는 요소들로 구성된 것을 모두 고르면?

┌─────────────────────────〈보기〉─────────────────────────┐
　ㄱ. 흙입자의 크기　　　　　　　　　　ㄴ. 간극비
　ㄷ. 간극의 모양과 배열　　　　　　　　ㄹ. 활성도
　ㅁ. 물의 점성계수　　　　　　　　　　ㅂ. 포화도
　ㅅ. 흙의 비중
└──┘

① ㄱ, ㄴ, ㄹ, ㅂ　　　　　　　　　② ㄴ, ㄷ, ㅁ, ㅅ

③ ㄱ, ㄴ, ㄷ, ㅁ, ㅂ　　　　　　　④ ㄱ, ㄴ, ㄹ, ㅁ, ㅅ

⑤ ㄴ, ㄷ, ㄹ, ㅂ, ㅅ

78 어떤 흙의 습윤 단위중량이 $2.0t/m^3$, 함수비가 20%, 비중 $G_s = 2.7$인 경우 포화도는 얼마인가?

① 약 84.1%　　　　　　　　　　② 약 87.1%

③ 약 95.6%　　　　　　　　　　④ 약 98.5%

⑤ 약 100%

79 다음 보 구조물의 B지점에서의 모멘트는 얼마인가?

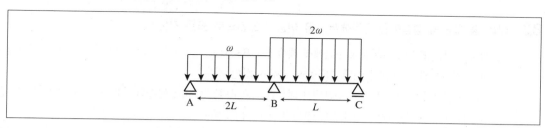

① $M_B = \dfrac{\omega L^2}{4}$　　　　　　　　② $M_B = \dfrac{3\omega L^2}{4}$

③ $M_B = \dfrac{5\omega L^2}{12}$　　　　　　　④ $M_B = \dfrac{7\omega L^2}{12}$

⑤ $M_B = \dfrac{11\omega L^2}{12}$

80 다음 중 Terzaghi의 1차원 압밀 이론의 가정조건으로 옳지 않은 것은?

① 흙은 균질하고 완전하게 포화되어 있다.

② 토립자와 물은 비압축성이다.

③ 다르시의 법칙이 타당하게 사용된다.

④ 압밀 진행 중인 흙의 성질은 변할 수 있다.

⑤ 압력과 간극비 사이에는 직선적인 관계가 성립된다.

81 어떤 점토층을 깊이가 9m까지 연직 절토하였다. 이 점토층의 일축압축강도가 $1.35kg/cm^2$ 이고, 흙의 단위 중량이 $1.6t/m^3$ 라고 한다면 파괴에 대한 안전율은?(단, 내부마찰각은 30°이다)

① 1.755

② 1.875

③ 1.955

④ 2.050

⑤ 2.500

82 다음 중 철근의 겹침이음 등급에서 A급 이음의 조건으로 옳은 것은?

① 배치된 철근량이 이음부 전체 구간에서 해석결과 요구되는 소요 철근량의 3배 이상이고 소요 겹침이음길이 내 겹침이음된 철근량이 전체 철근량의 1/3 이상인 경우

② 배치된 철근량이 이음부 전체 구간에서 해석결과 요구되는 소요 철근량의 3배 이상이고 소요 겹침이음길이 내 겹침이음된 철근량이 전체 철근량의 1/2 이하인 경우

③ 배치된 철근량이 이음부 전체 구간에서 해석결과 요구되는 소요 철근량의 2배 이상이고 소요 겹침이음길이 내 겹침이음된 철근량이 전체 철근량의 1/4 이상인 경우

④ 배치된 철근량이 이음부 전체 구간에서 해석결과 요구되는 소요 철근량의 2배 이상이고 소요 겹침이음길이 내 겹침이음된 철근량이 전체 철근량의 1/3 이상인 경우

⑤ 배치된 철근량이 이음부 전체 구간에서 해석결과 요구되는 소요 철근량의 2배 이상이고 소요 겹침이음길이 내 겹침이음된 철근량이 전체 철근량의 1/2 이하인 경우

83 다음 그림과 같은 내민 보의 B점에서 처짐을 구한 값은?

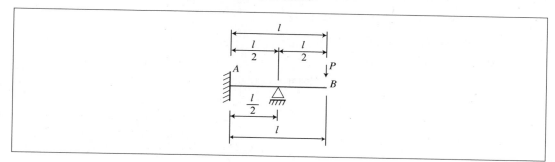

① $\dfrac{5Pl^3}{16EI}$

② $\dfrac{9Pl^3}{48EI}$

③ $\dfrac{5Pl^3}{96EI}$

④ $\dfrac{7Pl^3}{36EI}$

⑤ $\dfrac{7Pl^3}{24EI}$

84 다음 그림과 같은 직사각형 단면보에서 중립축에 대한 단면계수 Z 값은 얼마인가?

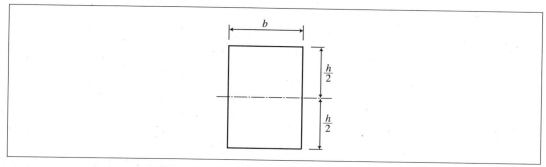

① $\dfrac{bh^2}{6}$

② $\dfrac{bh^2}{12}$

③ $\dfrac{bh^3}{6}$

④ $\dfrac{bh^3}{12}$

⑤ $\dfrac{bh^3}{18}$

85 철근 콘크리트 휨부재에서 최소철근비를 규정한 이유로 옳은 것은?

① 부재의 경제적인 단면 설계를 위해서

② 부재의 사용성을 증진시키기 위해서

③ 부재의 시공 편의를 위해서

④ 부재의 급작스런 파괴를 방지하기 위해서

⑤ 부재의 하중을 줄이기 위해서

86 단면적이 $1cm^2$이고 길이가 2m인 강봉이 8t의 축방향인 장력을 받았을 때 0.8cm 늘어났다면, 다음 중 봉재의 탄성계수(E)와 전단탄성계수(G)의 값은?(단, 푸아송비는 0.3이다)

① $E=2.0\times10^6\,kg/cm^2$, $G=8.1\times10^5\,kg/cm^2$

② $E=2.1\times10^6\,kg/cm^2$, $G=8.1\times10^5\,kg/cm^2$

③ $E=2.1\times10^6\,kg/cm^2$, $G=7.7\times10^5\,kg/cm^2$

④ $E=2.0\times10^6\,kg/cm^2$, $G=7.7\times10^5\,kg/cm^2$

⑤ $E=2.0\times10^6\,kg/cm^2$, $G=7.3\times10^5\,kg/cm^2$

87 길이 3m의 I형강($250\times125\times10,555kg/m$)을 양단 힌지의 기둥으로 사용할 때, Euler의 공식에 의한 좌굴 하중은 얼마인가?(단, 단면 2차 반지름 $r_y=2.8cm$, $r_x=10.2cm$, 단면적 $A=70.73cm^2$, $E=2.1\times10^6\,kg/cm^2$이다)

① 94.6t

② 105.6t

③ 114.6t

④ 127.6t

⑤ 132.6t

88 경간이 12m인 대칭 T형보에서 양쪽슬래브의 중심간격이 2,200mm, 플랜지의 두께 $t_f = 150$mm, 플랜지가 있는 부재의 복부 폭 $b_w = 500$mm일 때, 플랜지의 유효폭은 얼마인가?

① 2,100mm

② 2,200mm

③ 2,300mm

④ 2,400mm

⑤ 2,500mm

89 단철근 직사각형 보에서 부재축에 직각인 전단보강철근이 부담해야 할 전단력 $V_s = 250$kN일 때, 전단보강철근의 간격(s)은 최대 얼마 이하인가?(단, $A_v = 158$mm^2, $f_{yt} = 400$MPa, $f_{ck} = 28$MPa, $b_w = 300$mm, $d = 450$mm이다)

① 200mm

② 205mm

③ 225mm

④ 240mm

⑤ 255mm

90 한 방향 슬래브는 휨균열을 제어하기 위해 휨철근의 배치에 대한 규정으로 콘크리트 인장연단에 가장 가까이 배치되는 휨철근의 중심간격(s)을 제한하고 있다. 철근의 항복강도가 500MPa이고 피복두께가 40mm로 설계된 휨철근의 중심간격(s)은 얼마 이하여야 하는가?

① 300.00mm

② 315.00mm

③ 330.00mm

④ 345.00mm

⑤ 360.00mm

91 직사각형 보에서 전단철근이 부담해야 할 전단력 $V_s = 400\text{KN}$일 때 전단철근의 간격(s)은?(단, 수직스트럽의 단면적 $A_v = 750\text{mm}^2$, $b_w = 300\text{mm}$, $d = 500\text{mm}$, $f_{ck} = 21\text{MPa}$, $f_{yt} = 400\text{MPa}$, 보통중량 콘크리트이다)

① 180mm

② 220mm

③ 250mm

④ 375mm

⑤ 600mm

92 설계기준압축강도(f_{ck})가 25MPa이고, 쪼갬인장강도(f_{sp})가 2.4MPa인 경량골재콘크리트에 적용하는 경량콘크리트계수(λ)는?

① 약 0.857

② 약 0.867

③ 약 0.878

④ 약 0.881

⑤ 약 0.893

93 단순지지된 2방향 슬래브에 등분포하중 w가 작용할 때, AB방향에 분배되는 하중은 얼마인가?

① $0.958w$

② $0.941w$

③ $0.932w$

④ $0.912w$

⑤ $0.893w$

94 콘크리트의 설계기준강도가 38MPa인 경우 콘크리트의 탄성계수(E_e)는?(단, 보통골재를 사용한다)

① $2.6452 \times 10^4 \mathrm{MPa}$

② $2.7104 \times 10^4 \mathrm{MPa}$

③ $2.9546 \times 10^4 \mathrm{MPa}$

④ $3.0952 \times 10^4 \mathrm{MPa}$

⑤ $3.1856 \times 10^4 \mathrm{MPa}$

95 길이가 7m인 양단 연속보에서 처짐을 계산하지 않는 경우 보의 최소두께로 옳은 것은?(단, $f_{ck} = 28\mathrm{MPa}$, $f_y = 400\mathrm{MPa}$이다)

① 약 275mm

② 약 334mm

③ 약 379mm

④ 약 438mm

⑤ 약 452mm

96 다음 프리스트레스의 손실을 초래하는 원인 중 프리텐션 방식보다 포스트텐션 방식에서 크게 나타나는 것은?

① 콘크리트의 탄성수축

② 강재와 시스의 마찰

③ 콘크리트의 크리프

④ 콘크리트의 건조수축

⑤ 콘크리트의 수화반응

97 자연 상태의 모래지반을 다져 간극비가 $e_{\min}$에 이르도록 했을 때, 이 지반의 상대밀도는?

① 0%

② 50%

③ 75%

④ 100%

⑤ 125%

98 어느 점토의 압밀계수 $C_v = 1.810 \times 10^{-4} \, \text{cm}^2/\text{sec}$, 압축계수 $a_v = 2.438 \times 10^{-2} \, \text{cm}^2/\text{kg}$인 상태일 때, 점토의 투수계수($k$)는?[단, 간극비($e$)는 1.2이다]

① $1.836 \times 10^{-6} \text{cm/sec}$ ② $1.906 \times 10^{-6} \text{cm/sec}$

③ $2.006 \times 10^{-6} \text{cm/sec}$ ④ $2.186 \times 10^{-6} \text{cm/sec}$

⑤ $2.256 \times 10^{-6} \text{cm/sec}$

99 다음 터널 공법 중 TBM 공법에 대한 설명으로 옳은 것은?

① 터널 내의 반발량이 크고 분진량이 많다.
② 초기 투자비가 적고 사용하기에 편리하다.
③ 터널의 품질관리가 어렵다.
④ 암반자체를 지보재로 사용한다.
⑤ 숏크리트와 록볼트가 주로 사용된다.

100 3층 구조로 구조결합 사이에 치환성 양이온이 있어서 활성이 크고, 시트 사이에 물이 들어가 팽창 수축이 크고 공학적 안전성이 제일 약한 점토광물은?

① Kaolinite   ② Illite

③ Sand   ④ Halloysite

⑤ Montmorillonite

한국도로공사
최종모의고사
정답 및 해설

제1회 모의고사 정답 및 해설

제 1영역 직업기초능력평가

01	02	03	04	05	06	07	08	09	10
④	①	①	①	④	④	①	④	②	③
11	12	13	14	15	16	17	18	19	20
④	③	④	④	③	④	②	③	④	①
21	22	23	24	25	26	27	28	29	30
④	①	②	④	②	①	③	④	②	④
31	32	33	34	35	36	37	38	39	40
②	①	③	①	①	③	②	④	④	②
41	42	43	44	45	46	47	48	49	50
④	①	③	②	③	④	②	④	③	②
51	52	53	54	55	56	57	58	59	60
④	④	①	④	②	①	④	②	①	③

01
정답 ④

한국도로공사뿐만 아니라 각 지방자치단체가 건설하고 관리하는 일반 유료도로도 있다.

02
정답 ①

ㄱ. 네 번째 문단에 따르면 한국도로공사가 발행한 이번 채권은 올해로 세 번째 발행된 해외 채권이므로 적절하지 않은 설명이다.

ㄴ. 두 번째 문단에 따르면 한국도로공사의 해외 채권 투자 수요 규모는 발행 목표를 초과하였으며, 금리 측면에서도 0.25%p 낮게 결정되었으므로 적절하지 않은 설명이다.

오답분석

ㄷ. 두 번째 문단에 따르면 정부의 채권발행이 외국인 투자자들에게 우호적인 영향을 주었고 이를 활용했기 때문에, 정부의 외국환평형기금채권이 한국도로공사의 이번 채권발행에 긍정적인 영향을 미쳤다고 볼 수 있다.

ㄹ. 세 번째 문단에 따르면 자산운용사의 비율이 62%이고, 보험사의 비율이 5%에 불과하므로 적절한 설명이다.

03
정답 ①

추천기간은 2024년 12월 31일까지고 공적기간은 같은 해 1월 1일부터이므로 2월에 선행을 한 B씨는 추천이 가능하다.

04
정답 ①

청바지의 인기와 그 시초에 대해 언급한 문단과 이어져 (가) 청바지의 시초에 대한 설명 → (다) 부정적인 시작과 다르게 패션 아이템으로 선풍적인 인기를 끌게 됨 → (나) 한국에서의 청바지에 대한 인식 → (라) 청바지가 가지고 있는 단점과 그 해결 순으로 나열해야 한다.

05
정답 ④

제36조 제1항 제1호에 따르면, ④의 신규 투자는 총사업비가 1,000억 원을 초과하지만 당사 부담금액이 500억 원 미만이므로 투자심의위원회의 심의를 반드시 거칠 필요는 없다. 따라서 옳은 설명이다.

오답분석

① 제20조 제1항에 따르면 예산운영계획안은 예산안과 동시에 수립한다.

② 제20조 제3항에 따르면 예산운영계획은 공정거래위원장이 아닌 산업통상자원부장관에게 보고해야 한다.

③ 제23조 제2항에 따르면 탄력적 예산운영을 위해 예산을 조정할 수 있는 곳은 예산운영부서가 아닌 예산관리부서이다.

06
정답 ④

간선도로는 평면 교차로의 수를 최소화하여 접근성을 제한하고, 인구가 많은 지역을 연결하여 차량 주행거리가 긴 장거리 통행에 적합하도록 이동성을 높인 도로이다.

07
정답 ①

제시문은 안전띠를 제대로 착용하지 않은 경우, 사고가 났을 때 일어날 수 있는 상해 가능성을 제시하며 안전띠의 중요성을 언급하고 있다. 따라서 기사의 제목으로 ①이 가장 적절하다.

08
정답 ④

(라)에서 인도네시아 왐푸수력발전소를 준공하였다는 내용을 확인할 수 있으나, 연간 순이익 377억 원 달성이라는 구체적인 내용은 확인할 수 없다. 따라서 ④는 (라)의 주제로 적절하지 않다.

09
정답 ②

제시문은 5060세대에 대해 설명하는 글로, 기존에는 5060세대들이 사회로부터 배척되었다면 최근에는 사회·경제적인 면에서 그 위상이 높아졌고, 이로 인해 마케팅 전략 또한 변화될 것이라고 보고 있다. 따라서 글의 제목으로는 ②가 가장 적절하다.

10
정답 ③

제시문은 최근 식도암 발병률이 늘고 있는데, H병원의 조사 결과를 근거로 식도암을 조기 발견하여 치료하면 치료 성공률을 높일 수 있다는 글이다. 따라서 (라) 최근 서구화된 식습관으로 식도암이 증가 → (가) 식도암은 조기에 발견하면 치료 성공률을 높일 수 있음 → (마) H병원이 조사한 결과 초기에 치료할 경우 생존율이 높게 나옴 → (나) 식도암은 조기에 발견할수록 치료 효과가 높았지만 실제로 초기에 치료받는 환자의 수는 적음 → (다) 식도암을 조기에 발견하기 위해서 50대 이상 남성은 정기적으로 검사를 받는 것이 중요함 순으로 나열해야 한다.

11
정답 ④

제시문은 인구가 줄어들면서 공공재원의 확보와 확충이 어려운 상황에서 공공재원의 효율적 활용 방안과 논의의 필요성에 대해 설명하는 글이다. 따라서 (나) 우리나라의 인구감소 시대 돌입 → (라) 공공재원 확보와 확충의 어려움 → (가) 공공재원의 효율적 활용 방안 → (다) 공공재원의 효율적 활용 등에 대한 논의 필요 순으로 나열해야 한다.

12
정답 ③

- ㉠ : 뒤 문장에서 국가의 통제하에 박물관이 설립된 유럽과 달리 미국은 민간 차원에서 박물관이 설립되었다고 이야기하므로 '반면'이 적절하다.
- ㉡ : 뒤 문장에서 19세기 중후반에 설립된 박물관들과 더불어 해당 시기에 전문 박물관이 급진적으로 증가하였다는 내용이 이어지므로 '또한'이 적절하다.

13
정답 ④

- ㉠ : 운동 전 충분한 준비 운동과 운동 후 스트레칭을 통해 근육을 풀어줘야 한다고 이야기하는 뒤 문장은 앞 내용을 근거로 하는 주장이 되므로 '그러므로'가 적절하다.

- ㉡ : 뒤 문장은 앞 문장에서 이야기하는 다리 저림 증상의 또 다른 이유에 대해 이야기하므로 '또한'이 적절하다.
- ㉢ : 혈액 순환 장애가 근육의 이완과 수축 운동을 방해하여 다리 저림 증상이 발생할 수 있다는 앞 문장은 뒤 문장의 원인이 되므로 '따라서'가 적절하다.

14
정답 ④

미생물을 끓는 물에 노출하면 영양세포나 진핵포자는 죽일 수 있으나, 세균의 내생포자는 사멸시키지 못한다. 멸균은 포자, 박테리아, 바이러스 등을 완전히 파괴하거나 제거하는 것이므로 물을 끓여서 하는 열처리 방식으로는 멸균이 불가능함을 알 수 있다. 따라서 빈칸에 들어갈 내용으로는 소독은 가능하지만, 멸균은 불가능하다는 ④가 가장 적절하다.

15
정답 ③

- 첫 번째 빈칸 : 앞 문장에서 '도로'라고 구체적으로 한정하고 있기 때문에, 빈칸에 들어갈 규범이 '약하다'라고 하려면, '도로'로 한정해야 한다. 따라서 ㉡이 적절하다.
- 두 번째 빈칸 : 첫 번째 빈칸과 같은 방법을 적용하면 된다. 앞 문장에서 '도로의 교량'이라고 언급하고 있으므로, ㉠이 적절하다.
- 세 번째 빈칸 : 빈칸보다는 강하다고 할 수 없다고 했으므로, 앞 문장과 빈칸은 구체적으로 한정하고 있는 부분이 다르다. 따라서 ㉢이 적절하다.

16
정답 ④

전국에서 자전거전용도로의 비율은 $\frac{2,843}{21,176} \times 100 ≒ 13.4\%$를 차지한다.

오답분석

① 제주특별자치도는 전국에서 여섯 번째로 자전거도로가 길다.

② 광주광역시의 전국 대비 자전거전용도로의 비율은 $\frac{109}{2,843} \times 100 ≒ 3.8\%$이며, 자전거보행자겸용도로의 비율은 $\frac{484}{16,331} \times 100 ≒ 3\%$로 자전거전용도로의 비율이 더 높다.

③ 경상남도의 전국 대비 자전거보행자겸용도로의 비율은 $\frac{1,186}{16,331} \times 100 ≒ 7.3\%$이다.

17
정답 ②

제시된 그래프는 구성비에 해당하므로 2023년에 전체 수송량이 증가하였다면 2023년 구성비가 감소하였어도 수송량은 증가하였을 수도 있다.

18

투자비중을 고려하여 각각의 투자원금과 투자수익을 구하면 다음과 같다.

- 상품별 투자원금
  - A(주식) : 2천만×0.4=800만 원
  - B(채권) : 2천만×0.3=600만 원
  - C(예금) : 2천만×0.3=600만 원
- 6개월 동안의 투자수익
  - A(주식) : $800×\left\{1+\left(0.10×\dfrac{6}{12}\right)\right\}$=840만 원
  - B(채권) : $600×\left\{1+\left(0.04×\dfrac{6}{12}\right)\right\}$=612만 원
  - C(예금) : $600×\left\{1+\left(0.02×\dfrac{6}{12}\right)\right\}$=606만 원

∴ 840만+612만+606만=2,058만 원

19

ㄷ. 출산율은 2022년까지 계속 증가하였으며, 2023년에는 감소하였다.

ㄹ. 출산율과 남성 사망률의 차이는 2019년부터 2023년까지 각각 18.2%, 20.8%, 22.5%, 23.7%, 21.5%로 2022년이 가장 크다.

오답분석

ㄱ. 2019년 대비 2023년의 전체 인구수의 증감률은
$\dfrac{12,808-12,381}{12,381}×100≒3.4\%$이다.

ㄴ. 가임기 여성의 비율과 출산율은 서로 증감 추이가 다르다.

20

여성 사망률이 가장 높았던 해는 7.8%인 2022년이다. 따라서 ㄹ은 옳지 않다.

21

환경오염 사고는 2023년에 전년 대비 $\dfrac{116-246}{246}×100≒-52.8\%$,
즉 52.8%의 감소율을 보이므로 옳지 않은 설명이다.

오답분석

① 전기(감전) 사고는 2021년부터 2023년까지 매년 569건, 558건, 546건으로 감소하는 모습을 보이고 있다.

② 전체 사고 건수에서 화재 사고는 2017년부터 2023년까지 약 14.9%, 15.3%, 14.2%, 13.9%, 14.2%, 14.1%, 14.3%로 매년 13% 이상 차지하고 있다.

③ 해양 사고의 2017년 대비 2023년 증가율은 $\dfrac{2,839-1,627}{1,627}$ $×100≒74.5\%$이므로 옳은 설명이다.

22

구간단속구간의 제한 속도를 $x$km/h라 하면,
$\dfrac{390-30}{80}+\dfrac{30}{x}=5 → 4.5+\dfrac{30}{x}=5 → \dfrac{30}{x}=0.5 → x=60$
따라서 구간단속구간의 제한 속도는 60km/h이다.

23

80~100만 원 미만의 급여를 받은 건수 중 노령연금의 비율은
$\dfrac{181,717}{181,717+1,796+1,627}×100=\dfrac{181,717}{185,140}×100≒98.2\%$이므로 90% 이상이다.

오답분석

① 노령연금, 장애연금, 유족연금 모두 20~40만 원 미만의 금액을 지급받은 건수가 가장 많다.

③ 40~60만 원 미만의 급여를 받은 건수 중 노령연금을 받은 건수가 유족연금을 받은 건수의 $\dfrac{620,433}{73,200}≒8.5$배이다.

④ 60~80만 원 미만의 급여를 받은 건수 중 유족연금을 받은 건수는 장애연금을 받은 건수의 $\dfrac{18,192}{6,988}≒2.6$배이다.

24

80~100만 원 미만 구간에서 100만 원을 포함한 구간의 중앙값은 90만 원이므로 장애연금 급여를 모두 지급했을 때, 지급 금액은 90×1,796=161,640만 원이다.

25

설문에 응한 총고객수를 x명이라 하면, 연비를 장점으로 선택한 260명의 고객은 전체의 13%이므로 $\dfrac{13}{100}x=260$

∴ $x=260×\dfrac{100}{13}=2,000$

따라서 설문에 응한 총고객수는 2,000명이다.

26

2019년 대비 2023년 국제소포 분야의 매출액 증가율은
$\dfrac{21,124-17,397}{17,397}×100≒21.4\%$이므로 옳지 않은 설명이다.

오답분석

② 자료의 합계를 통해 2023년 4/4분기 매출액이 2023년 다른 분기에 비해 가장 높은 것을 확인할 수 있다.

③ 분야별 2019년 대비 2023년 매출액 증가율은 다음과 같다.

- 국제통상 분야 : $\dfrac{34,012-16,595}{16,595}×100≒105.0\%$

- 국제소포 분야 : $\dfrac{21,124-17,397}{17,397}\times100\fallingdotseq21.4\%$

- 국제특급 분야 : $\dfrac{269,674-163,767}{163,767}\times100\fallingdotseq64.7\%$

따라서 2019년 대비 2023년 매출액 증가율이 가장 큰 분야는 국제통상 분야의 매출액이다.

④ 2022년 전체에서 국제통상 분야의 매출액 비율은 $\dfrac{26,397}{290,052}\times100\fallingdotseq9.1\%$이므로 10% 미만이다.

27　　　　　　　　　　　　　　　정답 ③

아시아주 전체 크루즈 이용객의 수는 미주 전체 크루즈 이용객의 수의 $\dfrac{1,548}{2,445}\times100\fallingdotseq63\%$이다.

오답분석

① 여성 크루즈 이용객이 가장 많은 국적은 미국이며, 미국의 전체 크루즈 이용객 중 남성 이용객 비율은 50% 이하이다.

② 브라질 국적의 남성 크루즈 이용객의 수는 인도네시아 국적의 남성 크루즈 이용객 수의 $\dfrac{16}{89}\times100\fallingdotseq18\%$이다.

④ 남성의 수가 여성의 수보다 많아 100%를 넘어가는 경우의 나라만 따져보면, 인도의 경우 남성 크루즈 이용객의 수가 여성 크루즈 이용객의 수의 20배인 $18\times20=360$명보다 더 많은 것을 알 수 있다. 다른 국가 중 남성 크루즈 이용객의 수가 여성 크루즈 이용객의 수의 20배를 초과하는 경우는 없으므로 여성 크루즈 이용객 대비 남성 크루즈 이용객의 비율이 가장 높은 국적은 인도임을 알 수 있다.

28　　　　　　　　　　　　　　　정답 ④

(공주거리)=(속도)×(공주시간), $72\text{km/h}=\dfrac{72,000}{3,600}\text{m/s}=20\text{m/s}$
이므로 시속 72km로 달리는 자동차의 공주거리는 $20\text{m/s}\times1\text{s}$ $=20\text{m}$이다.
따라서 자동차의 정지거리는 (공주거리)+(제동거리)이므로, 20 +36=56m이다.

29　　　　　　　　　　　　　　　정답 ②

최초 투입한 원유의 양을 aL라 하면 다음과 같다.

- LPG를 생산하고 남은 원유의 양 : $(1-0.05a)=0.95a$L
- 휘발유를 생산하고 남은 원유의 양 : $0.95a(1-0.2)=0.76a$L
- 등유를 생산하고 남은 원유의 양 : $0.76a(1-0.5)=0.38a$L
- 경유를 생산하고 남은 원유의 양 : $0.38a(1-0.1)=0.342a$L

따라서 아스팔트의 생산량은 $0.342a\times0.04=0.01368a$L이고, 아스팔트는 최초 투입한 원유량의 $0.01368\times100=1.368\%$가 생산된다.

30　　　　　　　　　　　　　　　정답 ④

스리랑카는 총 5명, 파키스탄은 총 136명이 한국 국적을 취득하였다.

31　　　　　　　　　　　　　　　정답 ②

사진과 함께 댓글로 구매평을 남길 경우 3,000원 할인 쿠폰이 지급되며, 이는 기존 원가인 3만 원에 10%인 가격과 일치한다.

오답분석

① 오픈형 성경리폼의 가격은 기존의 20% 할인가격인 2만 4천 원이다.

③ 30,000×0.1+3,000(쿠폰)=6,000원

④ 30,000×0.3+1,000(쿠폰)=10,000원

32　　　　　　　　　　　　　　　정답 ①

모든 조건을 고려하면 A의 고향은 부산, B의 고향은 춘천, E의 고향은 대전이고, C, D의 고향은 각각 대구 또는 광주이다. 탑승자에 따라 열차의 경유지를 나타내면 다음과 같이 두 가지 경우가 나온다.

구분		대전	대구	부산	광주	춘천	탑승자
경우 1	열차 1	○	○	○			A, D, E
	열차 2	○		○		○	B
	열차 3	○			○		C
경우 2	열차 1	○			○	○	A, D, E
	열차 2	○		○		○	B
	열차 3	○	○				C

따라서 E의 고향은 대전이다.

33　　　　　　　　　　　　　　　정답 ②

열차 1이 광주를 경유하면 32번 해설의 '경우 2'에 해당하므로 C의 고향은 대구이며, 열차 3은 대구를 경유한다.

34　　　　　　　　　　　　　　　정답 ①

열차 2는 대전, 부산, 춘천을 경유하므로 대구와 광주가 고향인 C, D를 제외하면 열차 2를 탈 수 있는 사람은 A, B, E이다.

35　　　　　　　　　　　　　　　정답 ①

오답분석

② 서랍장의 가로 길이와 붙박이 수납장 문을 여는 데 필요한 간격과 폭을 더한 길이는 각각 1,100mm, 1,200mm(=550+ 650)이고, 사무실 문을 여닫는 데 필요한 1,000mm의 공간을 포함하면 총길이는 3,300mm이다. 따라서 사무실의 가로 길이인 3,000mm를 초과하므로 불가능한 배치이다.

③ 서랍장과 캐비닛의 가로 길이는 각각 1,100mm, 1,000mm이고, 사무실 문을 여닫는 데 필요한 1,000mm의 공간을 포함하면 총길이는 3,100mm이다. 따라서 사무실의 가로 길이인 3,000mm를 초과하므로 불가능한 배치이다.

④ 회의 탁자의 세로 길이와 서랍장의 가로 길이는 각각 2,110mm, 1,100mm이고, 붙박이 수납장 문을 여는 데 필요한 간격과 폭을 더한 길이인 1,200mm(＝550＋650)를 포함하면 총길이는 4,410mm이다. 따라서 사무실의 세로 길이인 3,400mm를 초과하므로 불가능한 배치이다.

36 정답 ③

각 임직원의 항목 평균점수를 구하면 다음과 같다.

(단위 : 점)

성명	조직기여	대외협력	기획	평균	순위
유시진	58	68	83	69.67	9
최은서	79	98	96	91	1
양현종	84	72	86	80.67	6
오선진	55	91	75	73.67	8
이진영	90	84	97	90.33	2
장수원	78	95	85	86	4
김태균	97	76	72	81.67	5
류현진	69	78	54	67	10
강백호	77	83	66	75.33	7
최재훈	80	94	92	88.67	3

따라서 상위 4명인 최은서, 이진영, 최재훈, 장수원이 해외연수 대상자로 선정된다.

37 정답 ②

평균점수의 내림차순으로 순위를 정리하면 다음과 같다.

(단위 : 점)

성명	조직기여	대외협력	기획	평균	순위
최은서	79	98	96	91	1
이진영	90	84	97	90.33	2
최재훈	80	94	92	88.67	3
장수원	78	95	85	86	4
김태균	97	76	72	81.67	5
양현종	84	72	86	80.67	6
강백호	77	83	66	75.33	7
오선진	55	91	75	73.67	8
유시진	58	68	83	69.67	9
류현진	69	78	54	67	10

따라서 8위인 오선진은 해외연수 대상자가 될 수 없다.

38 정답 ④

오답분석

① 필리핀의 높은 전기요금은 원료비가 적게 드는 신재생에너지를 통해 낮출 수 있다. 또한 열악한 전력 인프라는 분석 결과에 나타나 있지 않다.

② 자사는 현재 중국 시장에서 풍력과 태양광 발전소를 운영 중에 있으므로 중국 시장으로의 진출은 대안으로 적절하지 않다. 또한 중국 시장이 경쟁이 적은지 알 수 없다.

③ 체계화된 기술 개발 부족은 자사가 아닌 경쟁사에 대한 분석 결과이므로 적절하지 않다.

39 정답 ④

ㄹ 사진동아리의 전시 홍보와 더불어 현장 회원가입 부스를 2개 설치하는 것은 전시 홍보보다는 회원 모집에 중점을 두고 있음을 알 수 있다. 따라서 홍보 캠페인을 빙자한 회원 모집이므로 적절하지 않다.

ㅁ 상업성이 내재되어 있는 개인 및 사기업의 행사는 승인대상에서 제외된다.

40 정답 ②

주어진 정보에 따라 연구원들에 대한 정보를 정리하면 다음과 같다.

연구원	성과점수	종합 기여도	성과급
A(석사)	$(75 \times 60\%)+(85 \times 40\%)$ $+(3 \times 2)-1=84$	B	84만 원
B(박사)	$(80 \times 60\%)+$ $(80 \times 40\%)+(3 \times 1)=83$	B	105만 원
C(석사)	$(65 \times 60\%)+$ $(85 \times 40\%)+2=75$	C	60만 원
D(학사)	$(90 \times 60\%)+$ $(75 \times 40\%)=84$	B	70만 원

따라서 가장 많은 성과급을 지급받을 연구원은 B이다.

41 정답 ④

간선노선과 보조간선노선을 구분하여 노선번호를 부여하면 다음과 같다.

• 간선노선

– 동서를 연결하는 경우 : (가)・(나)에 해당하며, 남에서 북으로 가면서 숫자가 증가하고 끝자리에는 0을 부여하므로 (가)는 20, (나)는 10이다.

– 남북을 연결하는 경우 : (다)・(라)에 해당하며, 서에서 동으로 가면서 숫자가 증가하고 끝자리에는 5를 부여하므로 (다)는 15, (라)는 25이다.

- 보조간선노선
  - (마) : 남북을 연결하는 모양에 가까우므로, (마)의 첫자리는 남쪽 시작점의 간선노선인 (다)의 첫자리와 같은 1이 되어야 하고, 끝자리는 5를 제외한 홀수를 부여해야 하므로, 가능한 노선번호는 11, 13, 17, 19이다.
  - (바) : 동서를 연결하는 모양에 가까우므로, (바)의 첫자리는 바로 아래쪽에 있는 간선노선인 (나)의 첫자리와 같은 1이 되어야 하고, 끝자리는 0을 제외한 짝수를 부여해야 하므로, 가능한 노선번호는 12, 14, 16, 18이다.

따라서 가능한 조합은 ④이다.

42　　　　정답 ①

② 3 - 2)의 5년 동안 정신질환 발생 추적 결과를 뒷받침하는 자료로 쓰일 수 있다.

③ 3 - 2)의 난청 환자 진단 후 5년 내에 정신질환 발생 확률을 뒷받침하는 자료로 쓰일 수 있다.

④ 3 - 3)의 난청 환자와 비난청 환자의 정신질환 발생률 비교에 뒷받침하는 자료로 쓰일 수 있다.

43　　　　정답 ③

- 두 번째 조건 : 홍보팀은 5실에 위치한다.
- 첫 번째 조건 : 홍보팀이 5실에 위치하므로, 마주보는 홀수실인 3실 또는 7실에 기획조정 1팀과 미래전략 2팀 각각 위치한다.
- 네 번째 조건 : 보안팀은 남은 홀수실인 1실에 위치하고, 이에 따라 인사팀은 8실에 위치한다.
- 세 번째 조건 : 7실에 미래전략 2팀, 3실에 기획조정 1팀이 위치한다.
- 마지막 조건 : 2실에 기획조정 3팀, 4실에 기획조정 2팀이 위치하며, 6실에는 남은 팀인 미래전략 1팀이 위치한다.

주어진 조건에 따라 사무실을 배치하면 다음과 같다.

1실 보안팀	2실 기획조정 3팀	3실 기획조정 1팀	4실 기획조정 2팀
복도			
5실 홍보팀	6실 미래전략 1팀	7실 미래전략 2팀	8실 인사팀

따라서 기획조정 1팀(3실)은 기획조정 2팀(4실)과 3팀(2실) 사이에 위치한다.

44　　　　정답 ②

ⓒ 화장품은 할인 혜택에 포함되지 않는다.
ⓔ 이불은 할인 혜택에 포함되지 않는다.

45　　　　정답 ③

A가 서브한 게임에서 기획처가 득점하였으므로 이어지는 서브권은 A가 가지며, 총 4점을 득점한 상황이므로 팀 내에서 선수끼리 자리를 교체하여 A가 오른쪽에서 서브를 해야 한다. 그리고 서브를 받는 영업처는 서브권이 넘어가지 않았기 때문에 선수끼리 코트 위치를 바꾸지 않는다. 따라서 ③이 정답이다.

46　　　　정답 ④

1) 4 for factor 48 → Error Value=4
   35 for factor 67 → Error Value=1
   14 for factor 240 → Error Value=4
2) Error Value 4, 1, 4의 합인 9를 FEV로 지정
   FEV=009
3) Correcting Value=382B
   → FEV를 구성하는 숫자 0, 9가 Correcting Value 382B에 포함되지 않음

따라서 입력 코드는 shdnsys이다.

47　　　　정답 ②

1) 7 for factor 52 → Error Value=1
   63 for factor 76 → Error Value=6
   42 for factor 28 → Error Value=2
2) Error Value 1, 6, 2 중 가장 큰 값인 6을 FEV로 지정
   FEV=006
3) Correcting Value=526H(문자 H는 없는 것으로 함)
   → FEV를 구성하는 숫자 0, 6 중 일부만("6") Correcting Value 526H에 포함됨

따라서 입력 코드는 cldn35이다.

48　　　　정답 ④

배열의 개수는 각 배열의 요소들을 곱해주면 된다.
따라서 3×4×5=60개가 int형 변수의 개수이다.

49　　　　정답 ③

for 반복문은 i값이 0부터 1씩 증가하면서 10보다 작을 때까지 수행하므로 i값은 각 배열의 인덱스(0 ~ 9)를 가리키게 되고, num에는 i가 가르키는 배열 요소 값의 합이 저장된다. arr 배열의 크기는 10이고 초기값들은 배열의 크기 10보다 작으므로 나머지 요소들은 0으로 초기화된다. 따라서 배열 arr는 {1, 2, 3, 4, 5, 0, 0, 0, 0, 0, }으로 초기화되므로 이 요소들의 합 15와 num의 초기값 10에 대한 합은 25이다.

50
정답 ②

증감 연산자(++, --)는 피연산자를 1씩 증가시키거나 감소시킨다. 수식에서 증감 연산자가 피연산자의 후의에 사용되었을 때는 값을 먼저 리턴하고 증감시킨다.
temp=i++;은 temp에 i를 먼저 대입하고 난 뒤 i 값을 증가시키기 때문에 temp는 10, i는 11이 된다. temp=i--; 역시 temp에 먼저 i 값을 대입한 후 감소시키기 때문에 temp는 11, i는 10이 된다.

51
정답 ④

for 반복문에 의해 i값은 0부터 시작하여 2씩 증가되면서 i값이 10보다 작거나 같을 때까지 i의 값들을 sum에 누적시킨다. i의 값은 2씩 증가되기 때문에 i의 값은 0, 2, 4 … 로 변화하게 되며 i의 값이 12가 될 때 종료하게 되므로 이때까지 sum에 누적된 i값의 합은 0+2+4+6+8+10=30이다.

52
정답 ④

NUR(Not Used Recently)은 LRU와 유사하게, 최근에 사용되지 않은 페이지를 교체하는 방식이다. 사용 횟수가 가장 많은 페이지를 교체하는 것은 MFU(Most Frequentyly Used)이다.

오답분석

① OPT(Optimal Page Replacement) : 최적의 실행을 얻기 위하여 앞으로 오랫동안 사용되지 않을 페이지를 교체하는 방법이다.
② LRU(Least Recently Used) : 일정 시간 간격 중에서 사용 횟수가 적은 것을 골라내고, 최저 사용 빈도인 페이지를 교체하는 방법이다.
③ LFU(Least Frequently Used) : 각 페이지 사용 집중도를 분석하여, 가장 적게 사용되거나 집중되지 않은 페이지를 교체하는 방법이다.

53
정답 ①

쿠키는 웹에 접속할 때 자동적으로 만들어지는 임시 파일로 이용자의 ID, 비밀번호 등의 정보가 담겨 있다. 특정 웹사이트에서는 사용자 컴퓨터의 정보 수집을 위해 사용되며, 해당 업체의 마케팅에 도움이 되기는 하지만 개인정보의 침해 소지가 있다. 따라서 주기적으로 삭제하는 것이 개인정보가 유출되지 않도록 하는 방법이다.

54
정답 ②

OR 조건은 조건을 모두 다른 행에 입력해야 한다.

55
정답 ②

인수는 명령어나 옵션에 입력되는 값이다. wc는 파일에 들어있는 정보의 라인 수를 카운터해서 3개의 숫자를 반환하는 명령어이며, kill은 프로세스를 종료시키는 명령어이다.

오답분석

(B) pwd : 현재 작업 중인 디렉토리를 표시하는 명령어로, 인수가 필요하지 않다.
(D) passwd : 자신의 암호를 바꾸거나 등록할 때 사용하는 명령어이며, 단독으로 사용할 수 있다.

56
정답 ①

a	n
2	0
$3 \times 2 + (-1)^2 = 7$	1
$3 \times 7 + (-1)^7 = 20$	2
$3 \times 20 + (-1)^{20} = 61$	3
$3 \times 61 + (-1)^{61} = 182$	4
$3 \times 182 + (-1)^{182} = 547$	5

57
정답 ④

랜섬웨어(Ransom ware)에 감염되면 프로그램과 파일 복구가 어려우므로, 복구 프로그램을 활용하는 것은 주의사항으로 보기 어렵다.

58
정답 ②

악성코드(Malware)는 악의적인 목적을 위해 만들어져 실행되는 코드를 지칭한다. 자가복제 능력과 감염 유무에 따라 트로이 목마(Trojan Horse), 웜 바이러스(Computer Worm) 등으로 분류되는 악성 프로그램이다.

59
정답 ①

고객 신상 정보의 경우 유출하거나 임의로 삭제하는 것 등의 행동은 안 되며, 거래처에서 빌린 컴퓨터 본체에 저장되어 있었기 때문에 거래처 담당자에게 되돌려주는 것이 가장 적절하다.

60
정답 ③

메모장에 그림, 차트, OLE 개체는 삽입할 수 없다.

오답분석

① 메모장의 [속성]에서 설정 가능하다.
② 〈F5〉를 활용하여 기록할 수 있다.
④ [편집] - [찾기] 기능을 통해 가능하다.

|01| 경영

61	62	63	64	65	66	67	68	69	70
③	①	③	①	①	①	⑤	⑤	③	④
71	72	73	74	75	76	77	78	79	80
②	③	⑤	④	④	①	③	③	②	①
81	82	83	84	85	86	87	88	89	90
①	②	④	④	①	⑤	②	④	②	②
91	92	93	94	95	96	97	98	99	100
③	②	③	②	①	②	④	③	②	③

61
정답 ③

BCG 매트릭스는 보스턴 컨설팅 그룹(Boston Consulting Group)에 의해 1970년대 초반 개발된 것으로, 기업의 경영전략 수립에 있어 하나의 기본적인 분석도구로 활용되는 사업포트폴리오(Business Portfolio) 분석기법이다. BCG 매트릭스는 X축을 '상대적 시장점유율'로 하고, Y축을 '시장 성장률'로 한다. 미래가 불투명한 사업을 물음표(Question Mark), 점유율과 성장성이 모두 좋은 사업을 스타(Star), 투자에 비해 수익이 월등한 사업을 현금젖소(Cash Cow), 점유율과 성장률이 둘 다 낮은 사업을 개(Dog)로 구분했다. 현금젖소는 수익을 많이 내고 있으나 시장확대는 불가능한 상태이고, 물음표는 시장성장률은 높지만 점유율은 낮은 상태이다. 따라서 현금젖소에서의 수익을 물음표에 투자하여 최적의 현금흐름을 달성할 수 있다.

62
정답 ①

오답분석
② 순투자 : 기업이 고정자산을 구매하거나, 유효수명이 당회계연도를 초과하는 기존의 고정자산 투자에 돈을 사용할 때 발생한다.
③ 재고투자 : 기업의 투자활동 중 재고품을 증가시키는 투자활동 또는 증가분을 말한다.
④ 민간투자 : 사기업에 의해서 이루어지는 투자로 사적투자라고도 한다.
⑤ 공동투자 : 복수의 기업이 공동 목적을 위해 투자하는 것을 말한다.

63
정답 ③

명성가격은 가격이 높아질수록 품질이 좋다고 인식되고, 소비자들은 제품의 가격과 자신의 권위가 비례하다 생각한다. 따라서 이런 제품의 경우 가격이 떨어지면 초기 매출은 증가하겠지만 나중으로 갈수록 오히려 감소하게 된다.

64
정답 ①

ㄱ. 변혁적 리더십은 거래적 리더십에 대한 비판에서 발생된 것으로, 현상 탈피, 변화 지향성, 내재적 보상의 강조, 장기적 관점이 특징이다.
ㄷ. 카리스마 리더십은 부하에게 높은 자신감을 보이며 매력적인 비전을 제시한다.

오답분석
ㄴ. 거래적 리더십은 전통적 리더십 이론으로 현상 유지, 안정 지향성, 즉각적이고 가시적인 보상체계, 단기적 관점이 특징이다.
ㄹ. 슈퍼 리더십은 부하들이 역량을 최대한 발휘하여 셀프 리더가 될 수 있도록 환경을 조성해 주고 동기부여를 할 줄 아는 리더십이다.

65
정답 ①

주제품과 함께 사용되어야 하는 종속제품을 높은 가격으로 책정하여 마진을 보장하는 전략을 종속제품 가격결정이라고 한다.

오답분석
② 묶음 가격결정 : 몇 개의 제품들을 하나로 묶어서 할인된 가격으로 판매하는 전략이다.
③ 단수 가격결정 : 제품 가격의 끝자리를 단수로 표시하여 소비자들이 제품의 가격이 저렴하다고 느껴 구매하도록 하는 가격전략이다.
④ 침투 가격결정 : 빠른 시일 내에 시장에 깊숙이 침투하기 위해, 신제품의 최초가격을 낮게 설정하는 전략이다.
⑤ 스키밍 가격결정 : 신제품이 시장에 진출할 때 가격을 높게 책정한 후 점차적으로 그 가격을 내리는 전략이다.

66
정답 ①

지수평활법은 가장 최근 데이터에 가장 큰 가중치가 주어지고 시간이 지남에 따라 가중치가 기하학적으로 감소되는 가중치 이동평균 예측기법으로, 평활상수가 클수록 최근 자료에 더 높은 가중치를 부여한다.

오답분석
② 회귀분석법은 실제치와 예측치의 오차를 자승한 값의 총 합계가 최소화되도록 회귀계수를 추정한다.
③ 수요예측과정에서 발생하는 예측오차들의 합은 영(Zero)에 수렴하는 것이 바람직하다.
④ 이동평균법에서 과거자료 개수를 증가시키면 예측치를 평활하는 효과는 크지만, 예측의 민감도는 떨어뜨려서 수요예측의 정확도는 오히려 낮아진다.
⑤ 회귀분석법은 인과관계 분석법에 해당한다.

67 정답 ⑤

고관여	저관여
• 복잡한 구매행동 • 제품지식에 근거한 주관적 신념의 형성 • 제품에 대한 호불호의 태도 형성 • 합리적인 선택지 모색 • 부조화 감소 구매행동 • 구매 후 불만사항을 발견하거나 구입하지 않은 제품에 대한 호의적인 정보를 얻으면 부조화를 경험 • 소비자들이 구매 후 확신을 갖게 하는 촉진활동 전개가 효과적	• 습관적 구매행동 • 소비자들이 어떤 상표에 대한 확신이 없음 • 가격할인, 판촉의 효과적 작용 • 다양성 추구 구매행동 • 제품의 상표 간 차이가 명확한 경우, 다양성 추구 구매를 하기 위해서 잦은 상표전환

68 정답 ⑤

시장세분화 전략은 마케팅 전략 중 하나이다. 따라서 일반적인 경영전략 유형에 해당하지 않는다.

> **일반적인 경영전략 유형**
> • 성장 전략 : 기업의 규모를 키워 현재의 영업범위를 확대하는 전략을 의미하며, 시장의 성장가능성이 높고 기업의 점유율이 높거나 투자가치가 있을 경우 이러한 전략을 채택한다. 성장전략은 기업의 장기적 생존을 위해서는 필수적이며 이를 통해 수익창출 및 점유율 확보, 기업 규모 확대가 가능하다.
> • 축소 전략 : 기업의 효율성이나 성과를 향상시키기 위해 규모를 축소하는 전략을 의미하며, 시장이 더이상 성장하지 않고 기업이 해당 시장에서의 경쟁능력이 없을 경우 다운사이징, 구조조정, 분사 및 청산 등의 방법을 통해 축소전략을 구사한다.
> • 안정화 전략 : 현재 상태에서 큰 변화 없이 현재 상태를 유지하고자 노력하는 전략을 의미하며, 시장 성장률이 높지 않지만, 시장 내 기업의 점유율이 높을 경우(캐시카우) 해당 사업을 통해 다른 사업을 확장하는 데 필요한 자본을 조달하는 방식의 전략이다.
> • 협력 전략 : 전략적 제휴라고도 하는데, 둘 이상의 기업이 공동의 목표를 위해 서로 협력하는 전략을 의미한다. 이때 각 기업들은 각자의 독립성을 유지하면서 서로의 약점을 보완하고 경쟁우위를 강화하고자 추구하는 전략이다.

69 정답 ③

동기부여이론

내용이론	과정이론
• 매슬로우의 욕구단계설 • 앨더퍼의 ERG이론 • 허즈버그의 2요인 이론 • 맥그리거의 X이론 – Y이론 • 맥클랜드의 성취동기 이론	• 브룸의 기대이론 • 포터와 로울러의 기대이론 • 애덤스의 공정성이론

70 정답 ④

회계감사의 감사의견 종류에는 적정 의견, 한정 의견, 부적정 의견, 의견 거절 4가지가 있다.

71 정답 ②

프로그램의 최고 단계 훈련을 마치고, 프로젝트 팀 지도를 전담하는 직원은 블랙벨트이다. 마스터블랙벨트는 식스 시그마 최고과정에 이른 사람으로 블랙벨트가 수행하는 프로젝트를 전문적으로 관리한다.

72 정답 ③

균형성과표(Balanced Score Card)는 조직의 비전과 전략을 달성하기 위한 도구로써, 전통적인 재무적 성과지표뿐만 아니라 고객, 업무 프로세스, 학습 및 성장과 같은 비재무적 성과지표 또한 균형적으로 고려한다. 즉, BSC는 통합적 관점에서 미래지향적 · 전략적으로 성과를 관리하는 도구라고 할 수 있다.
(A) 재무 관점 : 순이익, 매출액 등
(B) 고객 관점 : 고객만족도, 충성도 등
(C) 업무 프로세스 관점 : 내부처리 방식 등
(D) 학습 및 성장 관점 : 구성원의 능력개발, 직무만족도 등

73 정답 ⑤

Q – 비율이 1보다 크다는 것은 시장에서 평가되는 기업의 가치가 자본량을 늘리는 데 드는 비용보다 더 큼을 의미하므로 투자를 하는 것이 바람직하고, 1보다 작을 경우에는 기업의 가치가 자본재의 대체비용에 미달함을 의미하므로 투자를 감소하는 것이 바람직하다. 또한 이자율이 상승하면 주가가 하락하여 Q – 비율 또한 하락하므로 투자를 감소시키는 것이 바람직하다. 토빈의 Q – 비율은 주식시장에서 평가된 기업의 시장가치(분자)를 기업의 실물자본의 대체비용(분모)으로 나눠서 도출할 수 있다.

74
정답 ④

항상성장모형은 기업의 이익과 배당이 매년 $g\%$만큼 일정하게 성장한다고 가정할 경우 주식의 이론적 가치를 나타내는 모형이다.

$$V_0 = \frac{D_1}{k-g}$$

- V_0 : 당기 1주당 현재가치(주가)
- D_1 : 차기주당배당금
- k : 요구수익률
- g : 성장률

위 식에 문제에서 제시한 배당금과 요구수익률, 성장률을 대입해 보면 $V_0 = \frac{1,100}{0.15-0.10} = 22,000$원이다. 따라서 항상성장모형에 의한 A주식의 1주당 현재가치는 22,000원이다.

75
정답 ④

(결합레버리지도)=(영업레버리지도)×(재무레버리지도)=2×1.5=3이다.

76
정답 ①

순할인채의 듀레이션은 만기와 일치한다.

77
정답 ②

수익성 지수는 여러 투자안이 있을 때 어느 투자안이 경제성이 있는지 판단하기 위해 쓰인다.

78
정답 ③

자본자산가격결정모형(CAPM)이란 자산의 균형가격이 어떻게 결정되어야 하는지를 설명하는 이론이다. 구체적으로 자본시장이 균형상태가 되면 위험과 기대수익률 사이에 어떤 관계가 성립하는지 설명하는 이론으로 세금과 거래비용이 발생하지 않는 완전자본시장을 가정하고 있다.

> **자본자산가격결정모형(CAPM)의 가정**
> - 모든 투자자는 위험회피형이며, 기대효용을 극대화할 수 있도록 투자한다.
> - 모든 투자자는 평균 – 분산 기준에 따라 투자한다.
> - 모든 투자자의 투자기간은 단일기간이다.
> - 자신의 미래 수익률분포에 대하여 모든 투자자가 동질적으로 기대한다.
> - 무위험자산이 존재하며, 모든 투자자는 무위험이자율로 제한없이 차입, 대출이 가능하다.
> - 세금, 거래비용과 같은 마찰적 요인이 없는 완전자본시장을 가정한다.

79
정답 ②

오답분석

① 주식공개매수는 불특정 다수인으로부터 주식을 장외에서 매수하는 형태이다.

③ 주식공개매수를 추진하는 인수기업은 대상기업의 주식 수, 매수기간, 매수가격 및 방법 등을 공개하고, 이에 허락하는 주주에 한해 대상회사의 주식을 취득하게 된다.

④ 공개매수에서 매수가격은 현재의 시장가격보다 대부분 높게 요구되는 것이 특징이다.

⑤ 대상기업의 기업지배권이 부실하고 경영도 제대로 되지 않아 주식이 하락된 대상기업의 경우, 인수기업은 직접 대상기업의 주주들로부터 주식을 인수하는 적대적인 방법을 이용하게 된다. 반대로 경영진의 기업지배권이 강하고 주가가 높은 대상기업의 경우 적대적 M&A가 쉽지 않다. 따라서 인수기업은 대상기업과 우호적인 방식으로 주식공개매수를 협상한다.

80
정답 ①

케인스학파와 통화주의학파 모두 적응적 기대를 수용한다. 케인스학파는 구축효과가 크지 않으므로 재정정책이 효과적이라고 보는 데 비해 통화주의학파는 구축효과가 매우 크기 때문에 재정정책의 효과가 별로 없다고 본다. 또한 케인스학파는 재량적인 안정화정책을 주장하는 데 비해 통화주의학파는 준칙에 입각한 정책이 보다 바람직하다고 본다. 케인스학파와 통화주의학파는 모두 단기 총공급곡선은 우상향하고 장기 총공급곡선은 수직선이라고 보며, 단기 필립스곡선은 우하향하고 장기 필립스곡선은 자연실업률 수준에서 수직선이라고 본다.

81
정답 ①

경제성장이란 생산요소의 부존량이나 생산성이 증대하여 국민 경제의 생산 능력이 증대하는 현상으로 한 경제의 국내총생산(GDP)이 지속적으로 증가하는 현상을 말한다. 솔로우 모형에서는 규모에 대한 수익불변인 1차동차 생산함수를 사용하고 있으므로 자본의 한계생산물은 체감한다. 이 모형에 따르면 자본축적, 교육을 통한 인적자본 형성, 정부정책의 차이 등은 경제성장의 주요 원인이다. 솔로우 경제성장모형은 경제성장의 요인이 모형의 외부에서 결정되므로 외생적성장모형이라고도 하는데, 이 모형에서 지속적인 경제성장은 외생적인 기술진보에 의해 가능하다. 또한 인구 증가율이 높아지면 1인당 자본량과 1인당 생산량은 감소하지만, 인구 증가율이 높아지면 경제 전체적으로 볼 때 생산요소의 양이 증가하므로 경제 전체의 총생산량은 오히려 증가한다.

82
정답 ②

대변에 선급보험료 ₩300이 수정(감소)되었기 때문에 수정전시산표의 선급보험료가 기말 재무상태표의 선급보험료보다 ₩300 많은 것을 선택하면 된다.

83
정답 ④

ㄱ. 건물을 계속 사용할 경우 : 두 종류 이상의 자산을 일괄구입가격으로 동시에 취득하는 경우, 개별자산의 원가는 개별자산의 상대적 공정가치의 비율로 배분한다.

- (토지 취득원가)$= ₩10,100 \times \dfrac{6,000}{12,000} = ₩5,050$

- (건물 취득원가)$= ₩10,100 \times \dfrac{6,000}{12,000} = ₩5,050$

ㄴ. 건물을 신축할 경우 : 토지와 건물의 원가를 포함하여 인식한다.

- (토지 취득원가)
  $= ₩10,000 + ₩100 + ₩500 - ₩100$(폐자재 수입)
  $= ₩10,500$

84
정답 ④

1차 연도 이후부터 매년 1,000개씩 생산량이 감소하므로 추정 총생산량은 1차 연도 10,000개 + 2차 연도 9,000개 + 3차 연도 8,000개 + 4차 연도 7,000개 + 5차 연도 6,000개 = 40,000개이다.

$$(생산량비례법) = \frac{(취득원가) - (잔존가치)}{(추정 총생산량)}$$

$$= \frac{2,000,000 - 200,000}{40,000} = 45$$이므로 1차 연도의 감가상각비는 ₩450,000이다.

85
정답 ①

- (매출원가)=(기초재고액)+(당기매입액)-(기말재고액)
  $₩45,000 = ₩9,000 + ₩42,000 - ₩6,000$

재고자산

기초재고액	₩9,000	매출원가	₩45,000
순매입액	₩42,000	기말재고액(기말장부)	
			₩6,000

- $₩6,000$(기말장부)$- ₩4,000$(기말순실현가능가치)
  $= ₩2,000$(평가손실)

86
정답 ⑤

물가예상에 대한 기대가 합리적으로 형성되고 통화량 감소가 미리 예측되면 단기에도 실질GDP에 영향을 미칠 수 없으며 물가수준만 즉시 하락하게 된다. 즉, 합리적 기대하에서 예상된 긴축통화정책이 시행될 경우 총수요곡선이 왼쪽으로 이동($AD_0 \rightarrow AD_1$)하고 단기총공급곡선이 오른쪽으로 이동($AS_0 \rightarrow AS_1$)하여 물가는 즉시 감소($P_0 \rightarrow P_1$)하고 실질GDP는 원래 수준(Y_N)을 유지한다.

87
정답 ②

정률법은 매년 감가하는 자산의 잔존가격에 일정률을 곱하여 매년의 감가액을 계산하는 방법이다.

오답분석

① 정액법 : 고정자산의 내용연수의 기간 중 매기 동일액을 상각해 가는 방법이다.
③ 선입선출법 : 매입순법이라고도 하며, 가장 먼저 취득된 것부터 순차로 불출하는 방법이다.
④ 후입선출법 : 나중에 사들인 상품 또는 원재료로 만든 물품부터 팔렸다고 보고 남은 상품, 원재료를 평가하는 방법이다.
⑤ 저가법 : 재고자산의 가액을 결정함에 있어서 원가법이나 시가법에 따르지 않고 원가와 시가 중 낮은 가액을 계산가액으로 하는 방법이다.

88
정답 ④

- (장기미지급비용)$= (100-40) \times 20 \times ₩15 - (₩6,000 + ₩6,500)$
  $= ₩5,500$
- (현금)$= 10$명$\times 20$개$\times ₩10 = ₩2,000$
- (주식보상비용)$= ₩5,500 + ₩2,000 = ₩7,500$

89
정답 ②

- $₩100,000$(영업에서 창출된 현금)$=$(법인세비용차감전순이익)
  $+ ₩1,500$(감가상각비)$+ ₩2,700$(이자비용)$- ₩700$(사채상환이익)$- ₩4,800$(매출채권 증가)$+ ₩2,500$(재고자산 감소)$+ ₩3,500$(매입채무 증가)
  $\rightarrow$ (법인세비용차감전순이익)$= ₩95,300$
- (이자지급액)$= ₩2,700 - ₩1,000 = ₩1,700$
- (법인세지급액)$= ₩4,000 + ₩2,000 = ₩6,000$
- (영업활동순현금흐름)$= ₩100,000$(영업에서 창출된 현금)
  $- ₩1,700$(이자지급액)$- ₩6,000$(법인세지급액)$= ₩92,300$

90
정답 ②

오답분석

① 목적적합성과 충실한 표현은 근본적 질적 특성이다.
③ 정보이용자들이 미래 결과를 예측하기 위해 사용하는 절차의 투입요소로 재무정보가 사용될 수 있다면, 그 재무정보는 예측가치를 갖는다. 재무정보가 예측가치를 갖기 위해서 그 자체가 예측치 또는 예상치일 필요는 없다. 예측가치를 갖는 재무정보는 이용자 자신이 예측하는 데 사용된다.
④ 재무정보가 과거 평가를 확인하거나 변경시킨다면 확인가치를 갖는다.
⑤ 재무정보의 제공자와는 달리 이용자의 경우에는 제공된 정보를 분석하고 해석하는 데 원가가 발생한다.

91 정답 ③

시장지향적 마케팅이란 고객지향적 마케팅의 장점을 포함하면서 그 한계점을 극복하기 위한 포괄적 마케팅 노력이며 기업이 최종 고객들과 원활한 교환을 통하여 최상의 가치를 제공해 주기 위해 기업 내외의 모든 구성요소들 간 상호작용을 관리하는 총체적 노력이 수반되기도 한다. 그에 따른 노력 중에는 외부사업이나 이익 기회들을 확인하고 다양한 시장 구성요소들이 완만하게 상호작용 하도록 관리하며, 외부 사업시장의 기회에 대해 적시에 정확하게 대응한다. 때에 따라 기존 사업시장을 포기하며 전혀 다른 사업부분으로 진출하기도 한다.

92 정답 ③

마케팅 활동은 본원적 활동에 해당한다.

오답분석

① 기업은 본원적 활동 및 지원 활동을 통하여 이윤을 창출한다.
② 물류 투입, 운영, 산출, 마케팅 및 서비스 활동은 모두 본원적 활동에 해당한다.
④ 인적자원관리, 기술 개발, 구매, 조달 활동 등은 지원 활동에 해당한다.
⑤ 가치사슬모형은 기업의 내부적 핵심 역량을 파악하는 모형으로서, 지원 활동에 해당하는 항목도 핵심 역량이 될 수 있다.

93 정답 ②

평등주의 사회후생함수는 저소득층에는 높은 가중치를, 고소득층에게는 낮은 가중치를 부여한다. 모든 사회 구성원들에게 동일한 가중치를 두는 것은 공리주의 사회후생함수이다.

94 정답 ①

가격차별(Price Discrimination)은 동일한 상품에 대해 구입자 혹은 구입량에 따라 다른 가격을 받는 행위를 의미한다. 노인이나 청소년 대상 할인, 수출품과 내수품의 다른 가격 책정 등은 구입자에 따라 가격을 차별하는 대표적인 사례이다. 한편, 물건 대량 구매 시 할인해 주거나 전력 사용량에 따른 다른 가격을 적용하는 것은 구입량에 따른 가격차별이다.

반면, 전월세 상한제나 대출 최고 이자율을 제한하는 제도는 가격의 법정 최고치를 제한하는 가격상한제(Price ceiling)에 해당하는 사례이다.

95 정답 ③

만 15세 이상 인구는 생산가능인구를 뜻하므로 경제활동참가율 공식에 대입하여 경제활동인구를 구할 수 있다.

- $[경제활동참가율(\%)] = \dfrac{(경제활동인구)}{(생산가능인구)} \times 100$

- (경제활동인구) = (생산가능인구) × (경제활동참가율) ÷ 100
  = 2,600만 × 0.55 = 1,430만 명

경제활동인구는 취업자 수와 실업자 수의 합이며, 실업률은 경제활동인구 중에서 실업자가 차지하는 비중을 말한다. 실업률이 30%이므로 실업자 수는 1,430만 × 0.3 = 429만 명이고, 취업자 수는 경제활동인구에서 실업자 수를 뺀 값으로 1,430만 − 429만 = 1,001만 명임을 알 수 있다. 따라서 H국가의 취업자 수는 1,001만 명, 실업자 수는 429만 명이다.

96 정답 ②

역선택이란 감추어진 특성의 상황에서 정보 수준이 낮은 측이 사전적으로 바람직하지 않은 상대방을 만날 가능성이 높아지는 현상을 의미한다. 반면, 도덕적 해이는 감추어진 행동의 상황에서 어떤 거래 이후에 정보를 가진 측이 바람직하지 않은 행동을 하는 현상을 의미한다.

따라서 나, 라가 역선택에, 가, 다, 마가 도덕적 해이에 해당한다.

97 정답 ④

정부가 소득세를 감면하는 등 확대 재정정책을 사용하면 민간 부분에서 총수요가 추가적으로 증가하는 승수효과가 발생한다. 정부가 확대 재정정책을 사용하여 이자율을 낮추면 신용제약이 완화되고, 기존에 은행으로부터 차입하기 어려웠던 소비자는 자금을 빌려 투자를 하는 등 소비효과가 더욱 커지게 된다.

오답분석

① 소득에 대한 한계소비성향이 낮으면 늘어난 자금이 소비로 이어지지 않아 승수효과가 커지지 않는다.
② 정부의 확대 재정정책은 장기적으로 화폐에 대한 수요를 증가시켜 이자율이 상승하게 되고, 이는 민간의 투자나 소비를 감소시키는 구축효과가 발생하게 된다.
③ 소비자가 미래 중심으로 소비에 임하면 소비보다 저축의 비율이 커지므로 승수효과가 커지지 않는다.
⑤ 소비자가 정부 부채 증가를 미래의 조세로 메울 것으로 기대하면 소비가 늘어나지 않아 승수효과가 커지지 않는다.

98 정답 ③

오답분석

① 규모의 경제를 활용하기 위해서는 하나의 공기업에서 생산하는 것이 바람직하다.
② 공공재를 아무런 규제없이 시장원리에 맡겨둘 경우 과소생산이 이루어져 사회적 최적생산량 달성을 이룰 수 없다.
④ 한계비용가격 설정을 사용하는 경우 해당 공기업은 손실을 입게 된다.
⑤ 평균비용가격 설정을 사용하는 경우 사회적 최적 생산량에 미달한다.

99

정답 ②

케인스학파는 생산물시장과 화폐시장을 동시에 고려하는 IS - LM모형으로 재정정책과 통화정책의 효과를 분석했다. 케인스학파에 의하면 투자의 이자율탄력성이 작기 때문에 IS곡선은 대체로 급경사이고, 화폐수요의 이자율탄력성이 크므로 LM곡선은 매우 완만한 형태이다. 따라서 재정정책은 매우 효과적이나, 통화정책은 별로 효과가 없다는 입장이다.

100

정답 ③

국민소득(GDP) 항등식에 의하면 $Y = C + I + G(XM)$이 성립한다. 경상수지가 흑자이면 순수출$(X - M)$이 0보다 크므로 국민소득도 국내지출$(C + I + G)$보다 크다. 국내투자가 국내총저축을 상회하는 경우에는 경상수지가 적자이다. 경상수지와 자본수지의 합은 0이므로 경상수지가 적자이면 자본수지는 흑자이므로 순자본유입이 0보다 크다. 또한 경상수지 흑자액(순수출)과 자본수지 적자액(순자본유출)의 크기는 동일하다.

| 02 | 법정

61	62	63	64	65	66	67	68	69	70
①	③	③	③	②	③	②	③	⑤	④
71	72	73	74	75	76	77	78	79	80
④	⑤	④	④	①	③	③	⑤	①	②
81	82	83	84	85	86	87	88	89	90
④	④	④	⑤	④	③	④	④	③	⑤
91	92	93	94	95	96	97	98	99	100
②	④	⑤	④	①	①	①	②	②	②

61

정답 ①

역사적으로 속인주의에서 속지주의로 변천해 왔으며 오늘날 국제사회에서 영토의 상호존중과 상호평등원칙이 적용되므로, 속지주의가 원칙이며 예외적으로 속인주의가 적용된다.

62

정답 ③

민주주의의 적에게는 자유를 인정할 수 없다는 방어적 민주주의가 구체화된 것이다.

63

정답 ③

작성요령은 법률의 위임을 받은 것이기는 하나 법인세의 부과징수라는 행정적 편의를 도모하기 위한 절차적 규정으로서 단순히 행정규칙의 성질을 가지는 데 불과하여 과세관청이나 일반국민을 기속하는 것이 아니다(대판 2003.9.5., 2001두403).

오답분석

① 국회는 법률에 저촉되지 아니하는 범위 안에서 의사와 내부규율에 관한 규칙을 제정할 수 있다(헌법 제64조 제1항).
② 대통령령은 총리령 및 부령보다 우월한 효력을 가진다. 대통령령은 시행령, 총리령과 부령은 시행규칙의 형식으로 제정된다.
④ '학교장·교사 초빙제 실시'는 학교장·교사 초빙제의 실시에 따른 구체적 시행을 위해 제정한 내부의 사무처리지침으로서 "행정규칙"이라고 할 것이다(헌재결 2001.5.31., 99헌마413).
⑤ 심사지침인 '방광내압 및 요누출압 측정 시 검사방법'은 불필요한 수술 등을 하게 되는 경우가 있어 이를 방지하고 적정진료를 하도록 유도할 목적으로, 법령에서 정한 요양급여의 인정기준을 구체적 진료행위에 적용하도록 마련한 건강보험심사평가원의 내부적 업무처리 기준으로서 행정규칙에 불과하다(대판 2017.7.11., 2015두2864).

64

정답 ③

외국인에게 인정 불가능한 권리는 참정권, 생존권 등이고, 제한되는 권리는 평등권, 재산권, 직업선택의 자유, 거주·이전의 자유(출입국의 자유), 국가배상청구권(국가배상법 제7조의 상호보증주의) 등이다. 외국인에게도 내국인과 같이 인정되는 권리는 형사보상청구권, 인간의 존엄과 가치, 신체의 자유, 양심의 자유, 종교의 자유 등이다.

65

정답 ②

재단법인 정관에 기재한 기본재산은 재단법인의 실체이며 목적을 수행하기 위한 기본적인 수단으로서, 그러한 기본재산을 처분하는 것은 재단법인의 실체가 없어지는 것을 의미하므로 함부로 처분할 수 없고 정관의 변경 절차를 필요로 한다. 정관의 변경은 민법상 주무관청의 허가를 얻어야 효력이 있으므로 재단법인이 기본재산을 처분할 경우에는 주무관청의 허가를 얻어야 한다(대판 2008.7.10, 2008다12453).

오답분석

① 재단법인의 설립은 유언으로 가능하다(민법 제48조 제2항 참고).
③ 재단법인의 출연자는 착오를 이유로 출연의 의사표시를 취소할 수 있다(대판 1999.7.9, 98다9045).
④ 재단법인의 설립자가 그 명칭, 사무소 소재지 또는 이사 임면의 방법을 정하지 아니하고 사망한 때에는 이해관계인 또는 검사의 청구에 의하여 법원이 이를 보충할 수 있다(민법 제44조). 목적에 대한 사항은 보충의 대상이 아니다.
⑤ 재단법인의 목적을 달성할 수 없는 경우, 이사는 주무관청의 허가를 얻어 그 목적을 변경할 수 있다(민법 제46조 참고).

66

정답 ③

법은 외면성을 갖지만 도덕은 내면성을 갖는다.

법과 도덕의 비교

구분	법(法)	도덕(道德)
목적	정의(Justice)의 실현	선(Good)의 실현
규율대상	평균인의 현실적 행위·결과	평균인이 내면적 의사·동기·양심
규율주체	국가	자기 자신
준수근거	타율성	자율성
표현양식	법률·명령형식의 문자로 표시	표현양식이 다양함
특징	외면성 : 인간의 외부적 행위·결과 중시	내면성 : 인간의 내면적 양심과 동기를 중시
	강제성 : 위반 시 국가권력에 의해 처벌받음	비강제성 : 규범의 유지·제재에 강제가 없음
	양면성 : 의무에 대응하는 권리가 있음	일면성(편면성) : 의무에 대응하는 권리가 없음

67

정답 ②

루소는 개인이익이 국가이익보다 우선하며, 법의 목적은 개인의 자유와 평등의 확보 및 발전이라고 보았다.

68

정답 ③

대판 1995.12.22., 94다42129

오답분석

① 인지청구권은 본인의 일신전속적인 신분관계상의 권리로서 포기할 수도 없으며 포기하였더라도 그 효력이 발생할 수 없는 것이고, 이와 같이 인지청구권의 포기가 허용되지 않는 이상 거기에 실효의 법리가 적용될 여지도 없다(대판 2001.11.27., 2001므1353).
② 강행법규에 위반하여 무효인 수익보장약정이 투자신탁회사가 먼저 고객에게 제의를 함으로써 체결된 것이라고 하더라도, 이러한 경우에 강행법규를 위반한 투자신탁회사 스스로가 그 약정의 무효를 주장함이 신의칙에 위반되는 권리의 행사라는 이유로 그 주장을 배척한다면, 이는 오히려 강행법규에 의하여 배제하려는 결과를 실현시키는 셈이 되어 입법취지를 완전히 몰각하게 되므로, 달리 특별한 사정이 없는 한 위와 같은 주장이 신의성실의 원칙에 반하는 것이라고 할 수 없다(대판 1999.3.23., 99다4405).
④ 취득시효완성 후에 그 사실을 모르고 당해 토지에 관하여 어떠한 권리도 주장하지 않기로 하였다 하더라도 이에 반하여 시효주장을 하는 것은 특별한 사정이 없는 한 신의칙상 허용되지 않는다(대판 1998.5.22., 96다24101).
⑤ 임대차계약에 있어서 차임불증액의 특약이 있더라도 그 약정 후 그 특약을 그대로 유지시키는 것이 신의칙에 반한다고 인정될 정도의 사정변경이 있다고 보여지는 경우에는 형평의 원칙상 임대인에게 차임증액청구를 인정하여야 한다(대판 1996.11.12., 96다34061).

69

정답 ⑤

무권대리행위에 대한 추인은 무권대리행위로 인한 효과를 자기에게 귀속시키려는 의사표시이니만큼 무권대리행위에 대한 추인이 있었다고 하려면 그러한 의사가 표시되었다고 볼 만한 사유가 있어야 하고, 무권대리행위가 범죄가 되는 경우에 대하여 그 사실을 알고도 장기간 형사고소를 하지 아니하였다 하더라도 그 사실만으로 묵시적인 추인이 있었다고 할 수는 없는 바, 권한 없이 기명날인을 대행하는 방식에 의하여 약속어음을 위조한 경우에 피위조자가 이를 묵시적으로 추인하였다고 인정하려면 추인의 의사가 표시되었다고 볼 만한 사유가 있어야 한다(대판 1998.2.10., 97다31113).

70

정답 ④

준법률행위적 행정행위에는 공증, 수리, 통지, 확인 등이 있고, 법률행위적 행정행위에는 명령적 행정행위(하명, 허가, 면제)와 형성적 행정행위(특허, 인가, 공법상 대리)가 있다.

71

배분정책은 공적 재원으로 불특정 다수에게 재화나 서비스를 배분하는 정책으로 수혜자와 비용부담자 간의 갈등이 없어서 추진하기 용이한 정책이다.

로위(Lowi)의 정책유형

배분정책	특정 개인 또는 집단에 재화 및 서비스를 배분하는 정책
구성정책	정부기관의 신설과 선거구 조정 등과 같이 정부기구의 구성 및 조정과 관련된 정책으로, 대외적 가치 배분에는 큰 영향이 없음
규제정책	특정 개인이나 집단에 대한 선택의 자유를 제한하는 유형의 정책
재분배정책	고소득층의 부를 저소득층에게 이전하는 정책으로 계급대립적 성격을 띰

72

정답 ⑤

ㄷ. 공증은 확인·통지·수리와 함께 준법률행위적 행정행위에 속한다.
ㄹ. 공법상 계약은 비권력적 공법행위이다.

73

정답 ④

유효한 행정행위가 존재하는 이상 모든 국가기관은 그 존재를 존중하고 스스로의 판단에 대한 기초로 삼아야 한다는 것으로 구성요건적 효력을 말한다.

행정행위의 효력

공정력	비록 행정행위에 하자가 있는 경우에도 그 하자가 중대하고 명백하여 당연무효인 경우를 제외하고는, 권한 있는 기관에 의해 취소될 때까지는 일응 적법 또는 유효한 것으로 보아 누구든지(상대방은 물론 제3의 국가기관도) 그 효력을 부인하지 못하는 효력	
구속력	행정행위가 그 내용에 따라 관계행정청, 상대방 및 관계인에 대하여 일정한 법적 효과를 발생하는 힘으로, 모든 행정행위에 당연히 인정되는 실체법적 효력	
존속력	불가쟁력 (형식적)	행정행위에 대한 쟁송 제기 기간이 경과하거나 쟁송수단을 다 거친 경우에는 상대방 또는 이해관계인은 더 이상 그 행정행위의 효력을 다툴 수 없게 되는 효력
	불가변력 (실질적)	일정한 경우 행정행위를 발한 행정청 자신도 행정행위의 하자 등을 이유로 직권으로 취소·변경·철회할 수 없는 제한을 받게 되는 효력

74

정답 ④

직무평가란 직무의 각 분야가 기업 내에서 차지하는 상대적 가치의 결정으로, 크게 비계량적 평가 방법과 계량적 평가 방법으로 나눌 수 있다. 비계량적 평가 방법에는 서열법과 분류법이 있으며, 계량적 평가 방법에는 점수법과 요소비교법이 있다.

직무평가 방법

구분		설명
계량적	점수법	직무를 구성 요소별로 나누고, 각 요소에 점수를 매겨 평가하는 방법
	요소 비교법	직무를 몇 개의 중요 요소로 나누고, 이들 요소를 기준직위의 평가 요소와 비교하여 평가하는 방법
비계량적	서열법	직원들의 근무 성적을 평정함에 있어 평정 대상자(직원)들을 서로 비교하여 서열을 정하는 방법
	분류법	미리 작성된 등급기준표에 따라 평가하고자 하는 직위의 직무를 어떤 등급에 배치할 것인가를 결정하는 방법

75

정답 ①

합리적 요소와 초합리적 요소의 조화를 강조하는 모형은 드로어의 최적 모형(Optical Model)이다. 최적 모형은 경제적 합리성뿐만 아니라 합리 모형에서 놓칠 수 있는 결정자의 직관·영감 등의 초합리적인 요인도 중요시하였다. 다만 양적 분석을 기본으로 하고 그 위에 질적 분석을 가미한 모형임을 알아두도록 한다.

76

정답 ③

우리나라의 고위공무원단제도는 노무현 정부 시기인 2006년 7월 1일에 도입되었다.

77

정답 ③

(가)는 비례의 원칙, (나)는 자기구속의 원칙, (다)는 신뢰보호의 원칙, (라)는 부당결부금지의 원칙이다.
행정청의 행위에 대하여 신뢰보호의 원칙이 적용되기 위한 요건 중 공적견해의 표명이라는 요건 등 일부 요건이 충족된 경우라고 하더라도, 행정청이 앞서 표명한 공적인 견해에 반하는 행정처분을 함으로써 달성하려는 공익이 행정청의 공적견해표명을 신뢰한 개인이 그 행정처분으로 인하여 입게 되는 이익의 침해를 정당화할 수 있을 정도로 강한 경우에는 신뢰보호의 원칙을 들어 그 행정처분이 위법하다고 할 수는 없다(대판 2008.4.24., 2007두25060).

① 대판 2009.2.12., 2005다65500

② 평등의 원칙은 본질적으로 같은 것을 자의적으로 다르게 취급함을 금지하는 것이고, 위법한 행정처분이 수차례에 걸쳐 반복적으로 행하여졌다 하더라도 그러한 처분이 위법한 것인 때에는 행정청에 대하여 자기구속력을 갖게 된다고 할 수 없다(대판 2009.6.25., 2008두13132).

④ 고속국도의 유지관리 및 도로확장 등의 사유로 접도구역에 매설한 송유시설의 이설이 불가피할 경우 그 이설 비용을 부담하도록 한 것은, 고속국도 관리청이 접도구역의 송유관 매설에 대한 허가를 할 것을 전제로 한 것으로, 상대방은 공작물설치자로서 특별한 관계가 있다고 볼 수 있고, 관리청인 원고로부터 접도구역의 송유관 매설에 관한 허가를 얻게 됨으로써 접도구역이 아닌 사유지를 이용하여 매설하는 경우에 비하여는 공사절차 등의 면에서 이익을 얻는다고 할 수 있으며 처음부터 이러한 경제적 이해관계를 고려하여 이 사건 협약을 체결한 것이라고 할 것이므로 부당결부금지원칙에 위반된 것이라고 할 수는 없다(대판 2009.2.12., 2005다65500).

⑤ 자동차 등을 이용하여 범죄행위를 하기만 하면 그 범죄행위가 얼마나 중한 것인지, 그러한 범죄행위를 함에 있어 자동차 등이 당해 범죄 행위에 어느 정도로 기여했는지 등에 대한 아무런 고려 없이 무조건 운전면허를 취소하도록 하고 있으므로 비난의 정도가 극히 미약한 경우까지도 운전면허를 취소할 수밖에 없도록 하는 것으로 최소침해성의 원칙에 위반된다고 할 것이다(헌재결 2005.11.24., 2004헌가28).

78

정답 ⑤

기관위임사무는 지방자치단체장이 국가 또는 상급 지자체사무를 위임받아 수행하는 것이다. 따라서 기관위임사무의 소요 경비는 전액 위임기관의 예산으로 부담한다.

79

정답 ①

책임운영기관은 대통령령으로 설치한다.

> **책임운영기관의 설치(책임운영기관 설치 운영에 관한 법률 제4조 제1항)**
> 책임운영기관은 그 사무가 다음 각 호의 기준 중 어느 하나에 맞는 경우에 대통령령으로 설치한다.
> 1. 기관의 주된 사무가 사업적·집행적 성질의 행정서비스를 제공하는 업무로서 성과측정기준을 개발하여 성과를 측정할 수 있는 사무
> 2. 기관운영에 필요한 재정수입의 전부 또는 일부를 자체 확보할 수 있는 사무

80

정답 ②

판단적 미래예측 기법은 경험적 자료나 이론이 없을 때 전문가나 경험자들의 주관적인 견해에 의존하는 질적·판단적 예측이다.

81

정답 ④

점증적 정책결정은 지식과 정보의 불완전성, 미래예측의 불확실성을 전제하는 의사결정모형으로, 그 자체가 정부실패 요인으로 거론되는 것은 아니다.

Weimer & Vining의 정부실패 원천

구분	유형	의미
직접민주주의에 내재하는 문제	투표의 역설	투표자의 선택이 애매함
	선호 정도의 일괄처리	다수의 독재, 소수집단이 비용부담
대의 정부에 내재하는 문제	조직화되고 동원화된 이익집단의 영향력	지대 추구와 지대 낭비
	지역구 유권자	비효율적인 나누어 먹기
	선거주기	사회적으로 과다한 할인율
	일반국민의 관심사에 영향	의제의 제약과 비용에 대한 왜곡된 인식
관료적 공급에 내재하는 문제	대리인의 손실	X-비효율성
	산출물 값 산정의 어려움	배분적 비효율성과 X-비효율성
	제한된 경쟁	동태적 비효율적
	공무원 제약을 포함한 사전적 규칙	비신축성에 따른 비능률
	시장실패로서의 관료실패	조직자원의 비능률적 활용
분권화에 내재하는 문제	권위의 분산	집행과정의 문제
	재정적 외부효과	지역공공재의 불공평한 배분

82

정답 ④

전방향접근법은 하향식 접근으로 결정기관에서 시작하여 집행기관으로 내려오면서 접근하는 방법이다. 집행에서 시작하여 상위계급이나 조직 또는 결정단계로 거슬러 올라가는 것은 상향식 접근이다.

83

정답 ④

공공선택론은 뷰캐넌(J. Buchanan)이 창시하고 오스트롬(V. Ostrom)이 발전시킨 이론이며, 경제학적인 분석도구를 중시한다.

공공선택론의 의의와 한계

의의	• 공공부문에 경제학적인 관점을 도입하여 현대 행정 개혁의 바탕이 됨 – 고객중심주의, 소비자중심주의, 분권화와 자율성제고 등 • 정부실패의 원인을 분석하여 대안을 제시함
한계	• 시장실패의 위험이 있음 • 시장 경제 체제의 극대화만을 중시하여 국가의 역할을 경시함

84

1962년 제5차 개정헌법 때 정당의 추천을 받도록 하는 조항이 추가되었으나, 1972년 제7차 개정헌법에서 삭제되었으며 제8차 개정헌법에도 등장하지 않았다.

오답분석

① 헌법 개정의 제안은 대통령, 민의원 또는 참의원의 재적의원 3분의 1 이상 또는 민의원선거권자 50만 인 이상의 찬성으로써 한다(제2차 개정헌법 제98조 제1항).
② 국회의원의 수는 150인 이상 200인 이하의 범위 안에서 법률로 정한다(제5차 개정헌법 제36조 제2항).
③ 제6차 개정헌법에서 대통령의 탄핵소추에는 국회의원 50인 이상의 발의와 재적의원 3분의 2 이상의 찬성이 필요하다는 요건이 추가되었다.
④ 국회에 제안된 헌법개정안은 20일 이상의 기간 이를 공고하여야 하며, 공고된 날로부터 60일 이내에 의결하여야 한다(제7차 개정헌법 제125조 제1항).

85

등급은 직무의 종류는 상이하지만 직무 수행의 책임도와 자격요건이 유사하여 동일한 보수를 지급할 수 있는 모든 직위의 집단군을 말한다.

직위분류제와 계급제

구분	직위분류제	계급제
분류기준	직무의 종류·곤란도·책임도	개인의 자격·신분·능력
초점	직무중심	인간·조직중심
인재상	전문행정가	일반행정가
보수정책	직무급	생활급·자격급
인사배치	비신축적	신축적
신분보장	약함	강함
인사운용	탄력성이 낮음	탄력성이 높음
능력발전	불리	유리

86

오답분석

① 공익의 과정설에 대한 설명이다.

② 만장일치와 계층제는 가외성의 장치가 아니다.
④ 장애인들에게 특별한 세금감면 혜택을 부여하는 것은 사회적 형평성에 부합한다.
⑤ 행정의 민주성에는 대내적으로 행정조직 내부 관리 및 운영의 대내적 민주성도 포함된다.

87

건축법상의 이행강제금은 시정명령의 불이행이라는 과거의 위반행위에 대한 제재가 아니라, 의무자에게 시정명령을 받은 의무의 이행을 명하고 그 이행기간 안에 의무를 이행하지 않으면 이행강제금이 부과된다는 사실을 고지함으로써 의무자에게 심리적 압박을 주어 의무의 이행을 간접적으로 강제하는 행정상의 간접강제수단에 해당한다(대판 2018.1.25., 2015두35116).

오답분석

① 대판 2017.4.28., 2016다213916
② 이행강제금과 대집행은 서로 다른 성질의 제도이므로, 이행강제금을 부과하였더라도 대집행을 집행할 수 있다.
③ 한국자산공사가 당해 부동산을 인터넷을 통하여 재공매(입찰)하기로 한 결정 자체는 내부적인 의사결정에 불과하여 항고소송의 대상이 되는 행정처분이라고 볼 수 없고, 또한 한국자산공사가 공매통지는 공매의 요건이 아니라 공매사실 자체를 체납자에게 알려주는 데 불과한 것으로서, 통지의 상대방의 법적 지위나 권리·의무에 직접 영향을 주는 것이 아니라고 할 것이므로 이것 역시 행정처분에 해당한다고 할 수 없다(대판 2007.7.27., 2006두8464).
⑤ 제1차로 철거명령 및 계고처분을 한 데 이어 제2차로 계고서를 송달하였음에도 불응함에 따라 대집행을 일부 실행한 후 제3차로 철거명령 및 대집행계고를 한 경우, 행정대집행법상의 철거의무는 제1차 철거명령 및 계고 처분으로써 발생하였다고 할 것이고, 제3차 철거명령 및 대집행계고는 새로운 철거의무를 부과하는 것이라고는 볼 수 없으며, 단지 종전의 계고처분에 의한 건물철거를 독촉하거나 그 대집행기한을 연기한다는 통지에 불과하므로 취소소송의 대상이 되는 독립한 행정처분이라고 할 수 없다(대판 2000.2.22., 98두4665).

88

행정주체는 국가나 지방자치단체, 공공조합, 공재단, 영조물법인 등의 공공단체와 공무수탁사인을 말하며, 경찰청장은 행정관청에 해당한다.

89

오답분석

① 점증주의적 패러다임은 지식과 정보의 불완전성과 미래예측의 불확실성을 전제로 한다.
② 체제모형, 제도모형, 집단모형은 점증주의적 패러다임의 범주에 포함되는 정책결정모형의 예이다.

④ 기술평가·예측모형은 합리주의적 패러다임의 범주에 포함된다.
⑤ 전략적 계획 패러다임이 정책결정을 전략적 계획의 틀에 맞추어 이해한다.

90 정답 ⑤

오답분석

① 조직의 규모가 커질수록 복잡성도 증가한다.
② 환경의 불확실성이 높아질수록 조직의 공식화 수준은 낮아질 것이다.
③ 조직의 규모가 커짐에 따라 조직의 공식화 수준은 높아질 것이다.
④ 일상적 기술일수록 분화의 필요성이 낮아져서 조직의 복잡성이 낮아진다.

91 정답 ②

법을 적용하기 위한 사실의 확정에서 확정의 대상인 사실은 자연적으로 인식한 현상 자체가 아닌 법적으로 가치 있는 구체적 사실이어야 한다.

사실의 확정방법

구분	내용
입증	사실의 인정을 위하여 증거를 주장하는 것을 입증이라 하며, 이 입증책임(거증책임)은 그 사실의 존부를 주장하는 자가 부담한다. 사실을 주장하는 데 필요한 증거는 첫째로 증거로 채택될 수 있는 자격, 즉 증거능력이 있어야 하고 둘째로 증거의 실질적 가치, 즉 증명력이 있어야 한다. 만일 이것이 용이하지 않을 경우를 위해 추정과 간주를 두고 있다.
추정	편의상 사실을 가정하는 것으로, "~한 것으로 추정한다."라고 하며, 반증을 들어서 부정할 수 있다. 예를 들면 "처가 혼인 중에 포태한 자는 부의 자로 추정한다."라고 규정하고 있어 친생자관계를 인정하고 있으나, 부는 그 자가 친생자임을 부인하는 소를 제기할 수 있다고 하여 법률상의 사실은 반증을 들어 이를 부정할 수 있다.
간주	일정한 사실을 확정하는 것으로, '~한 것으로 간주한다. ~한 것으로 본다.'라고 하며, 반증을 들어서 이를 부정할 수 없다. 예를 들어 "대리인이 본인을 위한 것임을 표시하지 아니한 때에는 그 의사표시는 자기를 위한 것으로 본다."고 규정한 것은 '사실의 의제'의 예라 할 수 있다.

92 정답 ④

오답분석

ㄴ. 차관물자대(借款物資貸)의 경우 전년도 인출 예정분의 부득이한 이월 또는 환율 및 금리의 변동으로 인하여 세입이 그

세입예산을 초과하게 되는 때에는 그 세출예산을 초과하여 지출할 수 있다(국가재정법 제53조 제3항).

> **차관물자대(借款物資貸)**
> 외국의 실물자본을 일정기간 사용하거나 대금결제를 유예하면서 도입하는 것이다. 차관물자대를 예산에 계상하도록 하되, 전년도 인출예정분의 부득이한 이월 또는 환율 및 금리의 변동으로 인하여 세입이 그 세입예산을 초과하게 되는 때에는 그 세출예산을 초과하여 지출할 수 있도록 하고 있다.

93 정답 ⑤

최고관리자의 관료에 대한 지나친 통제가 조직의 경직성을 초래하여 관료제의 병리현상이 나타난다고 주장한 학자는 머튼(Merton)이다.

94 정답 ①

행정대집행법 제2조에 의하면 행정상 강제집행 수단 중 대체적 작위의무의 불이행에 대하여 행정청이 의무자가 행할 작위를 스스로 행하거나 제3자로 하여금 이를 행하게 하고 그 비용을 의무자로부터 징수하는 것은 행정대집행이다.

> **행정작용의 실효성 확보 수단**
> • 행정상 강제집행 : 행정법상 의무의 불이행에 대하여 행정권이 의무자의 신체 또는 재산에 직접 실력을 가하여 그 의무를 이행시키거나 이행된 것과 동일한 상태를 실현시키는 작용이다.
> • 행정벌 : 행정의 상대방인 국민이 행정법상 의무를 위반하는 경우에 일반통치권에 의하여 그 의무위반자에게 과해지는 제재로서의 처벌을 의미한다. 행정벌의 종류에는 행정형벌과 행정질서벌이 있다.
> • 직접강제 : 의무자가 의무를 이행하지 아니하는 경우에 직접적으로 의무자의 신체 또는 재산에 실력을 가함으로써 행정상 필요한 상태를 실현하는 작용이다(예 해군 작전구역 내에 정박하는 선박의 작전수역 외로 강제이동).
> • 행정상 즉시강제 : 행정상 장해가 존재하거나 장해의 발생이 목전에 급박한 경우에 성질상 개인에게 의무를 명해서는 공행정 목적을 달성할 수 없거나 또는 미리 의무를 명할 시간적 여유가 없는 경우에 개인에게 의무를 명함이 없이 행정기관이 직접 개인의 신체나 재산에 실력을 가해 행정상 필요한 상태의 실현을 목적으로 하는 작용이다(예 마약중독자의 강제수용, 감염병 환자의 강제입원, 위험의 방지를 위한 출입 등).

95 정답 ①

손해배상은 위법한 침해이고, 손실보상은 적법한 침해에 대한 보상이다.

96　　　　　　　　　　　　　　　　　　　정답 ④

근무성적평정은 과거의 실적과 능력에 대한 평가이며, 미래 잠재력까지 측정한다고 볼 수 없다. 미래 행동에 대한 잠재력 측정이 가능한 평가는 역량평가이다.

97　　　　　　　　　　　　　　　　　　　정답 ①

코터(J.P. Kotter)는 변화관리모형을 위기감 조성 → 변화추진팀 구성 → 비전 개발 → 비전 전달 → 임파워먼트 → 단기 성과 달성 → 지속적 도전 → 변화의 제도화 8단계로 제시하였다.

코터의 변화관리모형

구분		내용
제1단계	위기감 조성	현실에 만족·안주하지 않고 변화를 위해 위기감을 조성
제2단계	변화추진팀 구성	저항하는 힘을 이기기 위해 변화 선도자들로 팀을 구성
제3단계	비전 개발	비전을 정립하고 구체화 시킴
제4단계	비전 전달	구성원 모두에게 공감대를 형성해 참여를 유도
제5단계	임파워먼트	비전에 따라 행동하기 위해 구성원에게 권한을 부여
제6단계	단기 성과 달성	눈에 띄는 성과를 단기간에 달성 유도
제7단계	지속적 도전	지속적인 변화를 위해 변화의 속도를 유지
제8단계	변화의 제도화	변화가 조직에 잘 정착하도록 제도화하는 과정

98　　　　　　　　　　　　　　　　　　　정답 ②

조직군생태론은 종단적 조직분석을 통하여 조직의 동형화를 주로 연구한다. 종단적 조직분석은 시간의 흐름에 따라 조사대상이나 상황의 변화를 측정하는 것으로, 일정한 시간 간격을 두고 동일한 내용을 반복적으로 측정하여 자료를 수집하거나 조사한다. 반면 횡단적 조직분석은 일정시점에서 서로 다른 특성을 지닌 광범위한 표본 집단을 대상으로 하며, 대표적으로 표본조사처럼 한 번의 조사로 끝난다.

99　　　　　　　　　　　　　　　　　　　정답 ②

법률 용어로서의 선의는 어떤 사실을 알지 못하는 것을 의미하며, 반면 악의는 어떤 사실을 알고 있는 것을 뜻한다.

오답분석

① 문리해석과 논리해석은 학리해석의 범주에 속한다.

③ 유추해석에 관한 설명이다.

④·⑤ 간주와 추정 : 추정은 불명확한 사실을 일단 인정하는 것으로 정하여 법률효과를 발생시키되 나중에 반증이 있을 경우 그 효과를 발생시키지 않는 것을 말한다. 간주는 법에서 '간주한다=본다=의제한다'로 쓰이며, 추정과는 달리 나중에 반증이 나타나도 이미 발생된 효과를 뒤집을 수 없는 것을 말한다. 예를 들어 어음법 제29조 제1항에서 '말소는 어음의 환환 전에 한 것으로 추정한다.'라는 규정이 있는데, 만약, 어음의 반환 이후에 말소했다는 증거가 나오면 어음의 반환 전에 했던 것은 없었던 걸로 하고, 어음의 반환 이후에 한 것으로 인정한다. 그러나, 만약에 '말소는 어음의 반환 전에 한 것으로 본다.'라고 했다면 나중에 반환 후에 했다는 증거를 제시해도 그 효력이 뒤집어지지 않는다.

100　　　　　　　　　　　　　　　　　　　정답 ②

ㄱ. 분배정책은 정부가 가지고 있는 권익이나 서비스 등 자원을 배분하는 정책이다. 수혜자들은 서비스와 편익을 더 많이 취하기 위해서 다투게 되므로 로그롤링, 포크배럴과 같은 정치적 현상이 발생하기도 한다.

ㄷ. 재분배정책은 누진소득세, 임대주택 건설사업 등이 대표적이다.

오답분석

ㄴ. 재분배정책에 대한 설명이다. 분배정책은 갈등이나 반발이 별로 없기 때문에 가장 집행이 용이한 정책이다.

ㄹ. 분배정책이 재분배정책보다 안정적 정책을 위한 루틴화의 가능성이 높고 집행을 둘러싼 논란이 적어 집행이 용이하다.

분배정책과 재분배정책의 비교

구분	분배정책	재분배정책
재원	조세(공적 재원)	고소득층 소득
성격과 갈등 정도	없음 (Non – zero sum)	많음 (Zero sum)
정책	사회간접자본 건설	누진세, 임대주택 건설
이념	능률성, 효과성, 공익성	형평성
집행	용이	곤란
수혜자	모든 국민	저소득층
관련 논점	로그롤링, 포크배럴	이념상, 계급 간 대립

61	62	63	64	65	66	67	68	69	70
②	②	③	①	③	④	③	①	④	③

71	72	73	74	75	76	77	78	79	80
③	③	②	①	②	②	①	①	②	②

81	82	83	84	85	86	87	88	89	90
②	⑤	④	①	②	③	④	④	⑤	②

91	92	93	94	95	96	97	98	99	100
②	②	①	②	②	①	③	①	③	②

61　　　　　　정답 ②

k(투수계수)$\times \dfrac{(수두차)}{(수평거리)} \times$(두께)$\times$(폭)

$=310\text{m/day} \times \dfrac{2.4\text{m}}{360\text{m}} \times (2.5\text{m} \times 1.2\text{m}) ≒ 6.20\text{m}^3/\text{day}$

62　　　　　　정답 ②

- 양단 활절 기둥의 좌굴 하중 : $P_{cr} = \dfrac{\pi^2 EI}{L^2}$
- 양단 고정 기둥의 좌굴 하중 : $P_{cr} = \dfrac{\pi^2 EI}{\left(\dfrac{L}{2}\right)^2}$

따라서 $L^2 : \left(\dfrac{L}{2}\right)^2$ 이므로 1 : 4이다.

63　　　　　　정답 ③

속도 $V = \dfrac{Q}{A} = \dfrac{12(\text{m}^3/\text{sec})}{1\text{m} \times 4\text{m}} = 3\text{m/sec}$

프루드 수(Froude Number) $Fr = \dfrac{V}{\sqrt{gh}} = \dfrac{3.0}{\sqrt{9.8 \times 4}} ≒ 0.4792$

$Fr = 0.479 < 1.0$이므로 상류이다.

64　　　　　　정답 ①

표면장력의 단위는 단위길이당 힘인 dyne/cm 또는 g/cm이다. 단위중량의 단위는 단위체적당 중량인 dyne/cm^3 또는 N/m^3 이다.

65　　　　　　정답 ③

뉴턴의 점성법칙은 $\tau = \mu \dfrac{dV}{dy}$ 이다.

마찰응력은 점성계수(μ)와 속도경사$\left(\dfrac{dV}{dy}\right)$에 비례한다.

점성계수의 단위는 $\dfrac{g}{\text{cm} \times \text{sec}} = ML^{-1}T^{-1}$ 이므로 관계있는 것은 온도와 점성계수이다.

66　　　　　　정답 ④

손실수두공식은 $h_L = f\dfrac{V^2}{2g}$ 이고,

마찰손실수두 공식은 $h_L = f\dfrac{L}{D}\dfrac{V^2}{2g}$ 이다.

위의 두 가지 공식이 동일하다고 할 때, $0.8\dfrac{V^2}{2g} = 0.025\dfrac{L}{D}\dfrac{V^2}{2g}$ 이 되고, 이를 직선관의 길이와 직경에 대해 나타내면 $L = 32D$ 이다.

67　　　　　　정답 ③

A지역의 평균면적 강우량(P_a)을 구하면 다음과 같다.

$P_a = \dfrac{(30 \times 60) + (45 \times 35) + (80 \times 45)}{(30 + 45 + 80)} = 45\text{mm}$

68　　　　　　정답 ①

아스팔트 포장과 콘크리트 포장의 특성 비교

구분	아스팔트 포장	콘크리트 포장
내구성	무거운 하중에 대한 내구성이 약함	무거운 하중에 대한 내구성이 강함
적용대상	신설도로 및 확장도로, 구조물이 많은 교량 등에 적절	신설도로 및 무거운 차량의 통행이 잦은 도로에 적절
수명	10 ~ 20년	20 ~ 40년
마찰력	콘크리트에 비해 낮음	초기에는 아스팔트에 비해 큼
공사기간	짧음	상대적으로 김
유지보수	잦은 유지보수가 필요하므로 유지비가 많이 소모됨	유지보수비가 적게 필요함
보수작업 용이성	국부파손 시 보수작업 용이	아스팔트에 비해 까다로움

69　　　　　　정답 ④

여과지 면적(A)

- $V = Ki = 1 \times 0.2 = 0.2\text{cm/s} = 0.002\text{m/s}$
- $Q = AV$
- $\therefore A = \dfrac{Q}{V} = \dfrac{2}{0.002} = 1,000\text{m}^2$

70

정답 ③

마찰속도(U_*)는 $U_* = \sqrt{\dfrac{\tau_\sigma}{\rho}}$ 이며, 마찰력은 $\tau_\sigma = \omega RI$이다.

71

정답 ③

개수로 지배단면(Control Section)은 상류에서 사류로 변하는 지점의 단면이다. 도수(Hydraulic Jump)는 사류에서 상류로 변할 때 수면이 불연속적으로 뛰어오르는 현상이다.

72

정답 ③

한계수심으로 흐를 때 최대유량이 되며, 한계수심(h_c)은 다음과 같다.

$$h_c = \left(\frac{\alpha Q^2}{gb^2} \right)^{\frac{1}{3}} = \left(\frac{1 \times Q^2}{9.8 \times 1^2} \right)^{\frac{1}{3}}$$

다음으로 한계수심과 비에너지(H_e) 관계는 $h_c = \dfrac{2}{3} H_e$ 이므로

$$\left(\frac{1 \times Q^2}{9.8 \times 1} \right)^{\frac{1}{3}} = \frac{2}{3} \times 1.5 \rightarrow \left(\frac{1 \times Q^2}{9.8 \times 1} \right) = \left(\frac{2}{3} \times 1.5 \right)^3$$

$$\therefore Q \fallingdotseq 3.13 \text{m}^3/\text{s}$$

따라서 최대유량은 약 $3.13\text{m}^3/\text{s}$이다.

73

정답 ②

베르누이 정리를 통해 계산하도록 한다.
물의 단위중량(ω)의 경우는 다음과 같다.

$$\omega = \frac{1,000kg}{m^3} = \frac{9,800N}{m^3} = \frac{9.8kN}{m^3} \text{이며,}$$

베르누이 방정식을 보면

$$Z_A + \frac{P_A}{\omega} + \frac{v_A^2}{2g} = Z_B + \frac{P_B}{\omega} + \frac{v_B^2}{2g} \text{이다.}$$

여기서 관이 수평으로 설치되어 있으므로, $Z_A = Z_B = 0$

따라서 $\dfrac{P_A}{\omega} - \dfrac{P_B}{\omega} = \dfrac{v_B^2}{2g} - \dfrac{v_A^2}{2g}$ 이고,

$$P_A - P_B = \omega \left(\frac{v_B^2}{2g} - \frac{v_A^2}{2g} \right)$$

$$P_A - 9.8 = 9.8 \left(\frac{3^2}{2 \times 9.8} - \frac{2^2}{2 \times 9.8} \right)$$

$$\therefore P_A \fallingdotseq 12.3 \text{kN/m}^2$$

그러므로 관 A에서의 유체압력은 약 12.3kN/m^2이다.

74

정답 ①

유수단면적(A)의 경우, $A = 4 \times 2 = 8\text{m}^2$이며, 이를 통해 유속($V$)은 $Q = AV$에서

$$V = \frac{Q}{A} = \frac{15}{8} = 1.875 \text{m/sec}\text{이다.}$$

경심(R)은 $R = \dfrac{A}{P} = \dfrac{8}{4 + (2 \times 2)} = 1\text{m}$이므로

매닝 평균유속 공식 $V = \dfrac{1}{n} R^{\frac{2}{3}} I^{\frac{1}{2}}$ 에 대입하면

$$1.875 = \frac{1}{0.017} \times 1^{\frac{2}{3}} \times I^{\frac{1}{2}}$$

$$\therefore I \fallingdotseq 1.016 \times 10^{-3}$$

따라서 수로의 경사(I)는 약 1.016×10^{-3}이다.

75

정답 ②

문제를 표를 통해 나타내면 다음과 같다.

온도	상대습도	대기증기압	포화증기압
t_1	70%	x	10
t_2	Y	$x + 0.2x$	14

따라서 $70 = \dfrac{x}{10} \times 100$, $x = 7\text{mmHg}$이고,

$Y = \dfrac{(\text{실제증기압})}{(\text{포화증기압})} \times 100$에 대입하면 다음과 같다.

$$Y = \frac{7 + (0.2 \times 7)}{14} \times 100 = 60\%$$

그러므로 온도 t_2에서의 상대습도는 60%이다.

76

정답 ②

다차로도로는 고속도로와 함께 지역간 간선도로 기능을 담당하는 양방향 4차로 이상의 도로로서, 고속도로와 도시 및 교외 간선도로의 도로 및 교통 특성을 함께 갖고 있으며, 확장 또는 신설된 일반국도가 주로 이에 해당된다.

77

정답 ①

$$u = u_f \left(1 - \frac{k}{k_j} \right) = 90 \times \left(1 - \frac{100}{180} \right) = 90 \times \frac{4}{9} = 40 \text{km/h}$$

78

정답 ①

$Q = 1.84 b_o h^{3/2}$이며, 여기서 $b_o = b - 0.1nh$이므로 식으로 나타내면 다음과 같다.

$$3.5 - (0.1 \times 2 \times 0.4) = 3.42$$

이를 대입하면 $Q = 1.84 \times 3.42 \times 0.4^{3/2} \fallingdotseq 1.59\text{m}^3/\text{s}$

따라서 프란시스 공식에 의한 유량은 약 $1.59\text{m}^3/\text{s}$이다.

79 　　　　　　　　　　　　　　　　정답 ②

$wV + M = w'V' + M'$ 이므로

$\gamma_1(V_1 + V_2) + 0 = \gamma_2 \times V_2 + 0$

$\rightarrow \gamma_1 V_1 + \gamma_1 V_2 = \gamma_2 V_2$

$\rightarrow \gamma_1 V_1 = V_2(\gamma_2 - \gamma_1)$

$\rightarrow \dfrac{V_1}{V_2} = \dfrac{\gamma_2 - \gamma_1}{\gamma_1} = \dfrac{\gamma_2}{\gamma_1} - 1$

따라서 액면 위의 부피(V_1)와 액면 아래의 부피(V_2) 비$\left(\dfrac{V_1}{V_2}\right)$는

$\dfrac{\gamma_2}{\gamma_1} - 1$이다.

80 　　　　　　　　　　　　　　　　정답 ②

현재 노면 배수를 위한 간이포장도로에서의 횡단경사는 2 ~ 4%로 규정하고 있다.

81 　　　　　　　　　　　　　　　　정답 ②

지능형교통체계(ITS; Intelligent Transport Systems)는 교통수단 및 교통시설에 대하여 전자 · 제어 및 통신 등의 첨단 교통기술 및 교통정보를 개발 · 활용함으로써 교통체계의 운영 및 관리를 자동화하고 교통의 효율성 및 안전성을 향상시키는 교통체계이다.

82 　　　　　　　　　　　　　　　　정답 ⑤

A점의 반력은 $wL \times \dfrac{\left(\dfrac{3}{2}\right)}{2} = \dfrac{3}{4}wL$

반력 $V = \dfrac{3wL}{4} - (w \times x) = 0$

$[w \times x = (등분포 하중) \times (하중이 가해진 거리)]$

휨모멘트 $M = \left(\dfrac{3wL}{4} \times \dfrac{3L}{4}\right) - \left(w \times \dfrac{3L}{4}\right) \times \dfrac{\left(\dfrac{3L}{4}\right)}{2}$

$= 0.28125wL^2 = 약 \ 0.281wL^2$

$\left[w \times \dfrac{3}{4}L = (등분포하중) \times (하중이 가해진 중앙에서 E점까지\right.$

$\left. 의 \ 거리)\right]$

따라서 최대 휨모멘트는 약 $0.28wL^2$이다.

83 　　　　　　　　　　　　　　　　정답 ④

일단고정 일단힌지의 경우의 좌굴하중(P_{cr})

$P_{cr} = \dfrac{\pi^2 EI}{(KL)^2} = \dfrac{\pi^2 \times 20,000 \times \left(\dfrac{150 \times 350^3}{12}\right)}{(0.7 \times 5000)^2}$

$= 8,635,903.851 \text{N} ≒ 863.590 \text{kN}$

84 　　　　　　　　　　　　　　　　정답 ①

탄성계수(E)

$E = \dfrac{\sigma \times L}{\delta} = \dfrac{300MPa \times (10 \times 10^3)mm}{15mm} = 2.0 \times 10^5 \text{MPa}$

85 　　　　　　　　　　　　　　　　정답 ②

직사각형의 단면이고 양단힌지이기 때문에, 좌굴의 강성도(n)는 $n = \dfrac{1}{K^2} = 1$, 좌굴길이(KL)는 $KL = 1.0L$이다.

$\lambda = \dfrac{1.0 \times 8.0}{\sqrt{\dfrac{\left(\dfrac{0.25 \times 0.40^3}{12}\right)}{0.25 \times 0.40}}} = 69.2820 ≒ 69.3$

86 　　　　　　　　　　　　　　　　정답 ③

주어진 그림에서는 중첩의 원리를 사용한다.

중첩의 원리 공식은 $M_C = \dfrac{PL}{4} + \dfrac{wL^2}{8}$ 이다.

87 　　　　　　　　　　　　　　　　정답 ④

$\sigma_{\max} = \dfrac{M_{\max}}{Z} = \dfrac{\dfrac{PL}{4}}{\dfrac{bh^2}{6}} = \dfrac{6PL}{4bh^2} = \dfrac{6(25 \times 10^3)(4 \times 10^3)}{4(250)(300)^2}$

$≒ 6.67MPa$

따라서 최대 휨응력은 6.7MPa이다.

88 　　　　　　　　　　　　　　　　정답 ④

$M_{중앙} = \dfrac{wl^2}{8} - Pa = \dfrac{wl^2}{8} - 2wla = 0$

$\dfrac{wl^2}{8} = 2wla$

$\therefore \ \dfrac{a}{l} = \dfrac{1}{16}$

89

도로의 종류와 등급(도로법 제10조)

도로의 종류는 다음 각 호와 같고, 그 등급은 다음 각 호에 열거한 순서와 같다.

1. 고속국도(고속국도의 지선 포함)
2. 일반국도(일반국도의 지선 포함)
3. 특별시도(特別市道)·광역시도(廣域市道)
4. 지방도
5. 시도
6. 군도
7. 구도

90

정답 ②

힌지 지점의 모멘트는 고정단에 $\dfrac{1}{2}$ 이 전달된다.

$$M_A = \frac{M}{2}(\curvearrowright)$$

$$\therefore \phi_A = \frac{L}{6EI}(2M_A + M_B) = \frac{L}{6EI}\left(2M_1 - \frac{M_1}{2}\right)$$

$$= \frac{M_1 L}{4EI}\,(\text{시계방향})$$

$\sum M_B = 0$에서

$$-R_A \times L + M_1 + \frac{M_1}{2} = 0$$

$$\therefore R_A = \frac{3M_1}{2L}(\downarrow)$$

91

정답 ②

1) 단위환산 : 측정시간 2분=2×60=120초
2) 정수위 투수시험에 의한 투수계수(K)

$$K = \frac{Q \cdot L}{A \cdot h \cdot t} = \frac{150 \times 10}{20 \times 15 \times 120} ≒ 0.042\text{cm/sec}$$

3) 동수경사(i)

$$i = \frac{h}{L} = \frac{15}{10}$$

4) 평균유속(유출유속, v)

$$v = K \cdot i = 0.042 \times \left(\frac{15}{10}\right) = 0.063\text{cm/sec}$$

5) 시료의 부피(V)

$$V = A \cdot L = 20 \times 10 = 200\text{cm}^3$$

6) 건조단위중량(γ_d)

$$\gamma_d = \frac{W_s}{V} = \frac{420}{200} = 2.1\text{g/cm}^3$$

7) 간극비(e)

$$e = \frac{G_s \cdot \gamma_w}{\gamma_d} - 1 = \frac{2.67 \times 1}{2.1} - 1 ≒ 0.27$$

8) 간극률(n)

$$n = \frac{e}{1+e} \times 100 = \frac{0.27}{1+0.27} \times 100 ≒ 21.26\%$$

9) 침투유속(v_s)

$$v_s = \frac{v}{\dfrac{n}{100}} = \frac{0.063}{\dfrac{21.26}{100}} ≒ 0.296\text{cm/sec}$$

92

정답 ③

축강성이 일정하므로 분담하중은 부재길이에 반비례한다.

$$R_A = \frac{2}{5}P, \quad R_B = \frac{3}{5}P$$

따라서 C점에서의 수평변위는 $\delta_C = \dfrac{PL}{EA} = \dfrac{\frac{2}{5}P \times 3L}{EA} = \dfrac{6PL}{5EA}$ 이다.

93

정답 ①

일직선상이 아니고 크기가 같으며, 방향이 서로 평행으로 반대인 두 힘을 우력이라 한다. 우력은 두 힘이 작용하는 평면으로 수직인 축 둘레에 회전시키는 작용을 한다. 두 힘의 작용선 사이의 거리 a(우력의 팔의 길이)와 각 힘의 크기 F의 곱 aF를 우력의 모멘트 라 한다.

94

정답 ②

합력 $3P - P = 2P$

$$2PX - PL = 0$$

$$\therefore X = \frac{1}{2}L$$

95

정답 ②

$$\delta_s = n\delta_c, \quad n = \frac{E_s}{E_c} = 9, \quad P = \delta_c(A_c + nA_s)$$

$$120\delta_c = [900 + (9 \times 27)]$$

$$\therefore \delta_c = \frac{120 \times 10^3}{1,143} ≒ 105\text{kgf/cm}^2$$

$$\therefore \delta_s = n\delta_c = 9 \times 105 = 945\text{kgf/cm}^2$$

96

정답 ①

$$M_c = -\frac{M}{2} = -\frac{42}{2} = -21\text{tf} \cdot \text{m}$$

97 정답 ③

세장비 $\lambda = \dfrac{l_k}{r_{\min}}$

$r_{\min} = \sqrt{\dfrac{I_{\min}}{A}} = \sqrt{\dfrac{1,600}{100}} = 4\text{cm}$

$\therefore \ \lambda = \dfrac{400}{4} = 100$

98 정답 ①

$\sum M_A = 0$에서

$(-P \times l) + (3P \times x) - (4P \times 2l) + \left(2P \times \dfrac{3}{2} \times 2l\right) = 0$

$\therefore \ x = l$

99 정답 ③

$\sum M_B = 0$에서

$R_A \times L - \dfrac{wL}{2} \times \dfrac{3}{2} \times \dfrac{L}{2} = 0$

$R_A = \dfrac{3}{8}wL$

전단력이 0인 위치에서 최대 휨모멘트는 다음과 같다.

$S_x = R_A - wx_A = \dfrac{3}{8}wL - wx_A = 0$

$\therefore \ x_A = \dfrac{3}{8}L$

따라서 A점에서 중앙쪽으로 $\dfrac{3}{8}L$ 떨어진 곳에 위치한다.

100 정답 ②

$\sigma_{\max} = \dfrac{M}{Z} = \dfrac{M}{\dfrac{\pi D^3}{32}} = \dfrac{32M}{\pi D^3} = \dfrac{32M}{\pi(2r)^3} = \dfrac{4M}{\pi r^3}$

따라서 최대 휨응력은 $\dfrac{4M}{\pi r^3}$이다.

제2회 모의고사 정답 및 해설

제1영역 직업기초능력평가

01	02	03	04	05	06	07	08	09	10
①	④	①	③	①	①	④	④	①	③
11	12	13	14	15	16	17	18	19	20
④	④	④	③	①	④	④	③	③	③
21	22	23	24	25	26	27	28	29	30
①	④	④	①	④	③	②	③	③	③
31	32	33	34	35	36	37	38	39	40
②	③	③	②	④	①	④	①	③	③
41	42	43	44	45	46	47	48	49	50
②	②	②	③	③	③	③	③	③	①
51	52	53	54	55	56	57	58	59	60
②	④	③	①	④	④	④	③	④	③

01
정답 ①

오답분석

② 차량을 갓길로 이동시킨다고 2차 사고가 일어나지 않는 것이 아니다. 갓길에서도 2차 사고가 일어날 가능성이 크므로 빨리 견인조치를 해야 한다.

③ 도로에서 사고가 일어났을 경우 뒤따르는 차에 의해 2차 사고가 유발될 수 있으므로 신속하게 차량을 갓길로 이동시켜야 한다.

④ 돌발 상황 발견 시 비상등을 작동하여 후행차량에 알려야 한다.

02
정답 ④

도로명주소는 위치정보체계 도입을 위하여 도로에는 도로명을, 건물에는 건물번호를 부여하는 도로방식에 의한 주소체계로 국가교통, 우편배달 및 생활편의시설 등의 위치정보 확인에 활용되고 있다. ④는 도로명주소의 활용 분야와 거리가 멀다.

03
정답 ①

• 첫 번째 빈칸 : 공간 정보가 정보 통신 기술의 발전으로 시간에 따른 변화를 반영할 수 있게 되었다는 빈칸 뒤의 내용을 통해 빈칸에는 시간에 따른 공간의 변화를 포함한 공간 정보를 이용할 수 있게 되면서 '최적의 경로 탐색'이 가능해졌다는 내용의 ㉠이 적절하다.

• 두 번째 빈칸 : ㉡은 빈칸 앞 문장의 '탑승할 버스 정류장의 위치, 다양한 버스 노선, 최단 시간 등을 분석하여 제공하는' 지리 정보시스템이 '더 나아가' 제공하는 정보에 관해 이야기한다. 따라서 빈칸에는 ㉡이 적절하다.

• 세 번째 빈칸 : 빈칸 뒤의 내용에서는 공간 정보가 활용되고 있는 다양한 분야와 앞으로 활용될 수 있는 분야를 이야기하고 있으므로 빈칸에는 공간 정보의 활용 범위가 계속 확대되고 있다는 ㉢이 적절하다.

04
정답 ③

제시문은 코젤렉의 개념사에 대한 정의와 특징을 설명하는 글이다. 따라서 (라) 개념에 대한 논란과 논쟁 속에서 등장한 코젤렉의 개념사 → (가) 코젤렉의 개념사와 개념에 대한 분석 → (나) 개념에 대한 추가적인 분석 → (마) 개념사에 대한 추가적인 분석 → (다) 개념사의 목적과 코젤렉의 주장의 순으로 나열해야 한다.

05
정답 ①

가뭄 사진을 본 이후로 지금껏 별다른 감흥을 주지 않았던 스프링클러가 가뭄을 떠올리게 하는 변화를 가져왔으므로 역접의 접속사인 '하지만'이 가장 적절하다.

06
정답 ①

㉠은 바로 앞 문장의 내용을 환기하므로 '즉'이 적절하며, ㉡의 경우 앞뒤 문장이 서로 반대되므로 역접 관계인 '그러나'가 적절하다. ㉢에서는 바로 뒤 문장의 마지막에 있는 '~때문이다'라는 표현을 통해 '왜냐하면'이 자연스러우며, ㉣에는 부정하는 말 앞에서 '다만', '오직'의 뜻으로 쓰이는 말인 '비단'이 들어가는 것이 적절하다.

따라서 순서대로 나열하면 '즉 – 그러나 – 왜냐하면 – 비단'이다.

07 정답 ④

제시문은 건축 재료에 대한 기술적 탐구로 등장하게 된 프리스트레스트 콘크리트에 대해 설명하는 글이다. 따라서 (마) 프리스트레스트 콘크리트의 등장 → (아) 프리스트레스트 콘크리트 첫 번째 제작 과정 → (가) 프리스트레스트 콘크리트 두 번째 제작 과정 → (나) 프리스트레스트 콘크리트가 사용된 킴벨 미술관 → (다) 프리스트레스트 콘크리트로 구현한 기둥 간격 → (사) 프리스트레스트 콘크리트 구조로 얻는 효과 → (바) 건축 미학의 원동력이 되는 새로운 건축 재료 → (라) 건축 재료와 건축 미학의 유기적 관계 순으로 나열해야 한다.

08 정답 ④

실란트는 만 18세 미만의 대상자에게만 건강보험이 적용된다.

오답분석
① 스케일링의 지원 급여적용은 연 기준 매해 7월 1일부터 다음 해 6월 30일까지이므로 가능하다.
② 임산부의 건강보험 본인부담금은 10%이다.
③ 틀니의 건강보험은 만 65세 이상의 경우 적용된다.

09 정답 ①

제시된 기사는 여름 휴가철 원활한 교통편의 제공을 위해 특별 교통대책으로 갓길차로 운영, 실시간 교통정보 제공, 대중교통 수송력 확충, 졸음쉼터 그늘막 설치 등의 대책이 있음을 안내하고 있다. 따라서 이러한 내용을 모두 포함하는 ①이 제목으로 가장 적절하다.

10 정답 ③

세 번째 문단에서 자연권설에서는 기본권이 지니는 방어적 · 저항적 성격은 오늘날에도 여전히 부정할 수 없다고 보았다.

오답분석
① 첫 번째 문단에서 기본권이 인권 사상에서 발현되었음을 확인할 수 있다.
② 두 번째 문단에서 개인이 기본권에 대하여 작위나 부작위를 요청할 수 있음을 확인할 수 있다.
④ 네 번째 문단에서 결국 자유권도 헌법 또는 법률에 의하지 않고는 제한되지 않는 인간의 자유를 말하는 것임을 확인할 수 있다.

11 정답 ④

자유에 대해서 직접적으로 언급한 것은 실정권설이다.

오답분석
① 자연권설은 인간의 본성에 의거하여 인간이 가지는 권리임을 주장했다.

② 자연권설은 기본권을 인간이 인간으로서 가지는 당연한 권리로서 인식했기 때문에 적절하다.
③ 실정권설은 국가의 테두리 안의 관점에서 자유권을 바라보았으므로 적절하다.

12 정답 ④

생존권적 기본권은 천부적인 권리로서 주어진 자유적 기본권과 달리 법 테두리 안에서 실현되기 때문에 실정권으로 보는 것이 적절하다.

오답분석
① 전자는 후자와 달리 실정권임을 인정한다고 하였으므로 적절하지 않다.
② 국가 권력에 앞서 존재하는 것은 자연권적 기본권이다.
③ 인간의 직접적인 본성과 연관되어 있는 것은 자유권적 기본권뿐이다.

13 정답 ④

빈칸 앞에서는 치매안심센터의 효과적인 운영을 위한 정부차원의 적극적인 지원의 필요성을 다루고, 빈칸 뒤에서는 치매케어의 전문적 수행을 위한 노력과 정책적 지원의 필요성을 다루고 있다. 따라서 빈칸에 들어갈 접속어로는 '그 위에 더. 또는 거기에다 더'를 뜻하는 '또한'이 가장 적절하다.

14 정답 ③

제시문은 사회복지의 역할을 긍정하며 사회복지 찬성론자의 입장을 설명하고 있다. 그러므로 제시문에 대한 반론으로는 사회발전을 위한 사회복지가 오히려 장애가 될 수 있다는 점을 주장하며 반박하는 ③이 가장 적절하다.

15 정답 ③

상명하복을 중시해 온 공직 사회에서 완고한 거절은 오해를 불러일으키고 담당자의 오만함으로 비춰질 수도 있다. 이럴 때는 기존 관습을 따르는 것이 아니라 신뢰할 수 있는 조직문화를 형성하고 소통하는 것이 중요하며, 공직자는 사회적 감수성을 갖고 늘 성찰해야 한다.

16 정답 ①

5년간 이륜자동차의 총 사고건수는 $12,400+12,900+12,000+11,500+11,200=60,000$건이고, 2020년과 2021년의 사고건수의 합은 $12,900+12,000=24,900$건이므로 2019 ~ 2023년 대비 2020 ~ 2021년 이륜자동차 총 사고건수의 비율은 41.5%이다.

② 원동기장치 자전거의 사고건수는 2021년까지 증가하다가, 2022년에는 전년 대비 감소하였다.

③ 2020년부터 2023년까지 전년 대비 사고건수 비율을 구해 보면 다음과 같다.
- 2020년(12건) : 전년(8건) 대비 $12 \div 8 = 1.5$배
- 2021년(54건) : 전년(12건) 대비 $54 \div 12 = 4.5$배
- 2022년(81건) : 전년(54건) 대비 $81 \div 54 = 1.5$배
- 2023년(162건) : 전년(81건) 대비 $162 \div 81 = 2$배

따라서 가장 높은 해는 2021년이다.

④ 2019년 대비 2023년 택시의 사고건수는 $\frac{177,856 - 158,800}{158,800} \times 100 = 12\%$ 증가하였고, 2019년 대비 2023년 버스의 사고건수는 $\frac{227,256 - 228,800}{222,800} \times 100 = 2\%$ 증가하였다. 따라서 택시의 증가율이 높다.

17
정답 ④

㉠ 5가지 교통수단 중 전동킥보드만 사고건수가 매년 증가하고 있으며 대책이 필요하다.

㉢ 2020년 이륜자동차에 면허에 대한 법률이 개정되었고, 2021년부터 시행되었으며, 2021 ~ 2023년 전년 대비 이륜자동차의 사고건수가 매년 줄어들고 있으므로 옳은 판단이다.

㉣ 택시의 2019년도부터 2023년까지의 사고건수는 '증가 – 감소 – 증가 – 증가'이고, 버스는 '감소 – 증가 – 감소 – 감소'이다.

㉡ 원동기장치 자전거의 사고건수가 가장 적은 해는 2019년이지만, 이륜자동차의 사고건수가 가장 많은 해는 2020년이다.

18
정답 ④

2023년 연령대별 전체 일자리 규모는 50대와 60세 이상을 제외한 연령대에서 2022년보다 감소한 것을 확인할 수 있다.

① 전체 일자리 규모에서 20대가 차지하는 비중은 2022년 $\frac{332}{2,302} \times 100 = 14.4\%$, 2023년은 $\frac{331}{2,321} \times 100 = 14.3\%$이다. 따라서 약 0.1%p 감소했으므로 옳은 설명이다.

② 2023년 전체 일자리 규모 중 30대의 전체 일자리 규모 비중은 $\frac{529}{2,321} \times 100 = 22.8\%$이므로 옳은 설명이다.

③ 2022년 40대의 지속일자리규모는 458만 개, 신규채용일자리규모는 165만 개이므로 $\frac{458만}{165만} = 2.8$배이므로 옳은 설명이다.

19
정답 ③

- 50대의 2022년 대비 2023년의 일자리 규모 증가 수
  : $5,310,000 - 5,160,000 = 150,000$개
- 60대의 2022년 대비 2023년의 일자리 규모 증가 수
  : $2,880,000 - 2,600,000 = 280,000$개

20
정답 ③

버스와 지하철을 모두 이용하는 직원은 $1,200 \times 0.23 = 276$명이고, 도보를 이용하는 직원 수는 $1,200 \times 0.39 = 468$명이다. 따라서 버스와 지하철 모두 이용하는 직원 수는 도보를 이용하는 직원 수보다 $468 - 276 = 192$명 적다.

① 통근시간이 30분 이하인 직원은 $1,200 - (260 + 570 + 160) = 210$명으로 전체 직원의 $\frac{210}{1,200} \times 100 = 17.5\%$다.

② 통근시간이 45분 이하인 직원은 $210 + 260 = 470$명이고, 1시간 초과인 직원의 $\frac{470}{160} = 2.9$배이다.

④ 대중교통을 이용하는 직원 수는 $1,200 \times 0.45 = 540$명이고, 이 중 25%는 $540 \times 0.25 = 135$명이므로 1시간 초과 전체 인원의 80%인 $160 \times 0.8 = 128$명보다 많다.

21
정답 ①

도보 또는 버스만 이용하는 직원 중 25%는 $1,200 \times (0.39 + 0.12) \times 0.25 = 153$명이다. 30분 초과 45분 이하인 인원에서 도보 또는 버스만 이용하는 직원을 제외한 인원은 $260 - 153 = 107$명이다. 따라서 이 인원이 자가용으로 출근하는 전체 인원에서 차지하는 비율은 $\frac{107}{1,200 \times 0.16} \times 100 = 56\%$이다.

22
정답 ④

2020년부터 2022년까지 경기 수가 증가하는 스포츠는 배구와 축구 2종목이다.

① 농구의 전년 대비 2020년 경기 수 감소율은 $\frac{413 - 403}{413} \times 100 = 2.4\%$이며, 전년 대비 2023년 경기 수 증가율은 $\frac{410 - 403}{403} \times 100 = 1.7\%$이다. 따라서 농구의 경기 수는 전년 대비 2020년 감소율이 더 높다.

② 2019년 농구와 배구의 경기 수 차이는 $413 - 226 = 187$회이고, 야구와 축구의 경기 수 차이는 $432 - 228 = 204$회이다. 따라서 $\frac{187}{204} \times 100 = 91.7\%$이므로 90% 이상이다.

③ 5년 동안의 야구와 축구의 경기 수 평균은 다음과 같다.

- 야구 : $\dfrac{432+442+425+433+432}{5}=432.8$회

- 축구 : $\dfrac{228+230+231+233+233}{5}=231.0$회

따라서 야구 평균 경기 수는 축구 평균 경기 수의 약 1.87배로 2배 이하이다.

23   정답 ④

2023년 전년 대비 신규법인 수가 가장 많이 증가한 지역은 $2,397-2,322=75$개 증가한 아시아로, 2023년 전체 지역 중 투자금액이 가장 높다.

오답분석

① 전체 송금횟수 대비 북미와 중남미의 송금횟수 합의 비율은 2022년이 $\dfrac{2,621+813}{15,903}\times100≒21.6\%$이며, 2023년은 $\dfrac{2,638+865}{16,949}\times100≒20.7\%$이다. 따라서 2022년의 비율이 더 높으므로 옳은 설명이다.

② 2022년 아시아의 신고금액은 대양주, 중동, 아프리카 신고금액의 합보다 $15,355,762-(1,110,459+794,050+276,180)=15,355,762-2,180,689=13,175,073$천 달러 많다.

③ 유럽의 2022년 신고건수당 신고금액은 $\dfrac{8,523,533}{966}≒8,823.5$천 달러/건, 2023년에는 $\dfrac{14,348,891}{1,348}≒10,644.6$천 달러/건이므로 $10,644.6-8,823.5=1,821.1$천 달러 적다.

24   정답 ①

우정 8급 전체 인원 대비 경기도의 우정직 공무원 전체 인원은 $\dfrac{4,143}{5,384}\times100≒77.0\%$를 차지한다.

오답분석

② A는 $1,287-193-370-153-54-3=514$이고, B는 $989-166-244-120-32-7=420$이다. 따라서 A와 B의 합은 $514+420=934$이다.

③ 우정 4급 전체 인원에서 전체 광역시 우정직 공무원 인원의 비율은 $\dfrac{3+7+2+10+2}{107}\times100≒22.4\%$이다.

④ 강원도의 우정직 공무원 전체 인원 990명이고, 전라북도 우정직 공무원 전체 인원은 1,009명이다. 따라서 강원도의 우정직 공무원 전체 인원수는 전라북도 우정직 공무원 전체 인원수보다 $1,009-990=19$명 적다.

25   정답 ④

ㄴ. 2023년 11월 운수업과 숙박 및 음식점업의 국내카드 승인액의 합은 $159+1,031=1,190$억 원으로, 도매 및 소매업의 국내카드 승인액의 40%인 $3,261\times0.4=1,304.4$억 원 미만이다.

ㄹ. 2023년 9월 협회 및 단체, 수리 및 기타 개인 서비스업의 국내카드 승인액은 보건 및 사회복지 서비스업 국내카드 승인액의 $\dfrac{155}{337}\times100≒46.0\%$이다.

오답분석

ㄱ. 교육 서비스업의 2024년 1월 국내카드 승인액의 전월 대비 비율은 $\dfrac{122-145}{145}\times100≒-15.9\%$로, 감소율이 25% 이하이다.

ㄷ. 2023년 10월부터 2024년 1월까지 사업시설관리 및 사업지원 서비스업의 국내카드 승인액의 전월 대비 증감추이는 '증가 – 감소 – 증가 – 증가'이고, 예술, 스포츠 및 여가관련 서비스업은 '증가 – 감소 – 감소 – 감소'이다.

26   정답 ③

2019년과 2022년 수입 교역액의 수치가 자료보다 높게 제시되었다.

27   정답 ②

차량연료별 판매 현황 그래프가 A차종에 대한 것일 때 휘발유 차량 판매수는 $800\times0.11\times0.62≒54$대이고, 차량연료별 판매 현황 그래프가 E차종에 대한 것일 때 경유 차량 판매수는 $800\times0.28\times0.38≒85$대이다. 따라서 차량연료별 판매 현황 그래프가 A차종에 대한 것일 때 A차종의 휘발유 차량 판매수보다 E차종에 대한 것일 때 E차종의 경유 차량 판매수가 더 많다.

오답분석

① 20대와 60대의 비율은 $100-(34+21+27)=18\%$이므로 40대의 비율인 21%보다 작다.

③ 40대 차량 구매자는 $800\times0.21=168$명이고, E차종 판매량은 $800\times0.28=224$대이다. 40대가 모두 E차종 경유 차량을 구매했다면, E차종 중 경유 차량은 168대, 휘발유 차량은 $224-168=56$대이다. 따라서 E차종 경유 차량 판매량은 E차종 휘발유 차량 판매량의 $\dfrac{168}{56}=3$배이다.

④ 30대, 40대, 50대 모두 A차량을 구매하지 않았다면, 차량 B, C, D, E 중에서 구매했을 것이다. 자동차를 구입한 30대, 40대, 50대는 총 $800\times(0.34+0.21+0.27)=656$명이고, B, C, D, E 판매량은 총 $800\times(0.16+0.21+0.24+0.28)=712$대이다. 30대, 40대, 50대가 구매하지 않은 차량 중 A차량 이외에 차량 판매량은 $712-656=56$대이므로 따라서 A차량 판매량인 $800\times0.11=88$대보다 작다.

28 정답 ③

차종 A, B, C의 휘발유 차량 판매량 수 a는 $800 \times (0.11 + 0.16 + 0.21) \times 0.62 ≒ 238$이고, 차종 D, E의 경유 차량 판매량 수 b는 $800 \times (0.24 + 0.28) \times 0.38 ≒ 158$이므로 $a+b$의 값은 $238 + 158 = 396$이다. 따라서 $a+b$의 값이 전체 차량 판매량에서 차지하는 비율은 $\frac{396}{800} \times 100 ≒ 49\%$이다.

29 정답 ③

폐수 처리량이 가장 적었던 연도는 2022년이다. 그러나 오수 처리량이 가장 적은 연도는 기록한 2023년이므로 적절하지 않다.

오답분석

① $2,900 \div 3,100 \times 100 ≒ 94\%$이므로 ㉠에 들어갈 수치는 94이다.

② 온실가스 배출량은 2021년부터는 2023년까지 매년 감소하고 있다.

④ $(1,700 + 2,900 + 2,400) \div 3 ≒ 2,333$이므로 약 23억 3,300만 원이다.

30 정답 ③

연도별 환경지표점수를 산출하면 다음과 같다.

(단위 : 점)

연도	녹색제품 구매액	에너지 사용량	폐수 처리량	합계
2021년	5	5	5	15
2022년	10	10	10	30
2023년	10	5	5	20

따라서 환경지표점수가 가장 높은 연도는 2022년이고, 그 점수는 30점이다.

31 정답 ②

S−4532와 S−8653의 운동량은 같지만 피로도는 S−4532가 더 낮으므로, 운동량과 피로도를 동일하게 중요시하는 직원에게는 S−8653 모델보다는 S−4532 모델이 더 적합하다.

오답분석

① 피로도는 가격이 높을수록 낮으므로 피로도를 가장 중요시한다면 연습용 자전거보다 외발용 자전거가 더 적합하다.

③ 일반 자전거를 선호하는 직원들은 피로도는 상관없다고 하였으므로 가격이 더 저렴한 S−dae66 모델이 더 경제적이다.

④ 연습용 자전거인 S−HWS와 S−WTJ는 보조바퀴가 달려있으므로 자전거를 처음 배우는 사람에게 적합하다.

32 정답 ③

주어진 자료를 토대로 후보 5명의 운동량을 계산하면 다음과 같다.

- 갑 : $1.4 \times 2 = 2.8$
- 을 : $1.2 \times 2 \times 0.8 = 1.92$
- 병 : $2 \times 1.5 = 3$
- 정 : $(2 \times 0.8) + (1 \times 1.5) = 3.1$
- 무 : $(0.8 \times 2 \times 0.8) + 1.2 = 2.48$

따라서 '정−병−갑−무−을'의 순서로 운동량이 많다.

33 정답 ③

다음 논리 순서에 따라 접근하면 쉽게 해결할 수 있다.

- 첫 번째 조건 : 0, 1, 2, 3, 4, 5, 6, 7, 8, 9 중 소수인 2, 3, 5, 7을 제외하면 0, 1, 4, 6, 8, 9가 남는다.
- 나머지 조건 : 9를 제외하여 0, 1, 4, 6, 8이 남고 6과 8 중 하나만 사용된다.

이 사실을 종합하여 가능한 경우의 수를 정리하면 다음과 같다.

구분	첫 번째	두 번째	세 번째	네 번째
경우 1	8	4	1	0
경우 2	6	4	1	0

따라서 조건을 만족하는 비밀번호는 8410, 6410으로 두 개이다.

34 정답 ②

주어진 조건에 따르면 금요일의 빈 시간에 우리는 A, B탈의실을, 나라는 B, D탈의실을, 한국은 A, B, D탈의실을 대여할 수 있다.

35 정답 ④

현재 아르바이트생의 월 급여는 (평일)+(주말)$=(3 \times 9 \times 4 \times 9,000)+(2 \times 9 \times 4 \times 12,000)=1,836,000$원이므로, 월 급여는 정직원>아르바이트생>계약직원 순서이다. 따라서 전체인원을 줄일 수 없으므로 현 상황에서 인건비를 가장 많이 줄일 수 있는 방법은 아르바이트생을 계약직원으로 전환하는 것이다.

36 정답 ①

맑은 날에는 김갑돌 씨가 정상적으로 알아들으므로, 11월 1일과 11월 5일에는 각각 1101호, 301호에 천 묶음과 천백 원 봉투를 제대로 전달하였다. 이을동 씨는 날씨에 관계없이 제대로 알아들으므로, 11월 6일에는 301호에 삼백 원 봉투를 전달하였다. 11월 2일은 비가 온 날이므로, "삼 묶음을 1101호에 내일 전달해 주세요."라고 말하는 것을 김갑돌 씨는 "천 묶음을 301호에 내일 전달해 주세요."로 들었을 것이다. 따라서 7일간 301호에는 천 묶음, 천백 원 봉투, 삼백 원 봉투가 전달되었고, 1101호에는 천 묶음이 전달되었다.

37
정답 ④

어느 고객의 민원이 기간 내에 처리하기 곤란하여 민원처리기간이 지연되었다. 우선 민원이 접수되면 규정상 주어진 처리기간은 24시간이다. 그 기간 내에 처리하기 곤란할 경우에는 민원인에게 중간답변을 한 후 48시간으로 연장할 수 있다. 연장한 기간 내에서도 처리하기 어려운 사항일 경우 1회에 한하여 본사 총괄부서장의 승인에 따라 48시간을 추가 연장할 수 있다.

따라서 해당 민원은 늦어도 48시간+48시간=96시간=4일 이내에 처리하여야 한다. 그러므로 7월 18일에 접수된 민원은 늦어도 7월 22일까지는 처리가 완료되어야 한다.

38
정답 ①

조건에 따라 주문한 결과를 정리하면 다음 표와 같다.

구분	K팀장	L과장	S대리	M대리	H사원	J사원
토마토 파스타	○			○		
토마토 리소토					○	
크림 파스타						○
크림 리소토		○	○			
콜라	○				○	
사이다				○		
주스		○	○			

따라서 사원 중 주스를 주문한 사람은 없다.

39
정답 ③

S대리와 L과장은 동일하게 크림 리소토와 주스를 주문했다.

40
정답 ③

5월 3일에 트래킹을 시작한 총무처의 정보는 다음과 같다.

구분	이동경로	이동거리	소요시간	해발고도
5월 3일	A → D	1,061m	6시간	2,111m
5월 4일	D → G	237m	6시간	2,348m
5월 5일	G → I	154m	4시간	2,502m
5월 6일	I → K	139m	3시간	2,641m
5월 7일	K → L	192m	3시간	2,833m
5월 8일	L → M	179m	3시간	3,012m
5월 9일	M → H	545m	5.5시간	2,467m
5월 10일	H → B	829m	5.5시간	1,638m
5월 11일	B → A	588m	1.5시간	1,050m

하루에 가능한 트래킹의 최장시간은 6시간으로 셋째 날에 G지점에서 J지점까지 5시간이 소요되어 올라갈 수 있지만, 해발 2,500m를 통과한 순간부터 고산병 예방을 위해 해발고도를 전날 해발고도에 비해 200m 이상 높일 수 없으므로 셋째 날은 J지점이 아닌 I지점까지만 올라간다. 따라서 둘째 날의 트래킹 소요시간은 6시간, 셋째 날에는 4시간이다.

41
정답 ②

5월 7일에 트래킹을 시작한 인사처의 정보는 다음과 같다.

구분	이동경로	이동거리	소요시간	해발고도
5월 7일	A → D	1,061m	6시간	2,111m
5월 8일	D → G	237m	6시간	2,348m
5월 9일	G → I	154m	4시간	2,502m
5월 10일	I → K	139m	3시간	2,641m
5월 11일	K → L	192m	3시간	2,833m
5월 12일	L → M	179m	3시간	3,012m
5월 13일	M → H	545m	5.5시간	2,467m
5월 14일	H → B	829m	5.5시간	1,638m
5월 15일	B → A	588m	1.5시간	1,050m

40번의 정보로부터 총무처는 5월 8일에 정상에 도착하여 5월 9일에 H지점까지 내려온다. 이때, 인사처는 5월 8일에 G지점에서 비박을 하고 5월 9일에 I지점까지 올라간다. 따라서 총무처와 인사처는 5월 9일에 'G - I' 구간에서 만난다.

42
정답 ②

고급 포장과 스토리텔링은 모두 수제 초콜릿의 강점에 해당되므로 SWOT 분석에 의한 마케팅 전략으로 볼 수 없다. SO전략과 ST전략으로 보일 수 있으나, 기회를 포착하거나 위협을 회피하는 모습을 보이지 않기에 적절하지 않다.

43
정답 ②

오답분석
① 지역난방 및 구역전기사업지구 전기요금은 가상카드만 가능하다.
③ 사용기간 경과 후 에너지 바우처 잔액은 2024년 4월분 전기요금에서 차감 후 정산되며, 5월분 이후부터는 차감 중단 및 에너지 바우처 잔액이 소멸된다.
④ 가구원 중 1명이 생계급여·의료급여 수급자이면서 노인, 영유아, 장애인을 포함하는 가구이면 신청이 가능하다.

44
정답 ③

에너지 바우처 사용기간인 12월부터 3월까지 사용한 가스비와 전기세를 모두 더한 370,000원을 에너지 바우처 잔액 408,000원(=102,000×4)에서 빼면 38,000원(=408,000-370,000)이다. 남은 잔액 38,000원 중 4월분 전기세가 차감되고 남은 잔액은 5월에 소멸되므로, 소멸되는 잔액은 19,000원(=38,000-19,000)이다.

45
정답 ③

ⓛ WO전략은 약점을 보완하여 기회를 포착하는 전략이다. ⓛ에서 말하는 원전 운영 기술력은 강점에 해당되므로 적절하지 않다.

ⓒ ST전략은 강점을 살려 위협을 회피하는 전략이다. ⓒ은 위협 회피와 관련하여 정부의 탈원전 정책 기조를 고려하지 않았으므로 적절하지 않다.

오답분석

ⓞ SO전략은 강점을 살려 기회를 포착하는 전략으로, 강점인 기술력을 활용해 해외 시장에서 우위를 점하려는 ⓞ은 SO전략으로 적절하다.

ⓔ WT전략은 약점을 보완하여 위협을 회피하는 전략이다. 안전 우려를 고려하여 안전점검을 강화하고, 정부의 탈원전 정책 기조에 협조하려는 ⓔ은 WT전략으로 적절하다.

46
정답 ③

객체 C는 p와 q로 접근하게 된다. p와 q가 같고, q는 30이다. 따라서 처리되는 a의 값은 30이다.

public	• 접근제한자, 내부 및 외부 어디서든 참조할 수 있는 가장 넓은 범위를 지닌다.
static	• Java는 main 메소드로 시작하므로, main 메소드는 인스턴스의 생성과 상관없이 JVM에 의해 호출이 되므로 main 메소드 앞에 Static을 꼭 붙여야 한다. • Static은 메모리에 제일 먼저 로딩이 된다.
void	• 리턴(반환) 값을 의미하는데, main 메소드는 리턴해야 하는 값이 없으므로 void를 표기한다.
main	• 메소드 이름이며, 반드시 main이라는 이름을 사용해야 한다. • 프로그램이 시작되면 JVM이 가장 먼저 호출되는 것이 main 메소드이기 때문에 main이라는 메소드가 존재해야 한다.
String args [ ]	• 메인 메소드로 시작을 할 때, 메소드에서 인자 값으로 배열을 받을 수 있다는 의미이다. • args : 배열 이름
private	• 외부 클래스에서 사용 시 정보보호를 위해 쓰인다. • private 접근자는 같은 클래스 내부에서 접근이 가능하다. 그래서 메소드를 통해 private의 변수를 매개 변수로 받아 저장하고, 메소드 값을 public으로 지정함으로써 메소드 접근을 가능하게 하여 리턴 값을 통해 전달되는 값을 받아낸다.

47
정답 ③

결괏값이 100이고, num2에는 5가 들어있다. 즉, num1＝10－num2;의 값에서 num1의 값은 5이다. ＋=은 변수의 값을 증가시키므로 빈칸에는 95가 들어가야 한다.

48
정답 ③

프로세스(Process)는 자신의 임무를 모두 수행한 뒤 사라지는 것이 아니라 수많은 큐를 돌아다닌다. 이때 프로그램들이 제한된 프로세서를 서로 사용하려고 할 때, 스케줄러(Schedula)가 프로세스를 어느 순서대로 실행할지 판단하여 효율적으로 역할을 수행할 수 있게 만든다.

49
정답 ③

매크로의 바로가기 키는 영어로만 만들 수 있다.
• 〈Ctrl〉＋영어 소문자
• 〈Ctrl〉＋〈Shift〉＋영어 대문자

50
정답 ①

기호	연산자	검색조건
*, &	AND	두 단어가 모두 포함된 문서를 검색한다. 예 인공위성 and 자동차, 인공위성 * 자동차
l	OR	두 단어가 모두 포함되거나, 두 단어 중에서 하나만 포함된 문서를 검색한다. 예 인공위성 or 자동차, 인공위성 l 자동차
-, !	NOT	'－' 기호나 '!' 기호 다음에 오는 단어는 포함하지 않는 문서를 검색한다. 예 인공위성 not 자동차, 인공위성 ! 자동차
~, near	인접 검색	앞, 뒤의 단어가 가깝게 인접해 있는 문서를 검색한다. 예 인공위성 near 자동차

51
정답 ②

인쇄 중인 문서를 일시 정지시킬 수 있으며 일시 정지된 문서를 다시 이어서 출력할 수도 있지만, 다른 프린터로 출력하도록 할 수는 없다. 다른 프린터로 출력을 원할 경우 처음부터 해당 프린터로 출력해야 한다.

52
정답 ④

초기 데이터 값은 a=2, n=0이며, 시행을 반복하면 a와 n의 값이 다음과 같이 변화한다.

a	2	$\frac{8}{3}$	$\frac{10}{3}$	4
n	0	1	3	7

따라서 출력되는 값은 4이다.

53
정답 ③

AVI는 마이크로소프트(Microsoft)사에서 Windows 개발과 함께 만든 동영상 형식(Windows 표준 동영상 형식)으로, 여러 가지 동영상 압축 코덱(Codec)을 담을 수 있는 그릇과 같은 컨테이너 포맷이다.

54
정답 ①

num1의 연산은 +이고, 문자열을 출력하는 ' '으로 표기가 되지 않는다. %d는 10진수를 출력하는 서식이므로 결괏값은 3이다.

55
정답 ①

i값이 50보다 작거나 같을 때까지 루프안의 명령을 반복 수행한다. 반복 수행 도중에 i값이 30보다 큰 조건을 만족하면 break문에 의해 루프를 종료하게 된다. 'i=i+i'에 의해 i의 값은 i의 값이 변화할 때마다 i의 값에 다시 누적되므로 i의 값은 i=1+1, i=2+2=4, … i=16+16으로 변화하게 된다. 따라서 i의 누적 값이 30보다 큰 경우인 32가 될 때, 조건문에 의해 루프를 종료하게 되고 최종 i의 값은 32가 된다.

56
정답 ④

변수 i는 0에서 시작하여 1씩 증가하면서 10보다 작을 동안 반복된다. 루프안의 if문은 배열 num의 i번째 값을 3으로 나누었을 때 나머지가 0인 경우에 value의 값을 1씩 누적시킨다. 특정값을 3으로 나누었을 때 0으로 떨어지는 경우는 0이거나 3의 배수인 경우이므로 배열 num값 중 나머지가 0인 경우는 9, 3, 6, 0, 9, 15이므로 결괏값은 6이다.

57
정답 ④

%는 나머지를 나타내는 연산자이므로 위 프로그램의 실행 결과는 1 2 0 1 2 0이다.
따라서 결괏값의 합은 1+2+0+1+2+0=6이다.

58
정답 ③

초기 데이터 값은 a=$\frac{3}{5}$, n=1이며, 시행을 반복하면 a와 n의 값이 다음과 같이 변화한다.

a	$\frac{3}{5}$	$\frac{7}{5}$	3	$\frac{31}{5}$	$\frac{63}{5}$
n	1	3	5	7	9

따라서 출력되는 값은 9이다.

59
정답 ④

비교적 가까운 거리에 흩어져 있는 컴퓨터들을 서로 연결하여 여러 가지 서비스를 제공하는 네트워크는 근거리 통신망에 해당한다. 근거리 통신망의 작업 결과를 공유하기 위해서는 네트워크상의 작업 그룹명을 동일하게 해야 한다.

60
정답 ③

정보화 사회의 심화로 정보의 중요성이 높아지면, 그 필요성에 따라 정보에 대한 요구가 폭증한다. 또한 방대한 지식을 토대로 정보 생산 속도도 증가하므로 더 많은 정보가 생성된다. 따라서 이러한 정보들을 토대로 사회의 발전 속도는 더욱 증가하므로 정보의 변화 속도도 증가한다.

오답분석

① 개인 생활을 비롯하여 정치, 경제, 문화, 교육, 스포츠 등 거의 모든 분야의 사회생활에서 정보에 의존하는 경향이 점점 더 커지기 때문에 정보화 사회는 정보의 사회적 중요성이 가장 많이 요구된다.

② 정보화의 심화로 인해 정보 독점성이 더욱 중요한 이슈가 되어 국가 간 갈등이 발생할 수 있지만, 이보다는 실물 상품뿐만 아니라 노동, 자본, 기술 등의 생산 요소와 교육과 같은 서비스의 국제 교류가 활발해서 세계화가 진전된다.

④ 정보관리주체들이 존재하지만, 정보이동 경로가 다양화되는 만큼 개인들에게는 개인정보 보안, 효율적 정보 활용 등을 위해 정보관리의 필요성이 더욱 커진다.

제**2**영역 직무능력능력평가

| 01 | 경영

61	62	63	64	65	66	67	68	69	70
④	⑤	①	②	②	③	⑤	⑤	①	③
71	72	73	74	75	76	77	78	79	80
④	①	④	④	④	④	④	②	①	④
81	82	83	84	85	86	87	88	89	90
⑤	②	④	③	④	⑤	③	①	③	①
91	92	93	94	95	96	97	98	99	100
①	③	③	④	②	①	③	①	②	⑤

61
정답 ④

노조가입의 강제성의 정도에 따른 것이므로 '클로즈드 숍 – 유니언 숍 – 오픈 숍' 순서이다.

62
정답 ⑤

측정 도구와 관계없이 측정상황에 따라 발생하는 오차는 비체계적 오차이다. 체계적 오차는 측정 과정에서 일정한 패턴이나 규칙성을 가지는 오차를 말한다. 비체계적인 오차가 적다는 것은 신뢰성이 높다고 볼 수 있다.

63
정답 ①

기능 조직(Functional Structure)은 기능별 전문화의 원칙에 따라 공통의 전문지식과 기능을 지닌 부서단위로 묶는 조직구조를 의미한다.

64
정답 ②

제품 – 시장 매트릭스

구분	기존제품	신제품
기존시장	시장침투 전략	신제품개발 전략
신시장	시장개발 전략	다각화 전략

65
정답 ②

메인터넌스 숍은 조합원이 되면 일정기간 동안 조합원의 신분을 유지하게 하는 제도를 말한다. 조합원이 아닌 종업원에게도 노동조합비를 징수하는 제도는 에이전시 숍이다.

66
정답 ③

오답분석

① 아웃소싱 : 일부의 자재, 부품, 노동, 서비스를 외주업체에 이전해 전문성과 비용 효율성을 높이는 것을 말한다.
② 합작투자 : 2개 이상의 기업이 공동으로 투자하여 새로운 기업을 설립하는 것을 말한다.
④ 턴키프로젝트 : 공장이나 여타 생산설비를 가동 직전까지 준비한 후 인도해 주는 방식을 말한다.
⑤ 그린필드투자 : 해외 진출 기업이 투자 대상국에 생산시설이나 법인을 직접 설립하여 투자하는 방식으로, 외국인직접투자(FDI)의 한 유형이다.

67
정답 ⑤

해당 전략은 기업의 규모를 축소하여 비용절감과 기회도모를 목표로 하는 '다운사이징(Downsizing)'에 관한 내용이다. H마트는 대대적인 오프라인 매장감축을 실행하여 다운사이징을 통한 비용절감을 실현하였다.

오답분석

① 다각화(Diversification) : 기존사업의 운영기반 이외에 별도로 다른 사업(산업)에 신규 참여하는 것을 말하는데, 기존사업 관련 다각화(Related Diversification)와 비관련 다각화(Unrelated Diversification)로 나누어 볼 수 있다.
② 시스템화(System) : 조직내부의 업무효율을 혁신하고, 조직의 고기능화를 촉진시키기 위해서는 가장 중요한 전략이다.
③ 전략도메인(Domain) : 인상적인 도메인 등으로 이미지 메이킹 등을 하는 전략이다.
④ 현지화(Localization) : 사업을 수행하는 국가와 지역의 사회, 문화, 관습과 언어, 관행들을 잘 아는 현지에 동화되는 경영 방법이다.

68
정답 ⑤

상대평가란 피평가자들 간 비교를 통하여 평가하는 방법으로, 피평가자들의 선별에 초점을 두는 인사평가이다. 평가기법으로 서열법, 쌍대비교법, 강제할당법 등이 있다.
서열법은 피평가자의 능력·업적 등을 통틀어 그 가치에 따라 서열을 매기는 기법이고, 쌍대비교법은 두 사람씩 쌍을 지어 비교하면서 서열을 정하는 기법이다. 강제할당법은 사전에 범위와 수를 결정해 놓고 피평가자를 일정한 비율에 맞추어 강제로 할당하는 기법이다.

> **절대평가**
> 피평가자의 실제 업무수행 사실에 기초하여 피평가자의 육성에 초점을 둔 평가방법이다. 평가기법으로 평정척도법, 체크리스트법, 중요사건기술법 등이 있다.
> • 평정척도법 : 피평가자의 성과, 적성, 잠재능력, 작업행동을 평가하기 위해 평가요소들을 제시하고 이에 따라 단계별 차등을 두어 평가하는 기법

- 체크리스트법 : 직무상 행동들을 구체적으로 제시하고 평가자가 해당 서술문을 체크하는 기법
- 중요사건기술법 : 피평가자의 직무와 관련된 효과적이거나 비효과적인 행동을 관찰하여 기록에 남긴 후 평가하는 기법

69

정답 ①

평가센터법은 주로 관리자들의 선발(Selection), 개발(Development), 적성·능력 등의 진단(Inventory)을 위하여 실시한다. 일반적으로 2 ~ 3일 동안 외부와 차단된 별도의 교육장소에서 다수의 평가자(인사 분야 전문가, 교수, 실무 담당자 등)가 일정한 기준을 가지고 평가를 실시하며, 평가를 실행함에 있어 시간과 비용이 크기 때문에 한 번에 다수의 피평가자들이 참여하며 다수의 평가자들이 평가한다.

70

정답 ③

채찍효과란 고객의 수요가 상부단계 방향으로 전달될수록 단계별 수요의 변동성이 증가하는 현상으로, 발생원인으로는 자사 주문량에 근거하는 예측, 일괄주문처리, 가격 변동, 결품 예방 경쟁 등이 있다. 전자 자료 교환(EDI)의 시행은 리드타임을 단축시킴으로써 채찍효과를 제거할 수 있는 방안에 해당한다.

71

정답 ④

순현재가치법이란 대상사업의 경제성 평가에서 현금흐름의 순현재가치의 크기를 기준으로 판단하여 의사결정을 하는 방법이다. 2개 이상의 투자안에 동시에 투자할 때의 순현재가치는 각 투자안의 현재가치를 합한 것과 같다고 하는 가치의 가산원리가 적용된다.

오답분석

① 회계적이익률법이란 투자안의 평균이익률을 산출하여 이를 투자안의 평가기준으로 삼는 방법이다. 회계적이익률법은 연평균순수익을 연평균투자액으로 나눈 것이므로 화폐의 시간적 가치를 고려한 것은 아니다.

② 회수기간법이란 대상사업에 투자한 금액에 대한 회수기간을 미리 정한 후 이 기간 안에 회수할 수 있는 투자안을 선택하는 방법을 말한다. 회수기간 내의 현금흐름에 초점이 맞춰져 있다.

③ 내부수익률법이란 어떤 투자안의 순현재가치가 0이 되게 내부수익률을 구해서 시장에서 평가된 자본비용(할인율)보다 크면 투자안을 채택하고 그렇지 않으면 기각하는 방법이다. 평균이익률이라고 하는 것은 회계적이익률법을 말한다.

⑤ 수익성지수법은 현금유입의 현재가치를 현금유출의 현재가치로 나누어서 나온 수익성지수를 통해 의사결정을 하는 방법이다. 수익성지수가 1보다 커야 경제성이 있다.

72

정답 ①

적시생산시스템(JIT; Just In Time)

JIT 시스템은 무재고 생산방식 또는 도요타 생산방식이라고도 하며 필요한 것을 필요한 양만큼 필요한 때에 만드는 생산방식으로 설명된다. 재고가 생산의 비능률을 유발하는 원인이기 때문에 이를 없애야 한다는 사고방식에 의해 생겨난 기법이다. 고품질, 저원가, 다양화를 목표로 한 철저한 낭비제거 사상을 수주로부터 생산, 납품에 이르기까지 적용하는 것으로 풀(Pull) 시스템을 도입하고 있다.

73

정답 ④

장기이자율이 단기이자율보다 높으면 우상향곡선의 형태를 취한다.

74

정답 ④

- 2024년 초 부채요소의 장부금액 : $93,934 + 3,087$(전환권조정 상각액)=₩97,021
- 2024년 전환사채 행사 시 증가하는 주식발행초과금 : $97,021 \times 60\% -$ (자본금)+(전환권대가 대체액)=$58,213 - (60$주$\times 500)$ $+ 6,066 \times 60\%=$₩31,853

75

정답 ④

- (당기법인세)=[490,000(회계이익)+125,000(감가상각비한도초과액)+60,000(접대비한도초과액)−25,000(미수이자)]× 20%=130,000원
- (이연법인세자산)=125,000(감가상각비한도초과액)×20%= 25,000원
- (이연법인세부채)=25,000(미수이자)×20%=5,000원
- (법인세비용)=130,000+5,000−25,000=110,000원

76

정답 ④

콥 – 더글라스 생산함수는 $Q = AL^\alpha K^\beta$ (단, A>0, $0<\alpha<1$)인 형태로, $\alpha + \beta = 1$인 경우에만 규모에 대한 수익이 불변이다. 또한 콥 – 더글라스 생산함수는 CES(Constant Elasticity of Substitution) 함수에서 대체탄력성이 1인 특수한 경우이다.

77

정답 ②

항상소득가설에 의하면 항상소득의 증가는 소비의 증가에 크게 영향을 미치지만, 일시소득이 증가하는 것은 소비에 거의 영향을 미치지 않는다. 따라서 항상소득의 한계소비성향은 일시소득의 한계소비성향보다 크다.

78
정답 ②

두 상품이 완전대체재인 경우의 효용함수는 $U(X, Y)=aX+bY$의 형태를 갖는다. 따라서 무차별곡선의 형태는 MRS가 일정한 직선의 형태를 갖는다.

79
정답 ①

오답분석

② 주당순가산가치는 자기자본을 발행주식수로 나누어 계산한다.
③ 주가순자산비율은 성장성이 아닌 안정성을 보여주는 지표이다.
④ 주가순비율은 기업 청산 시 채권자가 아닌 주주가 배당받을 수 있는 자산의 가치를 의미한다.
⑤ 추가순자산비율은 순자산보다 주가가 높게 형성되어 고평가되었다고 판단한다.

80
정답 ④

공매도를 통한 기대수익은 자산가격(100%) 미만으로 제한되나, 기대손실은 무한대로 커질 수 있다.

오답분석

① 공매도는 주식을 빌려서 매도하고 나중에 갚는 것이기 때문에 주가상승 시 채무불이행 리스크가 존재한다.
② 매도의견이 시장에 적극 반영되어 활발한 거래를 일으킬 수 있다.
③ 자산 가격이 하락할 것으로 예상되는 경우, 공매도를 통해 수익을 기대할 수 있다.
⑤ 공매도의 가능 여부는 효율적 시장가설의 핵심전제 중 하나이다.

81
정답 ⑤

현금성자산은 유동성이 매우 높은 단기투자자산으로서 확정된 금액의 현금으로 전환이 용이하고 가치변동의 위험이 경미한 자산을 말한다. 취득일로부터 만기일 또는 상환일이 3개월 이내인 채무증권이나 상환우선주 등은 현금성자산으로 분류된다. 지분상품은 만기가 없으므로 현금성자산으로 분류되지 않는다.

82
정답 ②

부채는 유동부채와 비유동부채로 구분되며, 그중 비유동부채는 장기차입금, 임대보증금, 퇴직급여충당부채, 장기미지급금 등이 있다. 따라서 비유동부채에 해당하는 것은 D, E, I로 총 3개이다.

83
정답 ④

공정가치로 평가하게 될 자가건설 투자부동산의 건설이나 개발이 완료되면 해당일의 공정가치와 기존 장부금액의 차액은 당기손익으로 인식한다.

84
정답 ③

무형자산이란 물리적 실체는 없지만 미래에 경제적 효익을 기대할 수 있는 자산으로, 유형자산과 마찬가지로 취득일 이후 사용 가능한 시점부터 내용연수에 걸쳐 상각방법에 따라 배분하여야 한다.

오답분석

① 내용연수가 비한정인 무형자산은 상각하지 않는다.
② 제조과정에서 사용된 무형자산의 상각액은 재고자산의 장부금액에 포함한다.
④ 최초비용으로 인식한 무형항목에 대한 지출은 그 이후에 무형자산의 원가로 인식할 수 없다.
⑤ 내용연수가 비한정인 무형자산의 내용연수를 유한 내용연수로 변경하는 것은 회계추정의 변경으로 회계처리한다.

85
정답 ④

- (무형자산상각비)$=($₩50,000$+$₩100,000$)\div10=$₩15,000
- (개발비 손상차손)$=$₩150,000$-$₩15,000$-$₩80,000$=$₩55,000

86
정답 ⑤

2022년과 2023년의 명목GDP와 실질GDP를 계산해 보면 각각 다음과 같다.

(명목GDP_{2022})$=60\times120+100\times60=7,200+6,000=13,200$
(실질GDP_{2022})$=50\times120+90\times60=6,000+5,400=11,400$
(명목GDP_{2023})$=70\times140+110\times80=9,800+8,800=18,600$
(실질GDP_{2023})$=50\times140+90\times80=7,000+7,200=14,200$

이제 2022년과 2023년의 GDP디플레이터를 계산해 보면 각각 다음과 같다.

$$(\text{GDP}_{2022}\text{디플레이터})=\frac{(\text{명목GDP}_{2022})}{(\text{실질GDP}_{2022})}\times100$$
$$=\frac{13,200}{11,400}\times100\fallingdotseq116$$
$$(\text{GDP}_{2023}\text{디플레이터})=\frac{(\text{명목GDP}_{2023})}{(\text{실질GDP}_{2023})}\times100$$
$$=\frac{18,600}{14,200}\times100\fallingdotseq131$$

그러므로 2023년 물가상승률은 $\left(\frac{131-116}{116}\times100\right)=12.93\%$이다.

87
정답 ③

(재고자산감모손실)$=$(장부상 재고)$-$(실사재고)
$=$₩250,000$-[(800$개$\times$₩100$)+(250$개$\times$₩180$)$
$+(400$개$\times$₩250$)]=$₩25,000

88
정답 ①

- (과소배부액)=650,000-(18,000시간×30)=₩110,000
- (제조간접비 배부율)=600,000÷20,000시간=30
- (매출총이익)=400,000-110,000=₩290,000

89
정답 ③

- A : 계속기록법(Perpetual Inventory System)은 상품을 구입할 때마다 상품계정에 기록하며, 상품을 판매하는 경우에 판매시점마다 매출액만큼을 수익으로 기록하고, 동시에 상품원가를 매출원가로 기록하는 방법이다.
- B : 실지재고조사법(Periodic Inventory System)은 기말실사를 통해 기말재고수량을 파악하고, 판매가능수량[(기초재고수량)+(당기매입수량)]에서 실사를 통해 파악된 기말재고수량을 차감하여 매출수량을 결정하는 방법이다.

90
정답 ①

현금흐름표는 한 회계기간 동안의 현금흐름을 영업활동과 투자활동, 그리고 재무활동으로 나누어 보고한다.

오답분석

② 재화의 판매, 구입 등 기업의 주요 수익활동에 해당하는 항목들은 영업활동으로 분류된다.

③ 유형자산의 취득, 처분 및 투자자산의 취득, 처분 등은 투자활동으로 분류된다.

④ 한국채택국제회계기준에서는 직접법과 간접법 모두 인정한다.

⑤ 직접법으로 표기하는 방식은 정보이용자가 이해하기 쉽고, 미래 현금흐름을 추정하는 데 유용한 정보를 제공한다.

91
정답 ①

오답분석

② 최고가격제란 소비자 보호를 위해 최고가격을 시장 균형가격보다 낮은 수준에서 책정하여야 한다는 것이다. 이 경우 초과수요가 발생하기 때문에 암시장이 나타날 수 있다.

③·④ 최저임금제는 정부가 노동시장에 개입하여 임금의 최저수준을 정하는 가격하한제의 한 예이다. 가격하한제란 시장가격보다 높은 수준에서 최저가격을 설정하는 가격규제 방법이다. 최저임금이 시장균형 임금보다 높은 수준에서 책정되면 노동시장에서 초과공급이 발생하고 그만큼의 비자발적 실업이 발생하게 된다. 이 경우 이미 고용된 노동자들은 혜택을 받을 수 있지만 취업 준비생들은 계속 실업자로 남을 가능성이 크다.

⑤ 최저가격제란 공급자를 보호하기 위한 규제로 수요가 탄력적일수록 효과가 미흡해진다.

92
정답 ③

독점적 경쟁시장의 장기균형에서는 $P>SMC$가 성립한다.

오답분석

①·② 독점적 경쟁시장의 장기균형은 수요곡선과 단기평균비용곡선, 장기평균비용곡선이 접하는 점에서 달성된다.

④ 균형생산량은 단기평균비용의 최소점보다 왼쪽에서 달성된다.

⑤ 가격과 평균비용이 같은 지점에서 균형이 결정되므로, 장기 초과이윤은 0이다.

93
정답 ③

공공재란 재화와 서비스에 대한 비용을 지불하지 않더라도 모든 사람이 공동으로 이용할 수 있는 재화 또는 서비스를 말한다. 공공재는 비경합성과 비배제성을 동시에 가지고 있다. 공공재의 비배제성 성질에 따르면 재화와 서비스에 대한 비용을 지불하지 않더라도 공공재의 이익을 얻을 수 있는 '무임승차의 문제'가 발생한다. 한편, 공공재라도 민간이 생산, 공급할 수 있다.

94
정답 ④

오답분석

가. 여가, 자원봉사 등의 활동은 생산활동이 아니므로 GDP에 포함되지 않는다.

다. GDP는 마약밀수 등의 지하경제를 반영하지 못하는 한계점이 있다.

95
정답 ②

제시문은 양적완화에 대한 내용이다. 양적완화란 금리중시 통화정책을 시행하는 중앙은행이 정책금리가 0%에 근접하거나, 다른 이유로 시장경제의 흐름을 정책금리로 제어할 수 없는 이른바 유동성 저하 상황에서 유동성을 충분히 공급함으로써 중앙은행의 거래량을 확대하는 정책이다. 수출 증대의 효과가 있는 반면 인플레이션을 초래할 수도 있다. 자국의 경제에는 소기의 목적을 달성하더라도 타국의 경제에 영향을 미쳐 자산 가격을 급등시킬 수도 있다.

96
정답 ①

오답분석

② IS-LM 곡선에 의해 실질이자율이 결정된다.

③ 유동성선호이론은 케인스의 화폐수요이론이다.

④ 실물시장과 화폐시장이 분리된다(화폐의 중립성).

⑤ 실물시장에서 대부자금공급곡선과 대부자금수요곡선이 만나는 균형점에서 실질이자율이 결정된다(대부자금설).

97

정답 ③

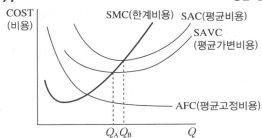

한계비용(MC)은 생산량이 한 단위 증가할 때 평균비용(AC)의 증가분을 나타내며, 평균비용곡선의 기울기를 의미한다. 그러므로 평균비용이 일정하면 한계비용은 0으로 일정하지만, 한계비용이 일정하더라도 평균비용은 일정하지 않을 수 있다.

오답분석

① $AFC = \dfrac{FC}{Q}$ 에서 생산량에 관계없이 분자인 고정비용(FC)은 일정하게 고정되어 있으므로 생산량이 증가할수록 평균고정비용(AFC)은 감소한다.

② SMC 곡선이 SAVC 곡선의 최하점을 통과하므로 이때 평균가변비용과 한계비용이 일치한다고 할 수 있다.

④ 평균비용이 증가하는 영역에서는 평균비용이 한계비용보다 작다고 볼 수 있다.

⑤ 한계비용이 증가하더라도 평균비용보다 낮다면 평균비용은 감소한다.

98

정답 ①

오답분석

ㄷ. 정부의 지속적인 교육투자정책으로 인적자본축적이 이루어지면 규모에 대한 수확체증이 발생하여 지속적인 성장이 가능하다고 한다.

ㄹ. 내생적 성장이론에서는 금융시장이 발달하면 저축이 증가하고 투자의 효율성이 개선되어 지속적인 경제성장이 가능하므로 국가 간 소득수준의 수렴현상이 나타나지 않는다고 본다.

99

정답 ②

구축효과란 정부의 재정적자 또는 재정확대 정책으로 이자율이 상승하여 민간 소비와 투자활동을 위축하는 효과로, 정부가 재정적자를 국채의 발행으로 조달할 경우 국채의 발행이 채권가격의 하락으로 이어져, 시장이자율이 상승하여 투자에 부정적인 영향을 미친다.

> **채권가격 변화에 의한 구축효과의 경로**
> 정부의 국공채 발행 → 채권의 공급 증가 → 채권가격 하락 → 이자율 상승(채권가격과 이자율과는 음의 관계) → 투자 감소

100

정답 ⑤

오답분석

① 기펜재는 열등재에 속하는 것으로 수요의 소득탄력성은 음(-)의 값을 갖는다.

② 두 재화가 서로 대체재의 관계에 있다면 수요의 교차탄력성은 양(+)의 값을 갖는다.

③ 우하향하는 직선의 수요곡선상에 위치한 점에서 수요의 가격탄력성은 다르다. 가격하락 시 소비자 총지출액이 증가하는 점에서는 수요의 가격탄력성이 1보다 크고, 소비자 총지출액이 극대화가 되는 점에서는 수요의 가격탄력성이 1, 가격하락 시 소비자 총지출액이 감소하는 점에서는 수요의 가격탄력성은 1보다 작다.

④ 수요의 가격탄력성이 1이면 판매자의 총수입이 극대화되는 점이며, 가격변화에 따라 판매액이 증가하는 구간은 수요의 가격탄력성이 1보다 클 때이다.

| 02 | 법정

61	62	63	64	65	66	67	68	69	70
②	④	④	③	②	①	②	③	③	②
71	72	73	74	75	76	77	78	79	80
①	③	④	②	⑤	①	⑤	③	⑤	③
81	82	83	84	85	86	87	88	89	90
②	③	②	④	⑤	④	⑤	①	②	①
91	92	93	94	95	96	97	98	99	100
①	④	⑤	⑤	④	①	②	②	①	②

61
정답 ②

중앙정부가 지방자치단체별로 지방교부세를 교부할 때 사용하는 기준지표는 지방재정자립도가 아닌 재정력지수[(기준재정수입액)÷(기준재정수요액)]이다. 중앙정부는 지방자치단체의 재정력지수가 1보다 클 경우 보통교부세를 교부하지 않는다.

62
정답 ④

마그나 카르타(1215년) → 영국의 권리장전(1689년) → 미국의 독립선언(1776년) → 프랑스의 인권선언(1789년) 순이다.

63
정답 ④

온－나라시스템은 정부 내부의 업무처리에서 종이 없는 행정의 실현을 추구하는 G2G(Government to Government)에 해당한다.

오답분석

①·② G2C(Government to Customer)로, 정부가 국민에게 서비스하는 것을 말한다.

③·⑤ G2B(Government to Business)이며, 정부와 기업 간의 업무처리의 효율성을 높이기 위한 것이다.

64
정답 ③

헌법전문의 법적 효력에 대해서는 학설 대립으로 논란의 여지가 있어 전문이 본문과 같은 법적 성질을 '당연히' 내포한다고 단정 지을 수는 없다.

65
정답 ②

오답분석

① 당해 행정청은 취소할 수 있는 행정행위에 관하여 법적근거 없이도 직권취소할 수 있다는 법적 근거불요설이 다수설·판례(대판 1995.9.15., 95누6311)의 입장이다. 따라서 관할 행정청 A는 甲에 대해 법적 근거 없이도 공장등록을 직권취소할 수 있다.

③ 행정절차법상 불이익처분 시에는 사전통지 및 의견제출 절차를 거쳐야 한다(행정절차법 제21조·제22조). 따라서 甲에 대한 공장등록 취소는 불이익처분에 해당하므로 관할 행정청 A는 행정절차법상 사전통지 및 의견제출 절차를 거쳐야 된다.

④ 제시문은 주류적 판례의 입장에서 일반적으로 맞는 제시문으로 출제되지만, 주류적 판례의 입장에 대하여 일부 판례의 입장으로 예외적으로 출제된 옳지 않은 제시문이다. 대법원의 주류적 판례는 행정행위의 취소의 취소에 관해 소극설(부정설)의 입장에서 원행정행위를 소생시킬 수 없다고 하였다(대판 1995.3.10., 94누7027). 그러나 일부 판례는 처음의 취소처분을 한 후 새로운 이해관계인이 생기기 전까지는 다시 직권취소하여 행정행위의 효력을 회복시킬 수 있다(대판 1967.10.23., 67누126)는 적극설(긍정설)의 입장이 있다. 따라서 일부 판례에 의하면 甲에 대한 공장등록을 취소하여 공장등록이 확정적으로 효력을 상실하게 되었다 하더라도, 새로운 이해관계인이 생기기 전까지는 공장등록 취소처분이 위법함을 이유로 그 취소처분을 직권취소하여 공장등록의 효력을 다시 발생시킬 수 있다.

⑤ 행정행위의 존속력으로서의 불가쟁력과 불가변력은 각각 독립한 효력이다. 불가쟁력은 상대방 및 이해관계인을 구속하는 효력이며, 불가변력은 행정기관(행정청)을 구속하는 효력이다. 따라서 불가쟁력이 발생하였으나 불가변력이 발생하지 않는 경우에는 행정기관은 직권취소할 수 있고, 불가변력이 발생하였으나 불가쟁력이 발생하지 않은 경우에는 상대방 및 이해관계인은 쟁송취소를 제기할 수 있다. 그러므로 甲의 공장등록을 취소하는 처분에 대해 제소기간이 경과하여 불가쟁력이 발생한 이후에도 관할 행정청 A는 그 취소처분을 직권취소할 수 있다.

66
정답 ①

국가는 정당에 대한 보조금으로 최근 실시한 임기만료에 의한 '국회의원 선거'의 선거권자 총수에 보조금 계상단가를 곱한 금액을 매년 예산에 계상하여야 한다(정치자금법 제25조 제1항 본문 전단).

오답분석

② 정치자금법 제27조 제1항·제2항에서 확인할 수 있다.

③ 정치자금법 제28조 제2항에서 확인할 수 있다.

④ 정치자금법 제29조 제1호에서 확인할 수 있다.

⑤ 정치자금법 제30조 제1항 제1호에서 확인할 수 있다.

67
정답 ②

ㄱ. 헌법 제117조, 제118조가 제도적으로 보장하고 있는 지방자치의 본질적 내용은 '자치단체의 보장, 자치기능의 보장 및 자치사무의 보장'이라고 할 것이나, … 마치 국가가 영토고권을 가지는 것과 마찬가지로, 지방자치단체에게 자신의 관할구역 내에 속하는 영토, 영해, 영공을 자유로이 관리하고 관할구역 내의 사람과 물건을 독점적, 배타적으로 지배할 수 있는 권리가 부여되어 있다고 할 수는 없다(헌재결 2006.3.30., 2003헌라2).

ㄷ. 지방자치법은 지방자치단체장의 계속 재임을 3기로 제한하고 있는데, 지방자치단체의 폐지·통합 시 지방자치단체장의 계속 재임을 3기로 제한함에 있어 폐지되는 지방자치단체장으로 재임한 것까지 포함시킬지 여부는 입법자의 재량에 달려 있다. 이처럼 우리 헌법 어디에도 지방자치단체의 폐지·통합 시 새로 설치되는 지방자치단체의 장으로 선출된 자에 대하여 폐지되는 지방자치단체장으로 재임한 기간을 포함하여 계속 재임을 3기로 제한하도록 입법자에게 입법 위임을 하는 규정을 찾아볼 수 없으며, 달리 헌법 해석상 그러한 법령을 제정하여야 할 입법자의 의무가 발생하였다고 볼 여지 또한 없다. 따라서 이 사건 입법부작위에 대한 심판청구는 진정입법부작위에 대하여 헌법소원을 제기할 수 있는 경우에 해당하지 아니한다(헌재결 2010.6.24., 2010헌마167).

ㅁ. 감사원의 지방자치단체에 대한 감사는 합법성 감사에 한정되지 않고 자치사무에 대하여도 합목적성 감사가 가능하여, 국가감독권 행사로서 지방자치단체의 자치사무에 대한 감사원의 사전적·포괄적 감사가 인정된다(헌재결 2009.5.28., 2006헌라6).

오답분석

ㄴ. 지방자치단체의 폐지·분합은 지방자치단체의 자치권의 침해 문제와 더불어 그 주민의 헌법상 보장된 기본권의 침해 문제도 발생시킬 수 있다. 지방자치단체의 폐치·분합을 규정한 법률의 제정과정에서 주민 투표를 실시하지 아니하였다 하여 적법절차원칙을 위반하였다고 할 수 없다(헌재결 1995.3.23., 94헌마175).

ㄹ. 지방자치단체는 법령의 범위 안에서 그 사무에 관하여 조례를 제정할 수 있다. 다만, 주민의 권리 제한 또는 의무 부과에 관한 사항이나 벌칙을 정할 때에는 법률의 위임이 있어야 한다. 조례에 대한 법률의 위임은 법규명령에 대한 법률의 위임과 같이 반드시 구체적으로 범위를 정하여 할 필요가 없으며 포괄적인 것으로 족하다(헌재결 1995.4.20., 92헌마264).

68
정답 ③

품목별 분류는 지출대상별 분류이기 때문에 사업의 성과와 결과에 대한 측정이 곤란하다.

오답분석

① 기능별 분류는 시민을 위한 분류라고도 하며, 행정수반의 재정정책을 수립하는 데 도움을 준다.

② 조직별 분류는 부처 예산의 전모를 파악할 수 있지만 사업의 우선순위 파악이나 예산의 성과 파악이 어렵다.

④ 경제 성질별 분류는 국민소득, 자본형성 등에 관한 정부활동의 효과를 파악하는 데 유리하다.

⑤ 품목별 분류는 예산집행기관의 신축성을 저해한다.

69
정답 ③

개방형 인사관리는 인사권자에게 재량권을 주어 정치적 리더십을 강화하고 조직의 장악력을 높여준다.

개방형 인사관리의 장단점

장점	• 행정의 대응성 제고 • 조직의 신진대사 촉진 • 정치적 리더십 확립을 통한 개혁 추진 • 세력 형성 및 조직 장악력 강화 • 행정에 전문가주의적 요소 강화 • 권위주의적 행정문화 타파 • 우수인재의 유치 • 행정의 질적 수준 증대 • 공직침체 및 관료화의 방지 • 재직공무원의 자기개발 노력 촉진
단점	• 조직의 응집성 약화 • 직업공무원제와 충돌 • 정실임용의 가능성 • 구성원 간의 불신 • 공공성 저해 가능성 • 민·관 유착 가능성 • 승진기회 축소로 재직공무원의 사기 저하 • 빈번한 교체근무로 행정의 책임성 저하 • 복잡한 임용절차로 임용비용 증가

70
정답 ②

무의사결정은 기득권 세력이 소외계층 등이 기존의 이익배분 상태에 대한 변동을 요구하는 것을 억압하는 것이다.

무의사결정론

• Bachrach와 Baratz의 주장으로 전개되었다.
• 기득권 세력이 자신들의 이익에 도전해오는 주장들을 의도적으로 방치하거나 기각하여 정책의제로 채택되지 못하도록 하여 잠재적이거나 현재적 도전을 억압하거나 좌절시키는 결정이다.
• R.Dahl의 모든 사회문제는 자동으로 정책의제화된다는 주장에 대한 반발로 등장하였다.
• 주로 의제를 채택하는 과정에서 나타나지만 넓게는 정책의 전반적인 과정에서 나타났다.

71 정답 ①

새로운 정책문제보다는 선례가 존재하는 일상화된 정책문제가 쉽게 정책의제화된다.

정책의제설정에 영향을 미치는 요인

문제의 중요성	중요하고 심각한 문제일수록 의제화 가능성이 크다.
집단의 영향력	집단의 규모·영향력이 클수록 의제화 가능성이 크다.
선례의 유무	선례가 존재하는 일상화된 문제일수록 의제화 가능성이 크다.
극적 사건	극적 사건일수록 의제화 가능성이 크다.
해결가능성	해결책이 있을수록 의제화 가능성이 크다.
쟁점화 정도	쟁점화된 것일수록 의제화 가능성이 크다.

72 정답 ③

중첩성은 동일한 기능을 여러 기관들이 혼합적인 상태에서 협력적으로 수행하는 것을 의미한다. 동일한 기능을 여러 기관들이 독자적인 상태에서 수행하는 것은 중복성(반복성)이다.

73 정답 ④

정보비대칭을 줄이기 위해서는 주인인 주민이 직접 참여하거나, 내부고발자 보호제도와 같은 감시·통제장치를 마련하거나, 입법예고 등을 통해 정보비대칭을 해소하거나, 인센티브를 제공하는 방안이 있다.

오답분석

① 역선택이 아닌 도덕적 해이의 사례이다.
② 대리인이 주인보다 정보를 많이 보유하고 있으므로 주인은 대리인의 책임성을 확보할 수 있는 방안을 주로 외부통제에서 찾는다.
③ 시장의 경쟁요소를 도입함으로써 공기업의 방만한 경영을 막고자 하는 것은 도덕적 해이를 방지하고자 하는 노력의 일환이다.
⑤ 역선택에 대한 설명이다.

74 정답 ②

수입대체경비란 국가가 용역 또는 시설을 제공하여 발생하는 수입과 관련되는 경비를 의미한다. 여권발급 수수료나 공무원시험 응시료와 같이 공공 서비스 제공에 따라 직접적인 수입이 발생하는 경우 해당 용역과 시설의 생산·관리에 소요되는 비용을 수입대체경비로 지정하고, 그 수입의 범위 내에서 초과지출을 예산 외로 운용할 수 있다.

오답분석

수입금마련지출 제도는 정부기업예산법상의 제도로서 특정 사업을 합리적으로 운영하기 위해 예산초과수입이 발생하거나 예산초과수입이 예상되는 경우 이 수입에 직접적으로 관련하여 발생하는 비용에 지출하도록 하는 제도로서 수입대체경비와는 구별된다.

75 정답 ⑤

신공공관리론은 폭넓은 행정재량권을 중시하고, 신공공서비스론은 재량의 필요성은 인정하나 제약과 책임이 수반된다고 본다. 신공공관리론은 시장의 책임을 중시하고, 신공공서비스론은 행정책임의 복잡성과 다면성을 강조한다.

76 정답 ①

밀러(Miller)의 모호성 모형은 대학조직(느슨하게 연결된 조직), 은유와 해석의 강조, 제도와 절차의 영향(강조) 등을 특징으로 한다. 목표의 모호성, 이해의 모호성, 역사의 모호성, 조직의 모호성 등을 전제로 하며, 예산결정이란 해결해야 할 문제, 그 문제에 대한 해결책, 결정에 참여해야 할 참여자, 결정의 기회 등 결정의 요소가 우연히 서로 잘 조화되어 합치될 때 이루어지며 그렇지 않은 경우 예산결정이 이루어지지 않는다고 주장한다.

77 정답 ⑤

품목별 예산제도는 지출대상 중심으로 분류를 사용하기 때문에 지출의 대상은 확인할 수 있으나, 지출의 주체나 목적은 확인할 수 없다.

78 정답 ③

강제배분법은 점수의 분포비율을 정해놓고 평가하는 상대평가방법으로 집중화, 엄격화, 관대화 오류를 방지하기 위해 도입되었다.

오답분석

ㄱ. 첫머리 효과(시간적 오류) : 최근의 실적이나 능력을 중심으로 평가하려는 오차이다.
ㄹ. 선입견에 의한 오류(고정관념에 기인한 오류) : 평정자의 편견이 평가에 영향을 미치는 오차이다.

79 정답 ⑤

등급에 대한 설명에 해당한다. 등급은 직무의 종류는 다르지만 직무의 곤란도 및 책임도나 자격요건이 유사하여 동일한 보수를 줄 수 있는 모든 직위의 집단을 의미한다. 직군은 직무의 성질이 유사한 직렬의 군을 의미한다.

80
정답 ③

저소득층을 위한 근로장려금 제도는 재분배정책에 해당한다.

오답분석
① 규제정책 : 제약과 통제를 하는 정책으로 진입규제, 독과점규제가 이에 해당한다.
② 분배정책 : 서비스를 배분하는 정책으로 사회간접자본의 건설, 보조금 등이 이에 해당한다.
④ 추출정책 : 환경으로부터 인적·물적 자원을 확보하려는 정책으로 징세, 징집, 노동력동원, 토지수용 등이 이에 해당한다.
⑤ 구성정책 : 정부기관의 신설 및 변경 또는 정치체제의 조직 변경 등에 관한 정책으로, 정치체제의 기능을 조직화하거나 그 구조와 운영을 변경하기 위한 것이 이에 해당한다.

81
정답 ②

공공선택론은 유권자, 정치가, 그리고 관료를 포함하는 정치제도 내에서 자원배분과 소득분배에 대한 결정이 어떻게 이루어지는지를 분석하고, 그것을 기초로 하여 정치적 결정의 예측 및 평가를 목적으로 한다.

오답분석
① 과학적 관리론 : 최소의 비용으로 최대의 성과를 달성하고자 하는 민간기업의 경영합리화 운동으로서, 객관화된 표준과업을 설정하고 경제적 동기 부여를 통하여 절약과 능률을 달성하고자 하였던 고전적 관리연구이다.
③ 행태론 : 면접이나, 설문조사 등을 통해 인간행태에 대한 규칙성과 유형성·체계성 등을 발견하여 이를 기준으로 종합적인 인간관리를 도모하려는 과학적·체계적인 연구를 말한다.
④ 발전행정론 : 환경을 의도적으로 개혁해 나가는 행정인의 창의적·쇄신적인 능력을 중요시한다. 또한 행정을 독립변수로 간주해 행정의 적극적 기능을 강조한 이론이다.
⑤ 현상학 : 사회적 행위의 해석에 있어서 이러한 현상 및 주관적 의미를 파악하여 이해하는 철학적·심리학적 접근법, 주관주의적 접근(의식적 지향성 중시)으로, 실증주의·행태주의·객관주의·합리주의를 비판하면서 등장하였다.

82
정답 ③

소극적 대표성은 관료의 출신성분이 태도를 결정하는 것이며, 적극적 대표성은 태도가 행동을 결정하는 것을 말한다. 그러나 대표관료제는 소극적 대표성이 반드시 적극적 대표성으로 이어져 행동하지 않을 수도 있는 한계성이 제기되는데, ③에서는 자동적으로 확보한다고 하였으므로 옳지 않다.

83
정답 ②

오답분석
ㄴ. 근무성적평가에 대한 설명이다. 근무성적평가는 5급 이하의 공무원들을 대상으로 한다.

ㄷ. 다면평정제도에 대한 설명이다. 다면평가제는 피평정자 본인, 상관, 부하, 동료, 고객 등 다양한 평정자의 참여가 이루어지는 집단평정방법이다. 이는 피평정자가 조직 내외의 모든 사람과 원활한 인간관계를 증진하게 하려는 데 목적을 둔다.

84
정답 ④

하명은 명령적 행정행위이다.

법률행위적 행정행위와 준법률행위적 행정행위

법률행위적 행정행위		준법률행위적 행정행위
명령적 행위	형성적 행위	
하명, 면제, 허가	특허, 인가, 대리	공증, 통지, 수리, 확인

85
정답 ⑤

성과와 보상 간의 관계에 대한 인식은 수단성에 해당되는 설명이다. 브룸(Vroom)의 기대이론에 의하면 기대치는 자신의 노력이 일정한 성과를 달성한다는 단계를 의미한다.

86
정답 ④

상황론적 리더십
• 추종자(부하)의 성숙단계에 따라 리더십의 효율성이 달라진다는 주장은 Hersey & Blanchard의 삼차원이론(생애주기이론)이다.
• 리더의 행동이나 특성이 상황에 따라 달라진다는 것은 상황론적 리더십에 대한 설명이다.
• 상황이 유리하거나 불리한 조건에서는 과업을 중심으로 한 리더십이 효과적이라는 것은 Fiedler의 상황조건론이다.

87
정답 ⑤

정부사업에 대한 회계책임을 묻는 데 유용한 예산제도는 품목별 예산제도(LIBS)이다. 성과주의 예산제도는 기능별·활동별 예산제도이므로 의회의 예산통제가 곤란하고, 회계책임을 묻기가 어렵다.

88
정답 ①

근무성적평정은 모든 공무원이 대상이다. 다만 5급 이하의 공무원은 원칙적으로 근무성적평가제에 의한다. 4급 이상 공무원은 평가대상 공무원과 평가자가 체결한 성과계약에 따라 성과목표 달성도 등을 평가하는 성과계약 등 평가제로 근무성적평정을 실시한다.

89
정답 ②

칼 슈미트(C. Schmitt)는 헌법은 헌법제정권력의 행위에 의한 국가 정치생활의 종류와 형태에 관한 근본적 결단이라 하였다.

90 정답 ①

ㄴ·ㄷ·ㅁ. 기계적 조직의 특징에 해당한다.

기계적 조직과 유기적 조직

구분	기계적 조직	유기적 조직
직무범위	직무범위가 좁음	직무범위가 넓음
절차	표준운영절차	적은 규칙과 절차
책임소재	책임관계가 분명	책임관계가 모호함
성질	공식적	비공식적
조직목표	조직목표가 명확함	조직목표가 모호함
동기부여	금전적인 동기부여	복합적인 동기부여

91 정답 ①

지방의회의 지방자치단체장에 대한 주민투표실시 청구권은 주민투표법에 규정되어 있다.

오답분석

② 지방자치법 제55조 제1항
③ 지방자치법 제41조 제1항
④ 지방자치법 제39조 제1항
⑤ 지방자치법 제77조

> **주민투표의 실시요건(주민투표법 제9조 제1항)**
> 지방자치단체의 장은 주민 또는 지방의회의 청구에 의하거나 직권에 의하여 주민투표를 실시할 수 있다.

92 정답 ④

ㄷ. 1910년대 테일러(Talor)의 과학적 관리론
ㅁ. 1930년대 메이어(Mayo)의 인간관계론
ㄴ. 1940년대 사이먼(Simon)의 행정행태론
ㄱ. 1970년대 왈도(Waldo)의 신행정론
ㄹ. 1970년대 오스트롬(Ostrom)의 공공선택론
따라서 순서대로 나열하면 'ㄷ - ㅁ - ㄴ - ㄱ - ㄹ'이다.

93 정답 ⑤

허가권자가 신청내용에 구애받지 아니하고 조사 및 검토를 거쳐 관련 법령에 정한 기준에 따라 허가조건의 충족 여부를 제대로 따져 허가 여부를 결정하여야 하는 것은 맞지만, 그렇다고 신청인 측에서 의도적으로 법령에 정한 각종 규제를 탈법적인 방법으로 회피하려고 하는 것을 정당화할 수는 없다(대판 2014.11.27., 2013두16111).

① 행정행위의 취소사유는 행정행위의 성립 당시에 존재하였던 하자를 말하고, 행정행위의 철회사유는 행정행위 성립 이후에 새로이 발생한 것으로서 행정행위의 효력을 존속시킬 수 없는 사유를 말한다. 사안의 경우 A의 건축허가취소는 행정행위의 성립 당시에 존재하였던 하자를 이유로 당해 행정행위의 효력을 소급적으로 소멸시키는 것이므로 행정행위의 철회가 아니라 행정행위의 직권취소에 해당한다.
② 수익적 처분의 하자가 당사자의 사실은폐나 기타 사위의 방법에 의한 신청행위에 기인한 것이라면 당사자는 그 처분에 의한 이익이 위법하게 취득되었음을 알아 그 취소가능성도 예상하고 있었다고 할 것이므로, 그 자신이 처분에 관한 신뢰이익을 원용할 수 없음은 물론 행정청이 이를 고려하지 아니하였다고 하여도 재량권의 남용이 되지 아니한다(대판 1996.10.25., 95누14190).
③ 행정행위를 한 처분청은 그 행위에 하자가 있는 경우에 별도의 법적 근거가 없더라도 이를 취소할 수 있는 것이다(대판 2006.5.25., 2003두4669).
④ 당사자의 사실은폐나 기타 사위의 방법에 의한 신청행위가 있었는지 여부는 행정청의 상대방과 그로부터 신청행위를 위임받은 수임인 등 관계자 모두를 기준으로 판단하여야 한다(대판 2014.11.27., 2013두16111).

94 정답 ⑤

롤스(J. Rawls)는 정의의 제1원리(평등)가 제2원리(차등조정의 원리)에 우선하고, 제2원리 중에서는 기회균등의 원리가 차등의 원리에 우선되어야 한다고 보았다.

95 정답 ①

신공공관리론은 행정과 경영을 동일하게 보는 관점으로 기업경영의 원리와 기법을 공공부문에 그대로 이식하려 한다는 비판이 있다.

② 신공공관리론에 대한 설명이다.
③ 동태적인 측면을 파악할 수 없다.
④ 생태론에 대한 설명이다.
⑤ 합리적 선택 신제도주의가 방법론적 개체주의에, 사회학적 신제도주의는 방법론적 전체주의에 기반을 두고 있다.

96 정답 ②

정보기술 아키텍처는 건축물의 설계도처럼 조직의 정보화 환경을 정확히 묘사한 밑그림으로서, 조직의 비전, 전략, 업무, 정보기술 간 관계에 대한 현재와 목표를 문서화한 것이다.

① 블록체인 네트워크 : 가상화폐를 거래할 때 해킹을 막기 위한 기술망으로 출발한 개념이며, 블록에 데이터를 담아 체인 형태로 연결, 수많은 컴퓨터에 동시에 이를 복제해 저장하는 분산형 데이터 저장 기술을 말한다.

③ 제3의 플랫폼 : 전통적인 ICT 산업인 제2플랫폼(서버, 스토리지)과 대비되는 모바일, 빅데이터, 클라우드, 소셜네트워크 등으로 구성된 새로운 플랫폼을 말한다.

④ 클라우드 – 클라이언트 아키텍처 : 인터넷에 자료를 저장해 두고, 사용자가 필요한 자료 등을 자신의 컴퓨터에 설치하지 않고도 인터넷 접속을 통해 언제나 이용할 수 있는 서비스를 말한다.

⑤ 스마트워크센터 : 공무용 원격 근무 시설로 여러 정보통신기기를 갖추고 있어 사무실로 출근하지 않아도 되는 유연근무시스템 중 하나를 말한다.

97 정답 ②

국내에 일정한 주소를 두고 거주하거나 학술·연구를 위하여 일시적으로 체류하는 외국인은 정보공개를 청구할 수 있다(공공기관의 정보공개에 관한 법률 제5조, 시행령 제3조).

① 정보의 공개에 관하여는 다른 법률에 특별한 규정이 있는 경우를 제외하고는 이 법에서 정하는 바에 따른다(공공기관의 정보공개에 관한 법률 제4조 제1항).

③ 회의록 공개에 의하여 보호되는 알권리의 보장과 비공개에 의하여 보호되는 업무수행의 공정성 등의 이익 등을 비교·교량해 볼 때, 위 회의록은 정보공개법에서 정한 '공개될 경우 업무의 공정한 수행에 현저한 지장을 초래한다고 인정할 만한 상당한 이유가 있는 정보'에 해당한다고 보아야 할 것이다(대판 2014.7.24., 2013두20301).

④ 행정안전부장관 소속으로 정보공개위원회를 둔다(공공기관의 정보공개에 관한 법률 제22조).

⑤ 행정안전부장관은 정보공개에 관하여 필요할 경우에 공공기관(국회·법원·헌법재판소 및 중앙선거관리위원회는 제외한다)의 장에게 정보공개 처리 실태의 개선을 권고할 수 있고, 전년도의 정보공개 운영에 관한 보고서를 매년 정기국회 개회 전까지 국회에 제출하여야 한다(공공기관의 정보공개에 관한 법률 제24조 제4항, 제26조 제1항).

98 정답 ①

합리 모형에서 말하는 합리성은 경제적 합리성을 말한다. 정치적 합리성은 점증 모형에서 중시하는 합리성이다.

합리 모형과 점증 모형

구분	합리 모형	점증 모형
합리성 최적화 정도	• 경제적 합리성 (자원배분의 효율성) • 전체적·포괄적 분석	• 정치적 합리성 (타협·조정과 합의) • 부분적 최적화
목표와 수단	• 목표 – 수단 분석을 함 • 목표는 고정됨 (목표와 수단은 별개) • 수단은 목표에 합치	• 목표 – 수단 분석을 하지 않음 • 목표는 고정되지 않음 • 목표는 수단에 합치
정책결정	• 근본적·기본적 결정 • 비분할적·포괄적 결정 • 하향적 결정 • 단발적 결정 (문제의 재정의가 없음)	• 지엽적·세부적 결정 • 분할적·한정적 결정 • 상향적 결정 • 연속적 결정 (문제의 재정의 빈번)
정책특성	• 비가분적 정책에 적합	• 가분적 정책에 적합
접근방식과 정책 변화	• 연역적 접근 • 쇄신적·근본적 변화 • 매몰비용은 미고려	• 귀납적 접근 • 점진적·한계적 변화 • 매몰비용 고려
적용국가	• 상대적으로 개도국에 적용 용이	• 다원화된 선진국에 주로 적용
배경이론 및 참여	• 엘리트론 • 참여 불인정 (소수에 의한 결정)	• 다원주의 • 참여 인정 (다양한 이해관계자 참여)

99 정답 ④

행정심판청구의 기간에 관한 규정은 무효등확인심판청구와 부작위에 대한 의무이행심판청구에 적용하지 아니한다(행정심판법 제27조 제7항).

① 행정소송법 제20조 제2항은 행정심판을 제기하지 아니하거나 그 재결을 거치지 아니하는 사건을 적용대상으로 한 것임이 규정 자체에 의하여 명백하고, 행정처분의 상대방이 아닌 제3자가 제기하는 사건은 같은 법 제18조 제3항 소정의 행정심판을 제기하지 아니하고 제소할 수 있는 사건에 포함되어 있지 않으므로 같은 법 제20조 제2항 단서를 적용하여 제소에 관한 제척기간의 규정을 배제할 수는 없다(대판 1989.5.9., 88누5150).

② 부작위위법확인의 소는 부작위상태가 계속되는 한 그 위법의 확인을 구할 이익이 있다고 보아야 하므로 원칙적으로 제소기간의 제한을 받지 않는다. 그러나 행정소송법 제38조 제2항이 제소기간을 규정한 같은 법 제20조를 부작위위법확인소송에 준용하고 있는 점에 비추어 보면, 행정심판 등 전심절차를 거친 경우에는 행정소송법 제20조가 정한 제소기간 내에 부작위위법확인의 소를 제기하여야 한다(대판 2009.7.23., 2008두10560).

③ 최초의 부작위위법확인의 소가 적법한 제소기간 내에 제기된
이상 그 후 처분취소소송으로의 교환적 변경과 처분취소소송
에의 추가적 변경 등의 과정을 거쳤다고 하더라도 여전히 제소
기간을 준수한 것으로 봄이 상당하다(대판 2009.7.23., 2008
두10560).

⑤ 행정처분의 당연무효를 선언하는 의미에서 그 취소를 청구하는
행정소송을 제기하는 경우에도 소원의 전치와 제소기간의 준수
등 취소소송의 제소요건을 갖추어야 한다(대판 1983.5.10., 83
누69).

100
정답 ②

ㄱ. 행정청이 행정대집행의 방법으로 건물철거의무의 이행을 실현
할 수 있는 경우에는 건물철거 대집행 과정에서 부수적으로 건물
의 점유자들에 대한 퇴거 조치를 할 수 있다(대판 2017.4.28.,
2016다213916).

ㄹ. [1] 계고서라는 명칭의 1장의 문서로서 일정기간 내에 위법건
축물의 자진철거를 명함과 동시에 그 소정기한 내에 자진철거
를 하지 아니할 때에는 대집행할 뜻을 미리 계고한 경우라도
건축법에 의한 철거명령과 행정대집행법에 의한 계고처분은
독립하여 있는 것으로서 각 그 요건이 충족되었다고 볼 것이다.
[2] 위 '[1]'항의 경우, 철거명령에서 주어진 일정기간이 자
진철거에 필요한 상당한 기간이라면 그 기간 속에는 계고 시
에 필요한 '상당한 이행기간'도 포함되어 있다고 보아야 할 것
이다(대판 1992.6.12., 91누13564).

오답분석

ㄴ. 점유자들이 적법한 행정대집행을 위력을 행사하여 방해하는
경우 형법상 공무집행방해죄가 성립하므로, 필요한 경우에는
경찰관 직무집행법에 근거한 위험발생 방지조치 또는 형법상
공무집행방해죄의 범행방지 내지 현행범체포의 차원에서 경찰
의 도움을 받을 수도 있다(대판 2017.4.28., 2016다213916).

ㄷ. 행정청이 행정대집행법 제3조 제1항에 의한 대집행계고를 함
에 있어서는 의무자가 스스로 이행하지 아니하는 경우에 대집
행할 행위의 내용 및 범위가 구체적으로 특정되어야 하나, 그
행위의 내용 및 범위는 반드시 대집행계고서에 의하여서만 특
정되어야 하는 것이 아니고 계고처분 전후에 송달된 문서나
기타 사정을 종합하여 행위의 내용이 특정되면 족하다(대판
1994.10.28., 94누5144).

| 03 | 토목(일반)

61	62	63	64	65	66	67	68	69	70
②	②	②	④	②	②	①	④	②	②
71	72	73	74	75	76	77	78	79	80
③	④	②	④	①	②	①	②	③	③
81	82	83	84	85	86	87	88	89	90
②	②	④	②	③	②	⑤	④	③	②
91	92	93	94	95	96	97	98	99	100
①	③	④	①	③	④	③	①	①	①

61
정답 ②

$$wV + M = w' V' + M'$$
$$(0.92 \times V) + 0 = (1.025 \times V') + 0$$
$$V' = \frac{0.92}{1.025} V = 0.9 V$$

62
정답 ②

20분 동안의 최대강우강도는 다음과 같다.

- $I_{5 \sim 20} = 20$
- $I_{10 \sim 25} = 35 - 2 = 33$
- $I_{15 \sim 30} = 40 - 5 = 35$
- $I_{20 \sim 35} = 43 - 10 = 33$

$$\therefore \ I_{\max} = \frac{35}{20} \times \frac{60}{1} = 105 \text{mm/h}$$

63
정답 ②

Terzaghi와 Peck의 경험식에 의해 다음과 같이 구할 수 있다.
$$C_c = 0.009 \times (w_L - 10) = 0.009 \times (40 - 10) = 0.27$$

64
정답 ④

계수 모멘트 $M_u = 1.2M_D + 1.6M_L = (1.2 \times 10) + (1.6 \times 20)$
$$= 44 \text{kN} \cdot \text{m}$$

65
정답 ②

유의파고란 특정시간 주기 내에서 일어나는 모든 파고 중 큰 순서
부터 3분의 1 안에 드는 파고의 평균 높이이다.

따라서 유의파고는 $H_{1/3} = \dfrac{9.5 + 8.9 + 7.4}{3} = 8.6\text{m}$이다.

66

홍수량 $Q=\dfrac{1}{360}CIA$에서 $I=\dfrac{6,000}{(5+35)}=150$이므로

$Q=\dfrac{1}{360}\times0.6\times150\times20=5\text{m}^3/\text{s}$이다.

67

소류력 $\tau=wRI$에서 하천의 폭이 넓으므로 경심과 수심의 크기는 같다. 또한, 물의 단위중량은 $9,800\text{N/m}^3$이므로

$\tau=9,800\times2\times\dfrac{1}{200}=98\text{N/m}^2$이다.

68

(일 증발량)=(증발율)×(수면적)이므로

$1.44\times10^{-3}\times10\times1,000^2=14,400\text{m}^3/$일이다.

69

$$P=\frac{A_1P_1+A_2P_2+A_3P_3}{A_1+A_2+A_3}$$

$$=\frac{(20\times40)+(30\times30)+(50\times20)}{20+30+50}=27\text{mm}$$이다.

70

DAD 해석은 최대 우량깊이, 유역면적, 강우 지속 시간과의 관계를 수립하는 작업으로 유역면적을 대수축에 최대 평균 강우량을 산술축에 표시한다.

71

$A_b=\rho_bb_wd=\dfrac{0.85f_{ck}\beta_1}{f_y}\left(\dfrac{600}{600+f_y}\right)b_wd$일 때,

$\beta_1=0.85-0.007(f_{ck}-28)$

$\quad=0.85-0.007(35-28)=0.801$이므로

$$A_b=\frac{0.85\times35\times0.801}{400}\left(\frac{600}{600+400}\right)\times400\times500$$

$\quad=7,148.93\text{mm}^2\fallingdotseq7,149\text{mm}^2$이다.

따라서 균형철근량은 약 $7,149\text{mm}^2$이다.

72

• $\sum\text{H}=0$

$2t-PDl=0$

$t=\dfrac{PDl}{2}$

• $t=\sigma\,tl$

$\therefore\ \sigma=\dfrac{PD}{2t}=\dfrac{10\times120}{2\times0.6}=1,000\text{kg/cm}^2$

73

연속 휨부재의 부모멘트 재분배

• 근사해법에 의해 휨모멘트를 계산한 경우를 제외하고 어떠한 가정의 하중을 적용하여 탄성이론에 의하여 산정한 연속 휨 부재 받침부의 부모멘트는 20% 이내에서 $1,000\epsilon_t$ 퍼센트만큼 증가 또는 감소시킬 수 있다.

• 경간 내의 단면에 대한 휨 모멘트의 계산은 수정된 부모멘트를 사용하여야 한다.

• 부모멘트의 재분배는 휨 모멘트를 감소시킬 단면에서 최외단 인장철근의 순인장 변형률 $\epsilon_t=0.0075$ 이상인 경우에만 가능하다.

74

공액 보법에 의해 B점의 반력은 B점의 처짐각이다.

$\sum M_A=0$

$\dfrac{M_A}{EI}\times\dfrac{l}{2}\times\dfrac{l}{3}-R_B{}'l=0$

$R_B{}'=\theta_B=\dfrac{M_Al}{6EI}$

75

$r=\sqrt{\dfrac{I}{4}}$

원형 단면의 경우 회전반경은 $r=\sqrt{\dfrac{\pi d^4/64}{\pi d^2/4}}=\dfrac{d^2}{16}=\dfrac{d}{4}$ 이다.

76

$\sigma_{cr}=\dfrac{P_{cr}}{A}$ 공식을 사용하고, 양단 고정이기 때문에 $KL=0.5L$이다.

$$\sigma_{cr}=\frac{P_{cr}}{A}=\frac{\pi^2\times2.1\times10^5\times\left(\dfrac{45\times25^3}{12}\right)}{\dfrac{(0.5\times10,000)^2}{(25\times45)}}=4.318\text{MPa}$$

77

정답 ①

$2.1 \times 10^6 = 2G(1+0.25)$

$\therefore G = 8.4 \times 10^5 \, \text{kg/cm}^2$

> **탄성계수 간의 관계식**
>
> $E = 2G(1+v)$
>
> v : 푸아송비 $\left(\dfrac{1}{m}\right)$
>
> G : 전단 탄성계수
>
> E : 탄성계수(Young계수)

78
정답 ②

$V_x = 0$인 점에 최대 휨모멘트가 생긴다.

$\dfrac{wl}{6} - \dfrac{1}{2}x \times \dfrac{x}{l}w = 0$

$x^2 = \dfrac{l^2}{3}$

$x = \dfrac{1}{\sqrt{3}}l$

79
정답 ③

균일한 평야지역의 작은 유역에 발생한 강우량 산정은 산술평균법이 적절하다.

80
정답 ③

유관이란 옆면이 유선으로 둘러싸인 관을 말한다.

81
정답 ②

$V = ki$이므로,

지하수의 유속은 $0.3 \times \dfrac{0.4}{2.4} = 0.05 \, \text{m/sec}$이다.

82
정답 ②

표준길이보다 길면 면적은 커지고, 짧으면 면적은 작아진다.

따라서 $A_0 = A\left(1 \pm \dfrac{e}{s}\right)^2 = 62,500\left(1 + \dfrac{0.003}{30}\right)^2 = 62,512.5 \, \text{m}^2$ 이다.

83
정답 ③

플레이트 보의 경제적인 높이는 $h = 1.1\sqrt{\dfrac{M}{f_a t_w}}$ 에서 휨모멘트에 의해 구할 수 있음을 알 수 있다.

84
정답 ④

$\tau = \mu \cdot \dfrac{dV}{dy}$ 이므로 $0.01 \times \dfrac{200}{0.5} = 4 \, \text{N/cm}^2$ 이다.

따라서 전단응력은 $4 \, \text{N/cm}^2$ 이다.

85
정답 ②

하상계수(F)는 $F = \dfrac{A}{L^2}$ 로 나타낼 수 있다. 여기서 F가 크면 유료연장에 비해서 폭이 넓은 유역으로, 유하시간이 짧고 최대유량은 크다.

86
정답 ⑤

층류영역에서 사용 가능한 마찰손실계수의 산정식은

$f = \dfrac{64}{Re}$ 이다.

87
정답 ②

편심거리 $e = 0.4 < \dfrac{B}{6} = \dfrac{4}{6} = 0.67$이다.

이때, 최대압축응력 $q_{\max} = \dfrac{Q}{B} \times \left(1 + \dfrac{6e}{B}\right)$

$= \dfrac{10}{4} \times \left(1 + \dfrac{6 \times 0.4}{4}\right) = 4 \, \text{t/m}^2$ 이다.

88
정답 ④

현장치기 콘크리트로서, 흙에 접하거나 옥외의 공기에 직접 노출되는 콘크리트의 최소 피복 두께는 D16 이하의 철근의 경우 40mm이다.

89
정답 ③

유체흐름에서 펌프수두는 $-$, 터빈수두는 $+$한다.

따라서 베르누이 정리에 대한 표현식은 다음과 같다.

$\dfrac{v_1^2}{2g} + \dfrac{p_1}{\gamma} + z_1 = \dfrac{v_2^2}{2g} + \dfrac{p_2}{\gamma} + z_2 - E_P + E_T + h_L$

90
정답 ②

$Q = AV = bd \cdot \dfrac{1}{n}R^{2/3} \cdot I^{1/2}$ 이므로

$14.56 = (4 \times 2) \times \dfrac{1}{n} \times \left(\dfrac{4 \times 2}{4 + 2 \times 2}\right)^{2/3} \times 0.0004^{1/2}$ 이다.

따라서 $n = 0.010099$이므로

수로표면 조도계수(n)는 약 0.010099이다.

91

정답 ①

굴착정(Q)의 계산식은 다음과 같다.

$$Q = 2\pi bk \frac{(H-h_o)}{l_n\left(\dfrac{R}{r_o}\right)}$$

이에 대입하면,

$$Q = 2 \times \pi \times 10 \times 0.3 \times \frac{(20-10)}{l_n\left(\dfrac{100}{50}\right)} \fallingdotseq \frac{271.9\text{m}^3}{hr} \times \frac{hr}{3,600\text{sec}}$$

$$\fallingdotseq 7.5 \times 10^{-2}\text{m}^3/\text{sec}$$

따라서 양수량은 $7.5 \times 10^{-2}\text{m}^3/\text{s}$이다.

92

정답 ③

- a값

  $a = $ (200번체 통과율) $- 35 = 70 - 35 = 35$

- b값

  $b = $ (200번체 통과율) $- 15 = 70 - 15 = 55$

  (b : $0 \sim 40$의 상수)

  따라서 $b = 40$

- c값

  $c = $ (액성한계) $- 40 = 49 - 40 = 9$

- d값

  $d = $ (소성지수) $- 10 = 25 - 10 = 15$

- 군지수(GI)

  $GI = 0.2a + 0.005ac + 0.01bd$

  $= (0.2 \times 35) + (0.005 \times 35 \times 9) + (0.01 \times 40 \times 15) \fallingdotseq 15$

93

정답 ④

이중누가우량곡선법은 강수량 자료의 일관성을 검증하는 방법이다. 여기서 이중누가곡선은 자료의 일관성을 검증하기 위해 주변에 있는 여러 관측소의 연 또는 계절 강우량의 누적 총량의 평균을 문제가 된 관측점에서의 연 또는 계절 강우량의 누적 총량과 비교한 것이다.

94

정답 ①

Francis 공식을 적용한 직사각형 위어의 경우

$Q = 1.84b_0h^{\frac{3}{2}}$ 이므로

단수축을 고려한 월류수맥 폭(b_o)은 $b_o = b - \dfrac{1}{10}nh$이다.

이때, 양단수축의 경우 $n = 2.0$이므로 $b_o = b - \dfrac{1}{5}h$이다.

95

정답 ③

- 시료의 부피(V)

  $$V = \frac{\pi \cdot D^2}{4} \cdot H = \frac{\pi \times 5^2}{4} \times 10 = 196.25\text{cm}^3$$

- 건조중량(W_s)

  $$W_s = \frac{W}{1 + \dfrac{w}{100}} = \frac{350}{1 + \dfrac{40}{100}} = 250\text{g}$$

- 건조단위무게(γ_d)

  $$\gamma_d = \frac{W_s}{V} = \frac{250}{196.25} = 1.27\text{g/cm}^3$$

96

정답 ④

$$Q = AV = A\sqrt{\frac{2gh}{f_i + f\dfrac{\ell}{D} + f_o}}$$ 이므로,

$$0.0628 = \frac{\pi \cdot 0.2^2}{4} \times \sqrt{\frac{2 \times 9.8 \times h}{0.5 + 0.035\dfrac{200}{0.2} + 1.0}}$$

$h = 7.44\text{m}$

따라서 A저수지와 B저수지 사이의 수위차는 7.44m이다.

97

정답 ③

전도에 대한 저항 모멘트는 횡토압에 의한 전도 모멘트의 2.0배 이상이어야 한다.

98

정답 ①

수리상 유리한 단면을 볼 때,

최대유량은 $Q_{max} = A \times V_{max} = A \times C\sqrt{R_{max}I}$이며,

여기서 동수반경을 살펴보면,

$R = \dfrac{A}{P}$ 에서 윤변(P)이 최소일 때 동수반경(R)이 최대가 된다.

99

정답 ①

$$Q = AV = A \cdot \frac{1}{n}R^{\frac{2}{3}} \cdot I^{\frac{1}{2}}$$ 에 대입하면,

$$1 = \frac{\pi D^2}{4} \times \frac{1}{0.012} \times \left(\frac{D}{4}\right)^{\frac{2}{3}} \times \left(\frac{1}{100}\right)^{\frac{1}{2}}$$

$$\rightarrow 1 \fallingdotseq 2.6D^{\frac{8}{3}}$$

$\therefore D \fallingdotseq 0.7\text{m} = 70\text{cm}$

따라서 적당한 관의 지름은 약 70cm이다.

100 정답 ①

최적함수비란 흙의 다짐곡선에서 최대건조 밀도에 해당되는 함수비를 뜻한다. 흙의 다짐시험에서 다짐에너지를 증가시킬 때, 최적함수비는 감소하고, 최대건조 단위중량은 증가한다.

제3회 모의고사 정답 및 해설

제1영역 직업기초능력평가

01	02	03	04	05	06	07	08	09	10
③	③	④	①	①	②	③	②	②	④
11	12	13	14	15	16	17	18	19	20
②	②	②	③	②	④	④	②	②	①
21	22	23	24	25	26	27	28	29	30
①	①	②	③	④	②	④	④	③	④
31	32	33	34	35	36	37	38	39	40
④	③	④	②	②	④	③	③	③	①
41	42	43	44	45	46	47	48	49	50
③	②	②	④	①	④	②	③	③	④
51	52	53	54	55	56	57	58	59	60
④	④	②	①	①	①	②	①	④	③

01
정답 ③

제52조 제2·3·4항에 따르면 공사가 재발방지대책을 수립하여 관련 부서에 개선요구서를 통보하면 이를 받은 관련 부서장은 모든 일에 우선하여 개선하는 조치를 취해야 한다. 이러한 부서의 개선여부는 관련 부서장이 아닌 공사가 확인하여 안전보건관리책임자에게 보고해야 한다.

오답분석

① 제51조 제2항
② 제51조 제3항, 제5항
④ 제53조 제2항, 제3항

02
정답 ③

제시문에서는 몰랐으면 아무 문제되지 않았을 텐데 알아서 문제가 발생하는 경우도 있음을 말하며 노이로제에 대해 설명하고 있다. 따라서 제목으로는 ③이 가장 적절하다.

03
정답 ④

평균비용이 한계비용보다 큰 경우, 공공요금을 평균비용 수준에서 결정하면 수요량이 줄면서 거래량이 따라 줄고, 결과적으로 생산량도 감소한다. 이는 사회 전체의 관점에서 볼 때 자원이 효율적으로 배분되지 못하는 상황이다.

오답분석

①·② 첫 번째 문단을 통해 알 수 있다.
③ 두 번째 문단을 통해 알 수 있다.

04
정답 ①

• 첫 번째 빈칸 : ㉠의 '이렇게 재구성된 의미들'은 빈칸 앞 문장에서의 '수용자가 재구성한 뉴스의 의미'와 연결되며, ㉠의 '만들어진 여론이 뉴스 구성의 틀에 영향을 주는 것'은 빈칸 뒤 문장의 '다시 틀 짓기'와 연결된다. 따라서 빈칸에는 ㉠이 가장 적절하다.
• 두 번째 빈칸 : 빈칸 앞 문장에서는 수용자의 주체적인 의미 해석이 가능한 이유를 묻고 있으므로 빈칸에는 그러한 질문에 대한 답으로 '외부 정보를 해석하는 수용자의 인지 구조' 때문이라는 내용의 ㉡이 가장 적절하다.
• 세 번째 빈칸 : ㉢은 빈칸 앞 문장에서 언급한 '수용자의 다양한 해석으로 형성되는 여론'에 대해 설명하고 있다. 따라서 빈칸에는 ㉢이 가장 적절하다.

05
정답 ①

제7조 제2항에 따르면 벌금형 이상의 비위를 범하여 면직된 공직자가 있음을 알 수 있다.

오답분석

② 제6조 제7항에 따르면 정부는 관련 법령의 제·개정을 통해 지방자치단체의 자율성이 아니라 투명성을 높여야 한다. 지자체에 대한 자율성 부여는 오히려 부패를 활성화시킬 수 있다.
③ 제20조 제1항에 따르면 투명사회협약에 따르면 기업의 지배구조를 개선하기 위해 최고 재무 관리자가 아닌 사외이사의 전문성을 강화하고 중립성을 보장해야 한다.
④ 제5조 제3항에 따르면 정부기관 간 반부패 정책의 원활한 운영 및 집행, 평가를 위하여 시민단체 기능 활성화가 아닌 반부패 관계기관 협의회를 활성화해야 한다. 시민단체의 기능 활성화는 반부패 정책을 집행하는 정부기관이 아니라 시민단체로 반부패 활동의 중심을 이동시키는 것이다.

06
정답 ②

- ㉠ : 앞 문장에서는 앞으로 변경되는 민원인 정보 처리 방안을 이야기하고, 뒤의 문장에서는 민원인 정보와 관련되어 새롭게 조성되는 세부 처리지침을 이야기하므로 '그 위에 더. 또는 거기에다 더'를 의미하는 '또한'이 가장 적절하다.
- ㉡ : 앞 문장을 보면 민원인 정보 유출로 인해 국민의 권익이 침해되는 사례가 지속적으로 발생하고 있었다고 이야기하고, 뒤의 문장에서는 민원인 정보를 제3자에게 제공할 수 있는 범위와 한계에 관한 규정이 없었다고 이야기하므로 역접의 접속어인 '그러나'가 가장 적절하다.

07
정답 ③

제시문에서는 인류의 발전과 미래에 인류에게 닥칠 문제를 해결하기 위해 우주 개발이 필요하다는 우주 개발의 정당성에 대해 논의하고 있다.

08
정답 ②

제4.1.항에 따르면 보안업무협의회의는 보안업무에 관한 중요한 사항을 협의하기 위하여 설치된다.

오답분석

① 제1조에 따르면 보안규정의 적용범위는 공사 전 임직원 외에도 업무상 관련회사 또는 인원을 대상으로 한다.
③ 제4.2.항의 협의회가 심의하는 사항에 보안사고에 대한 수습 및 처리방안은 포함되지 않는다.
④ 제6.3.항에 따르면 모든 문서는 보안담당부서장이 아닌 각 담당자가 보안관리 책임을 진다.

09
정답 ②

제시문의 마지막 문단에서 '말이란 결국 생각의 일부분을 주워 담는 작은 그릇'이며, '말을 통하지 않고는 생각을 전달할 수가 없는 것'이라고 하며 말은 생각을 전달하기 위한 수단임을 주장하고 있다.

10
정답 ④

제시문은 방사능의 위험성에 대해 설명하고 있다. 따라서 (다) 방사능 용어에 대한 정의 → (나) 피폭의 위험성 → (라) 피폭의 위험성에 대한 예시 → (가) 방사능 물질을 이용하는 산업에서의 주의가 필요함 순으로 나열해야 한다.

11
정답 ②

빈칸의 앞 문단에서는 골관절염과 류마티스 관절염이 추위로 인해 증상이 악화될 수 있음을 이야기하고 있으며, 뒤 문단에서는 외부 온도 변화에 대응할 수 있는 체온 유지 방법을 설명하고 있다. 즉, 온도 변화에 증상이 악화될 수 있는 질환들을 예방하기 위해 체온을 유지·관리해야 한다는 것이므로 빈칸에는 앞에서 말한 일이 뒤에서 말할 일의 근거가 될 때 쓰는 '따라서'가 가장 적절하다.

12
정답 ②

제시문에 따르면 현대사회를 살아가는 사람들은 외모에 대해 주변인들의 평가, 학교 교육, 대중매체, 광고, 문화 이데올로기 등의 담론을 통해 이상자아를 형성하고, 실제 자신 사이의 불일치가 일어날 때 고통을 받는다고 한다. 이러한 외모 문화에는 대중매체, 가부장적 이데올로기, 시각문화, 자본주의 등 수많은 요소들이 개입하고 있음을 설명하고 있으므로, 빈칸에는 '다층적인'이 들어가는 것이 가장 적절하다.

13
정답 ②

제시문에서는 유명 음악가 바흐와 모차르트에 대해 알려진 이야기들과 이와는 다르게 밝혀진 사실을 대비하여 이야기하고 있다. 또한, 사실이 아닌 이야기가 바흐와 모차르트의 삶을 미화하는 경향이 있으므로 제시문의 제목으로는 ②가 가장 적절하다.

14
정답 ③

제시문에서 자전거 도로가 확충됨으로써 자전거의 시대가 열리고 있음을 시사하고 있으므로 ③이 빈칸에 들어갈 내용으로 가장 적절하다.

15
정답 ②

시조문학이 발전한 배경 설명과 함께, 두 경향인 강호가류(江湖歌類)와 오륜가류(五倫歌類)를 소개하고 있는 (다)가 맨 처음에 와야 한다. 다음으로 강호가류에 대하여 설명하는 (라)나 오륜가류에 대하여 설명하는 (나)가 와야 하는데, (나)가 전환 기능의 접속어 '한편'으로 시작하므로 (라) – (나)가 되고, 강호가류와 오륜가류에 대한 설명을 마무리하며 사대부들의 문학관을 설명하는 (가)가 마지막으로 온다.

16
정답 ④

- 2023년 상반기 보훈분야 전체 청구건수 : $35+1,865=1,900$건
- 2024년 상반기 보훈분야 전체 청구건수 : $17+1,370=1,387$건

따라서 감소율은 $\dfrac{1,900-1,387}{1,900}\times100=27\%$이다.

17
정답 ④

2024년 상반기 입원 진료비 중 세 번째로 비용이 높은 분야는 자동차 보험 분야이다.

- 2023년 상반기 자동차 보험 분야 입원 진료비 : 4,984억 원
- 2024년 상반기 자동차 보험 분야 입원 진료비 : 5,159억 원

따라서 입원 진료비는 $5,159-4,984=175$억 원 증가했다.

18 정답 ②

주말 오전 장년층(30・40대)의 단순 평균 TV시청시간을 구하면 $\frac{1.8+3.2}{2}=2.5$시간이고, 중년층(50・60대)의 단순 평균 TV시청시간을 구하면 $\frac{2.5+2.7}{2}=2.6$시간이다. 따라서 ②는 옳다.

오답분석

① 10대 미만의 평일 오전 평균 TV시청시간은 2.2시간, 오후 평균 TV시청시간은 3.8시간이다. 따라서 평균 TV시청시간의 차는 $3.8-2.2=1.6$시간으로 $60×1.6=96$분, 즉 1시간 36분이다.

③ 전 연령대에서 평일과 주말 모두 오후의 평균 TV시청시간이 길었다.

④ 30대 이후 평일 오후 평균 TV시청시간은 각각 1.5시간, 2.5시간, 3.8시간, 4.4시간, 5.2시간, 5.3시간으로 연령대가 높아질수록 평균 TV시청시간은 증가하고 있다. 주말 역시 2.2시간, 4.5시간, 4.6시간, 4.7시간, 5.2시간, 5.5시간으로 증가하고 있다.

19 정답 ②

㉠ 10대 미만의 평일 오전 평균 TV시청시간은 2.2시간으로, 주말 오전 평균 TV시청시간인 2.5시간의 $\frac{2.2}{2.5}×100=88\%$이다.

㉣ 장년층・중년층・노년층의 평일 오전과 오후의 단순 평균 TV시청시간을 구하면 다음과 같다.

구분	오전	오후
장년층	$\frac{0.3+1.1}{2}=0.7$시간	$\frac{1.5+2.5}{2}=2$시간
중년층	$\frac{1.4+2.6}{2}=2$시간	$\frac{3.8+4.4}{2}=4.1$시간
노년층	$\frac{2.4+2.5}{2}=2.45$시간	$\frac{5.2+5.3}{2}=5.25$시간

따라서 장년층이 $2-0.7=1.3$시간, 중년층이 $4.1-2=2.1$시간, 노년층이 $5.25-2.45=2.8$시간으로 노년층의 차가 가장 크다.

오답분석

㉡ 10대와 20대의 평일 오후 평균 TV시청시간은 각각 1.7시간, 1.8시간이다. 따라서 둘의 시간차는 $1.8-1.7=0.1$시간으로, 이는 $60×0.1=6$분이다.

㉢ 평일 오전 평균 TV시청시간이 가장 많은 연령대는 2.6시간으로 60대이다. 60대의 주말 단순 평균 TV시청시간을 구하면 $\frac{2.7+4.7}{2}=3.7$시간으로 4시간 미만이다.

20 정답 ①

ㄱ. 전체 연령에서 여가시간 평가의 평균점수가 가장 높은 순서로 나열하면 '70대 이상(5.33점) - 60대(4.97점) - 20대(4.81점) - 50대(4.72점) - 40대(4.56점) - 30대(4.47점) - 10대(4.43점)'이므로 옳은 설명이다.

ㄴ. 설문조사를 한 전체 남성 중 '약간충분 ~ 매우충분'을 선택한 인원은 $(10,498-5,235)×(32.2+19.3+6.6)÷100≒3,058$명이다.

오답분석

ㄷ. 미혼과 기혼의 각각 평균점수는 기타에 해당하는 평균점수보다 낮지만 '약간부족'을 선택한 비율은 높다.

ㄹ. 대도시에서 '약간부족'을 선택한 인원은 $4,418×0.097≒429$명이므로 중소도시와 읍면지역에서 '부족'을 선택한 총인원 $(3,524×0.031)+(2,556×0.023)≒168$명의 $\frac{429}{168}≒2.6$배이다.

21 정답 ①

각 연령대에서 '매우충분'을 선택한 인원은 다음과 같다.

구분	인원(명)	매우충분 비율(%)	매우충분 선택인원(명)
10대 (15 ~ 19세)	696	4.0	$696×0.04≒27$
20대	1,458	6.4	$1,458×0.064≒93$
30대	1,560	3.8	$1,560×0.038≒59$
40대	1,998	4.5	$1,998×0.045≒89$
50대	2,007	5.2	$2,007×0.052≒104$
60대	1,422	9.6	$1,422×0.096≒136$
70대 이상	1,357	17.9	$1,357×0.179≒242$

따라서 인원이 적은 순서는 '10대 - 30대 - 40대 - 20대 - 50대 - 60대 - 70대 이상'이다.

22 정답 ①

2023년 3분기에도 감소하였다.

오답분석

② 2023년 2분기 조회 서비스 이용 실적은 849천 건이고, 전 분기의 이용 실적은 817천 건이므로 $849-817=32$, 즉 3만 2천 건 증가하였다.

③ 조회 서비스 이용 실적은 매 분기 증가하였다.

④ 모바일 뱅킹 서비스 이용 실적이 전 분기 대비 증가한 분기는 2023년 3분기와 2023년 4분기이다. 2023년 3분기의 전 분기 대비 증가율은 1.2%이고, 2023년 4분기의 전 분기 대비 증가율은 17.9%이므로 모바일 뱅킹 서비스 이용 실적의 전 분기 대비 증가율이 가장 높은 분기는 2023년 4분기이다.

23
정답 ②

2015년 대비 2023년 장르별 공연건수의 증가율은 다음과 같다.

- 양악 : $\frac{4,628-2,658}{2,658}\times100\fallingdotseq74\%$

- 국악 : $\frac{2,192-617}{617}\times100\fallingdotseq255\%$

- 무용 : $\frac{1,521-660}{660}\times100\fallingdotseq130\%$

- 연극 : $\frac{1,794-610}{610}\times100\fallingdotseq194\%$

따라서 2015년 대비 2023년 공연건수의 증가율이 가장 높은 장르는 국악이다.

오답분석

① 2019년과 2022년에는 연극 공연건수가 국악 공연건수보다 더 많았으므로 옳지 않은 설명이다.

③ 2015 ~ 2018년까지는 양악 공연건수가 국악, 무용, 연극 공연건수의 합보다 더 많았지만, 2019년 이후에는 2021년(무용 공연건수 미집계)을 제외하고 양악 공연건수가 국악, 무용, 연극 공연건수의 합보다 더 적으므로 옳지 않은 설명이다.

④ 2021년의 무용 공연건수는 미집계 되었으므로 연극 공연건수가 무용 공연건수보다 많아진 것이 2022년부터인지 확인할 수 없으며, 자료에서 확인할 수 있는 바로는 2019년과 2022년이다.

24
정답 ③

ㄴ. 건설 부문의 도시가스 소비량은 2022년에 1,808TOE, 2023년에 2,796TOE로, 2023년의 전년 대비 증가율은 $\frac{2,796-1,808}{1,808}\times100\fallingdotseq54.6\%$이다. 따라서 옳은 설명이다.

ㄷ. 2023년 온실가스 배출량 중 간접 배출이 차지하는 비중은 $\frac{28,443}{35,638}\times100\fallingdotseq79.8\%$이고, 2022년 온실가스 배출량 중 고정 연소가 차지하는 비중은 $\frac{4,052}{30,823}\times100\fallingdotseq13.1\%$이다. 그 5배는 13.1×5＝65.5%로 2023년 온실가스 배출량 중 간접 배출이 차지하는 비중인 79.8%가 더 크므로 옳은 설명이다.

오답분석

ㄱ. 에너지 소비량 중 이동 부문에서 경유가 차지하는 비중은 2022년에 $\frac{196}{424}\times100\fallingdotseq46.2\%$이고, 2023년에 $\frac{179}{413}\times100\fallingdotseq43.3\%$로, 전년 대비 46.2－43.3＝2.9%p 감소하였으므로 옳지 않은 설명이다.

25
정답 ④

건강보험료는 255,370－(4,160＋16,250＋112,500＋4,960＋41,630)＝75,870원이다.

오답분석

① 공제 총액은 기본급여의 $\frac{255,370}{1,000,000}\times100\fallingdotseq26\%$이다.

② 주민세와 소득세 총액은 국민연금의 $\frac{4,160+41,630}{112,500}\times100\fallingdotseq41\%$이다.

③ 시간외수당은 45,000원이므로 건강보험료 75,870원보다 적다.

26
정답 ②

- 영준 : 제시된 자료를 통해 확인할 수 있다.
- 세종 : 2022년 대비 2023년 수력에너지 발전량의 증가율은 $\frac{4,186-3,787}{3,787}\times100\fallingdotseq10.5\%$이다. 따라서 2023년의 수력에너지 발전량은 4,186×(1＋0.105)＝4,625.53GWh이다.

오답분석

- 진경 : 2023년 화력에너지 발전량의 10%는 369,943×0.1＝36,994.3GWh이다. 따라서 2023년 신재생에너지 발전량은 화력에너지 발전량의 10%이하이다.
- 현아 : 2021년 대비 2022년 LNG에너지 발전량의 증가율은 $\frac{121,018-100,783}{100,783}\times100\fallingdotseq20.1\%$이고, 2022년 대비 2023년 석탄에너지 발전량의 증가율은 $\frac{238,799-213,803}{213,803}\times100\fallingdotseq$ 11.7%이므로 2배 미만이다.

27
정답 ④

ㄴ. 2023년 1분기의 영업이익률은 $\frac{-278}{9,332}\times100\fallingdotseq-2.98\%$이며, 4분기의 영업이익률은 $\frac{-998}{9,192}\times100\fallingdotseq-10.86\%$이다. 따라서 2023년 4분기의 영업이익률은 1분기보다 감소하였음을 알 수 있다.

ㄹ. 2023년 3분기의 당기순손실은 직전 분기 대비 $\frac{1,079-515}{515}\times100\fallingdotseq109.51\%$ 증가하였으므로 100% 이상 증가하였음을 알 수 있다.

오답분석

ㄱ. 영업손실이 가장 적은 1분기의 영업이익이 가장 크다.

ㄷ. 2023년 2분기와 4분기의 매출액은 직전 분기보다 증가하였으나, 3분기의 매출액은 2분기보다 감소하였다.

28
정답 ④

ㄴ. 수사단서 중 현행범 유형의 건수가 가장 많은 범죄는 60,042건인 강력범죄(폭력)이다.

ㄷ. 형법범죄의 수사단서 합계는 958,865건으로, 특별법범죄의 수사단서 합계인 866,011건보다 더 많다.

ㄹ. 특별법범죄의 경우, 수사단서 중 미신고 유형의 건수가 35만
건을 넘는다.

오답분석

ㄱ. 제시된 자료를 보면 풍속범죄의 경우 수사단서 중 미신고 유형
(5,473건)이 가장 많음을 알 수 있다.

29 정답 ③

형법범죄 중 수사단서로 '신고'의 건수가 가장 많은 범죄는 재산범
죄로 470,114건이며, 가장 적은 범죄는 공무원범죄로 1,560건이
다. 신고 건수의 차이는 470,114−1,560=468,554건이다.

30 정답 ④

- 2015 ~ 2016년 사이 축산물 수입량은 약 10만 톤 감소했으나,
  수입액은 약 2억 달러 증가하였다.
- 2020 ~ 2021년 사이 축산물 수입량은 약 10만 톤 감소했으나,
  수입액은 변함이 없다.

31 정답 ④

한 분야의 모든 인원이 한 팀에 들어갈 수 없으므로 가와 나는 한
팀이 될 수 없다.

오답분석

① 한 분야의 모든 사람이 한 팀에 들어갈 수 없기 때문에 갑, 을과
   관계없이 가와 나는 반드시 다른 팀이어야 한다.
② 두 팀에 남녀가 각각 2명씩 들어갈 수도 있지만, (남자 3명,
   여자 1명), (여자 3명, 남자 1명)인 경우도 있다.
   예 (a, c, 나, 을), (b, 가, 갑, 병)인 경우 각 팀에는 남녀가
   각각 2명씩 포함되지 않는다.
③ a와 c는 성별이 다르기 때문에 같은 팀으로 구성될 수 있다.

32 정답 ③

김과장의 개인 스케줄 및 업무 점검을 보면, 홍보팀 미팅과 외부
디자이너와의 미팅이 기재되어 있다. 즉, 김과장은 이번 주에 내부
미팅과 외부 미팅을 모두 할 예정이다.

33 정답 ④

수하물을 분실한 경우에는 화물인수증(Claim Tag)을 해당 항공
사 직원에게 제시하고, 분실 신고서를 작성해야 한다. 이때 공항에
서 짐을 찾을 수 없게 되면 항공사에서 책임지고 배상해준다.

34 정답 ②

현지에서 잃어버린 물품은 현지 경찰서에서 도난 신고서를 발급받
고, 그 서류를 귀국 후 해당 보험회사에 청구해야 보험금을 받을
수 있다.

35 정답 ②

오답분석

① RO수를 생산하기 위해서 다중여과탑, 활성탄흡착, RO막 공정
   이 필요하다.
③ 이온교환, CO_2 탈기 공정을 통해 CO_2와 미량이온까지 제거해
   순수를 생산한다.
④ 석유화학에는 RO수를 제공하지만, RO수는 미량이온까지 제
   거하지 않은 산업용수이다.

36 정답 ④

지역가입자 A ~ D씨의 생활수준 및 경제활동 점수표를 정리하면
다음과 같다.

구분	성별	연령 (세)	연령 점수 (점)	재산 정도 (만 원)	재산 정도 (점)	연간 자동차 세액 (만 원)	연간 자동차 세액 (점)
A	남성	32	6.6	2,500	7.2	12.5	9.1
B	여성	56	4.3	5,700	9	35	12.2
C	남성	55	5.7	20,000	12.7	43	15.2
D	여성	23	5.2	1,400	5.4	6	3

이에 따른 지역보험료를 계산하면 다음과 같다.

- A씨 : $(6.6+7.2+9.1+200+100) \times 183 = 59,090$원
- B씨 : $(4.3+9+12.2+200+100) \times 183 = 59,560$원
- C씨 : $(5.7+12.7+15.2+200+100) \times 183 = 61,040$원
- D씨 : $(5.2+5.4+3+200+100) \times 183 = 57,380$원

따라서 바르게 계산한 것은 ④이다.

37 정답 ④

전용면적 $50m^2$ 이상 $60m^2$ 이하의 주택인 경우 가장 우선하는
선정기준은 청약 납입횟수이고, 그 다음은 주택건설지역 거주자
이다. 이후 동순위일 경우에 '배점기준'을 적용한다. 청약 납입은
모두 24회 이상이므로 해당 지역 거주자가 우선기준이 되는데, B
씨는 해당 지역에 거주하지 않으므로 우선공급 대상자에서 배제된
다. 나머지의 배점을 계산해 보면 다음과 같다.

(단위 : 점)

구분	신청인 나이	부양 가족 수	거주 기간	65세 부양	미성년 자녀	납입 횟수	계
A씨	0	0	3	0	0	2	5
노부부	3	1	3	0	0	0	7
D씨	3	2	3	0	0	3	11

따라서 D씨가 가장 높은 점수를 받아 우선순위로 선정된다.

38

정답 ③

동일면적을 신청한 혼인기간이 5년 이내인 신혼부부는 혼인기간에 따라 1 · 2순위가 결정되며, 동순위일 경우 해당 지역 거주자 여부와 자녀 수를 기준으로 우선순위가 가려진다. 만약 자녀 수가 동일한 경우에는 다른 기준으로 판별하지 않고 추첨을 통하여 입주자를 선정하게 된다.

39

정답 ③

ⓛ과 ⓒ이 정언 명제이므로 함축관계를 판단하면 ③이 정답임을 알 수 있다.

오답분석

① 김과장이 공격수라면 안경을 쓰고 있지 않다.
② 김과장이 A팀의 공격수라면 검정색 상의를 입고, 축구화를 신고 있지 않다.
④ 김과장이 검정색 상의를 입고 있다는 조건으로 안경을 쓰고 있는지 여부를 판단할 수 없다.

40

정답 ①

11주 차까지 쓰레기 배출이 가능한 요일을 정리하면 다음과 같다.

구분	일	월	화	수	목	금	토
1주 차	A		B		C		D
2주 차		E		A		B	
3주 차	C		D		E		A
⋮	⋮	⋮	⋮	⋮	⋮	⋮	⋮
8주 차		A		B		C	
9주 차	D		E		A		B
10주 차		C		D		E	
11주 차	A		B		C		D

따라서 10주 차 일요일에는 어떠한 동도 쓰레기를 배출하지 않으며, 11주 차 일요일에 A동이 다시 쓰레기를 배출할 수 있다.

오답분석

② A동이 쓰레기 배출 가능한 요일을 순서대로 나열하면, '일 – 수 – 토 – 화 – 금 – 월 – 목 – 일'이므로, 모든 요일에 쓰레기를 배출할 수 있다.
③ 처음 2주 차까지 살펴보면, 2주에 걸쳐 모두 7번의 쓰레기 배출이 이루어지므로 A, B 두 동은 2주 동안 쓰레기를 2회 배출한다.
④ B동이 수요일에 쓰레기를 처음 버리는 주는 8주 차이다.

41

정답 ③

각 조건을 종합해 보면 D는 1시부터 6시까지 연습실 2에서 플루트를 연주하고, B는 연습실 3에서 첼로를 연습하며, 연습실 2에서 처음 연습하는 사람은 9시부터 1시까지, 연습실 3에서 처음 연습하는 사람은 9시부터 3시까지 연습한다. 따라서 연습실 1에서는 나머지 3명이 각각 3시간씩 연습해야 한다.

따라서 ③이 조건으로 추가되면 A와 E가 3시에 연습실 1과 연습실 3에서 끝나는 것이 되는데, A는 연습실 1을 이용할 수 없으므로 9시부터 3시까지 연습실 3에서 바이올린을 연습하고 E는 연습실 1에서 12시부터 3시까지 클라리넷을 연습한다. C도 연습실 1을 이용할 수 없으므로 연습실 2에서 9시부터 1시까지 콘트라베이스를 연습하고, 마지막 조건에 따라 G는 9시부터 12시까지 연습실 1에서, F는 3시부터 6시까지 연습실 1에서 바순을 연습하므로 모든 사람의 연습 장소와 연습 시간이 확정된다.

42

정답 ②

ㄱ. 기술개발을 통해 연비를 개선하는 것은 막대한 R&D 역량이라는 강점으로 휘발유의 부족 및 가격의 급등이라는 위협을 회피하거나 최소화하는 전략에 해당하므로 적절하다.
ㄹ. 생산설비에 막대한 투자를 했기 때문에 차량모델 변경의 어려움이라는 약점이 있는데, 레저용 차량 전반에 대한 수요 침체 및 다른 회사들과의 경쟁이 심화되고 있으므로 생산량 감축을 고려할 수 있다.
ㅁ. 생산 공장을 한 곳만 가지고 있다는 약점이 있지만 새로운 해외시장이 출현하고 있는 기회를 살려서 국내 다른 지역이나 해외에 공장들을 분산 설립할 수 있을 것이다.
ㅂ. 막대한 R&D 역량이라는 강점을 이용하여 휘발유의 부족 및 가격의 급등이라는 위협을 회피하거나 최소화하기 위해 경유용 레저용 차량 생산을 고려할 수 있다.

오답분석

ㄴ. 소형 레저용 차량에 대한 수요 증대라는 기회 상황에서 대형 레저용 차량을 생산하는 것은 적절하지 않은 전략이다.
ㄷ. 차량모델 변경의 어려움이라는 약점을 보완하는 전략도 아니고, 소형 또는 저가형 레저용 차량에 대한 선호가 증가하는 기회에 대응하는 전략도 아니다. 또한, 차량 안전 기준의 강화 같은 규제 강화는 기회 요인이 아니라 위험 요인이다.
ㅅ. 기회는 새로운 해외시장의 출현인데 내수 확대에 집중하는 것은 기회를 살리는 전략이 아니다.

43

정답 ②

월요일과 화요일에는 크림이 들어간 카페모카나 비엔나커피 중 하나를 마시는데, 화요일에는 우유가 들어가지 않은 음료를 마시므로 비엔나커피를 마시고, 전날 마신 음료는 다음 날 마시지 않으므로 월요일에는 카페모카를 마신다. 수요일에는 조건에 따라 바닐라가 들어간 유일한 음료인 바닐라라테를 마신다. 목요일에는 우유가 들어가지 않은 아메리카노와 비엔나커피 중 하나를 마시는데, 비엔나커피는 일주일에 2번 이상 마시지 않으며, 비엔나커피는 이미 화요일에 마셨으므로 아메리카노를 마신다. 금요일에는 홍차라테를 마시고, 토요일과 일요일에는 시럽이 없고 우유가 들어가는 카페라테와 홍차라테 중 하나를 마신다. 바로 전날 마신 음료는 마실 수 없으므로 토요일에는 카페라테를, 일요일에는 홍차라테를 마신다.

이를 정리하면 다음과 같다.

월	화	수	목	금	토	일
카페 모카	비엔나 커피	바닐라 라테	아메리 카노	홍차 라테	카페 라테	홍차 라테

따라서 아메리카노를 마신 요일은 목요일이다.

44　　　　　　　　　　　　　　　　　　　정답 ④

바뀐 조건에 따라 甲이 요일별로 마실 음료를 정리하면 다음과 같다.

월	화	수	목	금	토	일
카페 모카	비엔나 커피	바닐라 라테	아메리 카노	카페 라테	홍차 라테	카페 라테

금요일에는 카페라테를 마시고, 토요일과 일요일에는 시럽이 없고 우유가 들어가는 카페라테와 홍차라테를 한 잔씩 마신다. 조건에 의해 바로 전날 마신 음료는 마실 수 없으므로 토요일에는 홍차라테를, 일요일에는 카페라테를 마신다.

45　　　　　　　　　　　　　　　　　　　정답 ①

ㄱ. 1m³당 섞여 있는 수증기량이 가장 적은 날은 5월 3일이다.
ㄷ. 4월 19일 공기와 4월 26일 공기의 기온은 같고 수증기량은 4월 19일이 더 적으므로 이슬점은 4월 19일이 더 낮다. 따라서 4월 19일 공기는 4월 26일 공기보다 더 높은 곳에서 응결된다.

오답분석

ㄴ. 4월 5일 공기와 4월 26일 공기의 수증기량은 같고 기온은 4월 5일이 더 높으므로 이슬점과의 차이는 4월 5일이 더 높다. 따라서 4월 5일 공기는 4월 26일 공기보다 더 높은 곳에서 응결된다.
ㄹ. 기온이 높을수록 포화 수증기량이 많으므로 포화 수증기량이 가장 많은 날은 기온이 가장 높은 5월 3일이다.

46　　　　　　　　　　　　　　　　　　　정답 ④

인터넷의 역기능
불건전 정보의 유통, 개인정보 유출, 사이버 성폭력, 사이버 언어 폭력, 언어 훼손, 인터넷 중독, 불건전한 교제, 저작권 침해 등

47　　　　　　　　　　　　　　　　　　　정답 ②

ㄱ. 공용 서버 안의 모든 바이러스를 치료한 후에 접속하는 모든 컴퓨터를 대상으로 바이러스 검사를 하고 치료해야 한다.
ㄷ. 쿠키는 공용으로 사용하는 PC로, 인터넷에 접속했을 때 개인 정보 유출을 방지하기 위해 삭제한다.

오답분석

ㄴ. 감염된 파일을 모두 실행하면 바이러스가 더욱 확산된다.

ㄹ. 디스크 공간을 최대로 늘리는 것은 바이러스를 치료하는 방법으로는 적절하지 않다.

48　　　　　　　　　　　　　　　　　　　정답 ③

핀테크(Fintech)는 금융(Financial)과 기술(Technology)의 합성어로, 금융과 IT의 융합을 통한 금융서비스 및 산업의 변화를 말한다.

오답분석

① P2P : 'Peer to Peer network'의 약자로, 기존의 서버와 클라이언트 개념이나 공급자와 소비자 개념에서 벗어나 개인 컴퓨터끼리 직접 연결하고 검색함으로써 모든 참여자가 공급자인 동시에 수요자가 되는 형태이다.
② O2O : 'Online to Offline'의 약자로, 정보 유통 비용이 저렴한 온라인과 실제 소비가 일어나는 오프라인의 장점을 접목해 새로운 시장을 만들어 보자는 데서 생긴 용어이다.
④ IoT : 'Internet of Things' 또는 사물인터넷이라고 하며, 사물에 센서를 부착해 실시간으로 데이터를 인터넷으로 주고받는 기술이나 환경을 일컫는다.

49　　　　　　　　　　　　　　　　　　　정답 ③

정보란 자료를 일정한 프로그램에 따라 컴퓨터가 처리·가공함으로써 특정한 목적을 달성하는 데 필요하거나 특정한 의미를 가진 것으로 다시 생산된 것으로 특정한 상황에 맞도록 평가한 의미 있는 기록이 되기도 하고, 사용하는 사람과 사용하는 시간에 따라 달라질 수도 있다.

오답분석

A. 정보의 가치는 우리의 요구, 사용 목적, 그것이 활용되는 시기와 장소에 따라서 다르게 평가되기 때문에 상대적이다.
D. 자료는 평가되지 않은 상태의 숫자나 문자들의 나열을 의미하고, 지식은 어떤 특정의 목적을 달성하기 위해 과학적 또는 이론적으로 추상화되거나 정립되어 있는 일반화된 정보이다.

50　　　　　　　　　　　　　　　　　　　정답 ④

가로, 세로 해상도를 줄이면 파일 크기가 감소한다.

오답분석

①·②·③ 파일 크기가 증가한다.

51　　　　　　　　　　　　　　　　　　　정답 ④

초기 데이터 값은 a=1, n=2이며, 시행을 반복하면 a와 n의 값이 다음과 같이 변화한다.

a	$\frac{9}{5}$	$\frac{13}{5}$	$\frac{17}{5}$	$\frac{21}{5}$	5
n	3	5	9	17	33

따라서 $a^2 \times n = 5^2 \times 33 = 825$이므로 출력되는 값은 825이다.

52

func()에는 static 변수 num1과 일반 변수 num2가 각각 0으로 정의되어 있다. 일반 변수 num2는 func()가 호출될 때마다 새롭게 정의되어 0으로 초기화되며, 함수가 종료되면 num2 함수에서 사용했던 num의 값은 사라진다. 그러나 static 변수 num2는 func()가 여러 번 호출되더라도 재정의 및 초기화되지 않고 최초 호출될 때 한 번만 정의되고 0으로 초기화된다. 또한 static 변수는 함수가 종료되더라도 사용했던 값이 사라지지 않으며 프로그램이 종료될 때까지 메모리 공간에 기억된다.

따라서 main()의 반복문(for)에 의해 func() 함수가 5번 호출되어 각 값들을 증가시키고 마지막으로 호출되었을 때 static 변수 num1의 값은 5, 일반 변수 num2의 값은 1이다.

53

하이퍼텍스트를 전송을 위한 프로토콜은 HTTP(Hypertext Transfer Protocol), HTTPS(Secure Hypertext Transfer Protocol) 총 2가지 종류가 있다.

오답분석

① DHCP(Dynamic Host Configuration Protocol) : IP, 서브넷 마스크 등의 네트워크에 관한 정보를 설정하는 프로토콜이다.
③ FTP(File Transfer Protocol) : 파일 업로드 · 다운로드를 목적으로 하는 프로토콜이다.
④ SFTP(Secure File Transfer Protocol) : 일반적인 FTP와 달리 데이터 전송을 암호화하는 프로토콜이다.

54

직접 접근 파일은 주소 검색을 통해 직접적으로 데이터를 찾을 수 있는 파일을 말한다.

55

데이터베이스(DB; Data Base)란 어느 한 조직의 여러 응용 프로그램들이 공유하는 관련 데이터들의 모임이다. 대학 내 서로 관련 있는 데이터들을 하나로 통합하여 데이터베이스로 구축하게 되면 학생 관리 프로그램, 교수 관리 프로그램, 성적 관리 프로그램은 이 데이터베이스를 공유하여 사용하게 된다. 이처럼 데이터베이스는 여러 사람에 의해 사용될 목적으로 통합하여 관리되는 데이터의 집합을 말하며, 자료 항목의 중복을 없애고 자료를 구조화하여 저장함으로써 자료 검색과 갱신의 효율을 높인다.

오답분석

② 유비쿼터스 : 사용자가 네트워크나 컴퓨터를 의식하지 않고 장소에 상관없이 자유롭게 네트워크에 접속할 수 있는 정보통신 환경을 의미한다.

③ RFID : 극소형 칩에 상품정보를 저장하고 안테나를 달아 무선으로 데이터를 송신하는 장치를 말한다.
④ NFC : 전자태그(RFID)의 하나로, 13.56MHz 주파수 대역을 사용하는 비접촉식 근거리 무선통신 모듈이며, 10cm의 가까운 거리에서 단말기 간 데이터를 전송하는 기술을 말한다.

56

오답분석

② · ③ float, double은 실수형으로, i의 값이 00000으로 출력된다.
④ void는 포인터이다.

57

i를 정수로 정의하고 프로그램을 실행하면 '12345'가 출력된다.

```
#include <stdio.h>
void main()
{
    int num = 5;
    int i;
    for (i = 0; i < num; i++)
    {
        printf("%d", i + 1);
    }
}
```

58

한국도로공사의 사장이 누구인지 알아보려는 것이므로 AND 연산자인 *나 &를 사용해야 한다.

오답분석

② 한국도로공사의 사장을 제외한 문서를 검색한다.
③ 공기업과 한국도로공사가 인접해 있는 문서를 검색한다.
④ 공기업을 포함하지 않은 문서를 검색한다.

59

사용자가 먼저 허락해야 원격으로 사용자 컴퓨터를 조작하고 작동할 수 있다.

60

〈Ctrl〉+〈3〉은 글꼴 스타일에 기울임꼴을 적용하는 바로가기 키이다. 〈Ctrl〉+〈4〉를 입력해야 선택한 셀에 밑줄이 적용된다.

| 01 | 경영

61	62	63	64	65	66	67	68	69	70
②	④	①	⑤	④	⑤	②	④	④	④
71	72	73	74	75	76	77	78	79	80
①	④	②	③	⑤	④	④	①	②	②
81	82	83	84	85	86	87	88	89	90
⑤	①	①	③	③	②	②	⑤	②	
91	92	93	94	95	96	97	98	99	100
④	②	②	④	④	④	⑤	②	③	②

61
정답 ②

에이전시 숍은 근로자들 중에서 조합가입의 의사가 없는 자에게는 조합가입이 강제되지 않지만, 조합가입에 대신하여 조합에 조합비를 납부함으로써 조합원과 동일한 혜택을 받을 수 있도록 하는 제도이다.

62
정답 ④

분석결과에 따라 초기 기업 목적, 그리고 시작 단계에서의 평가수정이 가능하다는 것이 앤소프 의사결정의 장점이다.

> **앤소프의 의사결정 유형**
> • 전략적 의사결정
>   – 기업의 목표 목적을 설정하고 그에 따른 각 사업에 효율적인 자원배분을 전략화한다.
>   – 비일상적이며, 일회적 의사결정이라는 특징이 있다.
> • 운영적 의사결정
>   – 기업 현장에서 일어나는 생산 판매 등 구체적인 행위와 관련된 의사결정이다.
>   – 일상적이면서 반복적이다.
> • 관리적 의사결정
>   – 결정된 목표와 전략을 가장 효과적으로 달성하기 위한 활동들과 관련되어 있다.
>   – 전략적 의사결정과 운영적 의사결정의 중간 지점이다.

63
정답 ①

사업 포트폴리오 매트릭스는 1970년 보스턴 컨설팅 그룹(BCG)에 의하여 개발된 자원배분의 도구로서 전략적 계획수립에 널리 이용되어 왔다. 높은 시장경쟁으로 인하여 낮은 성장률을 가지고 있는 성숙기에 처해 있는 경우로, 이 사업은 시장기반은 잘 형성되어 있으나 원가를 낮추어 생산해야 하는데 이러한 사업을 수익주종사업이라 칭한다.

64
정답 ⑤

테일러(Taylor)의 과학적 관리법은 전문적인 지식과 역량이 요구되는 일에는 부적합하며, 노동자들의 자율성과 창의성은 무시한 채 효율성의 논리만을 강조했다는 비판을 받았다. 이러한 테일러의 과학적 관리법은 단순노동과 공정식 노동에 적합하다.

65
정답 ④

자원기반관점(RBV; Resource Based View)은 기업 경쟁력의 원천을 기업의 외부가 아닌 내부에서 찾는다. 진입장벽, 제품차별화 정도, 사업들의 산업집중도 등은 산업구조론(I.O)의 핵심요인이다.

66
정답 ⑤

다수의 관리감독자는 단점에 해당한다. 네트워크 구조의 모호한 특성은 다수의 다른 장소에서 이루어지는 프로젝트들을 관리 · 통솔할 때 다른 구조보다 훨씬 더 많은 층위에서의 감독이 필요하며, 이러한 다수의 관리감독자는 구성원들에게 혼란을 야기한다. 따라서 다수의 관리자가 존재하는 네트워크 조직의 특성은 프로젝트 진행을 심각하게 방해할 수 있다. 이에 따른 단점을 상쇄하기 위해 최근 많은 기업들은 공동 프로젝트 통합관리 시스템 개발의 필요성을 강조하며 효율적인 네트워크 조직운영을 목표로 하고 있다.

> **네트워크 조직(Network Organization)**
> 독립된 사업 부서들 혹은 독립된 각 사업 분야 기업들이 각자의 전문 분야를 추구하면서도 제품을 생산하거나, 프로젝트의 수행을 위한 관계를 형성하여 상호 협력하는 조직이다.

67
정답 ②

오답분석
① 테일러식 복률성과급 : 테일러가 고안한 것으로, 과학적으로 결정된 표준작업량을 기준으로 하여 고 – 저 두 종류의 임금률로 임금을 계산하는 방식이다.
③ 메리크식 복률성과급 : 메리크가 고안한 것으로, 테일러식 복률성과급의 결함을 보완하여 고 – 중 – 저 세 종류의 임금률로 초보자도 비교적 목표를 쉽게 달성할 수 있도록 자극하는 방법이다.
④ 할증성과급 : 최저한의 임금을 보장하면서 일정한 표준을 넘는 성과에 대해서 일정한 비율의 할증 임금을 지급하는 방법이다.
⑤ 표준시간급 : 비반복적이고 많은 기술을 요하는 과업에 이용할 수 있는 제도이다.

68
정답 ④

오답분석
라. 케인스는 절대소득가설을 이용하여 승수효과를 설명하였다.

69

정답 ④

CPM이란 천 명의 소비자들에게 도달하는 데 필요한 광고비로, 구하는 식은 다음과 같다.

(CPM)=(광고비용)×[1,000÷(구독자 수)]

따라서 (광고비용)=(CPM÷1,000)×(구독자 수)이다.

∴ (광고비용)=(5,000÷1,000)×100,000=500,000원

70

정답 ④

소비자들은 자신이 탐색한 정보를 평가하여 최종적인 상표를 선택함에 있어 보완적 방식과 비보완적 방식에 따라 접근한다. 피쉬바인(Fishbein)의 다속성 태도모형은 보완적 방식에 해당한다. 비보완적 방식에는 사전적 모형, 순차적 제거 모형, 결합적 모형, 분리적 모형 등이 있다.

71

정답 ①

대량생산·대량유통으로 규모의 경제를 실현하여 비용절감을 하는 전략은 비차별화 전략으로, 단일제품으로 단일 세분시장을 공략하는 집중화 전략과는 반대되는 전략이다.

72

정답 ④

ERP(Enterprise Resource Planning : 전사적 자원관리)의 특징

- 기업의 서로 다른 부서 간의 정보 공유를 가능하게 한다.
- 의사결정권자와 사용자가 실시간으로 정보를 공유하게 한다.
- 보다 신속한 의사결정과 효율적인 자원 관리를 가능하게 한다.

오답분석

① JIT(Just-In-Time) : 과잉생산이나 대기시간 등의 낭비를 줄이고 재고를 최소화하여 비용 절감과 품질 향상을 달성하는 생산 시스템이다.

② MRP(Material Requirement Planning : 자재소요계획) : 최종제품의 제조과정에 필요한 원자재 등의 종속수요 품목을 관리하는 재고관리 기법이다.

③ MPS(Master Production Schedule : 주생산계획) : MRP의 입력자료 중 하나로, APP를 분해하여 제품이나 작업장 단위로 수립한 생산계획이다.

⑤ APP(Aggregate Production Planning : 총괄생산계획) : 제품군별로 향후 약 1년간의 수요예측에 따른 월별 생산목표를 결정하는 중기계획이다.

73

정답 ②

㉠ 연간수요는 일정하게 발생하고, 주문량에 따라 재고유지비도 선형적으로 증가한다.

㉢ 각 주문은 끊임없이 공급되어 품절 등이 발생하지 않는다.

오답분석

㉡ 주문량은 전량 일시에 입고된다.

㉣ 단위당 구매비, 생산비 등이 일정하며, 할인은 적용하지 않는다.

74

정답 ③

오답분석

① A등급은 재고가치가 높은 품목들이 속한다.

② A등급 품목은 로트 크기를 작게 유지한다.

④ ABC등급 분석을 위해 파레토 법칙을 활용한다.

⑤ 사용금액을 기준으로 등급을 구분한다.

ABC 재고관리

재고품목을 연간 사용금액에 따라 A등급, B등급, C등급으로 나눈다.

- A등급 : 상위 15% 정도, 연간 사용금액이 가장 큰 항목, 아주 엄격한 재고 통제
- B등급 : 35% 정도, 연간 사용금액이 중간인 항목, 중간 정도의 재고 통제
- C등급 : 50% 정도, 연간 사용금액이 작은 항목, 느슨한 재고 통제

75

정답 ⑤

오답분석

① 두 기법 모두 화폐의 시간가치를 고려하지 않고 있다.

② 단일 투자안의 투자의사결정은 기업이 미리 설정한 최장기간 회수기간보다 실제 투자안의 회수기간이 짧으면 선택하게 된다.

③ 화폐의 시간가치를 고려하지 못하고 회수기간 이후의 현금흐름을 무시하고 있다는 점에서 비판을 받고 있다.

④ 투자안을 평가하는 데 있어 방법이 매우 간단하면서 서로 다른 투자안을 비교하기 쉽고 기업의 자금 유동성을 고려하였다는 장점을 가지고 있다.

76

정답 ④

가치사슬은 기업활동에서 부가가치가 생성되는 과정을 의미한다. 그 과정은 본원적 활동, 지원 활동으로 구분하는데 본원적 활동은 제품 생산, 운송, 마케팅, 판매, 물류, 서비스 등과 같은 부가가치를 직접 창출하는 활동이며, 지원 활동에는 구매, 기술개발, 인사, 재무, 기획 등 현장 활동을 지원하는 제반업무로 부가가치를 간접적으로 창출되도록 하는 활동으로 R&D 기술개발 활동은 지원 활동에 속한다.

77

정답 ④

$$(실질수익률)=[1+(명목수익률)]÷[1+(기대인플레이션)]-1$$
$$=(1+0.15)÷(1+0.04)-1=10.5\%$$

78 정답 ①

② 파산 시 발생하는 비용을 감안하여 기업의 시장가치를 낮게 평가하게 된다.

③ 기업이 일정 수준 이하의 부채를 사용할 경우에는 파산의 가능성이 낮기 때문에 감세효과만 존재하게 된다.

④ 부채비용의 사용에 따라 법인세 감소효과와 기대파산비용의 상충관계에 의해 기업별로 최적자본구조가 달리 결정되는 것을 자본구조의 상충이론이라고 한다.

⑤ 차입기업의 가치는 무차입기업의 가치에 이자세금방패의 현재가치를 더한 후, 파산비용의 현재가치를 차감하여 구할 수 있다.

79 정답 ②

(자본증가액)$=(80,000 \times 1.1 - 2,000) \times 40\% = ₩34,400$

80 정답 ②

① 투자안에서 발생하는 현금흐름은 대부분이 불확실하기 때문에 기대현금흐름과 위험을 반영한 할인율을 사용한다.

③ 공분산은 두 자산 사이의 수익률의 변동성이 서로 얼마만큼 관련이 있는지를 나타내는 척도이다.

④ 할인율은 자본기회비용으로 기업이 현재 추진하려고 하는 사업 대신 위험이 같은 다른 사업을 추진하였을 때 기대할 수 있는 수익률이다.

⑤ 위험이 같은 사업안에 대해 투자자들이 기대하는 수익률과 일치할 것이기 때문에 기대수익률 또는 요구수익률이라고 부른다.

81 정답 ⑤

$₩2,000 + (₩2,800 - ₩2,500) + (₩2,800 - ₩2,200) = ₩2,900$

82 정답 ①

• (투자부동산의 공정가치모형 적용 시 2022년도 당기순이익)
$=₩1,000,000 - ₩800,000 = ₩200,000$(감소)

• (원가모형 적용 시 2022년도 당기순이익)
$=(₩1,000,000 - ₩100,000) \div 5 = ₩180,000$(감소)

• (원가모형을 적용할 경우 당기순이익)$=₩20,000$(증가)

83 정답 ①

• (거래 이전 부채비율)$=₩80,000 \div ₩20,000 = 400\%$

• (거래 이후 부채비율)$=₩55,000 \div ₩15,000 = 367\%$

거래 이후 부채비율이 400%에서 367%로 감소한다.

84 정답 ③

양적 평가요소는 재무비율 평가항목으로 구성된 안정성, 수익성, 활동성, 생산성, 성장성 등이 있고, 질적 평가요소는 시장점유율, 진입장벽, 경영자의 경영능력, 은행거래 신뢰도, 광고활동, 시장규모, 신용위험 등이 있다.

85 정답 ③

• (당기법인세부채)$=(₩150,000 + ₩24,000 + ₩10,000) \times 25\%$
$=₩46,000$

• (이연법인세자산)$=₩10,000 \times 25\% = ₩2,500$

• (법인세비용)$=₩46,000 - ₩2,500 = ₩43,500$

86 정답 ③

2023.05.01.	(차) 자기주식	7,000	(대) 현금	7,000
2023.10.01.	(차) 자본금	2,500	(대) 자기주식	3,500
	주식발행초과금	500		
	감자차손	500		

따라서 자기주식에 대하여 원가법을 적용하여 회계처리하면, 2023년 10월 1일 감자차손이 500원 발생한다는 것을 알 수 있다.

87 정답 ②

재무제표를 작성할 때는 합리적 추정을 사용해야 하는데, 이는 신뢰성을 훼손하는 것이 아니다.

88 정답 ②

증권회사의 상품인 유가증권과 부동산 매매회사가 정상적 영업과정에서 판매를 목적으로 취득한 토지·건물 등은 재고자산으로 처리된다.

① 매입운임은 매입원가에 포함한다.

③·④ 선입선출법의 경우에는 계속기록법을 적용하든, 실지재고조사법을 적용하든 기말재고자산, 매출원가, 매출총이익 모두 동일한 결과가 나온다.

⑤ 재고자산을 순실현가능가치로 감액한 평가손실과 모든 감모손실은 감액이나 감모가 발생한 기간에 비용으로 인식한다.

89 정답 ⑤

주식을 할증발행(액면금액을 초과하여 발행)하면 자본잉여금인 주식발행초과금이 발생한다. 즉 주식발행초과금은 주식발행가액이 액면가액을 초과하는 경우 그 초과하는 금액으로, 자본전입 또는 결손보전 등으로만 사용이 가능하다. 따라서 자산과 자본을 증가시키지만 이익잉여금에는 영향을 미치지 않는다.

이익잉여금 증감 원인

증가 원인	감소 원인

• 당기순이익
• 전기오류수정이익
  (중대한 오류)
• 회계정책 변경의 누적효과
  (이익)
	• 당기순손실
	• 배당금
	• 전기오류수정손실
	  (중대한 오류)
	• 회계정책 변경의 누적효과
	  (손실)

90
정답 ②

미래의 예상 영업손실은 충당부채로 인식하지 않는다.
(충당부채)＝₩120,000＋₩350,000＝₩470,000

91
정답 ④

인플레이션은 구두창 비용, 메뉴비용, 자원배분의 왜곡, 조세왜곡 등의 사회적 비용을 발생시켜 경제에 비효율성을 초래한다. 특히 예상하지 못한 인플레이션은 소득의 자의적인 재분배를 가져와 채무자와 실물자산소유자가 채권자와 화폐자산소유자에 비해 유리하게 만든다. 인플레이션으로 인한 사회적 비용 중 구두창 비용이란 인플레이션으로 인해 화폐가치가 하락한 상황에서 화폐보유의 기회비용이 상승하는 것을 나타내는 용어이다. 이는 사람들이 화폐보유를 줄이게 되면 금융기관을 자주 방문해야 하므로 거래비용이 증가하게 되는 것을 의미한다. 메뉴비용이란 물가가 상승할 때 물가 상승에 맞추어 기업들이 생산하는 재화나 서비스의 판매 가격을 조정하는 데 지출되는 비용을 의미한다. 또한 예상하지 못한 인플레이션이 발생하면 기업들은 노동의 수요를 증가시키고, 노동의 수요가 증가하게 되면 일시적으로 생산량과 고용량이 증가하게 된다. 하지만 인플레이션으로 총요소 생산성이 상승하는 것은 어려운 일이다.

92
정답 ②

소비의 경합성은 사적 재화의 특징으로 시장에서 효율적 자원배분이 가능한 조건이다.

93
정답 ②

중국은 의복과 자동차 생산에 있어 모두 절대우위를 갖는다. 그러나 리카도는 비교우위론에서 양국 중 어느 한 국가가 절대우위에 있는 경우라도 상대적으로 생산비가 낮은 재화생산에 특화하여 무역을 한다면 양국 모두 무역으로부터 이익을 얻을 수 있다고 보았다. 이때 생산하는 재화를 결정하는 것은 재화의 국내생산비로 재화생산의 기회비용을 말한다. 문제에서 주어진 표를 바탕으로 각 재화생산의 기회비용을 알아보면 다음과 같다.

구분	중국	인도
의복(벌)	0.5대의 자동차	0.33대의 자동차
자동차(대)	2벌의 옷	3벌의 의복

표에서 보면 의복의 기회비용은 인도가 중국보다 낮고, 자동차의 기회비용은 중국이 인도보다 낮다.
따라서 중국은 자동차, 인도는 의복에 비교우위가 있다.

94
정답 ④

① $(10분위분배율) = \dfrac{(최하위\ 40\%\ 소득계층의\ 소득)}{(최상위\ 20\%\ 소득계층의\ 소득)}$

$= \dfrac{12\%}{(100-52)\%} = \dfrac{1}{4}$

② 지니계수는 면적 A를 삼각형 OCP 면적(A＋B)으로 나눈 값이다.

즉, $\dfrac{(면적\ A)}{(\triangle OCP\ 면적)} = \dfrac{A}{A+B}$ 의 값이 지니계수이다.

③ 중산층 붕괴현상이 발생하면 A의 면적은 증가하고, B의 면적은 감소한다.

⑤ 미국의 서브프라임모기지 사태는 로렌츠곡선을 대각선에서 멀리 이동시킨다.

95
정답 ④

사회후생의 극대화는 자원배분의 파레토 효율성이 달성되는 효용가능경계와 사회무차별곡선이 접하는 점에서 이루어진다. 그러므로 파레토 효율적인 자원배분하에서 항상 사회후생이 극대화되는 것은 아니며, 사회후생 극대화는 무수히 많은 파레토 효율적인 점들 중의 한 점에서 달성된다.

96
정답 ④

나. 경기호황으로 인한 임시소득의 증가는 소비에 영향을 거의 미치지 않기 때문에 저축률이 상승하게 된다.
라. 소비가 현재소득뿐만 아니라 미래소득에도 영향을 받는다는 점에서 항상소득가설과 유사하다.

가. 직장에서 승진하여 소득이 증가한 것은 항상소득의 증가를 의미하므로 승진으로 소득이 증가하면 소비가 큰 폭으로 증가한다.
다. 항상소득가설에 의하면 항상소득이 증가하면 소비가 큰 폭으로 증가하지만 임시소득이 증가하는 경우에는 소비가 별로 증가하지 않는다. 그러므로 항상소득에 대한 한계소비성향이 임시소득에 대한 한계소비성향보다 더 크게 나타난다.

97 정답 ⑤

완전경쟁시장은 같은 상품을 취급하는 수많은 공급자·수요자가 존재하는 시장이다. 시장 참여자는 가격의 수용자일 뿐 가격 결정에 전혀 영향력을 행사하지 못한다. 기업들은 자유롭게 시장에 진입하거나 퇴출할 수 있다. 완전경쟁시장에서 기업의 이윤은 P(가격)$=AR$(평균수입)$=MC$(한계비용)인 균형점에서 극대화된다. 그래프에서 이 기업의 평균가변비용의 최소점은 80원이다. 시장가격이 90원으로 평균가변비용을 충당할 수 있어 이 기업은 계속해서 생산을 한다. 균형점($P=AR=MC=90$원)에서 이윤을 얻을 수 있는지는 고정비용의 크기에 달려 있으므로 주어진 그래프만으로는 알 수 없다.

98 정답 ②

오답분석

ㄴ. 부정적 외부효과가 존재할 경우 사회적비용은 사적비용보다 크다.

ㄹ. 긍정적 외부효과가 존재할 경우 시장생산량은 사회적으로 바람직한 생산량보다 적다.

99 정답 ③

오쿤의 법칙이란 미국 경제학자 오쿤이 실증적인 분석을 통해 실업률과 GDP갭 간의 상관관계를 나타낸 것으로 다음과 같다.

$$\frac{Y_P - Y}{Y_P} = a(u - u_N)$$

따라서 위의 자료를 이용하여 실제실업률을 계산하면

$\frac{100-90}{100}=2.5(u-4\%)$, $0.1=2.5(u-0.04)$

따라서 $u=0.08 \rightarrow 8\%$이다.

100 정답 ②

과거에는 국민총생산(GNP)이 소득지표로 사용되었으나 수출품과 수입품의 가격변화에 따른 실질소득의 변화를 제대로 반영하지 못했기 때문에 현재는 국민총소득(GNI)을 소득지표로 사용한다. 반면, 명목GNP는 명목GDP에 국외순수취요소소득을 더하여 계산하는데, 명목GDP는 당해연도 생산량에 다 당해연도의 가격을 곱하여 계산하므로 수출품과 수입품의 가격변화에 따른 실질소득 변화가 모두 반영된다. 즉, 명목으로 GDP를 집계하면 교역조건변화에 따른 실질무역손익이 0이 된다. 다시 말해 명목GNP는 명목GNI와 동일하다.

| 02 | 법정

61	62	63	64	65	66	67	68	69	70
③	④	③	⑤	②	④	③	①	⑤	⑤
71	72	73	74	75	76	77	78	79	80
⑤	①	⑤	③	④	①	④	⑤	④	②
81	82	83	84	85	86	87	88	89	90
④	③	②	④	⑤	④	②	④	④	①
91	92	93	94	95	96	97	98	99	100
④	④	③	①	④	⑤	②	②	④	②

61 정답 ③

공무원은 국민 전체에 대한 봉사자로서 국민에 대해서 책임을 진다. 따라서 공무원은 특정 정당에 대한 봉사자여서는 안 되며, 근로3권이 제약된다.

62 정답 ④

ㄴ. '부모의 자녀에 대한 교육권'은 비록 헌법에 명문으로 규정되어 있지는 아니하지만, 이는 모든 인간이 누리는 불가침의 인권으로서 헌법 제36조 제1항, 제10조 및 제37조 제1항에서 나오는 중요한 기본권이다(헌재결 2000.4.27., 98헌가16, 98헌마429).

ㄷ. 헌법은 제31조 제1항에서 "능력에 따라 균등하게"라고 하여 교육영역에서 평등원칙을 구체화하고 있다. 헌법 제31조 제1항은 헌법 제11조의 일반적 평등조항에 대한 특별규정으로서 교육의 영역에서 평등원칙을 실현하고자 하는 것이다(헌재결 2017.12.28., 2016헌마649).

오답분석

ㄱ. '2018학년도 대학수학능력시험 시행기본계획'이 헌법 제31조 제1항의 능력에 따라 균등하게 교육을 받을 권리를 직접 제한한다고 보기는 어렵다(헌재결 2018.2.22., 2017헌마691).

63 정답 ③

소청 사건의 결정은 재적 위원 3분의 2 이상의 출석과 출석위원 과반수의 합의에 따른다.

64 정답 ⑤

리바이어던(Leviathan)은 구약성서에 나오는 힘이 강하고, 몸집이 큰 수중동물로 정부재정의 과다팽창을 비유한다. 현대의 대의민주체제가 본질적으로 정부부문의 과도한 팽창을 유발하는 속성을 지닌다. 일반대중이 더 큰 정부지출에 적극적으로 반대하지 않는 투표성향(투표 거래, 담합)을 보이므로, 현대판 리바이어던의 등장을 초래한다.

① 로머와 로젠탈(Tomas Romer & Howard Rosenthal)의 회복수준 이론은 투표자와 관료의 상호작용을 다음과 같은 단순한 상황에서 검토하였다. 관료들은 국민투표에서 유권자들 앞에 제시될 각 부처의 재원조달계획을 마련하며, 그것은 다수결투표에 의해 가부가 결정된다. 제안이 부결되면 지출수준은 외생적인 어떤 방법으로 결정된 회귀(Reversion)수준에서 확정된다. 예를 들면, 회귀수준은 지난해의 예산규모일 수도 있고 혹은 0일 수도 있고(이 경우 부처예산의 부결은 부처의 폐쇄를 의미한다), 혹은 좀 더 복잡한 어떤 방법으로 결정될 수도 있다. 로머와 로젠탈은 관료들의 문제, 즉 유권자 앞에 제시되는 예산안을 편성하는 문제, 또 지출수준이 최종적으로 어떻게 결정되는지를 설명하는 문제를 검토하였다.

② 파킨슨(Parkinson)이 1914년부터 28년간 영국의 행정조직을 관찰한 결과 제시된 법칙으로, 공무원 수는 본질적 업무량(행정수요를 충족시키기 위한 업무량)의 증감과 무관하게 일정비율로 증가한다는 것이다.

③ 니스카넨(Niskanen)이 1971년에 제기한 가설을 말하며, 관료들은 자신들의 영향력과 승진기회를 확대하기 위해 예산규모의 극대화를 추구한다는 것을 의미한다. 관료들이 오랜 경험 등을 활용하여 재정선택과정을 독점한다는 점에서 재정선택의 독점모형이라고도 한다.

④ 지대추구 이론은 정부의 규제가 반사적 이득이나 독점적 이익(지대)을 발생시키고, 기업은 이를 고착화시키기 위한 로비활동을 한다는 것을 말한다.

65 정답 ②
행정행위는 법률에 근거를 두어야 하고(법률유보), 법령에 반하지 않아야 한다(법률우위). 따라서 법률상의 절차와 형식을 갖추어야 한다.

66 정답 ④
행정쟁송제도 중 행정소송에 관한 설명이다. 행정심판은 행정관청의 구제를 청구하는 절차를 말한다.

67 정답 ③
ㄴ. 1999년 김대중 정부는 대통령 소속의 중앙인사위원회를 설치해 대통령의 인사권 행사를 강화했다.
ㄹ. 2004년 노무현 정부는 법제처와 국가보훈처를 장관급 기구로 격상하고, 소방방재청을 신설했다.
ㄱ. 2008년 이명박 정부는 정부통신부를 폐지하고 방송통신위원회를 설치하였다.
ㄷ. 2013년 박근혜 정부 때 부총리제가 부활되고 외교통상부의 통상 교섭 기능이 산업통상자원부로 이관됐다.

68 정답 ①
일반적으로 조례가 법률 등 상위법령에 위배된다는 사정은 그 조례의 규정을 위법하여 무효라고 선언한 대법원의 판결이 선고되지 아니한 상태에서는 그 조례 규정의 위법 여부가 해석상 다툼의 여지가 없을 정도로 명백하였다고 인정되지 아니하는 이상 객관적으로 명백한 것이라 할 수 없으므로, 이러한 조례에 근거한 행정처분의 하자는 취소사유에 해당할 뿐 무효사유가 된다고 볼 수는 없다(대판 2009.10.29., 2007두26285).

② 대판 1999.9.3., 98두15788
③ 주무부장관이나 시·도지사는 재의결된 사항이 법령에 위반된다고 판단됨에도 불구하고 해당 지방자치단체의 장이 소를 제기하지 아니하면 그 지방자치단체의 장에게 제소를 지시하거나 직접 제소 및 집행정지결정을 신청할 수 있다(지방자치법 192조 제5항). 제1항에 또는 제2항에 따른 지방의회의 의결이나 제3항에 따라 재의결된 사항이 둘 이상의 부처와 관련되거나 주무부장관이 불분명하면 행정안전부장관이 재의요구 또는 제소를 지시하거나 직접 제소 및 집행정지결정을 신청할 수 있다(지방자치법 제192조 제9항).
④ 대판 1991.8.27., 90누6613
⑤ 조례안 재의결의 내용전부가 아니라 그 일부만이 위법한 경우에도 대법원은 의결전부의 효력을 부인할 수밖에 없다. 왜냐하면 의결의 일부에 대한 효력배제는 결과적으로 전체적인 의결의 내용을 변경하는 것에 다름 아니어서 의결기관인 지방의회의 고유권한을 침해하는 것이 될 뿐 아니라, 그 일부만의 효력배제는 자칫 전체적인 의결내용을 지방의회의 당초의 의도와는 다른 내용으로 변질시킬 우려도 있기 때문이다(대판 1992.7.28., 92추31).

69 정답 ⑤
① 입법과목(장, 관, 항) 간의 융통은 예산의 이용이다.
② 국가재정법에 의하여 기획재정부장관이 관리한다.
③ 긴급배정은 회계연도 개시 전의 예산배정을 말하며, 당겨배정은 해당 분기 도래 전에 앞당겨서 배정할 수 있는 제도이다.
④ 채무부담의 권한만 부여한 것이지 지출권한까지 부여한 것은 아니다.

70 정답 ⑤
기판력은 사실심 변론종결시(표준시)를 기준으로 하여 발생한다. 기판력은 표준시에 있어서의 권리관계의 존부판단에 대하여 생기므로, 전소 변론종결시 이전에 제출(주장)할 수 있었으나 변론종결시까지 제출하지 않은 공격방어방법은 후소에서 제출하지 못한다(주장했던 공격방어방법은 당연히 차단된다).

① 취소판결의 기판력은 소송물로 된 행정처분의 위법성 존부에 관한 판단 그 자체에만 미치는 것이므로 전소와 후소가 그 소송물

을 달리하는 경우에는 전소 확정판결의 기판력이 후소에 미치지 아니한다(대판 1996.4.26., 95누5820).

② 행정소송법 제30조 제2항의 규정에 의하면 행정청의 거부처분을 취소하는 판결이 확정된 경우에는 그 처분을 행한 행정청이 판결의 취지에 따라 이전의 신청에 대하여 재처분할 의무가 있으나, 이 때 확정판결의 당사자인 처분 행정청은 그 행정소송의 사실심 변론종결 이후 발생한 새로운 사유를 내세워 다시 이전의 신청에 대한 거부처분을 할 수 있고 그러한 처분도 위 조항에 규정된 재처분에 해당된다(대판 1997.2.4., 96누70).

③ 처분 등을 취소하는 확정판결은 그 사건에 관하여 당사자인 행정청과 그 밖의 관계행정청을 기속한다(행정소송법 제30조 제1항). 기속력은 인용판결에 인정되며 기판력은 인용판결과 기각판결 모두에 인정된다.

④ 행정처분의 적법 여부는 그 행정처분이 행하여 진 때의 법령과 사실을 기준으로 하여 판단하는 것이므로 거부처분 후에 법령이 개정·시행된 경우에는 개정된 법령 및 허가기준을 새로운 사유로 들어 다시 이전의 신청에 대한 거부처분을 할 수 있으며 그러한 처분도 행정소송법 제30조 제2항에 규정된 재처분에 해당된다(대판 1998.1.7., 97두22).

71 정답 ⑤

원래 광역시가 점유·관리하던 일반국도 중 일부 구간의 포장공사를 국가가 대행하여 광역시에 도로의 관리를 이관하기 전에 교통사고가 발생한 경우, 광역시는 그 도로의 점유자 및 관리자, 도로법 제56조, 제55조, 도로법시행령 제30조에 의한 도로관리비용 등의 부담자로서의 책임이 있고, 국가는 그 도로의 점유자 및 관리자, 관리사무귀속자, 포장공사비용 부담자로서의 책임이 있다고 할 것이며, 이와 같이 광역시와 국가 모두가 도로의 점유자 및 관리자, 비용부담자로서의 책임을 중첩적으로 지는 경우에는, 광역시와 국가 모두가 국가배상법 제6조 제2항 소정의 궁극적으로 손해를 배상할 책임이 있는 자라고 할 것이고, 결국 광역시와 국가의 내부적인 부담 부분은, 그 도로의 인계·인수 경위, 사고의 발생 경위, 광역시와 국가의 그 도로에 관한 분담비용 등 제반 사정을 종합하여 결정함이 상당하다(대판 1998.7.10., 96다42819).

오답분석

①·③ 국가배상법 제5조 제1항 소정의 영조물의 설치 또는 관리의 하자라 함은 영조물이 그 용도에 따라 통상 갖추어야 할 안전성을 갖추지 못한 상태에 있음을 말하는 것으로서, 안전성의 구비 여부를 판단함에 있어서는 당해 영조물의 용도, 그 설치 장소의 현황 및 이용 상황 등 제반 사정을 종합적으로 고려하여 설치 관리자가 그 영조물의 위험성에 비례하여 사회통념상 일반적으로 요구되는 정도의 방호조치의무를 다하였는지 여부를 그 기준으로 삼아야 할 것이며, 객관적으로 보아 시간적·장소적으로 영조물의 기능상 결함으로 인한 손해발생의 예견가능성과 회피가능성이 없는 경우, 즉 그 영조물의 결함이 영조물의 설치관리자의 관리행위가 미칠 수 없는 상황 아래에 있는 경우에는 영조물의 설치·관리상의 하자를 인정할 수 없다(대판 2007.9.21., 2005다65678).

② 국가배상법 제5조 소정의 영조물의 설치·관리상의 하자로 인한 책임은 무과실책임이고 나아가 민법 제758조 소정의 공작물의 점유자의 책임과는 달리 면책사유도 규정되어 있지 않으므로, 국가 또는 지방자치단체는 영조물의 설치·관리상의 하자로 인하여 타인에게 손해를 가한 경우에 그 손해의 방지에 필요한 주의를 해태하지 아니하였다 하여 면책을 주장할 수 없다(대판 1994.11.22., 94다32924).

④ 영조물이 그 용도에 따라 갖추어야 할 안전성을 갖추지 못한 상태, 즉 타인에게 위해를 끼칠 위험성이 있는 상태라 함은 당해 영조물을 구성하는 물적 시설 그 자체에 있는 물리적·외형적 흠결이나 불비로 인하여 그 이용자에게 위해를 끼칠 위험성이 있는 경우뿐만 아니라, 그 영조물이 공공의 목적에 이용됨에 있어 그 이용 상태 및 정도가 일정한 한도를 초과하여 제3자에게 사회통념상 수인할 것이 기대되는 한도를 넘는 피해를 입히는 경우까지 포함된다고 보아야 한다(대판 2005.1.27., 2003다49566).

72 정답 ①

소득금액변동통지는 납세의무에 직접 영향을 미치는 과세관청의 행위로 항고소송의 대상이 된다. 그리고 소득세의 납세의무를 이행하지 아니함에 따라 과세관청이 하는 납세고지는 확정된 세액의 납부를 명하는 징수처분에 해당하므로 선행처분인 소득금액변동통지에 하자가 존재하더라도 그 하자가 당연무효 사유에 해당하지 않는 한 후행처분인 징수처분에 그대로 승계되지 아니한다. 따라서 과세관청의 소득처분과 그에 따른 소득금액변동통지가 있는 경우 원천징수하는 소득세의 납세의무에 관하여는 이를 확정하는 소득금액변동통지에 대한 항고소송에서 다투어야 하고 그 소득금액변동통지가 당연무효가 아닌 한 징수처분에 대한 항고소송에서 이를 다툴 수는 없다(대판 2012.1.26., 2009두14439).

오답분석

② 토지구획정리사업의 시행인가는 사업지구에 편입될 목적물의 범위를 확정하고 시행자로 하여금 목적물에 관한 현재 및 장래의 권리자에게 대항할 수 있는 법적 지위를 설정해 주는 행정처분의 성격을 갖는 것이므로, 토지소유자 등은 시행인가 단계에서 그 하자를 다투었어야 하며, 시행인가처분에 명백하고도 중대한 하자가 있어 당연무효라고 볼 특별한 사정이 없는 한 사업시행 후 시행인가처분의 하자를 이유로 환지청산금 부과처분의 효력을 다툴 수는 없다(대판 2004.10.14., 2002두424).

③ 노선에 대한 운수권배분과 이를 기초로 한 노선면허처분은 각 처분과는 독립하여 별개의 법률효과를 목적으로 하는 독립한 행정처분이므로, 선행처분인 위 운수권 배분 실효처분 및 노선면허거부처분에 대하여 이미 불가쟁력이 생겨 그 효력을 다툴 수 없게 된 이상 그에 위법사유가 있더라도 그것이 당연무효 사유가 아닌 한 그 하자가 후행처분인 이 사건 노선면허처분에 승계된다고 할 수 없다(대판 2004.11.26., 2003두3123).

④ 선행처분인 개별공시지가결정이 위법하여 그에 기초한 개발부담금 부과처분도 위법하게 된 경우 그 하자의 치유를 인정하면 개발부담금 납부의무자로서는 위법한 처분에 대한 가산금 납부의무를 부담하게 되는 등 불이익이 있을 수 있으므로, 그 후 적법한 절차를 거쳐 공시된 개별공시지가결정이 종전의 위법한 공시지가결정과 그 내용이 동일하다는 사정만으로는 위법한 개별공시지가 결정에 기초한 개발부담금 부과처분이 적법하게 된다고 볼 수 없다(대판 2001.6.26., 99두11592).

⑤ 선행처분인 계고처분이 하자가 있는 위법한 처분이라면, 비록 그 하자가 중대하고도 명백한 것이 아니어서 당연무효의 처분이라고 볼 수 없고 대집행의 실행이 이미 사실행위로서 완료되어 그 계고처분의 취소를 구할 법률상의 이익이 없게 되었으며, 또 대집행비용납부명령 자체에는 아무런 하자가 없다고 하더라도, 후행처분인 대집행비용납부명령의 취소를 청구하는 소송에서 청구원인으로 선행처분인 계고처분이 위법한 것이기 때문에 그 계고처분을 전제로 행하여진 대집행비용납부명령도 위법한 것이라는 주장을 할 수 있다고 보아야 할 것이다(대판 1993.11.9., 93누14271).

73

오답분석

ㄱ. 엽관주의는 정당에의 충성도와 공헌도를 기준으로 관직에 임용하는 방식의 인사제도이다.

ㄴ. 엽관주의는 국민과의 동질성 및 일체감을 확보하고, 선거를 통해 집권정당과 관료제의 책임성을 확보하고자 하는 민주주의의 실천원리로써 대두되었다.

ㅁ. 엽관주의는 국민에 대한 관료의 대응성을 높일 수 있다는 장점이 있다.

74

정답 ③

해외일정을 핑계로 책임과 결정을 미루는 행위 등의 해당 사례는 관료들이 위험회피적이고 변화저항적이며 책임회피적인 보신주의로 빠지는 행태를 말한다.

75

정답 ④

국가재정법 제4조에 따르면 특별회계는 국가에서 특정한 사업을 운영하고자 할 때나 특정한 자금을 보유하여 운용하고자 할 때, 특정한 세입으로 특정한 세출에 충당함으로써 일반회계와 구분하여 회계처리할 필요가 있을 때에 '법률'로써 설치한다.

76

정답 ①

오답분석

ㄱ. 허즈버그의 욕구충족요인 이원론에 의하면, 만족요인을 충족시켜 줘야 조직원의 만족감을 높이고 동기를 유발할 수 있다.

ㄹ. 호손실험을 바탕으로 하는 인간관은 사회적 인간관이다.

77

정답 ④

지방자치법 제170조 제1항과 제3항에 의하면, 지방자치단체의 장은 주무부장관이나 시·도지사의의 직무이행 명령에 이의가 있으면 이행명령서를 접수한 날부터 15일 이내에 대법원에 소를 제기할 수 있다.

오답분석

① 지방자치법 제22조에서 확인할 수 있다.
② 지방자치법 제20조 제1항에서 확인할 수 있다.
③ 지방자치법 제45조 제2항에서 확인할 수 있다.
⑤ 지방자치법 제11조 제3호에서 확인할 수 있다.

78

정답 ⑤

ㄱ. 정책오류 중 제2종 오류이다. 정책효과가 있는데 없다고 판단하여 옳은 대안을 선택하지 않는 경우이다.

ㄴ. 정책오류 중 제3종 오류이다. 정책 문제자체를 잘못 인지하여 틀린 정의를 내린 경우이다.

ㄷ. 정책오류 중 제1종 오류이다. 정책효과가 없는데 있다고 판단하여 틀린 대안을 선택하는 경우이다.

정책오류의 유형

제1종 오류	제2종 오류	제3종 오류
올바른 귀무가설을 기각하는 오류	잘못된 귀무가설을 인용하는 오류	가설을 검증하거나 대안을 선택하는 과정에 있어서는 오류가 없었으나, 정책 문제 자체를 잘못 인지하여 정책문제가 해결되지 못하는 오류
잘못된 대립가설을 채택하는 오류	올바른 대립가설을 기각하는 오류	
잘못된 대안을 선택하는 오류	올바른 대안을 선택하지 않는 오류	
정책효과가 없는데 있다고 판단하는 오류	정책효과가 있는데 없다고 판단하는 오류	

79

정답 ④

ㄱ. 강임이 아닌 강등에 관한 설명이다. 강임은 징계가 아니라 직제·정원의 변경, 예산감소 등을 이유로 직위가 폐직되거나 하위의 직위로 변경되어 과원이 된 경우, 같은 직렬이나 다른 직렬의 하위 직급으로 임명하는 것이다.

ㄴ. 직위해제가 아닌 직권면직의 대상이다.

ㄷ. 징계의결요구의 소멸시효는 3년이지만, 금품 및 향응 수수, 공금의 횡령·유용의 경우에는 5년이다.

징계의 종류
- 경징계
  - 견책 : 전과에 대하여 훈계하고 회개하게 하고 6개월간 승급 정지
  - 감봉 : 1~3개월간 보수의 1/3을 삭감하고 1년간 승급 정지

- 중징계
  - 정직 : 1 ~ 3개월간 신분은 보유, 직무수행 정지, 보수는 전액을 감하고 1년 6개월간 승급 정지
  - 강등 : 1계급 하향 조정, 신분은 보유, 3개월간 직무수행 정지, 보수는 전액을 삭감하고 1년 6개월간 승급 정지
  - 해임 : 강제 퇴직, 3년간 공무원 재임용 불가
  - 파면 : 강제 퇴직, 5년간 공무원 재임용 불가, 퇴직급여의 1/4 ~ 1/2 지급 제한

갈등조성전략
- 공식적 · 비공식적 의사전달통로의 의도적 변경
- 경쟁의 조성
- 조직 내 계층 수 및 조직단위 수 확대와 의존도 강화
- 계선조직과 막료조직의 활용
- 정보전달의 통제(정보량 조절 : 정보전달억제나 과잉노출)
- 의사결정권의 재분배
- 기존구성원과 상이한 특성을 지닌 새로운 구성원의 투입 (구성원의 유동), 직위 간 관계의 재설정

80 정답 ②

행정기관에 의한 기본권이 침해된 경우 행정쟁송(이의신청과 행정심판청구, 행정소송)을 제기하거나 국가배상 · 손실보상을 청구할 수 있다. 형사재판청구권은 원칙적으로 검사만이 가지고(형사소송법 제246조), 일반국민은 법률상 이것을 가지지 아니하는 것이 원칙이다.

81 정답 ④

ㄴ. 킹던의 정책창 모형은 쓰레기통 모형을 한층 발전시켜 우연한 기회에 이루어지는 결정을 흐름으로 설명하고 있다.

ㄷ · ㄹ. 킹던은 정책과정을 문제 흐름, 정책 흐름, 정치 흐름 등 세 가지 독립적인 흐름으로 개념화될 수 있으며, 각 흐름의 주도적인 행위자도 다르다고 보았다. 킹던은 정치 흐름과 문제 흐름이 합류할 때 정책의제가 설정되고, 정책 흐름에 의해서 만들어진 정책대안은 이들 세 개의 흐름이 서로 같이 만나게 될 때 정책으로 결정될 기회를 갖게 된다고 보았다. 이러한 복수 흐름을 토대로 정책의 창이 열리고 닫히는 이유를 제시하고 그 유형을 구분하였는데, 세 흐름을 합류시키는 데 주도적인 역할을 담당하는 정책기업가의 노력이나, 점화장치가 중요하다고 보았다.

오답분석
ㄱ. 방법론적 개인주의와 정책창 모형은 관련성이 없다.
ㅁ. 표준운영절차는 회사 모형을 설명하는 주요 개념이다.

82 정답 ③

기본권은 국가안전보장, 질서유지 또는 공공복리 세 가지 목적을 위하여 필요한 경우에 한하여 그 제한이 가능하며 제한하는 경우에도 자유와 권리의 본질적인 내용은 침해할 수 없다(헌법 제37조 제2항).

83 정답 ②

갈등 당사자들에게 공동의 상위목표를 제시하거나 공동의 적을 설정하는 것은 갈등해소전략에 해당한다.

84 정답 ④

청원권은 청구권적 기본권에 해당한다. 자유권적 기본권에는 인신의 자유권(생명권, 신체의 자유), 사생활의 자유권(거주 · 이전의 자유, 주거의 자유, 사생활의 비밀과 자유, 통신의 자유), 정신적 자유권(양심의 자유, 종교의 자유, 언론 · 출판의 자유, 집회 · 결사의 자유, 학문의 자유, 예술의 자유), 사회 · 경제적 자유권(직업선택의 자유, 재산권의 보장)이 있다.

85 정답 ③

오답분석
ㄴ. 수직적인 협력관계가 아니라 수평적인 협력관계를 바탕으로 한다.
ㄷ. 자율적인 관리가 중요하다.

네트워크 조직
핵심역량만 조직화하고 그 외의 부수적인 부분은 아웃소싱한다. 수평적인 협력관계를 바탕으로 조직의 공생관계와 신뢰를 구축한다는 장점을 가지지만, 지속력이 약하다는 단점이 있다.

86 정답 ①

심판청구를 인용하는 재결은 피청구인과 그 밖의 관계 행정청을 기속(羈束)한다(행정심판법 제49조 제1항).

오답분석
② 행정심판법 제49조 제2항에서 확인할 수 있다.
③ 행정심판법 제46조 제1 · 3항에서 확인할 수 있다.
④ 행정심판법 제48조 제4항에서 확인할 수 있다.
⑤ 행정심판법 제43조 제5항에서 확인할 수 있다.

재결의 방식(행정심판법 제46조)
① 재결은 서면으로 한다.
③ 재결서에 적는 이유에는 주문 내용이 정당하다는 것을 인정할 수 있는 정도의 판단을 표시하여야 한다.

87
정답 ⑤

교육·소방·경찰공무원 및 법관, 검사, 군인 등 특수 분야의 업무를 담당하는 공무원은 특정직 공무원(경력직)에 해당한다.

오답분석

① 특수경력직 공무원은 정무직과 별정직 공무원으로, 직업공무원제나 실적주의의 획일적 적용을 받지 않는다.

② 특수경력직 공무원에 대하여는 이 법 또는 다른 법률에 특별한 규정이 없으면 한정적으로 국가공무원법의 적용을 받고, 적용 범위에 보수(제5장)와 복무규율(제7장)이 포함된다.

③ 선거에 의해 취임하는 공무원은 특수경력직 중 정무직 공무원에 해당한다.

④ 국회수석 전문위원, 감사원 사무차장 등은 특수경력직 중 별정직 공무원에 해당한다.

88
정답 ③

크리밍효과에 대한 설명이다. 크리밍효과는 정책효과가 나타날 가능성이 높은 집단을 의도적으로 실험집단으로 선정함으로써 정책의 영향력이 실제보다 과대평가된다. 호손효과는 실험집단 구성원이 실험의 대상이라는 사실로 인해 평소와 달리 특별한 심리적 또는 감각적 행동을 보이는 현상으로 외적타당도를 저해하는 대표적 요인이다. 실험조작의 반응효과라고도 하며 1927년 호손실험으로 발견되었다.

89
정답 ④

오답분석

ㄱ. 일시적이고 느슨한 형태의 집합체라는 것은 정책공동체와 비교되는 이슈네트워크의 특징이다.

ㄹ. 사회조합주의에 대한 설명이다.

90
정답 ①

공익의 소극설인 과정설에 대한 설명으로 과정설에서 공익은 많은 사익들 간의 갈등을 조정하여 얻은 타협의 소산물이라 본다.

오답분석

②·③·④·⑤ 공익의 실체설에 대한 설명이다.

공익

실체설(적극설)	과정설(소극설)
• 공익과 사익은 별개로 공익의 실체가 따로 존재한다.	• 공익과 사익의 구별은 상대적인 것이다.
• 사익보다 공익이 우선시된다(전체주의 형성에 기여함).	• 공익은 공유된 것이 아니라 합리성이나 적법한 절차를 준수하여 얻은 결과물 내지는 이해관계의 균형적인 반영이다.
• 엘리트주의, 합리모형	
• 대표 학자 : 아리스토텔레스, 플라톤, 롤스 등	• 개인의 이익을 보호하고 증진시키는 것이 공익이다.
	• 대표 학자 : 홉스, 흄, 벤담 등

91
정답 ④

고객이 아닌 시민에 대한 봉사는 신공공서비스론의 원칙이다. 신공공관리론은 경쟁을 바탕으로 한 고객 서비스의 질 향상을 지향한다.

오답분석

①·②·③·⑤ 신공공관리론의 특징이다.

92
정답 ④

ㄴ. 감사원은 내부적 독립통제기관으로 정부 소속이다.

ㄷ. 옴부즈만은 행정행위를 무효로 하거나 취소할 수 있는 권한은 없으며, 시정권고를 통해 간접적인 통제를 수행한다. 따라서 옴부즈맨 제도는 법적이라기보다는 사회적·정치적 성격이 강한 제도로 볼 수 있다.

ㄹ. 교차기능조직은 내부적 통제체제이다.

93
정답 ③

사전적 통제란 절차적 통제를 말하며, 예방적 관리와 같다. ③은 사전적 통제가 아니라 긍정적·적극적 환류에 의한 통제이다. 실적이 목표에서 이탈된 것을 발견하고 후속되는 행동이 전철을 밟지 않도록 시정하는 통제는 부정적 환류인 반면, 긍정적·적극적 환류에 의한 통제는 어떤 행동이 통제기준에서 이탈되는 결과를 발생시킬 때까지 기다리지 않고 그러한 결과의 발생을 유발할 수 있는 행동이 나타날 때마다 교정해 나가는 것이다.

94
정답 ①

ㄱ. 공무원이 10년 이상 재직하고 퇴직한 경우에는 65세가 되었을 때부터 사망할 때까지 퇴직연금을 지급한다(공무원연금법 제43조 제1항 제1호).

ㄴ. 급여의 산정은 급여의 사유가 발생한 날이 속하는 달의 기준소득월액을 기초로 한다. 그러나 제43조 제1항·제2항에 따른 퇴직연금·조기퇴직연금 및 제54조 제1항 제1호에 따른 유족연금의 산정은 각 호의 금액을 기초로 한다. 이 경우 기준소득월액은 공무원 전체의 기준소득월액 평균액의 100분의 160을 초과할 수 없다(동법 제30조 참고).

오답분석

ㄷ. 기여금은 공무원으로 임명된 날이 속하는 달부터 퇴직한 날의 전날 또는 사망한 날이 속하는 달까지 월별로 내야 한다. 다만, 기여금 납부기간이 36년을 초과한 자는 기여금을 내지 아니한다(동법 제67조 제1항).

ㄹ. 퇴직급여의 산정에 있어서 퇴직 전 5년이 아닌 재직기간 전체를 기반으로 산정한다.

95
정답 ④

거래비용이론에서 현대적 이론에 대한 설명이다. 현대적 이론에서 조직은 거래비용을 감소하기 위한 장치로 기능한다고 본다.

조직이론의 전개

구분	고전적 조직이론	신고전적 조직이론	현대적 조직이론
인간관	합리적 경제인관	사회인관	복잡인관
구조 체제	공식적 구조	비공식적 구조	유기체적 구조 (공식적+ 비공식적)
기초 이론	과학적관리론, 행정관리론	인간관계론, 후기인간관계론	후기관료모형, 상황적응이론
가치	기계적 능률성	사회적 능률성	다원적 목표·가치
환경	폐쇄체제		개방체제
성격	정치· 행정이원론, 공·사 행정일원론	정치·행정 이원론의 성격이 강함	정치· 행정일원론, 공·사 행정이원론

96
정답 ⑤

오답분석

ㄱ. 일선관료의 재량권을 확대하는 것은 하향적 접근방법이 아닌 상향적 접근방법에 해당한다. 하향적 접근방법은 상급자가 정책을 일방적으로 결정하여 하급 구성원의 재량권을 축소시키는 접근방법이다.

97
정답 ②

암묵적 지식인 '암묵지'는 언어로 표현하기 힘든 개인적 경험, 주관적 지식 등을 이르는 말이다. 여기에는 제시문의 조직의 경험, 숙련된 기술, 개인적 노하우 등이 해당된다. 형식지는 객관화된 지식, 언어를 통해 표현 가능한 지식을 말하는데, 여기에는 업무매뉴얼, 컴퓨터 프로그램, 정부 보고서 등이 포함된다.

암묵지와 형식지

구분	암묵지	형식지
정의	주관적인 지식으로 언어로 표현하기 힘듦	객관적 지식으로 언어로 표현이 가능함
획득	경험을 통한 지식	언어를 통한 지식
전달	은유를 통해 전달 (타인에게 전수하는 것이 어려움)	언어를 통해 전달 (타인에게 전수하는 것이 상대적으로 용이)

98
정답 ②

비례대표제는 각 정당에게 그 득표수에 비례하여 의석을 배분하는 대표제로 군소정당의 난립을 가져와 정국의 불안을 가져온다는 것이 일반적 견해이다.

99
정답 ④

행정대집행 일련의 절차들은 하나의 법률효과를 목적으로 하므로 각각 하자가 승계된다. 따라서 후행 대집행 비용 납부명령(비용징수) 취소소송에서 선행 계고처분의 위법성을 다툴 수 있다는 것이 판례의 입장이다.

오답분석

① 도시공원시설인 매점의 관리청이 그 공동점유자 중의 1인에 대하여 소정의 기간 내에 위 매점으로부터 퇴거하고 이에 부수하여 그 판매 시설물 및 상품을 반출하지 아니할 때에는 이를 대집행하겠다는 내용의 계고처분은 그 주된 목적이 매점의 원형을 보존하기 위하여 점유자가 설치한 불법 시설물을 철거하고자 하는 것이 아니라, 매점에 대한 점유자의 점유를 배제하고 그 점유이전을 받는 데 있다고 할 것인데, 이러한 의무는 그것을 강제적으로 실현함에 있어 직접적인 실력행사가 필요한 것이지 대체적 작위의무에 해당하는 것은 아니어서 직접강제의 방법에 의하는 것은 별론으로 하고 행정대집행법에 의한 대집행의 대상이 되는 것은 아니다(대판 1998.10.23., 97누157).

② 대집행계고처분 취소소송의 변론종결 전에 대집행영장에 의한 통지절차를 거쳐 사실행위로서 대집행의 실행이 완료된 경우에는 행위가 위법한 것이라는 이유로 손해배상이나 원상회복 등을 청구하는 것은 별론으로 하고 처분의 취소를 구할 법률상 이익은 없다(대판 1993.6.8., 93누6164).

③ 건물의 소유자에게 위법건축물을 일정기간까지 철거할 것을 명함과 아울러 불이행할 때에는 대집행한다는 내용의 철거대집행 계고처분을 고지한 후 이에 불응하자 다시 제2차, 제3차 계고서를 발송하여 일정기간까지의 자진철거를 촉구하여 불이행하면 대집행을 한다는 뜻을 고지하였다면 행정대집행법상의 건물철거의무는 제1차 철거명령 및 계고처분으로서 발생하였고 제2차, 제3차의 계고 처분은 새로운 철거의무를 부과한 것이 아니고 다만 대집행기한의 연기 통지에 불과하므로 행정처분이 아니다(대판 1994.10.28., 94누5144).

⑤ 행정대집행법 제3조 제1항은 행정청이 의무자에게 대집행영장으로써 대집행할 시기 등을 통지하기 위하여는 그 전제로서 대집행계고처분을 함에 있어서 의무이행을 할 수 있는 상당한 기간을 부여할 것을 요구하고 있으므로, 행정청인 피고가 의무이행기간이 1988.5.24.까지로 된 이 사건 대집행계고서를 5.19. 원고에게 발송하여 원고가 그 이행종기인 5.24. 이를 수령하였다면, 설사 피고가 대집행영장으로써 대집행의 시기를 1988.5.27 15:00로 늦추었더라도 위 대집행계고처분은 상당한 이행기한을 정하여 한 것이 아니어서 대집행의 적법절차에 위배한 것으로 위법한 처분이라고 할 것이다(대판 1990.9.14., 90누2048).

100
정답 ②

다면평가제는 경직된 분위기의 계층제적 사회에서는 부하의 평정, 동료의 평정을 받는 것이 조직원들의 강한 불쾌감을 불러올 수 있고, 이로 인해 조직 내 갈등상황이 불거질 수 있다.

61	62	63	64	65	66	67	68	69	70
⑤	③	④	③	②	①	②	②	②	④
71	72	73	74	75	76	77	78	79	80
②	②	④	②	②	②	②	③	③	④
81	82	83	84	85	86	87	88	89	90
②	⑤	②	①	④	④	④	②	③	②
91	92	93	94	95	96	97	98	99	100
③	①	②	③	②	②	④	③	④	⑤

61 정답 ⑤

균열 모멘트(M_{cr})를 구하는 식은 다음과 같다.

$$M_{cr} = f_r Z = 0.63 \lambda \sqrt{f_{ck}} \left(\frac{bh^2}{6} \right)$$
$$= 0.63 \times 1.0 \sqrt{21} \left(\frac{300 \times 550^2}{6} \right)$$
$$= 43,666,218 \text{N} \cdot \text{m} \fallingdotseq 43.7 \text{kN} \cdot \text{m}$$

따라서 균열 모멘트(M_{cr})의 값은 약 $43.7 \text{kN} \cdot \text{m}$이다.

62 정답 ③

직사각형 위어(Francis) 공식에서 단수축을 고려한 월류 수맥 폭 (B_0)은 $B_0 = B - 0.1nh$이다.

여기서 양단수축은 $n = 2.0$, 일단수축은 $n = 1.0$, 무수축은 $n = 0$

이므로 $Q = 1.84 B_0 h^{\frac{3}{2}}$에서 양단수축의 경우 유량은 $Q = 1.84$

$(B - 0.2h) h^{\frac{3}{2}}$이다.

63 정답 ④

마찰손실수두(h_L)의 계산식은 $h_L = f \dfrac{L}{D} \dfrac{v^2}{2g}$이며, 손실수두 중 가장 큰 값으로 마찰손실계수에 유속수두와 관의 길이를 곱한 후 관의 지름으로 나누어 계산한다.

64 정답 ③

말뚝의 부마찰력은 상대변위 속도가 빠를수록 크다.

65 정답 ②

첨두시간 교통류율은 분석시간대 내 첨두 15분 교통량을 1시간 교통량으로 나타낸 것으로, 시간당 교통량을 첨두시간계수로 나눈 값이다.

66 정답 ①

교차로의 면적은 가능한 한 최소가 되도록 설계해야 한다.

평면교차로의 설계 기본 원칙
- 다섯 갈래 이상의 교차로를 설치하지 않는다.
- 교차각은 직각에 가깝게 90° 기준으로 ±15°로 한다.
- 엇갈림교차, 굴절교차 등의 변형교차는 피한다.
- 교통류의 주종관계를 명확하게 한다.
- 서로 다른 교통류는 분리한다.
- 자동차의 유도를 명확히 지시한다.
- 교차로의 면적은 가능한 최소가 되도록 한다.
- 교차로의 기하구조와 교통관제방법이 조화를 이루도록 한다.
- 각종 교통안전시설 설치에 유의한다.

67 정답 ②

$$R_A = \frac{3}{8} wl, \quad R_B = \frac{5}{8} wl$$
$$\therefore R_A = \frac{3}{8} \times 2 \times 10 = 7.5 \text{t} (\uparrow)$$

68 정답 ②

$$M_B = -[(4 \times 2) + (2 \times 0.5)] = -9 \text{t} \cdot \text{m}$$

69 정답 ②

공액보법 이용

실제 보의 $\theta_i = \dfrac{M}{EI}$도를 하중으로 실은 공액보에서의 V_i이다.

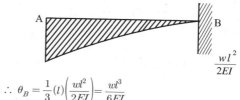

$$\therefore \theta_B = \frac{1}{3} (l) \left(\frac{wl^2}{2EI} \right) = \frac{wl^3}{6EI}$$

70 정답 ④

$$\sigma = \frac{P}{A} + \frac{P \cdot e}{I_y} (x) = \frac{30,000}{30 \times 20} + \frac{30,000 \times 4 \times 15}{\dfrac{20 \times 30^3}{12}}$$
$$= 90 \text{kg/cm}^2$$

71
정답 ②

절대 최대 전단력은 (+), (−) 중에서 절댓값이 큰 것을 사용한다.
절대 최대 전단력은 일반적으로 지지점에서 일어난다.

72
정답 ②

S.F.D가 2차 이상의 함수이므로 하중은 1차 함수이다.

73
정답 ④

$\sum F_y = 0$, $(F_A + F_y)\cos 60° = P$

$2F_B \cos 60° = 1$

$F_B = 1t$

$\sum F_x = 0$, $F_A \sin 60° = F_B \sin 60°$

$F_A = F_B$

(A)는 $\dfrac{P}{2}$만큼의 하중을 한 끈이 지탱한다.

(B)는 $0.707P$만큼의 하중을 한 끈이 지탱한다.

(C)는 P만큼의 하중을 한 끈이 지탱한다.

따라서 힘의 크기는 (C)>(B)>(A) 순이다.

74
정답 ②

$I_y = \dfrac{b^3 h}{12} = \dfrac{10^3 \times 20}{12} ≒ 1,667\text{cm}^4$

따라서 y축에 대한 단면 2차 모멘트의 값은 약 $1,667\text{cm}^4$이다.

75
정답 ②

$\sum F_y = 0$에서 $F_{CB} = F_{AB}$

$\sum F_y = 0$에서 $F_{CB}\sin 30° + F_{AB}\sin 30° - 2 = 0$

$2F_{CB}\sin 30° = 2$

$F_{CB} = 2t$

따라서 CB 부재의 부재력은 2t이다.

76
정답 ②

전단력도에서 어느 점의 기울기는 그 점의 하중 강도이다.

$w = \dfrac{400 + 400}{4} = 200\text{kg/m}$

77
정답 ③

흙의 투수계수에 영향을 미치지 않는 것은 활성도, 흙의 비중이다.

투수계수는 $K = D_s^2 \cdot \dfrac{\gamma_w}{\eta} \cdot \dfrac{e^3}{1+e} \cdot C$와 같이 나타낼 수 있으며, 계산식에서 각 요소들은 다음을 나타낸다.

D_s : 흙입자의 입경(보통 D_{10})
γ_w : 물의 단위중량(g/cm³)
η : 물의 점성계수(g/cm · sec)
e : 공극비
C : 합성형상계수(Composite Shape Factor)
K : 투수계수(cm/sec)

흙의 투수계수에서 나타나는 특징
- 흙입자의 크기가 클수록 투수계수가 증가한다.
- 물의 밀도와 농도가 클수록 투수계수가 증가한다.
- 물의 점성계수가 클수록 투수계수가 감소한다.
- 온도가 높을수록 물의 점성계수가 감소하여 투수계수는 증가한다.
- 간극비가 클수록 투수계수가 증가한다.
- 지반의 포화도가 클수록 투수계수가 증가한다.
- 점토의 구조에 있어서 면모구조가 이산구조(분산구조)보다 투수계수가 크다.
- 점토는 입자에 붙어 있는 이온농도와 흡착수 층의 두께에 영향을 받는다.
- 흙입자의 비중은 투수계수와 관계가 없다.

78
정답 ②

1) 건조단위중량(γ_d)

$$\gamma_d = \dfrac{\gamma_t}{1 + \dfrac{w}{100}} = \dfrac{2.0}{1 + \dfrac{20}{100}} ≒ 1.67\text{g/cm}^3$$

2) 간극비(e)

$$e = \dfrac{G_s \cdot \gamma_w}{\gamma_d} - 1 = \dfrac{2.70 \times 1}{1.67} - 1 ≒ 0.62$$

3) 포화도(S)

$$S = \dfrac{w}{e} \cdot G_s = \dfrac{20}{0.62} \times 2.70 ≒ 87.10\%$$

79
정답 ③

AB부재에서,

$$M_{B1} = \dfrac{\omega(2L)^2}{8} = \dfrac{\omega L^2}{2} = 2M(+)$$

BC부재에서,

$$M_{B2} = \dfrac{2\omega L^2}{8} = \dfrac{\omega L^2}{4} = M(-)$$

두 부재의 분배비는 1 : 2이므로,

$$M_B = 2M - (2M - M) \times \dfrac{1}{3} = \dfrac{\omega L^2}{2} - \dfrac{\omega L^2}{12} = \dfrac{5\omega L^2}{12}$$

80
정답 ④

압밀 진행 중인 흙의 성질(압밀계수, 투수계수, 체적변화계수)은 변하지 않는다.

81

정답 ②

수동토압계수 $K_p=\tan^2\left(45+\dfrac{\phi}{2}\right)$의 공식이 사용되고,

$$K_p=\tan^2\left(45+\frac{\phi}{2}\right)=\tan^2\left(45+\frac{30°}{2}\right)=3$$

일축압축강도 $q_u=2c\tan\left(45+\dfrac{\phi}{2}\right)=2c\sqrt{K_p}$ 가 된다.

한계고 공식은 $H_c=\dfrac{4c}{\gamma}\sqrt{K_p}=\dfrac{2q_u}{\gamma}=\dfrac{2\times13.5}{1.6}=16.875$이다.

따라서 안전율(F_s)은 $F_s=\dfrac{H_c}{H}=\dfrac{16.875}{9}=1.875$이다.

82

정답 ⑤

인장력을 받는 이형철근 및 이형철선의 겹침이음 중에서 A급 이음은 배치된 철근량이 이음부 전체 구간에서 해석결과 요구되는 소요 철근량의 2배 이상이고 소요 겹침이음길이 내 겹침이음된 철근량이 전체 철근량의 1/2 이하인 경우를 말하며, B급 이음은 A급 이음에 해당되지 않는 경우를 말한다.

83

정답 ②

$$\triangle_B=\left(\frac{M}{EI}\right)_{AB}\times x_B$$

$$=\frac{1}{2}\times\frac{l}{2}\times\frac{Pl}{4EI}\times\left(\frac{l}{2}+\frac{1}{3}\times\frac{l}{2}\right)+\frac{1}{2}\times\frac{l}{2}\times\frac{P\times l}{2EI}$$

$$\times\left(\frac{l}{2}+\frac{2}{3}\times\frac{l}{2}\right)+\frac{1}{2}\times\frac{l}{2}\times\frac{Pl}{2EI}\left(\frac{2}{3}\times\frac{l}{2}\right)$$

$$=\frac{9Pl^3}{48EI}$$

※ $\left(\dfrac{M}{EI}\right)_{AB}$: 휨모멘트도의 면적, x_B : $\dfrac{M}{EI}$도의 도심과 처짐점과의 거리

84

정답 ①

단면계수 $Z=\dfrac{I}{y}=\dfrac{bh^3/12}{h/2}=\dfrac{bh^2}{6}$

85

정답 ④

철근 콘크리트 휨부재에서 최소철근비를 규정한 이유는 인장측 콘크리트의 취성파괴를 방지하기 위해서이다.

86

정답 ④

훅(Hooke)의 법칙 : $\sigma=E\varepsilon$

$\sigma=\dfrac{P}{A}=\dfrac{8,000}{1}=8,000\text{kg/cm}^2$

$$\varepsilon=\frac{\Delta l}{l}=\frac{0.8}{200}=0.004$$

$$E=\frac{\sigma}{\varepsilon}=\frac{8,000}{0.004}=2.0\times10^6\text{kg/cm}^2$$

$$G=\frac{E}{2(HD)}=\frac{2.0\times10^6}{2(1+0.3)}\fallingdotseq7.69\times10^5\text{kg/cm}^2$$

$$\fallingdotseq7.7\times10^5\text{kg/cm}^2$$

87

정답 ④

$$P_{cr}=\frac{\pi^2EI}{l^2},\ \ I=r^2A=2.8^2\times70.73=554.52\text{cm}^4$$

$$=\frac{\pi^2\times2.1\times10^6\times554.52}{300^2}=127.6\text{t}$$

88

정답 ②

(1), (2), (3) 중의 가장 작은 값이 플랜지 유효폭이 된다.

(1) $16t_f+b_w=(16\times150)+(500)=2,900\text{mm}$

(2) 양쪽 슬래브 중심간 거리=2,200mm

(3) 보 경간의 1/4=$(12\times10^3)\times\dfrac{1}{4}=3,000\text{mm}$

따라서 플랜지 유효폭은 2,200mm이다.

89

정답 ③

부재축에 직각인 스터럽(수직스터럽)

(1) RC 부재일 경우 : d/2 이하

(2) PSC 부재일 경우 : 0.75h 이하

(3) 어느 경우이든 600mm 이하

위의 경우 중 (1)에 해당되기 때문에 간격(s)은 $s=\dfrac{d}{2}=\dfrac{450}{2}=225$mm이다.

90

정답 ②

$K_{cr}=210$

$$s=500\times\frac{K_{cr}}{\left(\frac{2}{3}\times500\right)}=500\times\frac{210}{333.333}\fallingdotseq315.00\text{mm}$$

91

정답 ③

전단철근의 전단강도 검토

$\dfrac{1}{3}\lambda\sqrt{f_{ck}}\,b_wd=\dfrac{1}{3}(1.0)\sqrt{21}\,(300)(500)\fallingdotseq229,128.78\text{N}$

$$\fallingdotseq229.13\text{KN}$$

$V_s=400\text{KN}$일 때, $V_s\leq\dfrac{1}{3}\lambda\sqrt{f_{ck}}\,b_wd$

전단철근의 간격 : (1), (2), (3) 중 작은 값

(1) $\dfrac{d}{2}=\dfrac{500}{2}=250\text{mm}$

(2) 600mm

(3) $s=\dfrac{f_{yt}\times A_v\times d}{V_s}=\dfrac{(400)(750)(500)}{(400\times 10^3)}=375\text{mm}$

따라서 전단철근의 간격은 250mm이다.

92
정답 ①

$\lambda=\dfrac{f_{sp}}{0.56\sqrt{f_{ck}}}=\dfrac{2.4}{0.56\sqrt{25}}\fallingdotseq 0.85714\leq 1.0$

따라서 경량콘크리트계수는 약 0.857이다.

93
정답 ②

물체의 중심선으로 회전시켜 모멘트의 값이 클 때의 짧은 폭은 S 이고, 긴 폭은 L이다.

$w_{ab}=\dfrac{L^4}{S^4+L^4}\times w=\dfrac{L^4}{(0.5L)^4+L^4}\times w=0.941w$

따라서 AB방향에 분배되는 하중은 $0.941w$이다.

94
정답 ③

보통골재를 사용하는 경우, 탄성계수 구하기

$f_{ck}\leq 40MPa$, $\triangle f=4MPa$

$E_e=8,500\times\sqrt[3]{f_{ck}}$ 의 식을 사용하여

$E_e=8,500\times\sqrt[3]{(38+4)}\fallingdotseq 29,546.226\text{MPa}$
$\quad\ =2.9546\times 10^4\text{MPa}$

95
정답 ②

처짐을 계산하지 않는 양단연속보의 최소두께 일반식인

$t_{min}=\dfrac{l}{21}\left(0.43+\dfrac{f_y}{700}\right)(1.65-0.00031m_c\geq 1.09)$에서

보통중량 콘크리트이고, $f_y=400MPa$인 표준상태이므로

$t_{min}=\dfrac{l}{21}=\dfrac{7,000}{21}\fallingdotseq 334\text{mm}$이다.

96
정답 ②

강재와 시스 사이의 마찰은 프리텐션 방식에서는 나타나지 않으므로 포스트텐션 방식에서 크게 나타나는 손실로 볼 수 있다.

97
정답 ④

상대밀도 $D_r=\dfrac{e_{max}-e}{e_{max}-e_{min}}\times 100$에서 간극비가 e_{min}이므로 $e=e_{min}$을 대입하면 다음과 같다.

$D_r=\dfrac{e_{max}-e_{min}}{e_{max}-e_{min}}\times 100=100$

즉, 간극비가 e_{min}이면, 가장 촘촘한 상태이므로 상대밀도는 100%이다.

98
정답 ③

투수계수(k)의 공식 $k=C_v m_v r_w$에 $m_v=\dfrac{a_v}{1+e}$를 대입하면 다음과 같은 식이 성립한다.

$k=C_v\dfrac{a_v}{1+e}r_w$

$\quad=(1.810\times 10^{-4})\times\left(\dfrac{2.438\times 10^{-2}}{1+1.2}\right)\times(1.0\times 10^3)$

$\quad\fallingdotseq 2.006\times 10^{-6}\text{cm/sec}$

99
정답 ④

TBM 공법은 터널 전단면을 동시에 굴착하는 공법으로 굴착단면이 원형이고, 암반자체를 지보재로 활용한다.

오답분석

① 터널 내의 반발량이 크고 분진량이 많은 공법은 숏크리트 공법이다.

② TBM 공법은 암반을 압쇄하기 때문에 초기투자비가 크다.

③ 터널의 품질관리가 어려운 공법은 NATM 공법이다.

⑤ 숏크리트와 록볼트를 사용하는 공법은 강지보재 공법이다.

100
정답 ⑤

공학적 안전성 비교 : Montmorillonite<Illite<Kaolinite

점토광물	공학적 안정성	활성도(A)	팽창 수축성	점토
Kaolinite	안정	A<0.75	작음	비활성
Illite	보통	0.75≤A ≤1.25	보통	보통
Montmorillonite	불안정	A>1.25	큼	활성

이 출판물의 무단복제, 복사, 전재 행위는 저작권법에 저촉됩니다.
파본은 구입처에서 교환하실 수 있습니다.

한국도로공사 필기전형 답안카드

성 명

지원 분야

문제지 형별기재란
( )형
Ⓐ
Ⓑ

수 험 번 호

각 자리: ⓪ ① ② ③ ④ ⑤ ⑥ ⑦ ⑧ ⑨

감독위원 확인
(인)

직업기초능력평가

번호	1	2	3	4
1	①	②	③	④
2	①	②	③	④
3	①	②	③	④
4	①	②	③	④
5	①	②	③	④
6	①	②	③	④
7	①	②	③	④
8	①	②	③	④
9	①	②	③	④
10	①	②	③	④
11	①	②	③	④
12	①	②	③	④
13	①	②	③	④
14	①	②	③	④
15	①	②	③	④
16	①	②	③	④
17	①	②	③	④
18	①	②	③	④
19	①	②	③	④
20	①	②	③	④

번호	1	2	3	4
21	①	②	③	④
22	①	②	③	④
23	①	②	③	④
24	①	②	③	④
25	①	②	③	④
26	①	②	③	④
27	①	②	③	④
28	①	②	③	④
29	①	②	③	④
30	①	②	③	④
31	①	②	③	④
32	①	②	③	④
33	①	②	③	④
34	①	②	③	④
35	①	②	③	④
36	①	②	③	④
37	①	②	③	④
38	①	②	③	④
39	①	②	③	④
40	①	②	③	④

직무수행능력평가

번호	1	2	3	4	5
41	①	②	③	④	⑤
42	①	②	③	④	⑤
43	①	②	③	④	⑤
44	①	②	③	④	⑤
45	①	②	③	④	⑤
46	①	②	③	④	⑤
47	①	②	③	④	⑤
48	①	②	③	④	⑤
49	①	②	③	④	⑤
50	①	②	③	④	⑤
51	①	②	③	④	⑤
52	①	②	③	④	⑤
53	①	②	③	④	⑤
54	①	②	③	④	⑤
55	①	②	③	④	⑤
56	①	②	③	④	⑤
57	①	②	③	④	⑤
58	①	②	③	④	⑤
59	①	②	③	④	⑤
60	①	②	③	④	⑤

번호	1	2	3	4	5
61	①	②	③	④	⑤
62	①	②	③	④	⑤
63	①	②	③	④	⑤
64	①	②	③	④	⑤
65	①	②	③	④	⑤
66	①	②	③	④	⑤
67	①	②	③	④	⑤
68	①	②	③	④	⑤
69	①	②	③	④	⑤
70	①	②	③	④	⑤
71	①	②	③	④	⑤
72	①	②	③	④	⑤
73	①	②	③	④	⑤
74	①	②	③	④	⑤
75	①	②	③	④	⑤
76	①	②	③	④	⑤
77	①	②	③	④	⑤
78	①	②	③	④	⑤
79	①	②	③	④	⑤
80	①	②	③	④	⑤

번호	1	2	3	4	5
81	①	②	③	④	⑤
82	①	②	③	④	⑤
83	①	②	③	④	⑤
84	①	②	③	④	⑤
85	①	②	③	④	⑤
86	①	②	③	④	⑤
87	①	②	③	④	⑤
88	①	②	③	④	⑤
89	①	②	③	④	⑤
90	①	②	③	④	⑤
91	①	②	③	④	⑤
92	①	②	③	④	⑤
93	①	②	③	④	⑤
94	①	②	③	④	⑤
95	①	②	③	④	⑤
96	①	②	③	④	⑤
97	①	②	③	④	⑤
98	①	②	③	④	⑤
99	①	②	③	④	⑤
100	①	②	③	④	⑤

한국도로공사 필기전형 답안카드

성 명	

지원 분야	

문제지 형별기재란	
(형)	Ⓐ Ⓑ

수험번호

| ⓪ ① ② ③ ④ ⑤ ⑥ ⑦ ⑧ ⑨ |
| ⓪ ① ② ③ ④ ⑤ ⑥ ⑦ ⑧ ⑨ |
| ⓪ ① ② ③ ④ ⑤ ⑥ ⑦ ⑧ ⑨ |
| ⓪ ① ② ③ ④ ⑤ ⑥ ⑦ ⑧ ⑨ |
| ⓪ ① ② ③ ④ ⑤ ⑥ ⑦ ⑧ ⑨ |
| ⓪ ① ② ③ ④ ⑤ ⑥ ⑦ ⑧ ⑨ |
| ⓪ ① ② ③ ④ ⑤ ⑥ ⑦ ⑧ ⑨ |

감독위원 확인
㉑

직업기초능력평가

1	① ② ③ ④	21	① ② ③ ④	41	① ② ③ ④
2	① ② ③ ④	22	① ② ③ ④	42	① ② ③ ④
3	① ② ③ ④	23	① ② ③ ④	43	① ② ③ ④
4	① ② ③ ④	24	① ② ③ ④	44	① ② ③ ④
5	① ② ③ ④	25	① ② ③ ④	45	① ② ③ ④
6	① ② ③ ④	26	① ② ③ ④	46	① ② ③ ④
7	① ② ③ ④	27	① ② ③ ④	47	① ② ③ ④
8	① ② ③ ④	28	① ② ③ ④	48	① ② ③ ④
9	① ② ③ ④	29	① ② ③ ④	49	① ② ③ ④
10	① ② ③ ④	30	① ② ③ ④	50	① ② ③ ④
11	① ② ③ ④	31	① ② ③ ④	51	① ② ③ ④
12	① ② ③ ④	32	① ② ③ ④	52	① ② ③ ④
13	① ② ③ ④	33	① ② ③ ④	53	① ② ③ ④
14	① ② ③ ④	34	① ② ③ ④	54	① ② ③ ④
15	① ② ③ ④	35	① ② ③ ④	55	① ② ③ ④
16	① ② ③ ④	36	① ② ③ ④	56	① ② ③ ④
17	① ② ③ ④	37	① ② ③ ④	57	① ② ③ ④
18	① ② ③ ④	38	① ② ③ ④	58	① ② ③ ④
19	① ② ③ ④	39	① ② ③ ④	59	① ② ③ ④
20	① ② ③ ④	40	① ② ③ ④	60	① ② ③ ④

직무수행능력평가

61	① ② ③ ④ ⑤	81	① ② ③ ④ ⑤
62	① ② ③ ④ ⑤	82	① ② ③ ④ ⑤
63	① ② ③ ④ ⑤	83	① ② ③ ④ ⑤
64	① ② ③ ④ ⑤	84	① ② ③ ④ ⑤
65	① ② ③ ④ ⑤	85	① ② ③ ④ ⑤
66	① ② ③ ④ ⑤	86	① ② ③ ④ ⑤
67	① ② ③ ④ ⑤	87	① ② ③ ④ ⑤
68	① ② ③ ④ ⑤	88	① ② ③ ④ ⑤
69	① ② ③ ④ ⑤	89	① ② ③ ④ ⑤
70	① ② ③ ④ ⑤	90	① ② ③ ④ ⑤
71	① ② ③ ④ ⑤	91	① ② ③ ④ ⑤
72	① ② ③ ④ ⑤	92	① ② ③ ④ ⑤
73	① ② ③ ④ ⑤	93	① ② ③ ④ ⑤
74	① ② ③ ④ ⑤	94	① ② ③ ④ ⑤
75	① ② ③ ④ ⑤	95	① ② ③ ④ ⑤
76	① ② ③ ④ ⑤	96	① ② ③ ④ ⑤
77	① ② ③ ④ ⑤	97	① ② ③ ④ ⑤
78	① ② ③ ④ ⑤	98	① ② ③ ④ ⑤
79	① ② ③ ④ ⑤	99	① ② ③ ④ ⑤
80	① ② ③ ④ ⑤	100	① ② ③ ④ ⑤

한국도로공사 필기전형 답안카드

성 명

지원 분야

문제지 형별기재란

( )형 Ⓐ Ⓑ

수 험 번 호

0	0	0	0	0	0	0
①	①	①	①	①	①	①
②	②	②	②	②	②	②
③	③	③	③	③	③	③
④	④	④	④	④	④	④
⑤	⑤	⑤	⑤	⑤	⑤	⑤
⑥	⑥	⑥	⑥	⑥	⑥	⑥
⑦	⑦	⑦	⑦	⑦	⑦	⑦
⑧	⑧	⑧	⑧	⑧	⑧	⑧
⑨	⑨	⑨	⑨	⑨	⑨	⑨

감독위원 확인

㉖

직업기초능력평가

1	① ② ③ ④	21	① ② ③ ④	41	① ② ③ ④ ⑤	61	① ② ③ ④ ⑤	81	① ② ③ ④ ⑤
2	① ② ③ ④	22	① ② ③ ④	42	① ② ③ ④ ⑤	62	① ② ③ ④ ⑤	82	① ② ③ ④ ⑤
3	① ② ③ ④	23	① ② ③ ④	43	① ② ③ ④ ⑤	63	① ② ③ ④ ⑤	83	① ② ③ ④ ⑤
4	① ② ③ ④	24	① ② ③ ④	44	① ② ③ ④ ⑤	64	① ② ③ ④ ⑤	84	① ② ③ ④ ⑤
5	① ② ③ ④	25	① ② ③ ④	45	① ② ③ ④ ⑤	65	① ② ③ ④ ⑤	85	① ② ③ ④ ⑤
6	① ② ③ ④	26	① ② ③ ④	46	① ② ③ ④ ⑤	66	① ② ③ ④ ⑤	86	① ② ③ ④ ⑤
7	① ② ③ ④	27	① ② ③ ④	47	① ② ③ ④ ⑤	67	① ② ③ ④ ⑤	87	① ② ③ ④ ⑤
8	① ② ③ ④	28	① ② ③ ④	48	① ② ③ ④ ⑤	68	① ② ③ ④ ⑤	88	① ② ③ ④ ⑤
9	① ② ③ ④	29	① ② ③ ④	49	① ② ③ ④ ⑤	69	① ② ③ ④ ⑤	89	① ② ③ ④ ⑤
10	① ② ③ ④	30	① ② ③ ④	50	① ② ③ ④ ⑤	70	① ② ③ ④ ⑤	90	① ② ③ ④ ⑤
11	① ② ③ ④	31	① ② ③ ④	51	① ② ③ ④ ⑤	71	① ② ③ ④ ⑤	91	① ② ③ ④ ⑤
12	① ② ③ ④	32	① ② ③ ④	52	① ② ③ ④ ⑤	72	① ② ③ ④ ⑤	92	① ② ③ ④ ⑤
13	① ② ③ ④	33	① ② ③ ④	53	① ② ③ ④ ⑤	73	① ② ③ ④ ⑤	93	① ② ③ ④ ⑤
14	① ② ③ ④	34	① ② ③ ④	54	① ② ③ ④ ⑤	74	① ② ③ ④ ⑤	94	① ② ③ ④ ⑤
15	① ② ③ ④	35	① ② ③ ④	55	① ② ③ ④ ⑤	75	① ② ③ ④ ⑤	95	① ② ③ ④ ⑤
16	① ② ③ ④	36	① ② ③ ④	56	① ② ③ ④ ⑤	76	① ② ③ ④ ⑤	96	① ② ③ ④ ⑤
17	① ② ③ ④	37	① ② ③ ④	57	① ② ③ ④ ⑤	77	① ② ③ ④ ⑤	97	① ② ③ ④ ⑤
18	① ② ③ ④	38	① ② ③ ④	58	① ② ③ ④ ⑤	78	① ② ③ ④ ⑤	98	① ② ③ ④ ⑤
19	① ② ③ ④	39	① ② ③ ④	59	① ② ③ ④ ⑤	79	① ② ③ ④ ⑤	99	① ② ③ ④ ⑤
20	① ② ③ ④	40	① ② ③ ④	60	① ② ③ ④ ⑤	80	① ② ③ ④ ⑤	100	① ② ③ ④ ⑤

직무수행능력평가

한국도로공사 필기전형 답안카드

직업기초능력평가

번호	①	②	③	④
1	①	②	③	④
2	①	②	③	④
3	①	②	③	④
4	①	②	③	④
5	①	②	③	④
6	①	②	③	④
7	①	②	③	④
8	①	②	③	④
9	①	②	③	④
10	①	②	③	④
11	①	②	③	④
12	①	②	③	④
13	①	②	③	④
14	①	②	③	④
15	①	②	③	④
16	①	②	③	④
17	①	②	③	④
18	①	②	③	④
19	①	②	③	④
20	①	②	③	④
21	①	②	③	④
22	①	②	③	④
23	①	②	③	④
24	①	②	③	④
25	①	②	③	④
26	①	②	③	④
27	①	②	③	④
28	①	②	③	④
29	①	②	③	④
30	①	②	③	④
31	①	②	③	④
32	①	②	③	④
33	①	②	③	④
34	①	②	③	④
35	①	②	③	④
36	①	②	③	④
37	①	②	③	④
38	①	②	③	④
39	①	②	③	④
40	①	②	③	④
41	①	②	③	④
42	①	②	③	④
43	①	②	③	④
44	①	②	③	④
45	①	②	③	④
46	①	②	③	④
47	①	②	③	④
48	①	②	③	④
49	①	②	③	④
50	①	②	③	④
51	①	②	③	④
52	①	②	③	④
53	①	②	③	④
54	①	②	③	④
55	①	②	③	④
56	①	②	③	④
57	①	②	③	④
58	①	②	③	④
59	①	②	③	④
60	①	②	③	④

직무수행능력평가

번호	①	②	③	④	⑤
61	①	②	③	④	⑤
62	①	②	③	④	⑤
63	①	②	③	④	⑤
64	①	②	③	④	⑤
65	①	②	③	④	⑤
66	①	②	③	④	⑤
67	①	②	③	④	⑤
68	①	②	③	④	⑤
69	①	②	③	④	⑤
70	①	②	③	④	⑤
71	①	②	③	④	⑤
72	①	②	③	④	⑤
73	①	②	③	④	⑤
74	①	②	③	④	⑤
75	①	②	③	④	⑤
76	①	②	③	④	⑤
77	①	②	③	④	⑤
78	①	②	③	④	⑤
79	①	②	③	④	⑤
80	①	②	③	④	⑤
81	①	②	③	④	⑤
82	①	②	③	④	⑤
83	①	②	③	④	⑤
84	①	②	③	④	⑤
85	①	②	③	④	⑤
86	①	②	③	④	⑤
87	①	②	③	④	⑤
88	①	②	③	④	⑤
89	①	②	③	④	⑤
90	①	②	③	④	⑤
91	①	②	③	④	⑤
92	①	②	③	④	⑤
93	①	②	③	④	⑤
94	①	②	③	④	⑤
95	①	②	③	④	⑤
96	①	②	③	④	⑤
97	①	②	③	④	⑤
98	①	②	③	④	⑤
99	①	②	③	④	⑤
100	①	②	③	④	⑤

성명

지원분야

문제지 형별기재란

( )형 Ⓐ Ⓑ

수험번호

⓪	①	②	③	④	⑤	⑥	⑦	⑧	⑨
⓪	①	②	③	④	⑤	⑥	⑦	⑧	⑨
⓪	①	②	③	④	⑤	⑥	⑦	⑧	⑨
⓪	①	②	③	④	⑤	⑥	⑦	⑧	⑨
⓪	①	②	③	④	⑤	⑥	⑦	⑧	⑨
⓪	①	②	③	④	⑤	⑥	⑦	⑧	⑨
⓪	①	②	③	④	⑤	⑥	⑦	⑧	⑨

감독위원 확인

(인)

한국도로공사 필기전형 답안카드

성명	

지원분야	

문제지 형별기재란

( )형 Ⓐ Ⓑ

수험번호

⓪		⓪	⓪	⓪	⓪	⓪
①	①	①	①	①	①	①
②	②	②	②	②	②	②
③	③	③	③	③	③	③
④	④	④	④	④	④	④
⑤	⑤	⑤	⑤	⑤	⑤	⑤
⑥	⑥	⑥	⑥	⑥	⑥	⑥
⑦	⑦	⑦	⑦	⑦	⑦	⑦
⑧	⑧	⑧	⑧	⑧	⑧	⑧
⑨	⑨	⑨	⑨	⑨	⑨	⑨

감독위원 확인

(인)

직업기초능력평가

1	① ② ③ ④
2	① ② ③ ④
3	① ② ③ ④
4	① ② ③ ④
5	① ② ③ ④
6	① ② ③ ④
7	① ② ③ ④
8	① ② ③ ④
9	① ② ③ ④
10	① ② ③ ④
11	① ② ③ ④
12	① ② ③ ④
13	① ② ③ ④
14	① ② ③ ④
15	① ② ③ ④
16	① ② ③ ④
17	① ② ③ ④
18	① ② ③ ④
19	① ② ③ ④
20	① ② ③ ④

21	① ② ③ ④
22	① ② ③ ④
23	① ② ③ ④
24	① ② ③ ④
25	① ② ③ ④
26	① ② ③ ④
27	① ② ③ ④
28	① ② ③ ④
29	① ② ③ ④
30	① ② ③ ④
31	① ② ③ ④
32	① ② ③ ④
33	① ② ③ ④
34	① ② ③ ④
35	① ② ③ ④
36	① ② ③ ④
37	① ② ③ ④
38	① ② ③ ④
39	① ② ③ ④
40	① ② ③ ④

41	① ② ③ ④
42	① ② ③ ④
43	① ② ③ ④
44	① ② ③ ④
45	① ② ③ ④
46	① ② ③ ④
47	① ② ③ ④
48	① ② ③ ④
49	① ② ③ ④
50	① ② ③ ④
51	① ② ③ ④
52	① ② ③ ④
53	① ② ③ ④
54	① ② ③ ④
55	① ② ③ ④
56	① ② ③ ④
57	① ② ③ ④
58	① ② ③ ④
59	① ② ③ ④
60	① ② ③ ④

직무수행능력평가

61	① ② ③ ④ ⑤
62	① ② ③ ④ ⑤
63	① ② ③ ④ ⑤
64	① ② ③ ④ ⑤
65	① ② ③ ④ ⑤
66	① ② ③ ④ ⑤
67	① ② ③ ④ ⑤
68	① ② ③ ④ ⑤
69	① ② ③ ④ ⑤
70	① ② ③ ④ ⑤
71	① ② ③ ④ ⑤
72	① ② ③ ④ ⑤
73	① ② ③ ④ ⑤
74	① ② ③ ④ ⑤
75	① ② ③ ④ ⑤
76	① ② ③ ④ ⑤
77	① ② ③ ④ ⑤
78	① ② ③ ④ ⑤
79	① ② ③ ④ ⑤
80	① ② ③ ④ ⑤

81	① ② ③ ④ ⑤
82	① ② ③ ④ ⑤
83	① ② ③ ④ ⑤
84	① ② ③ ④ ⑤
85	① ② ③ ④ ⑤
86	① ② ③ ④ ⑤
87	① ② ③ ④ ⑤
88	① ② ③ ④ ⑤
89	① ② ③ ④ ⑤
90	① ② ③ ④ ⑤
91	① ② ③ ④ ⑤
92	① ② ③ ④ ⑤
93	① ② ③ ④ ⑤
94	① ② ③ ④ ⑤
95	① ② ③ ④ ⑤
96	① ② ③ ④ ⑤
97	① ② ③ ④ ⑤
98	① ② ③ ④ ⑤
99	① ② ③ ④ ⑤
100	① ② ③ ④ ⑤

한국도로공사 필기전형 답안카드

성 명

지원 분야

문제지 형별기재란

형 ( )

Ⓐ
Ⓑ

수험번호

감독위원 확인

(인)

직업기초능력평가

1	① ② ③ ④	21	① ② ③ ④	41	① ② ③ ④
2	① ② ③ ④	22	① ② ③ ④	42	① ② ③ ④
3	① ② ③ ④	23	① ② ③ ④	43	① ② ③ ④
4	① ② ③ ④	24	① ② ③ ④	44	① ② ③ ④
5	① ② ③ ④	25	① ② ③ ④	45	① ② ③ ④
6	① ② ③ ④	26	① ② ③ ④	46	① ② ③ ④
7	① ② ③ ④	27	① ② ③ ④	47	① ② ③ ④
8	① ② ③ ④	28	① ② ③ ④	48	① ② ③ ④
9	① ② ③ ④	29	① ② ③ ④	49	① ② ③ ④
10	① ② ③ ④	30	① ② ③ ④	50	① ② ③ ④
11	① ② ③ ④	31	① ② ③ ④	51	① ② ③ ④
12	① ② ③ ④	32	① ② ③ ④	52	① ② ③ ④
13	① ② ③ ④	33	① ② ③ ④	53	① ② ③ ④
14	① ② ③ ④	34	① ② ③ ④	54	① ② ③ ④
15	① ② ③ ④	35	① ② ③ ④	55	① ② ③ ④
16	① ② ③ ④	36	① ② ③ ④	56	① ② ③ ④
17	① ② ③ ④	37	① ② ③ ④	57	① ② ③ ④
18	① ② ③ ④	38	① ② ③ ④	58	① ② ③ ④
19	① ② ③ ④	39	① ② ③ ④	59	① ② ③ ④
20	① ② ③ ④	40	① ② ③ ④	60	① ② ③ ④

직무수행능력평가

61	① ② ③ ④ ⑤	81	① ② ③ ④ ⑤
62	① ② ③ ④ ⑤	82	① ② ③ ④ ⑤
63	① ② ③ ④ ⑤	83	① ② ③ ④ ⑤
64	① ② ③ ④ ⑤	84	① ② ③ ④ ⑤
65	① ② ③ ④ ⑤	85	① ② ③ ④ ⑤
66	① ② ③ ④ ⑤	86	① ② ③ ④ ⑤
67	① ② ③ ④ ⑤	87	① ② ③ ④ ⑤
68	① ② ③ ④ ⑤	88	① ② ③ ④ ⑤
69	① ② ③ ④ ⑤	89	① ② ③ ④ ⑤
70	① ② ③ ④ ⑤	90	① ② ③ ④ ⑤
71	① ② ③ ④ ⑤	91	① ② ③ ④ ⑤
72	① ② ③ ④ ⑤	92	① ② ③ ④ ⑤
73	① ② ③ ④ ⑤	93	① ② ③ ④ ⑤
74	① ② ③ ④ ⑤	94	① ② ③ ④ ⑤
75	① ② ③ ④ ⑤	95	① ② ③ ④ ⑤
76	① ② ③ ④ ⑤	96	① ② ③ ④ ⑤
77	① ② ③ ④ ⑤	97	① ② ③ ④ ⑤
78	① ② ③ ④ ⑤	98	① ② ③ ④ ⑤
79	① ② ③ ④ ⑤	99	① ② ③ ④ ⑤
80	① ② ③ ④ ⑤	100	① ② ③ ④ ⑤

한국도로공사 필기전형 답안카드

성 명

지원 분야

문제지 형별기재란

(형) Ⓐ Ⓑ

수험번호

⓪	⓪	⓪	⓪	⓪	⓪	⓪
①	①	①	①	①	①	①
②	②	②	②	②	②	②
③	③	③	③	③	③	③
④	④	④	④	④	④	④
⑤	⑤	⑤	⑤	⑤	⑤	⑤
⑥	⑥	⑥	⑥	⑥	⑥	⑥
⑦	⑦	⑦	⑦	⑦	⑦	⑦
⑧	⑧	⑧	⑧	⑧	⑧	⑧
⑨	⑨	⑨	⑨	⑨	⑨	⑨

감독위원 확인

㊞

직업기초능력평가

1	① ② ③ ④	21	① ② ③ ④	41	① ② ③ ④
2	① ② ③ ④	22	① ② ③ ④	42	① ② ③ ④
3	① ② ③ ④	23	① ② ③ ④	43	① ② ③ ④
4	① ② ③ ④	24	① ② ③ ④	44	① ② ③ ④
5	① ② ③ ④	25	① ② ③ ④	45	① ② ③ ④
6	① ② ③ ④	26	① ② ③ ④	46	① ② ③ ④
7	① ② ③ ④	27	① ② ③ ④	47	① ② ③ ④
8	① ② ③ ④	28	① ② ③ ④	48	① ② ③ ④
9	① ② ③ ④	29	① ② ③ ④	49	① ② ③ ④
10	① ② ③ ④	30	① ② ③ ④	50	① ② ③ ④
11	① ② ③ ④	31	① ② ③ ④	51	① ② ③ ④
12	① ② ③ ④	32	① ② ③ ④	52	① ② ③ ④
13	① ② ③ ④	33	① ② ③ ④	53	① ② ③ ④
14	① ② ③ ④	34	① ② ③ ④	54	① ② ③ ④
15	① ② ③ ④	35	① ② ③ ④	55	① ② ③ ④
16	① ② ③ ④	36	① ② ③ ④	56	① ② ③ ④
17	① ② ③ ④	37	① ② ③ ④	57	① ② ③ ④
18	① ② ③ ④	38	① ② ③ ④	58	① ② ③ ④
19	① ② ③ ④	39	① ② ③ ④	59	① ② ③ ④
20	① ② ③ ④	40	① ② ③ ④	60	① ② ③ ④

직무수행능력평가

61	① ② ③ ④ ⑤	81	① ② ③ ④ ⑤
62	① ② ③ ④ ⑤	82	① ② ③ ④ ⑤
63	① ② ③ ④ ⑤	83	① ② ③ ④ ⑤
64	① ② ③ ④ ⑤	84	① ② ③ ④ ⑤
65	① ② ③ ④ ⑤	85	① ② ③ ④ ⑤
66	① ② ③ ④ ⑤	86	① ② ③ ④ ⑤
67	① ② ③ ④ ⑤	87	① ② ③ ④ ⑤
68	① ② ③ ④ ⑤	88	① ② ③ ④ ⑤
69	① ② ③ ④ ⑤	89	① ② ③ ④ ⑤
70	① ② ③ ④ ⑤	90	① ② ③ ④ ⑤
71	① ② ③ ④ ⑤	91	① ② ③ ④ ⑤
72	① ② ③ ④ ⑤	92	① ② ③ ④ ⑤
73	① ② ③ ④ ⑤	93	① ② ③ ④ ⑤
74	① ② ③ ④ ⑤	94	① ② ③ ④ ⑤
75	① ② ③ ④ ⑤	95	① ② ③ ④ ⑤
76	① ② ③ ④ ⑤	96	① ② ③ ④ ⑤
77	① ② ③ ④ ⑤	97	① ② ③ ④ ⑤
78	① ② ③ ④ ⑤	98	① ② ③ ④ ⑤
79	① ② ③ ④ ⑤	99	① ② ③ ④ ⑤
80	① ② ③ ④ ⑤	100	① ② ③ ④ ⑤

※ 본 답안지는 마킹연습용 모의 답안지입니다.

한국도로공사 필기전형 답안카드

성 명	
지원 분야	
문제지 형별기재란	ⒶⒷ (형)

수 험 번 호

⓪	⓪	⓪	⓪	⓪	⓪	⓪
①	①	①	①	①	①	①
②	②	②	②	②	②	②
③	③	③	③	③	③	③
④	④	④	④	④	④	④
⑤	⑤	⑤	⑤	⑤	⑤	⑤
⑥	⑥	⑥	⑥	⑥	⑥	⑥
⑦	⑦	⑦	⑦	⑦	⑦	⑦
⑧	⑧	⑧	⑧	⑧	⑧	⑧
⑨	⑨	⑨	⑨	⑨	⑨	⑨

감독위원 확인
(인)

직업기초능력평가

1	① ② ③ ④
2	① ② ③ ④
3	① ② ③ ④
4	① ② ③ ④
5	① ② ③ ④
6	① ② ③ ④
7	① ② ③ ④
8	① ② ③ ④
9	① ② ③ ④
10	① ② ③ ④
11	① ② ③ ④
12	① ② ③ ④
13	① ② ③ ④
14	① ② ③ ④
15	① ② ③ ④
16	① ② ③ ④
17	① ② ③ ④
18	① ② ③ ④
19	① ② ③ ④
20	① ② ③ ④

21	① ② ③ ④
22	① ② ③ ④
23	① ② ③ ④
24	① ② ③ ④
25	① ② ③ ④
26	① ② ③ ④
27	① ② ③ ④
28	① ② ③ ④
29	① ② ③ ④
30	① ② ③ ④
31	① ② ③ ④
32	① ② ③ ④
33	① ② ③ ④
34	① ② ③ ④
35	① ② ③ ④
36	① ② ③ ④
37	① ② ③ ④
38	① ② ③ ④
39	① ② ③ ④
40	① ② ③ ④

41	① ② ③ ④
42	① ② ③ ④
43	① ② ③ ④
44	① ② ③ ④
45	① ② ③ ④
46	① ② ③ ④
47	① ② ③ ④
48	① ② ③ ④
49	① ② ③ ④
50	① ② ③ ④
51	① ② ③ ④
52	① ② ③ ④
53	① ② ③ ④
54	① ② ③ ④
55	① ② ③ ④
56	① ② ③ ④
57	① ② ③ ④
58	① ② ③ ④
59	① ② ③ ④
60	① ② ③ ④

직무수행능력평가

61	① ② ③ ④ ⑤
62	① ② ③ ④ ⑤
63	① ② ③ ④ ⑤
64	① ② ③ ④ ⑤
65	① ② ③ ④ ⑤
66	① ② ③ ④ ⑤
67	① ② ③ ④ ⑤
68	① ② ③ ④ ⑤
69	① ② ③ ④ ⑤
70	① ② ③ ④ ⑤
71	① ② ③ ④ ⑤
72	① ② ③ ④ ⑤
73	① ② ③ ④ ⑤
74	① ② ③ ④ ⑤
75	① ② ③ ④ ⑤
76	① ② ③ ④ ⑤
77	① ② ③ ④ ⑤
78	① ② ③ ④ ⑤
79	① ② ③ ④ ⑤
80	① ② ③ ④ ⑤

81	① ② ③ ④ ⑤
82	① ② ③ ④ ⑤
83	① ② ③ ④ ⑤
84	① ② ③ ④ ⑤
85	① ② ③ ④ ⑤
86	① ② ③ ④ ⑤
87	① ② ③ ④ ⑤
88	① ② ③ ④ ⑤
89	① ② ③ ④ ⑤
90	① ② ③ ④ ⑤
91	① ② ③ ④ ⑤
92	① ② ③ ④ ⑤
93	① ② ③ ④ ⑤
94	① ② ③ ④ ⑤
95	① ② ③ ④ ⑤
96	① ② ③ ④ ⑤
97	① ② ③ ④ ⑤
98	① ② ③ ④ ⑤
99	① ② ③ ④ ⑤
100	① ② ③ ④ ⑤

한국도로공사 필기전형 답안카드

성 명

지원 분야

문제지 형별기재란

( )형   Ⓐ Ⓑ

수험번호

⓪	⓪	⓪	⓪	⓪	⓪	⓪
①	①	①	①	①	①	①
②	②	②	②	②	②	②
③	③	③	③	③	③	③
④	④	④	④	④	④	④
⑤	⑤	⑤	⑤	⑤	⑤	⑤
⑥	⑥	⑥	⑥	⑥	⑥	⑥
⑦	⑦	⑦	⑦	⑦	⑦	⑦
⑧	⑧	⑧	⑧	⑧	⑧	⑧
⑨	⑨	⑨	⑨	⑨	⑨	⑨

감독위원 확인

(인)

직업기초능력평가

1	① ② ③ ④
2	① ② ③ ④
3	① ② ③ ④
4	① ② ③ ④
5	① ② ③ ④
6	① ② ③ ④
7	① ② ③ ④
8	① ② ③ ④
9	① ② ③ ④
10	① ② ③ ④
11	① ② ③ ④
12	① ② ③ ④
13	① ② ③ ④
14	① ② ③ ④
15	① ② ③ ④
16	① ② ③ ④
17	① ② ③ ④
18	① ② ③ ④
19	① ② ③ ④
20	① ② ③ ④

21	① ② ③ ④
22	① ② ③ ④
23	① ② ③ ④
24	① ② ③ ④
25	① ② ③ ④
26	① ② ③ ④
27	① ② ③ ④
28	① ② ③ ④
29	① ② ③ ④
30	① ② ③ ④
31	① ② ③ ④
32	① ② ③ ④
33	① ② ③ ④
34	① ② ③ ④
35	① ② ③ ④
36	① ② ③ ④
37	① ② ③ ④
38	① ② ③ ④
39	① ② ③ ④
40	① ② ③ ④

41	① ② ③ ④
42	① ② ③ ④
43	① ② ③ ④
44	① ② ③ ④
45	① ② ③ ④
46	① ② ③ ④
47	① ② ③ ④
48	① ② ③ ④
49	① ② ③ ④
50	① ② ③ ④
51	① ② ③ ④
52	① ② ③ ④
53	① ② ③ ④
54	① ② ③ ④
55	① ② ③ ④
56	① ② ③ ④
57	① ② ③ ④
58	① ② ③ ④
59	① ② ③ ④
60	① ② ③ ④

직무수행능력평가

61	① ② ③ ④ ⑤
62	① ② ③ ④ ⑤
63	① ② ③ ④ ⑤
64	① ② ③ ④ ⑤
65	① ② ③ ④ ⑤
66	① ② ③ ④ ⑤
67	① ② ③ ④ ⑤
68	① ② ③ ④ ⑤
69	① ② ③ ④ ⑤
70	① ② ③ ④ ⑤
71	① ② ③ ④ ⑤
72	① ② ③ ④ ⑤
73	① ② ③ ④ ⑤
74	① ② ③ ④ ⑤
75	① ② ③ ④ ⑤
76	① ② ③ ④ ⑤
77	① ② ③ ④ ⑤
78	① ② ③ ④ ⑤
79	① ② ③ ④ ⑤
80	① ② ③ ④ ⑤

81	① ② ③ ④ ⑤
82	① ② ③ ④ ⑤
83	① ② ③ ④ ⑤
84	① ② ③ ④ ⑤
85	① ② ③ ④ ⑤
86	① ② ③ ④ ⑤
87	① ② ③ ④ ⑤
88	① ② ③ ④ ⑤
89	① ② ③ ④ ⑤
90	① ② ③ ④ ⑤
91	① ② ③ ④ ⑤
92	① ② ③ ④ ⑤
93	① ② ③ ④ ⑤
94	① ② ③ ④ ⑤
95	① ② ③ ④ ⑤
96	① ② ③ ④ ⑤
97	① ② ③ ④ ⑤
98	① ② ③ ④ ⑤
99	① ② ③ ④ ⑤
100	① ② ③ ④ ⑤

한국도로공사 필기전형 답안카드

직업기초능력평가 / 직무수행능력평가

성명	
지원 분야	

문제지 형별기재란

형 ( )　Ⓐ Ⓑ

수험번호

감독위원 확인

인

2024 하반기 시대에듀 한국도로공사
NCS&전공 최종모의고사 5 + 5회분 + 무료NCS특강

개정9판1쇄 발행	2024년 08월 05일 (인쇄 2024년 07월 08일)
초 판 발 행	2019년 08월 20일 (인쇄 2019년 07월 26일)
발 행 인	박영일
책 임 편 집	이해욱
편 저	SDC(Sidae Data Center)
편 집 진 행	김재희 · 윤소빈
표지디자인	하연주
편집디자인	최미림 · 장성복
발 행 처	(주)시대고시기획
출 판 등 록	제10-1521호
주 소	서울시 마포구 큰우물로 75 [도화동 538 성지 B/D] 9F
전 화	1600-3600
팩 스	02-701-8823
홈 페 이 지	www.sdedu.co.kr
I S B N	979-11-383-7496-5 (13320)
정 가	18,000원

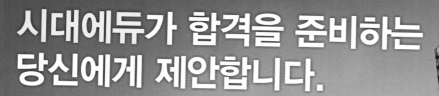

시대에듀가 합격을 준비하는
당신에게 제안합니다.

결심하셨다면 지금 당장 실행하십시오.
시대에듀와 함께라면 문제없습니다.

성공의 기회!
시대에듀를 잡으십시오.

NEXT STEP!

기회란 포착되어 활용되기 전에는 기회인지조차 알 수 없는 것이다. — 마크 트웨인 —

시대에듀

공기업 취업을 위한 NCS
직업기초능력평가 시리즈

NCS부터 전공까지 완벽 학습 "통합서" 시리즈

공기업 취업의 기초부터 차근차근! 취업의 문을 여는 Master Key!

NCS 영역 및 유형별 체계적 학습 "집중학습" 시리즈

영역별 이론부터 유형별 모의고사까지! 단계별 학습을 통한 Only Way!

기업별 맞춤 학습 "기본서" 시리즈

공기업 취업의 기초부터 심화까지! 합격의 문을 여는 Hidden Key!

기업별 시험 직전 마무리 "모의고사" 시리즈

실제 시험과 동일하게 마무리! 합격을 향한 Last Spurt!

※ **기업별 시리즈** : HUG 주택도시보증공사/LH 한국토지주택공사/강원랜드/건강보험심사평가원/국가철도공단/국민건강
보험공단/국민연금공단/근로복지공단/발전회사/부산교통공사/서울교통공사/인천국제공항공사/코레일 한국철도공사/
한국농어촌공사/한국도로공사/한국산업인력공단/한국수력원자력/한국수자원공사/한국전력공사/한전KPS/항만공사 등

현재 나의 실력을 객관적으로 파악해 보자!

모바일 OMR
답안채점 / 성적분석 서비스

도서에 수록된 모의고사에 대한 객관적인 결과(정답률, 순위)를 종합적으로 분석하여 제공합니다.

OMR 입력

성적분석

채점결과

시간측정 가능!!

※ OMR 답안채점 / 성적분석 서비스는 등록 후 30일간 사용 가능합니다.

도서 내 모의고사
우측 상단에 위치한
QR코드 찍기

➡

로그인
하기

➡

'시작하기'
클릭

➡

'응시하기'
클릭

➡

나의 답안을
모바일 OMR
카드에 입력

➡

'성적분석&채점결과'
클릭

➡

현재 내 실력
확인하기